DERECHO PROCESAL II
PROCESO CIVIL

DERECHO PROCESAL II
PROCESO CIVIL

Agustín Jesús Pérez–Cruz Martín
José María Roca Martínez
Catedráticos de Universidad

José Carlos Gómez de Liaño Polo
Concepción Iglesias García
Marcos Loredo Colunga
Profesores Titulares de Universidad

Ilda Méndez López – Manuela Andrea Rodríguez Morán
José Luis Rebollo Álvarez
Profesores Asociados

Luis Pérez Fernández
Colaborador de honor

2025

4ª edición, revisada y puesta al día

Servicio de Publicaciones de la Universidad de Oviedo
ISNI: 0000 0004 8513 7929
Campus de Humanidades. Edificio de Servicios. 33011 Oviedo (Asturias)
Tel. 985 10 95 03
https: publicaciones.uniovi.es
servipub@uniovi.es

Esta obra ha sido avalada por el Departamento de Ciencias Jurídicas Básicas de acuerdo con lo establecido en el artículo 8 f, del Reglamento del Servicio de Publicaciones de la Universidad de Oviedo. Ediciones de la Universidad de Oviedo.

Esta Editorial es miembro de la UNE, lo que garantiza la difusión y comercialización de sus publicaciones a nivel nacional e internacional.

I.S.B.N.: 979-13-87540-50-0
DL AS 3421-2025

Imprime: Servicio de Publicaciones. Universidad de Oviedo.

A Froilán, y en su recuerdo, a nuestros estudiantes.

Prólogo a la 4ª edición

Al igual que ha sucedido en las anteriores ediciones, los cambios legislativos nos marcan el camino; en esta ocasión ha sido la LO 1/2025 la que nos impone la actualización de este manual.

Con origen en intentos previos fallidos, la Ley Orgánica 1/2025, de 2 de enero, de medidas en materia de eficiencia del Servicio Público de Justicia (BOE Núm. 3, de 3 de enero) lleva a cabo la que quizá pueda considerarse la más profunda revisión no ya del proceso civil, sino del sistema procesal desde la aprobación de la LEC. En lo que afecta al proceso civil, se da un vuelco a la organización judicial con la implantación de los Tribunales de Instancia (1); se regulan los MASC como requisito de procedibilidad (arts. 2 a 19); se introducen ochenta modificaciones en la LEC que afectan a la competencia, a la procura, a las notificaciones, al juicio verbal, al desahucio, al monitorio, a las costas y a la ejecución. Todo ello con la loable intención de alcanzar la *eficiencia* de lo que se ha dado en llamar *Servicio Público de Justicia*.

Aunque todavía es pronto para valorar la reforma, entre otras cosas porque su entrada en vigor se está produciendo de forma progresiva (la tercera fase de implantación de los Tribunales de Instancia debe concluir el 31 de diciembre próximo), los problemas de aplicación práctica de los MASC no se han hecho esperar, poniendo de manifiesto su deficiente regulación. Los acuerdos de unificación de criterios parchean de manera provisional la cruda realidad. JPI de Granada, JPI de Sevilla, JM de Andalucía, JF y JPI de Barcelona, JF de Madrid, secciones penales y secciones civiles de la AP de Barcelona, AP de Almería, JPI de Bilbao, JPI de Canarias, LAJ de Bilbao, LAJ de JF de Barcelona; de seguir así, será precisa la unificación de los criterios de unificación. Urge una reforma legislativa y parece que en el Congreso de los Diputados se ha tomado conciencia de ello y en el pleno del día 13 de noviembre se aprobó una Proposición no de Ley para la modificación urgente de la regulación de los medios alternativos de solución de conflictos en la justicia y el establecimiento de criterios unificados para todos los órganos judiciales (BOCG, Serie D, núm. 435, 20 de noviembre de 2025).

Por otro lado, si la reforma se retrasa, todo apunta a que el TC habrá de pronunciarse, pues ya se ha planteado al menos una cuestión de inconstitucionalidad (Tribunal de Instancia de Valencia de Alcántara, en Cáceres), parece que por posible vulneración que la obligatoriedad de acudir a los MASC en procesos de modificación de medidas paternofiliales puede ocasionar respecto al derecho a la tutela judicial efectiva (24 CE) y los derechos de los menores (39 CE).

No queremos dejar de poner de manifiesto nuestra profunda preocupación por variadas razones. De manera telegráfica decimos: las reformas sin financiación adecuada solo pueden fracasar; la dispar dependencia del personal (CCAA, Justicia y CGPJ) es un obstáculo muy difícil de superar; la imposición no es el camino adecuado para fomentar la cultura del acuerdo; el juicio verbal es cada vez menos verbal; las costas cada vez tienen más de sanción…

Con todo, quizá el mayor peligro pueda venir de la configuración de la Justicia como servicio público, olvidando que el acceso a la misma es un derecho fundamental, tal y como proclama en el artículo 24 CE. El menosprecio que supone para uno de los tres poderes del Estado es manifiesto y como posible consecuencia se aventura la administrativización de la Justicia. ¡Ojalá nos equivoquemos!

Los autores, en el día de la Constitución de 2025, manifestando nuestro más firme compromiso con su defensa.

Abreviaturas y acrónimos

AP/AAPP .... Audiencia/s Provincial/es
art./arts........ artículo/artículos
ATS/AATS .... Auto/s Tribunal Supremo
BOE .... Boletín Oficial del Estado
CC .... Código Civil
CCo........ Código de Comercio
CE .... Constitución Española
CEDH........ Convenio Europeo de Derechos Humanos
CGC .... Condiciones generales de contratación
CGPJ .... Consejo General del Poder Judicial
CP .... Código Penal
DA .... Disposición Adicional
DD .... Disposición Derogatoria
DDHC........ Declaración de Derechos del Hombre y del Ciudadano (1789)
DF .... Disposición Final
DGRN ...... Dirección General de Registros y Notariado (en la actualidad DGSJFPJ)
DGSJE........ Dirección General del Servicio Jurídico del Estado
DGSJFP........ Dirección General de Seguridad Jurídica y Fe Pública
DT .... Disposición Transitoria
EA .... Estatuto de Autonomía
EGA .... Estatuto General de la Abogacía
EGPT .... Estatuto General de los Procuradores de los Tribunales
EM........ Exposición de Motivos
EOMF........ Estatuto Orgánico del Ministerio Fiscal
FGE........ Fiscalía General del Estado
JM .... Juzgado de lo Mercantil
JP........ Juzgado de lo Penal
JPI........ Juzgado de Primera Instancia
JPII........ Juzgado de Primera Instancia e Instrucción
JPz .... Juzgado de Paz (tras la LOMESPJ se refiere al Juez de Paz
JVM .... Juzgado de Violencia sobre la Mujer
LA........ Ley de Arbitraje
LAJ........ Letrado de la Administración de Justicia
LAJE........ Ley de Asistencia Jurídica del Estado
LAJG........ Ley de Asistencia Jurídica Gratuita
LAU .... Ley de Arrendamientos Urbanos
LCCh........ Ley Cambiaria y del Cheque
LCD .... Ley de Competencia Desleal
LCGC........ Ley sobre Condiciones Generales de la Contratación
LCJI........ Ley de Cooperación Jurídica Internacional en Materia Civil

LCoo .... Ley de Cooperativas
LCS .... Ley Contrato de Seguro
LDC .... Ley de Defensa de la Competencia
LDPJ .... Ley de Demarcación y Planta Judicial
LEC .... Ley de Enjuiciamiento Civil
LEC 1881 .... Ley de Enjuiciamiento civil de 1881
LECr .... Ley de Enjuiciamiento Criminal
LEPB .... Ley sobre Embargo Preventivo de Buques
LGDCU .... Ley General de Defensa de los Consumidores y Usuarios
LGP .... Ley General de Publicidad
LH .... Ley Hipotecaria
LHMPD .... Ley sobre Hipoteca Mobiliaria y Prenda sin Desplazamiento
LHN .... Ley sobre Hipoteca Naval
LJV .... Ley de la Jurisdicción Voluntaria
LM .... Ley de Mediación en Asuntos Civiles y Mercantiles
LN .... Ley del Notariado
LODP .... Ley Orgánica del Defensor del Pueblo
LODR .... Ley Orgánica reguladora del Derecho de Rectificación
LOPDH .... Ley Orgánica de Protección Civil del Derecho al Honor
LOPIVM .... Ley Orgánica de Protección Integral de Violencia contra la Mujer
LOPJ .... Ley Orgánica del Poder Judicial
LOSSEAR .... Ley de Ord., Superv. y solvencia de aseguradoras y reaseguradoras
LOTC .... Ley Orgánica del Tribunal Constitucional
LOTT .... Ley de Ordenación de los Transportes Terrestres (L 16/1987)
LP .... Ley de Patentes
LPA .... Ley del Procedimiento Administrativo Común de las Adm. Púb. (L 39/215)
LPH .... Ley sobre Propiedad Horizontal
LPI .... Ley de Propiedad Intelectual (RDL 1/1996)
LPIA .... Ley del Sistema de Protección a la Infancia y a la Adolescencia
LRAL .... Ley relativa a la Resolución Alternativa de Litigios de Consumo
LRC .... Ley del Registro Civil
LRC 1957 .... Ley del Registro Civil de 1957
LRJSP .... Ley de Régimen Jurídico del Sector Público
LSE .... Ley de Secretos Empresariales
LT .... Ley sobre Tasas en el Ámbito de la Administración de Justicia
LVPBM .... Ley de Venta a Plazos de Bienes Muebles
OEPM .... Oficina española de patentes y marcas
OJ .... Oficina Judicial
OJM .... Oficinas de Justicia en los municios
OVC .... Oferta vinculante confidencial
MF .... Ministerio Fiscal
PIDCP .... Pacto Internacional de Derechos Civiles y Políticos (1966)
PJ .... Policía Judicial
RDLeg .... Real Decreto Legislativo

RDL .... Real Decreto Ley
ROTT .... Reglamento de la LOTT (RD 1211/1990)
RRM .... Reglamento del Registro Mercantil
RVPBM .... Registro de ventas a plazos de bienes muebles
SAP/SSAP .... Sentencia/s Audiencia Provincial
RSAC .... Reglamento del Sistema Arbitral de Consumo (RD 713/2024)
STC/SSTC .... Sentencia/s Tribunal Constitucional
STS/SSTS .... Sentencia/s Tribunal Supremo
STSJ/SSTSJ .... Sentencia/s Tribunal Superior de Justicia
UE .... Unión Europea
TC .... Tribunal Constitucional
TEDH .... Tribunal Europeo de Derechos Humanos
TEJU .... Tablón Edictal Judicial Único
TFUE .... Tratado de Funcionamiento de la Unión Eurpea
TR .... Texto Refundido
TRLC .... Texto refundido de Ley Concursal
TJUE .... Tribunales de Justicia de la Unión Europea
TS .... Tribunal Supremo
TSJ/TTSSJJ .... Tribunal/es Superior/es de Justicia

Nuevas secciones en los Tribunales de Instancia

SC (TI–SC) .... Sección civil (antes JPI)
SCA (TI–SCA) .... Sección contencioso administrativo (antes JCA)
SCA (TCI–SCA) .... Sección contencioso administrativo en TCI (antes JCCA)
SF (TI–SF) .... Sección de familia (antes JF)
SI (TI–SI) .... Sección de instrucción (antes JI)
SI (TCI–SI) .... Sección de instrucción en TCI (antes JCI)
SM (TI–SM) .... Sección mercantil (antes JM)
SMe (TI–SMe) .... Sección de menores (antes JMe)
SMe (TCI–SMe) .... Sección de menores en TCI (antes JCMe)
SP (TI–SP) .... Sección penal (antes JP)
SP (TCI–SP) .... Sección penal en TCI (antes JCP)
SS (TI–SS) .... Sección de lo social (antes JS)
SU (TI–SU) .... Sección única civil y de instrucción (antes JPII)
SVIA (TI–SVIA) .... Sección de violencia contra la infancia y adolescencia
SVM (TI–SVM) .... Sección de violencia contra la mujer (antes JVM)
SVP (TI–SVP) .... Sección de vigilancia penitenciaria (antes JVP)
SVP (TCI–SVP) .... Sección de vigilancia penitenciaria en TCI (antes JCVP)

Índice

TEMA 9. PREPARACIÓN Y DESARROLLO DEL JUICIO

Luis Pérez Fernández

TEMA 10. LA PRUEBA

Marcos Loredo Colunga

TEMA 11. LOS MEDIOS DE PRUEBA

J. Carlos Gómez de Liaño González

TEMA 12. LA TERMINACIÓN DEL PROCESO (I)

Agustín Jesús Pérez-Cruz Martín

TEMA 13. LA TERMINACIÓN DEL PROCESO (II)

Agustín Jesún Pérez-Cruz Martín

TEMA 14. RECURSOS

José Luis Rebollo Álvarez

TEMA 15. MEDIOS EXCEPCIONALES DE IMPUGNACIÓN

Agustín Jesús Pérez-Cruz Martín

TEMA 1. LA RESOLUCIÓN DE CONFLICTOS EN MATERIA CIVIL Y MERCANTIL.

1.1. Resolución de conflictos jurídicos en el Derecho Privado

El conflicto es algo inherente a la condición humana, debiendo aprender a convivir con él; la mejor manera de aceptarlo es conociendo qué elementos lo conforman, las fases que presenta el ciclo conflictivo y cómo podemos enfrentarnos a él por medio de técnicas y habilidades que se estudian en el campo de la Psicología. El conflicto no tiene por qué significar un problema en sí mismo ya que puede derivar en la aparición de nuevas oportunidades. Se considera erróneamente como una enfermedad que debería ser erradicada a toda costa, por todos los aspectos desagradables que conlleva, sin embargo, debe enfocarse como una oportunidad de crecimiento para las partes afectadas.

TOUZARD considera que tres son las grandes categorías en la que podemos estudiar el modo en que surgen los conflictos desde una concepción:

a) Psicológica que estudia el análisis del conflicto en el individuo, sus motivaciones y reacciones;
b) Sociológica, que lo sitúa en el nivel de las estructuras y entidades sociales fundamentalmente conflictivas;
c) Psicosociológica, que combina las dos anteriores, es decir, el de la interacción entre el individuo y los sistemas sociales, dentro de los cuales se desenvuelve. Las dos anteriores no bastarían por si solas para comprender el conflicto.

El conflicto es uno de los fundamentos esenciales de la **Teoría General del Derecho**: el punto de partida de la norma es el llamado **conflicto de intereses**, generado cuando entre dos o más personas se produce una situación de tensión o de incompatibilidad en sus necesidades o en sus aspiraciones respecto de los bienes que pueden satisfacerlas.

FISHER y URY, padres de la Escuela de Harvard, consideran el conflicto como **la manifestación de un problema que es necesario resolver**, que está en la mente de las personas, proponiendo que las partes trabajen en **colaboración**, siendo la respuesta ideal la resolución cooperativa del problema.

Para determinados conflictos, el Estado se reserva para sí, con exclusividad, su resolución. Tal sucede en los supuestos en que la materia sobre la que surge el conflicto no tiene carácter disponible; así sucede en el ámbito del proceso penal, donde el Estado asume el ejercicio del *ius puniendi*, configurándose el proceso penal como el único instrumento para la aplicación del derecho penal y para la resolución de conflictos en ese ámbito [*Derecho Procesal I. Proceso penal*, Tema 1]; fuera del ámbito penal, aunque en menor medida, también hay supuestos en que el proceso es el único instrumento de aplicación del Derecho, como sucede, por ejemplo, en materia matrimonial, de filiación o menores.

Así pues, cuando los Tribunales de justicia no son la única manera para resolver conflictos, se pueden plantear diferentes vías de solución según el grado de implicación y participación de las partes en la resolución del conflicto a través de los denominados **ADR** (Alternative Dispute Resolution) o también denominados **MASC** (Métodos Adecuados de Solución de Conflictos) que son herramientas que ofrecen a las personas diversas oportunidades para **solucionar** sus **conflictos** por sí mismas o con la ayuda de un tercero sin la necesidad de acudir a los tribunales de justicia. En líneas generales, desde que se refiriera a ello ALCALÁ–ZAMORA Y CASTILLO, podemos distinguir tres categorías de resolución de conflicto: la autotutela o autodefensa, la autocomposición y la heterocomposición [Vid. *Derecho Procesal I. Introducción*, 1.2].

1.2. PROCESO CIVIL

1.2.1. Proceso como instrumento de tutela

El proceso es una realidad compleja a la que debemos aproximarnos adoptando distintos puntos de vista, pues de lo contrario solo alcanzaríamos a comprender parcialmente esa realidad. Nos hemos referido a él, desde un punto de vista formal como "el conjunto de actos procesales que se suceden temporalmente, de forma tal que cada uno de ellos es causa del anterior y razón del posterior, en aras a la solución de situaciones conflictivas con relevancia jurídica en virtud de resolución judicial definitiva y firme, que exclusivamente se ha podido pronunciar en el marco del mismo" [vid. *Derecho Procesal I. Introducción*, Tema 9]; cuando tales situaciones conflictivas con relevancia jurídica vienen referidas al derecho privado (civil y mercantil), ese conjunto de actos procesales configuran el proceso civil. Se trata de una definición que se centra en el aspecto formal del proceso.

Si nos centramos en su aspecto funcional y asumimos la concepción garantista del Derecho Procesal, la finalidad del proceso civil es servir de instrumento para garantizar el derecho a la tutela judicial efectiva en el ámbito del derecho privado.

Durante más de un siglo el proceso civil estuvo regulado en la LEC 1881, una ley resultado de la codificación y fruto del liberalismo, que apenas avanzó sobre el derecho anterior; no en vano, GOLDSCHMIDT dijo que "el proceso español es un recipiente liberal del siglo XIX, en el que se ha vaciado el vino antiguo del proceso común de los siglos medios".

La Constitución supuso una innegable revolución en muchos ámbitos del ordenamiento jurídico y el derecho procesal no se sustrae a esa determinante influencia. Si en el ámbito del proceso penal la influencia es manifiesta (se ha llegado a decir que sólo con la constitución se podría hacer un proceso penal, prescindiendo de la LECr –RAMOS MÉNDEZ–), en el proceso civil (aunque menor), también se puso de manifiesto el influjo constitucional. España se configura como un Estado Social y Democrático de Derecho, y ello supone que frente al modelo del **proceso civil liberal** (encarnado en la LEC 1881), se debe de abrir paso un **proceso civil social**, acorde con el modelo de Estado que lo sustenta.

Dos modelos de enjuiciamiento entre los que existen importantes diferencias que deben tenerse en cuenta para comprender el sentido y finalidad del Sistema Procesal Civil. Con la superación del individualismo, el papel del juez es distinto, pasando de una posición estática en el modelo liberal, como garantía última de la imparcialidad, a un juez activo, director del proceso y hasta intervencionista en la medida que defiende un interés social más allá del propio de las partes; con ello adquiere protagonismo su investigación, superando el tradicional principio de aportación de parte.

PROCESO LIBERAL	PROCESO SOCIAL
- Juez pasivo (escaso papel) - Principio de aportación de parte - Cargas procesales (no obligaciones) - Buena fe (genérica)	- Protagonismo judicial - Concesiones a la oficialidad (medidas, investigación) - Obligaciones procesales - Buena fe y abuso servicio público de justicia
El proceso resulta lo que las partes quieren que sea	El juez controla e interviene en la búsqueda de la justicia material

La vigente Ley 1/2000, de 7 de enero, de Enjuiciamiento Civil articula ese tránsito del modelo liberal al social; supuso una auténtica transformación, abandonando el modelo decimonónico de inspiración liberal, con mínimo control judicial y desarrollo escrito, implantando un modelo acorde con el estado social y democrático de derecho. Así, respecto al juez, se potencian actuaciones de oficio respecto al control de presupuestos procesales (9, 38, 48, 58, 62, 254, 283.bis d, 293, 425, 447.bis.11ª, 546, 684.2, 725, 769.4, 778.quáter), para acordar adaptaciones y ajustes para personas con discapacidad o mayores (7.bis.1) o la acumulación (75, 555, 780.6), respecto al control sobre existencia de cláusulas abusivas (34.4, 35.4, 552, 752.1, 759.4), a la declaración de nulidad de actuaciones (227.2) o a la adopción de medidas cautelares (721.3, 762.1 y 2, 774.2, 778.quáter.8). Incluso respecto a la prueba, aunque la aportación de los hechos y la proposición de prueba sigue correspondiendo a las partes (216), el juez puede advertir la insuficiencia probatoria (429.1), acordar diligencias finales (435.2), recabar informes de oficio en supuestos de actuaciones discriminatorias (217.5), intervenir en la práctica de pruebas (347.2, 354.3) y acordar su práctica cuando lo establezca la ley (282, en relación al 339.5, 373, 715, 770.4ª, 771.3, 777.5, 778.quinquies.7). En relación a las partes, además del deber general de colaboración (118 CE, 11.1º y 16.3º LEC, 591 LEC), se establecen auténticas obligaciones procesales (261, 283.bis.h y k, 328, 589), con la potenciación del principio de buena fe (247) y la introducción del concepto de abuso del servicio público de Justicia (246.4, 394.4, 395.1). Por último, el modelo social de proceso civil y la superación de los intereses individuales también se manifiesta en las numerosas especialidades que se establecen en materia de protección de consumidores y usuarios.

La legislación procesal civil se complementa con la TRLC, la LJV, la LA, la LM, LCJI, así como la LOMESPJ, en lo que se refiere a los MASC. La importancia de la LEC reside en su carácter supletorio respecto a las demás leyes procesales (4 LEC). En marcha se encuentran algunos proyectos que se irán añadiendo a las leyes procesales civiles, como el proyecto de acciones colectivas.

1.2.2. Clases de tutela procesal e incidencia en la tipología de proceso

La LEC en su art. 5 establece: "*se podrá pretender de los tribunales la condena a determinada prestación, la declaración de la existencia de derechos y de situaciones jurídicas, la constitución, modificación o extinción de estas últimas, la ejecución, la adopción de medidas cautelares y cualquier otra clase de tutela que esté expresamente prevista por la ley*". Se reconoce así la existencia de tres tipos de tutela que, a su vez, dan lugar a tres tipos de proceso: declarativo, ejecutivo y cautelar. En nuestro procedimiento procesal civil debemos distinguir:

Con la tutela declarativa en sentido amplio se puede pretender obtener del órgano jurisdiccional la declaración (declarativa pura o en sentido estricto) de la existencia (positiva) o inexistencia (negativa) de derechos, relaciones o situaciones jurídicas; la constitución, modificación o extinción de relaciones, situaciones o estados jurídicos (constitutiva), distinguiendo los supuestos en que ello solo es posible a través del proceso (necesarias) de aquellos en que caben otras fórmulas (voluntarias); la condena a determinada prestación (de condena), que puede consistir en dar, hacer o deshacer (positiva) o en dejar de hacer o abstenerse en el futuro (negativa).

TUTELA/OBJETO	CLASES		EJEMPLOS
MERAMENTE DECLARATIVA Declaración existencia/inexistencia derecho subjetivo o relación jurídica	POSITIVA	Existencia relación o situación jurídica	32.1.1º LCD,
	NEGATIVA	Inexistencia relación o situación jurídica	Acción negatoria (121 LPat; servidumbres)
CONSTITUTIVA Creación, modificación o extinción de relación, situación o estado jurídico	VOLUNTARIAS	No precisan el proceso (proceso dispositivo)	Resolución contractual, acciones prescriptivas del dominio.
	NECESARIAS	Solo cabe ejercitarlas en el proceso (proceso necesario)	Constitución de curatela, adopción medidas de protección, filiación
DE CONDENA Obtener del juez una condena al demandado al cumplimiento de alguna de las prestaciones	POSITIVA	Dar, hacer o deshacer algo	Devolución depósito, reparación daño, deshacer obra
	NEGATIVA	Cesar de hacer o abstenerse en el futuro	Acción de cesación o de prohibición de hacer (publicidad ilícita, competencia desleal, actividades molestas o insalubres, secretos empresariales).

Con la tutela ejecutiva se pretende hacer efectivo el derecho reconocido en un título ejecutivo, que puede tener su origen en una previa actividad judicial declarativa (títulos ejecutivos judiciales, 517.2.1º, 3º y 8), en otro tipo de actividad asimilada (títulos ejecutivos asimilados a los judiciales, arbitraje o mediación, 517.2.2º) o en la atribución legal de la fuerza ejecutiva por el ordenamiento jurídico (títulos ejecutivos no judiciales, 517.2.4º a 9º). La previsión constitucional acerca de la potestad jurisdiccional como actividad de juzgar y ejecutar lo juzgado (117.3 CE), en relación a la tutela ejecutiva resulta doblemente incompleta porque lo juzgado no siempre es necesario ejecutarlo (puede haber cumplimiento voluntario) y tampoco se ejecuta solo lo previamente juzgado (títulos ejecutivos no judiciales).

Por último, sin entrar en su consideración como tipo de proceso o como actividad accesoria del mismo, a través de la tutela cautelar se pretende garantizar la efectividad de los resultados del proceso principal. La inevitable duración del proceso aconseja que puedan adoptarse medidas de muy variada naturaleza, pero con una finalidad común de aseguramiento ante el riesgo que para la eficacia de la resolución que en su día pueda dictarse supone el transcurso del tiempo. Así, para asegurar el pago se puede acordar el embargo de bienes; para asegurar la continuidad de bienes productivos (comercio, negocio, explotación) se puede acordar su administración judicial; para asegurar la devolución de una cosa mueble se puede acordar su depósito (727).

1.2.3. Principios del proceso y del procedimiento civiles

El estudio de los principios se ha hecho en *Derecho Procesal I. Introducción* [Tema 9]; ello no impide que recordemos aquí algunos de aquellos conceptos y sus manifestaciones en el proceso civil.

El planteamiento sobre los principios del proceso pasa tradicionalmente por la distinción entre oportunidad y necesidad. En ocasiones, el proceso se presenta como el único instrumento para la aplicación del derecho, siendo el ejemplo más claro el proceso penal. Por el contrario, otras veces el proceso es posible, pero junto a él pueden buscarse otros instrumentos y resolver el conflicto extraprocesalmente (MASC). El principio de oportunidad es característico del proceso civil, pero ni es exclusivo del mismo, ni es el único por el que se rige. Existe una cierta "civilización del proceso penal" y "penalización del proceso civil", como se pone de manifiesto en las concesiones a la oficialidad en el proceso civil, con importantes atribuciones al Juez (control de presupuestos, adopción de medidas, investigación y aportación) o la configuración del proceso civil necesario (filiación, paternidad, matrimoniales).

Se viene considerando que el principio de oportunidad favorece los principios dispositivo (discrecionalidad de las partes para disponer del proceso) y de aportación (con las partes como responsables de llevar al proceso el material fáctico y probatorio), mientras que con la necesidad prima la legalidad (sin posibilidad de disponer del proceso) y la oficialidad (con amplias facultades judiciales de control e investigación).

El modelo de proceso civil recogido en la LEC, con predominio de la oportunidad y, por ello, de los principios dispositivo y de aportación, contiene, como hemos indicado (aptdo.2.1), excepciones al mismo y concesiones a la oficialidad (facultades judiciales para actuar de oficio, medidas para la protección de intereses supraindividuales).

En relación a la actuación de las partes, el proceso civil asume los principios de contradicción y de igualdad. Con la contradicción se garantiza a las partes el conocimiento de la existencia del proceso y de todas y cada una de sus actuaciones, así como la posibilidad de intervenir y contradecir lo manifestado por la otra. Y como complemento, ello debe hacerse garantizando, a su vez, la igualdad de oportunidades de las partes para ello.

Por lo que se refiere a los principios del procedimiento no afectan a la estructura sino a la forma en que se realizan las actuaciones que lo componen. La LEC ha supuesto un importante impulso de la oralidad en el proceso civil (120.2 CE, 229.1 LOPJ y 210 LEC) y con ello, ha potenciado la concentración de las actuaciones, la inmediación judicial (137) y la publicidad (138). Además, en tanto estamos ante una sucesión ordenada de actuaciones, el factor tiempo es determinante en su realización, de manera que fuera del momento procesal establecido para ello, opera el principio de preclusión y se pierde la oportunidad de llevar a cabo actuaciones una vez superado el plazo para hacerlas.

1.3. Arbitraje

El arbitraje se configura como un método voluntario de heterocomposición dispositiva de conflictos intersubjetivos, alternativo y condicionalmente excluyente del proceso judicial, que proporciona una decisión definitiva, irrevocable y ejecutiva. La **voluntariedad** es consustancial al arbitraje y se materializa a través del convenio arbitral que es el acuerdo a través del cual las partes expresan su voluntad de someter a arbitraje las controversias surgidas o que puedan surgir (9 LA); la decisión (laudo) proviene de un tercero (árbitro/s) y es vinculante para las partes, de ahí el carácter heterocompositivo, siendo susceptibles de sometimiento a arbitraje las controversias sobre materias disponibles. El sometimiento a arbitraje excluye el proceso judicial, pero para ello es preciso que se alegue la correspondiente excepción de sumisión de la cuestión litigiosa a arbitraje (39 y 11 LA).

El arbitraje privado se encuentra regulado en la L 60/2003 (modificada por las Leyes 42/2015, 11/2011 y 13/2009) que opera como derecho común o supletorio respecto a los arbitrajes sectoriales o especializados, como el arbitraje de consumo (RD 713/2024 regula el RSAC), seguros (76.e LCS, 97.2 LOSSEAR), transporte terrestre (37 y 38 LOTT, 6 a 12 ROTT), propiedad intelectual (194 LPI).

En atención a la forma en que los árbitros han de resolver la controversia, el arbitraje puede ser de **derecho** o de **equidad**, con sujeción a las normas jurídicas, al primero, o conforme a su leal saber y entender, el segundo; la preferencia por el arbitraje de derecho se muestra en que, salvo pacto en contrario, será el aplicable. Una modalidad de arbitraje es el denominado **institucional** o administrado (14 LA), conforme al cual se da intervención a una institución o entidad gestora del arbitraje a la que se encarga su administración; le corresponderá la designación del/los árbitros y proporcionar soporte administrativo para su desarrollo (Corte Española de Arbitraje –CEA–, Tribunal Arbitral de Barcelona –TAB–, Corte Civil y Mercantil de arbitraje –CIMA–). El arbitraje es **internacional** cuando concurre alguna de las circunstancias previstas en el art. 3 LA, ya sea por los domicilios de las partes, por el lugar del arbitraje, del cumplimiento de las obligaciones de la relación jurídica de la que dimane la controversia o del lugar con el que el arbitraje tenga una relación más estrecha o por afectar a intereses del comercio internacional; en este ámbito tienen especial relevancia las cortes arbitrales (Centro Internacional de Arbitraje de Madrid –CIAM–, The International Court of Arbitration, The London Court of International Arbitration –LCIA–, Centro Internacional de Arreglo de Diferencias Relativas a Inversiones –CIADI–).

Para ser árbitro hay que hallarse en pleno ejercicio de derechos civiles y, en el caso del arbitraje de derecho, ha de ser jurista. Podrá designarse libremente el número de árbitros, si bien deberá ser impar y, a falta de acuerdo, se designará un solo árbitro.

Por lo que se refiere a la sustanciación de las actuaciones, la característica principal es la flexibilidad, pudiendo las partes convenir libremente el procedimiento, debiendo garantizarse el respeto a los principios de igualdad, audiencia y contradicción (24 y 25 LA). El laudo pone fin al arbitraje y deberá ser motivado, salvo que se dicta por acuerdo de las partes (36 y 37.4 LA); produce efectos de cosa juzgada y puede ejecutarse conforme a la LEC (43 y 44 LA), si bien frente al mismo se admite la denominada acción de anulación por motivos tasados que no permiten un nuevo examen de la controversia, sino solo el control a través de los motivos tasados (41.1 LA).

Las relaciones entre jurisdicción y arbitraje siempre han sido conflictivas; la jurisdicción ve en el arbitraje una especia de *intruso* que excluye su intervención el arbitraje surge con el objetivo principal de conseguir alejar las controversias del juzgado («*keep the resolution of disputes as far away from the court as practicable*»). Ejemplo de lo primero es la extensiva interpretación que el TSJ de Madrid hace del concepto de orden público a efectos del control judicial del laudo, corregida por el TC (SSTC 2ª 65/2021 y 50/2022). Lo segundo resulta paradójico al tomar conciencia de que el arbitraje precisa a menudo del concurso de la jurisdicción para alcanzar plena efectividad (para el nombramiento y remoción de árbitros –8.1 LA–, para la asistencia en la práctica de pruebas –8.2 LA–, para la adopción de medidas cautelares –8.3 LA–, para la ejecución forzosa –8.4 y 6 LA–).

Entre los arbitrajes especializados o sectoriales, ha adquirido especial relevancia el **Arbitraje de Consumo**, configurado como instrumento que las Administraciones Públicas ponen a disposición de los ciudadanos para resolver de forma eficaz los conflictos y reclamaciones que surgen en las relaciones de consumo, toda vez que la protección de los consumidores y usuarios exige que éstos dispongan de mecanismos adecuados, siendo muy utilizados en materia de suministros de energía, telecomunicaciones, pequeño comercio (informática, electrodomésticos, etc.) y prestación de servicios (tintorerías, talleres de reparación).

A partir del art. 1 RSAC se puede definir el SAC como un arbitraje institucional a través del cual los órganos arbitrales resuelven de forma extrajudicial, con carácter vinculante y ejecutivo para las partes, los litigios, nacionales o transfronterizos, dirigidos frente a empresarios y que son sometidos a su decisión por consumidores o usuarios residentes en la Unión Europea al considerar que existe una vulneración de sus derechos legal o contractualmente reconocidos. Se trata de un sistema arbitral **institucional** (pues es gestionado por las Juntas Arbitrales), **sectorial** (por la delimitación del ámbito objetivo y subjetivo) y **unidireccional** en su origen (solo puede iniciarse a instancia del consumidor), pero mutable por la vía de la reconvención del empresario.

En el desarrollo del SAC ha tenido mucho que ver la UE, siendo el vigente RSAC consecuencia de la transposición de la Directiva 2013/11/UE a través de la LRAL, que recomendaba la adaptación del anterior reglamento de 2008. La previsión normativa está en los arts. 57 y 58 LGDCU, su desarrollo en el RSAC, compartiendo supletoriedad la LA y la LPAC.

Sus ventajas radican en su **rapidez,** dado que se tramita todo el procedimiento arbitral en un máximo de seis meses, siendo más **barato** que acudir a la vía judicial dado que es gratuito para las partes, que sólo deben costear las periciales. Es una vía muy adecuada para reclamaciones de consumidores y usuarios que pueden hacer valer sus derechos, sobre todo en reclamaciones de escasa cuantía en los que acudir a la vía judicial puede resultar antieconómico y, para las empresas y profesionales adheridos al sistema arbitral, es una forma de generar confianza entre sus clientes, lo que redundará en su prestigio.

Como todo arbitraje, el SAC tiene su fundamento en el sometimiento voluntario de las partes, con la singularidad de que, en este caso, no necesita que se produzca de forma simultánea (convenio arbitral), sino que puede manifestarse de manera sucesiva, al concurrir la previa oferta pública de adhesión del empresario con la reclamación del consumidor.

Las **Juntas Arbitrales** son órganos de naturaleza administrativa, dependientes y adscritos a una administración pública, a los que corresponde la gestión del arbitraje institucional de consumo en el ámbito territorial propio de la administración a la que están adscritas. Con cierta confusión entre obligaciones y funciones, el art. 6 RSAC les atribuye el fomento y difusión del SAC (a, i, j), la gestión estructural (b, c, d, e, h, k), la gestión funcional del SAC (f, g) y cualquier otra actividad relacionada con el desarrollo de las funciones que les son propios (l). Los **órganos arbitrales** pueden ser de carácter unipersonal (árbitro único) o colegiado (tres árbitros) y les corresponde la decisión o resolución de las controversias planteadas ante las JAC.

1.4. MASC. GENERALIDADES

1.4.1. Concepto, obligatoriedad, efectos e impugnación

La LOMESPJ ha introducido como requisito de procedibilidad para la admisión de la demanda en el proceso civil la necesidad de acudir a un medio adecuado de solución de controversias (5.1 LOMESPJ). Estos se definen como cualquier tipo de actividad negociadora, reconocida en la ley a la que las partes de un conflicto acuden de buena fe con el objeto de encontrar una solución extrajudicial al mismo, ya sea por sí mismas o con la intervención de tercera persona neutral (2 LOMESPJ).

Establecida la obligatoriedad respecto a todos los procesos declarativos del Libro II y en los procesos especiales del Libro III, de manera inmediata surgen las excepciones; con carácter general, las materias laboral, penal y concursal, así como los conflictos en que una de las partes sea una entidad perteneciente al sector público; por la indisponibilidad del objeto, se excluyen los conflictos sobre materias excluidas de la mediación, conforme a lo dispuesto en el art. 89.9 LOPJ. De manera específica se exceptúan los conflictos que tengan por objeto alguna de las siguientes materias: la tutela judicial civil de derechos fundamentales, adopción de medidas del art.158 CC, adopción de medidas judiciales de apoyo a las personas con discapacidad, filiación, paternidad y maternidad, tutela sumaria de la tenencia o la posesión de una cosa o derecho por quien haya sido despojado o perturbado en su disfrute, la pretensión de que el tribunal resuelva, con carácter sumario, la demolición o derribo de obra edificio árbol columna o cualquier otro objeto análogo en estado de ruina y que amenace causar daños a quien demande, el ingreso de menores con problemas de conducta en centros de protección específicos, la entrada de domicilios y restantes lugares para la ejecución forzosa de medidas de protección de menores o la restitución o retorno de menores en los supuestos de sustracción internacional, el juicio cambiario; tampoco será preciso acudir a un MASC para la interposición de demanda ejecutiva, la solicitud de medidas cautelares previas a la demanda, la solicitud diligencias preliminares, los expedientes de jurisdicción voluntaria con excepción de los casos de desacuerdo conyugal y administración de bienes gananciales así como de los de intervención judicial en caso de desacuerdo en la ejecución en el ejercicio de la patria potestad y para solicitar el inicio de un proceso monitorio europeo de escasa cuantía.

La LOMESPJ regula las disposiciones generales y comunes a todos los MASC, debiendo completarse con las referencias de la LEC a los mismos y con la regulación específica de cada uno de los MASC (como luego se verá).

La asistencia letrada es facultativa, con la excepción de la oferta vinculante confidencial cuando la cuantía supere los 2.000 €

La apertura del proceso de negociación se inicia con la solicitud de una parte dirigida a la otra, dando lugar a la interrupción de la prescripción y a la suspensión de la caducidad desde la fecha en que conste el intento de comunicación de dicha solicitud a la otra parte; el reinicio o la reanudación se producirá a partir del acuerdo o, en caso, cuando la negociación concluye sin él o no transcurridos treinta días naturales sin respuesta (desde la recepción de la solicitud o desde el intento de comunicación, si no se produce la recepción); si interviene una persona mediadora o una persona conciliadora el plazo se reduce a 15 días naturales.

El acuerdo alcanzado debe documentarse haciendo constar los datos de los intervinientes y, en su caso, de los abogados y de los terceros intervinientes (tercero neutral, mediador, conciliador), el lugar y fecha, las obligaciones asumidas por cada parte y que se ha seguido un MASC ajustado a las previsiones de la LOMESPJ.

Tiene eficacia vinculante para las partes, que no podrán presentar demanda con igual objeto. No obstante, para alcanzar carácter ejecutivo debe elevarse a escritura pública o ser homologado judicialmente (13.2 LOMESPJ), pudiendo ambas partes compelerse recíprocamente a ello, con la indudable ventaja de que podrá otorgarse unilateralmente por la parte solicitante, debiendo hacerse la solicitud por medio del notario autorizante del instrumento público y dejar constancia en él. Conviene, no obstante, tener en cuenta que los títulos ejecutivos no judiciales solo permiten despachar ejecución por cantidad determinada que exceda de 300 €; cualquier otra obligación distinta a la dineraria o por cantidad igual o inferior, no alcanzará carácter ejecutivo aunque se eleve a escritura pública.

Indicar, por último, que contra el acuerdo alcanzado en un MASC se puede ejercitar la acción de nulidad por las causas que invalidan los contratos, sin perjuicio de la oposición que pueda plantearse, en su caso, en el proceso de ejecución (13.1 LOMESPJ, 23.4 LM, 148 LJV).

1.4.2. Clases de MASC

La previsión legal nos conduce a *cualquier tipo de actividad negociadora*, pero con el añadido requisito de estar reconocida en la LOMESPJ o en otras leyes, ya sean estatales o autonómicas; dicha actividad puede llevarse a cabo directamente por las partes, entre sus abogados bajo sus directrices, con la intervención de un tercero neutral o a través de un proceso de Derecho colaborativo.

Conforme a lo dispuesto en la LOMESPJ, podemos realizar la siguiente distinción. MASC previstos y regulados en ella. Como tales cabe identificar la conciliación privada (15 y 16 LOMESPJ), la oferta vinculante confidencial (17 LOMESPJ), la opinión de persona experta independiente (18 LOMESPJ) y el proceso de Derecho colaborativo (19 LOMESPJ). Así mismo, la propia LOMESPJ se refiere a la negociación directa de las partes o, en su caso, a través de sus abogados, aunque carente de regulación (14.1 LOMESPJ). MASC a los que se refiere la LOMESPJ, preexistentes a la misma y con regulación específica en otras leyes. A este grupo pertenecen la mediación regulada en la Ley 5/2012 (o en la legislación autonómica aplicable), la conciliación ante el LAJ, regulada en el título IX de la LJV y la conciliación ante el JPz regulada en el art. 47 y en el título IX de la LJV. Preexistentes también a la LOMESPJ son la conciliación ante notario, regulada en el capítulo VII del título VII de la Ley del Notariado, de 28 de mayo de 1862 y la conciliación ante el registrador regulada en el título IV bis de la Ley Hipotecaria, si bien estos dos casos, el art. 15.2.a LOMESPJ parece situarlos dentro de la conciliación privada. MASC no mencionados de manera expresa en la LOMESPJ, regulados en otras leyes, entre los que cabe mencionar la reclamación extrajudicial previa en los litigios en materia de consumo (DA séptima LOMESPJ), la reclamación previa relativa a la actividad de concesión de préstamos o créditos de manera oficial (439.bis LEC), la reclamación en materia de derechos de los usuarios de transporte aéreo (Orden TMA/201/2022, de 14 de marzo) , en conflictos entre el prestador y el destinatario de servicios de la sociedad de la información (32 LSSI), contra entidades de crédito, empresas de servicios de inversión y entidades aseguradoras (29 y 30 L 44/2002, de 22 de noviembre, de Medidas de Reforma del Sistema Financiero) o ante la futura Autoridad Administrativa Independiente de defensa del cliente financiero (BOCG, Serie A, núm. 18–1, de 5 de abril).

A partir de tal relación, la pregunta es inmediata: se trata de *numerus clausus* o es una relación abierta. Lo relevante para que una actividad negociadora sea reconocida como MASC es su reconocimiento "*en esta u otras leyes*" (2 LOMESPJ), "*estatales o autonómicas*" (5.1.II LOMESPJ) y el cumplimiento de lo previsto en la LOMESPJ (secciones 1ª y 2ª, capítulo I, título II –arts. 2 a 13). En este sentido, se reconoce como actividad negociadora, aparte de las que expresamente se prevén, la desarrollada "*directamente por las partes, o entre sus abogados o abogadas bajo sus directrices y con su conformidad*" (5.1.II LOPMESPJ).

1.4.3. Deficiencias y necesidad de reforma

La puesta en marcha de los MASC ha generado de manera inmediata problemas de aplicación práctica graves. Más allá de la valoración que su imposición obligatoria merezca, mayoritariamente crítica, la LOMESPJ es imprecisa, presenta graves deficiencias y deja abiertas demasiadas dudas interpretativas. Por citar algunos ejemplos, surgen dudas sobre la obligatoriedad de los MASC en la reconvención, en la demanda posterior a la solicitud de medidas provisionales en divorcios; no se comprende que no sean necesarios para el cambiario, pero sí para el monitorio LEC y el específico de la LPH,

Las contradicciones judiciales están tratando de resolverse por la vía de los acuerdos de unificación de criterios, solución que habrá de ser, en todo caso, provisional y que no debe dilatar una imprescindible revisión legislativa. Parece que el Congreso de los Diputados ha tomado conciencia de estos problemas y en el Pleno del 13 de noviembre de 2025 aprobó una Proposición no de Ley relativa a la modificación urgente de la regulación de los medios alternativos de solución de conflictos en la justicia y el establecimiento de criterios unificados para todos los órganos judiciales.

Resulta imprescindible que la obligatoriedad de acudir a MASC y las excepciones a la misma no solo estén claras y no admitan dudas interpretativas, sino que deben sustentarse en criterios racionales y adecuados a su finalidad.

1.5. Mediación

Se trata de un medio de solución de controversias autocompositivo, cualquiera que sea su denominación, en el que dos o más partes intentan voluntariamente alcanzar por sí mismas un acuerdo con la intervención de un mediador o dos mediadores si trabajan en comediación. Está regulado en la Ley 5/2012, de 6 de julio, de Mediación de asuntos civiles y mercantiles, incluidos los conflictos transfronterizos, y resulta de aplicación siempre que se trate de materias de derecho privado disponible. Puede ser preprocesal (extrajudicial) e intrajudicial, siendo numerosas las referencias en el articulado de la LEC (19, 39, 63, 65.2, 206.1.2, 335.3, 347.1, 414 y 440, 415, 443, 517.1, 518, 539, 545, 550, 556, 559, 576, 770 y 777, 778).

Aunque en comparación con otros países el recurso a la mediación es todavía muy escaso en España, ha ido adquiriendo relevancia en el ámbito del derecho de familia, tanto preprocesal como intrajudicial, en ésta última a través de diversos protocolos adoptados entre el CGPJ y algunos órganos judiciales. La falta de recursos económicos propios es un lastre y ralentiza su implantación, a pesar de la indudable ventaja que supone que el grado de cumplimiento efectivo de los acuerdos por las partes sea muy elevados.

Según refiere Kovach un **procedimiento** de mediación civil y mercantil debe incluir algunos o todos de los siguientes pasos: 1) Planificación, 2) Breve introducción de la mediación, 3) Palabras de apertura, para que cada parte tenga la oportunidad de expresar su punto de vista de la controversia en una sesión conjunta o en una sesión individual, 4) Discusión conjunta, 5) *Caucus* o sesión individual con cada uno de los mediados, 6) Negociación.

El **objetivo general** de la mediación es la búsqueda de la confianza, ya que su éxito a través del acuerdo, sol se alcanzará si se genera un ambiente de confianza; confianza en el propio procedimiento de mediación, en el mediador como profesional y entre las partes. Cualquier recelo dará al traste con la mediación.

Como **objetivos particulares** se identifican:

- Que las partes tengan la oportunidad de **expresar** su punto de vista sobre el conflicto, sus preocupaciones.
- Conocer **la disposición** de las partes a querer negociar.
- Que las partes reciban **información** necesaria sobre la mediación, situándoles en un contexto distinto al procedimiento judicial, el arbitraje o la conciliación. Y en concreto que reciban información sobre los siguientes puntos: principios, reglas, estructura del proceso, flexibilidad y capacidad de adaptación, duración, coste económico, formas de finalización del proceso
- Ayudar a las partes a definir sus **posiciones** a explorar sus **intereses y necesidades.**
- Ayudar a las partes a generar **opciones** y a valorar cada una de ellas para encontrar la que mejor satisfaga sus intereses.

- Ayudar a las partes a que sean **realistas** sobre el conocimiento de su mejor alternativa a un acuerdo negociado.
- Trabajar para que las partes **se pongan en el lugar de la otra** con el fin de comprendan su actuación o proceder.
- Instruir a las partes sobre **la forma más eficaz de comunicarse** dentro del procedimiento y en sus futuras relaciones.
- Instruir a las partes sobre una forma de negociación que tenga en cuenta los **intereses mutuos** y en las que ambas salgan ganando.

Los **principios** informadores de la mediación son la voluntariedad y libre disposición, presentes en el inicio y a lo largo de todo en proceso mediador (6 LM); la igualdad de las partes y la imparcialidad de los mediadores (7 LM); la confidencialidad, común con los demás MASC, no solo para las partes, sino para el mediador, protegido por el secreto profesional (9 LM, 9 LOMESPJ),

El **mediador** asume la función de facilitar la comunicación entre las partes y velará porque dispongan de la información y el asesoramiento suficientes, desarrollando una conducta activa tendente a lograr el acercamiento entre ellas y, sólo podrá aceptar la mediación cuando asegure poder mediar con total imparcialidad. Pueden ser mediadores las personas naturales o jurídicas, en posesión de título oficial universitario o de formación profesional superior, que cuenten con formación específica para ejercer la mediación; esta se adquiere mediante la realización de uno o varios cursos específicos impartidos por instituciones debidamente acreditadas, debiendo suscribir un seguro que cubra la responsabilidad civil derivada de su actuación en los conflictos en que intervenga.

El **procedimiento**, si bien es flexible, se desarrollará en cuatro fases:

La primera fase incluye las sesiones preliminares con una entrevista conjunta (para facilitar la información general) y por separado (para conocer el punto de vista de cada parte). Si las partes manifiestan su voluntad de comenzar la mediación, se formalizará el acta de la sesión constitutiva (19 LM).

En la segunda fase se desarrollan sesiones individuales para que el mediador trabaje con cada una de las partes por separado y explore la controversia existente, los intereses prioritarios de cada parte y las alternativas para intentar llegar a un acuerdo. Es habitual utilizar la técnica del cambio de roles, poniéndose en los zapatos del otro.

La tercera fase se centra en el empoderamiento de las partes, a fin de que estén preparadas para negociar su disputa con ciertos principios. Para el mediador es fundamental facilitar la comunicación entre las partes, pues en muchas ocasiones, al comienzo, es inexistente o impracticable. Dependiendo del tipo de controversia y de cómo avance el proceso, se podrán realizar cuantas sesiones se consideren necesarias, adaptando la periodicidad al caso concreto. Así, cuando el componente personal es relevante (como en cuestiones de familia), es aconsejable espaciar las sesiones y celebrarlas con una periodicidad al menos semanal a fin de que las partes puedan reflexionar sobre lo trabajado en cada sesión; en conflictos profesionales (relaciones comerciales o mercantiles, se tiende a intentar realizar una sesión conjunta o varias pero más concentradas y próximas.

Con la última fase concluye la mediación, formalizando el acta final (22.3 LM) que reflejará el acuerdo o acuerdos alcanzados o expresará que ha concluido sin acuerdo. Deberá firmarla el mediador y todas las partes, entregándose un ejemplar original a cada una de ellas. En caso de que alguna de las partes no quisiera firma el acta, el mediador hará constar en la misma esta circunstancia, entregando un ejemplar a las partes que lo deseen.

El denominado acuerdo de mediación, de alcanzarse, puede extenderse a una parte o a la totalidad de las materias sometidas a la mediación, y ha de expresar la identidad y el domicilio de las partes, el lugar y fecha en que se suscribe, las obligaciones que cada parte asume y que se ha seguido un procedimiento de mediación ajustado a las previsiones de esta Ley, con indicación de la persona mediadora o mediadores que han intervenido y, en su caso, de la institución de mediación en la cual se ha desarrollado el procedimiento. Deberá firmarse por las partes o sus representantes y se entregará un ejemplar a cada una de las partes, reservándose otro el mediador para su conservación. Igualmente, el mediador informará a las partes del carácter vinculante del acuerdo alcanzado y de que pueden instar su elevación a escritura pública al objeto de configurar su acuerdo como un título ejecutivo. Contra lo convenido en el acuerdo de mediación sólo podrá ejercitarse la acción de nulidad por las causas que invalidan los contratos.

1.6. CONCILIACIÓN

1.6.1. Conciliación en la LJV

La conciliación, al igual que la mediación, se incluye dentro de los métodos autocompositivos de solución de controversias, de manera que son las partes las que resuelven por sí mismas la controversia existente entre ellas, y lo hacen con la intervención de un conciliador.

LJV regula la conciliación como un expediente cuya tramitación se atribuye al LAJ de la SM cuando se trate de materias del art. 87 LOPJ y si se trata de cualquier otra materia civil, al JPz si la cuantía es inferior a 10.000 euros y al LAJ de las SU/SC cuando la cuantía sea igual o superior a dicha cantidad (47 LEC, 140 LJV).

La conciliación no es posible cuando se refiera a materias no susceptibles de transacción ni compromiso, ni cuando estén interesados menores o personas con discapacidad y medidas de apoyo, cuando esté interesado el Estado, las CCAA o cualquier otra Administración Pública, Corporación o Institución de igual naturaleza (139.2 LJV).

Quien pretenda intentar la conciliación debe presentar una solicitud ante el JPz o TI del domicilio del conciliado, a fin de que éste se avenga a reconocer lo planteado por el conciliante, con la finalidad de llegar a un acuerdo. La solicitud (también denominada papeleta de conciliación), se presentará por escrito, indicando los datos y circunstancias de identificación del solicitante y del/los conciliado/s, los domicilios en que pueden ser citados: Así mismo, deberá determinar con claridad y precisión cuál es el objeto de la avenencia, no siendo preceptiva la intervención de abogado ni procurador. La presentación con ulterior admisión de la solicitud de conciliación interrumpirá la prescripción, tanto adquisitiva como extintiva, en los términos y con los efectos establecidos en la ley, desde el momento de su presentación. El plazo para la prescripción volverá a computarse desde que recaiga el decreto del LAJ o el auto del JPz poniendo término al expediente.

Admitida la solicitud, se señalará día y hora para su celebración, pudiendo darse las siguientes situaciones:

- Incomparecencia del solicitante. Si no comparece ni alega justa causa, se le tendrá por desistido y se archivará el expediente. El requerido podrá reclamar al solicitante la indemnización de los daños y perjuicios que su comparecencia le haya originado, si el solicitante no acreditare que su incomparecencia se debió a justa causa. De la reclamación se dará traslado por cinco días al solicitante, y resolverá el LAJ, sin ulterior recurso, fijando, en su caso, la indemnización que corresponda.
- Incomparecencia del requerido. Si no compareciere ni alega justa causa, se pondrá fin al acto, teniéndose la conciliación por intentada sin efecto. Si siendo varios los requeridos, concurriese sólo alguno de ellos, se celebrará con éste el acto y se tendrá por intentada la conciliación en cuanto a los restantes.
- Comparecencia de ambas partes. Expondrá su reclamación el solicitante, manifestando los fundamentos en que la apoye; contestará el requerido lo que crea conveniente y podrán los intervinientes exhibir o aportar cualquier documento en que funden sus alegaciones. El LAJ o el JPz procurará avenirlos, permitiéndoles replicar y contrarreplicar, si quisieren y ello pudiere facilitar el acuerdo. Si llegan a un acuerdo se dará por finalizado con avenencia, fijando sus términos y, en caso contrario, se dará el acto por terminado sin avenencia.

Los gastos que ocasionare el acto de conciliación serán de cuenta del que lo hubiere promovido y cualquiera de las partes puede solicitar testimonio del acta que ponga fin al acto de conciliación.

En caso de acuerdo, éste será plenamente ejecutivo a los efectos previstos en el 517.2.9º LEC, siendo competente para la ejecución el mismo JPz o TI que tramitó la conciliación, si se trate de asuntos de su competencia; en los demás casos la ejecución corresponderá al TI a quien hubiere correspondido conocer de la eventual demanda.

Contra lo convenido en el acto de conciliación sólo podrá ejercitarse la acción de nulidad por las causas que invalidan los contratos.

Desde un punto de vista práctico, la conciliación tiene utilidad en aquellos casos en los que las partes quiere intentar un acuerdo, sirviendo para interrumpir prescripciones, efectuar notificaciones a la conciliada, requerirle para que manifieste sobre otras partes intervinientes (por ejemplo, la existencia de seguros y sus pólizas), pudiendo tener efectos en cuanto a la imposición o no de costas en los futuros procedimientos judiciales.

1.6.2. Conciliación privada

La LOMESPJ regula la conciliación privada en la que el conciliador puede ser una persona con conocimientos técnicos o jurídicos en la materia sobre la que debe gestionar la negociación (15.1 LOMESPJ), siendo necesario que reúna una serie de requisitos relativos a su inscripción e imparcialidad (15.2 LOMESPJ). Al referirse a esa inscripción, se incluye a los colegios profesionales de la abogacía, procura, graduados sociales, economistas, notariado y registradores de la propiedad, a lo que ha de añadirse la mención expresa a la inscripción como mediador en los registros correspondientes. La proximidad de esta conciliación privada con la mediación es evidente, razón por la que no se comprende la duplicidad, máxime si comparamos las funciones del conciliador y las del mediador, tan solo diferenciadas a partir de la atribución a aquel de un papel más activo ya que sugiere y propone soluciones mientras que el mediador facilita la comunicación en entre las partes a fin de que estas acerquen sus posiciones y puedan alcanzar un acuerdo.

La regulación legal se encuentra en los arts. 15 y 16 LOMESPJ, así como en los arts. 81 a 83 LN y 103.bis LH.

El encargo profesional al conciliador puede realizarse de mutuo acuerdo por las dos partes o solo por una de ellas, debiendo expresar sucintamente, pero con claridad, el contenido de la discrepancia objeto de conciliación, la identidad de las partes, el teléfono, correo electrónico a efectos de citaciones o el medio del que se dispone para la realización de videoconferencia. La persona conciliadora debe aceptar expresamente el encargo y está sujeta a las responsabilidades que procedan por el ejercicio inadecuado de su función.

La persona conciliadora asume las funciones descritas en el art. 16 LOMESPJ, que pueden tener contenido informativo (a, f), de documentación o constancia (c, i, j, k), de gestión (b, d, e, h) y propositivo (g), elaborando el acta final en la que se recogerá el acuerdo o el desacuerdo.

La eficacia del acuerdo está sujeta a las reglas generales de los MASC y requiere elevación a escritura pública u homologación judicial para alcanzar valor de título ejecutivo (13.2 LOMESPJ).

1.7. OFERTA VINCULANTE CONFIDENCIAL

A la OVC se refiere el 17 LOMESPJ que se limita a regular algunos aspectos específicos de este MASC, siendo de aplicación, en todo lo no previsto, las disposiciones recogidas en las secciones 1ª (Disposiciones generales) y 2ª (De los efectos de la actividad negociadora) del Título II LOMESPJ. Del contenido del citado artículo podemos definir la oferta vinculante confidencial como el medio adecuado de solución de controversias a través del cual una persona, oferente o requirente, formula una propuesta de buena fe y con intención negociadora para dar solución a una controversia, asumiendo la obligación de cumplirla si el requerido la acepta con carácter irrevocable.

Hasta ahora, la OVC se asociaba a determinadas relaciones comerciales, identificando cualquier propuesta comercial detallada que el vendedor o prestador de servicios ofrece, caracterizándose por comprometer al ofertante en los términos de la misma; su utilización se extendió al ámbito de los préstamos hipotecarios y al de los contratos de seguro. En el derecho anglosajón se sitúa su origen en una resolución del Tribunal de Apelación inglés a partir de la cual se generalizó la denominación de *Calderbank letters*. En nuestro derecho, encontramos ciertas similitudes con la oferta motivada de indemnización prevista en el artículo 7 del Real Decreto Legislativo 8/2004, de 29 de octubre, por el que se aprueba el texto refundido de la Ley sobre responsabilidad civil y seguro en la circulación de vehículos a motor.

Del escueto concepto legal, así como de algunos aspectos de su regulación, se pueden concluir los siguientes caracteres. Se trata de un MASC con regulación legal, con independencia de las exigencias generales recogidas en los capítulos I y II del título I; ello, tal y como se irá exponiendo, plantea la necesidad de salvar o adaptar algunas disposiciones. Como presupuesto ha de existir una controversia, siendo la finalidad de la oferta la solución de la misma de manera autocompositiva, es decir, a través del acuerdo alcanzado conjuntamente por las partes. El objeto es una propuesta de acuerdo o solución de la controversia; se trata, pues, de una declaración de voluntad unilateral en su origen, pero con vocación de conformar un negocio bilateral pues tanto su eficacia vinculante para el oferente, como su aptitud para resolver la controversia se hacen depender de la aceptación; lo característico, por tanto, de este MASC es que la concurrencia de voluntades se produce de manera sucesiva o diferida en el tiempo. En definitiva, la aceptación extingue la OVC que se transforma en acuerdo vinculante.

La OVC no está sujeta a formalidades legales, siendo admisible cualquier medio o instrumento, incluidos los telemáticos, que deje constancia de la identidad del oferente, de su recepción efectiva por la otra parte y de la fecha en la que se produce dicha recepción, así como de su contenido. Respecto al contenido, resulta aconsejable que incluye una referencia, aunque sea genérica, a lo que se reclama

Sin que exista una razón que lo justifique, para la OVC se establece la preceptiva asistencia letrada a las partes, excepto cuando la cuantía del asunto controvertido no supere los dos mil euros o bien cuando una ley sectorial no exija la intervención de letrado o letrada para la realización o aceptación de la oferta.

Tanto si es rechazada expresamente, como en el caso de que transcurra el plazo de validez sin respuesta por parte del requerido, la OVC decae y la parte requirente podrá ejercitar la acción legal que le corresponda ante el tribunal competente. El problema puede surgir a la hora de examinar si existe identidad entre el objeto de la OVC y el objeto del posterior litigio (5.1 LOMESPJ), pues en el caso de la OVC expresamente se indica que es suficiente referir y acreditar en la demanda o en la contestación la remisión y la recepción de la oferta a la otra parte, sin posibilidad de hacer mención a su contenido (17.4 LOMESPJ).

Por lo que se refiere a la eficacia de la OVC no hay especialidades por lo que es aplicable lo dispuesto en el 13 LOMESPJ; así pues, será vinculante para las partes que no podrán presentar demanda con igual objeto, si bien para el acuerdo tenga valor de título ejecutivo deberá elevarse a escritura pública o ser homologado judicialmente.

1.8. OPINIÓN DE PERSONA EXPERTA INDEPENDIENTE

Se refiere el 18 LOMESPJ a la opinión de persona experta independiente, permitiendo que las partes designen de mutuo acuerdo a tal experto para que emita una opinión no vinculante respecto a la materia en conflicto, tanto sobre cuestiones jurídicas como cualquier otro aspecto técnico. Una vez emitido el dictamen las partes dispondrán de un plazo de 10 días hábiles desde su comunicación para hacer recomendaciones, observaciones o propuestas de mejora con el fin de aceptar la opinión escrita propuesta por el experto; si se acepta, tendrá los efectos previstos en el art. 13 LOMESPJ; si no se acepta por alguna o ninguna de las partes, el experto extenderá a cada una de las partes una certificación de que se ha intentado llegar a un acuerdo a efectos de tener por cumplido el requisito de procedibilidad.

1.9. PROCESO DE DERECHO COLABORATIVO

Al Proceso de Derecho Colaborativo se refiere el art. 19 LOMESPJ. Se trata de otro método autocompositivo de solución extrajudicial de controversias, conforme al cual, las partes intentan alcanzar acuerdos de la mano de sus respectivos letrados quienes, en caso de no conseguirlos, se comprometen a apartarse del asunto y no defender los intereses de sus clientes en la vía judicial siendo, en consecuencia, otros abogados los que ostenten la dirección del proceso. Los abogados colaborativos manejan herramientas de mediación, pero no median sino que negocian codo a codo con sus clientes.

Su origen se encuentra en USA en el año 1990 de la mano de STUART WEBB quien se autoproclamó “abogado colaborativo” e informó a sus clientes que no volvería a defender un caso ante los tribunales sino a través de una negociación basada en intereses dirigida a intentar alcanzar acuerdos creativos para sus clientes. Esta idea caló en otros letrados quienes a través de grupos de prácticas compartían sus experiencias. En 1999 se constituyó el *American Institute of Collaborative Professionals* (AICP), extendiéndose por otros países, lo que dio lugar a que en 2001 surgiese la *Internacional Academy of Collaborative Profesionals* (IACP) que trata de crear estándares de práctica colaborativa en esta materia, llegando posteriormente a Europa.

En España las primeras manifestaciones aparecen en el País Vasco con la creación de la primera Asociación de Derecho Colaborativo en el año 2013. La base del Derecho Colaborativo es “la negociación en equipo entre los abogados y sus clientes y otros profesionales (notarios, economistas, graduados sociales, piscólogos, psiquiatras, pedagogos, coaches, mediadores, árbitros, terapeutas...) que puedan colaborar para alcanzar un acuerdo a largo plazo a través de soluciones creativas desde valores de respeto, transparencia, equidad y confidencialidad. Es un proceso en el que las partes son protagonistas en la búsqueda de soluciones".

El Derecho Colaborativo presenta similitudes con la mediación como son la voluntariedad, la búsqueda de una solución compartida, la confidencialidad, la buena fe, la transparencia, el protagonismo de las partes, la confianza y mantenimiento de relaciones y la rapidez. Entre las diferencias cabe destacar la ausencia de mediador y el papel protagonista del abogado, su compromiso de cesar su intervención si se acude a la vía judicial.

A tenor de lo expuesto, las partes contarán con el asesoramiento no sólo de su propio abogado sino también podrán acordar la intervención de otros miembros que conformen un **equipo multidisciplinar** en distintas áreas de trabajo que, a diferencia de los abogados, tienen la consideración de profesionales **neutrales** que no defienden los intereses de ninguna de las partes. Su intervención es una decisión adoptada de mutuo acuerdo por todas las partes en cada proceso en razón a las circunstancias concretas, pueden intervenir expertos financieros o fiscalistas, psicólogos y educadores, mediadores, consejeros o coaches, o cualesquiera otros profesionales.

En el proceso colaborativo se identifica una fase preliminar en la que se establece la relación cliente, con exposición de su visión del conflicto y con la información acerca del Proceso Colaborativo; de mostrar interés, el cliente firmará la hoja de encargo en la que suscribirá la contratación del Proceso Colaborativo.

La segunda fase se dirige a la preparación de las negociaciones, llevando a cabo el primer encuentro de todas las partes que, de optar por esta vía, formalizarán el contrato de participación en el Proceso Colaborativo. En esta fase el protagonismo recae en los abogados.

La fase de negociación colaborativa traslada el protagonismo a las partes para exponer problemas y aportar documentos, todo ello con el acompañamiento de sus respectivos letrados que tratarán de dirigir el conflicto hacia soluciones constructivas. En cualquiera de estas sesiones podrán participar cualquiera de los distintos profesionales que conformen el equipo multidisciplinar. Se celebrarán cuantas sesiones se consideren necesarias en función del número de temas a tratar y su complejidad.

A la finalización del Proceso Colaborativo se llegará por voluntad de las partes ante la falta de acuerdo o cuando lo alcancen. Corresponde a los abogados la redacción del acta final; en el primer supuesto, pondrá de manifestó la ausencia de acuerdo y servirá para acreditar el requisito de procedibilidad en caso de una eventual demanda posterior; en el segundo, reflejará el acuerdo alcanzado que será vinculante para las partes y prepararán la documentación necesaria para elevarlo a escritura pública o instar la homologación judicial.

TEMA 2. JURISDICCIÓN VOLUNTARIA

2.1. CONCEPTO, NATURALEZA Y MODALIDADES DE EXPEDIENTES

En principio, podría entenderse por jurisdicción voluntaria aquella intervención de un órgano jurisdiccional al que una parte acude voluntariamente para requerir la tutela de sus intereses, sin sustanciarse un procedimiento contencioso. El 1.2 LJV lo define como "todos aquellos expedientes que requieran la intervención de un órgano jurisdiccional para la tutela de derechos e intereses en materia de Derecho civil y mercantil, sin que exista controversia que deba sustanciarse en un proceso contencioso" y, salvo que la ley lo prevea expresamente, la oposición de algún interesado no transforma en contencioso el procedimiento ni impedirá que continúe su tramitación hasta que sea resuelto.

Una de las aspiraciones de la LJV ha sido alcanzar cierta uniformidad en la tramitación de los expedientes, estableciendo al efecto unas disposiciones generales cuya auténtica efectividad, habida cuenta del elevado número de expedientes con especialidades, es más deseo que realidad.

Es también intención de la LJV desjudicializar expedientes, potenciando los atribuidos a LAJ, notarios y registradores, reservando para jueces los que afecten al interés público, estado civil, personas y familia, derechos subjetivos de los menores o personas con discapacidad con medidas de apoyo para el ejercicio de su capacidad jurídica, reconocimiento de filiación no matrimonial, autorización de extracción de órganos en donantes vivos y dispensa para contraer matrimonio por impedimento de parentesco o muerte dolosa del cónyuge. El resto de expedientes serán resueltos por el LAJ, si bien su competencia es compartida con notarios y registradores en las siguientes materias:

a) Con los notarios para nombramiento, renuncia o prórroga del cargo de contador partidor; para la aprobación de la partición de la herencia realizada por el contador–partidor dativo; para el ofrecimiento de pago y consignación; para las subastas voluntarias; para el robo, hurto, extravío o destrucción de títulos–valores o representación de partes de socio; para el nombramiento de peritos en contratos de seguros.

b) Con los registradores para la convocatoria de juntas generales; para la convocatoria de la asamblea general de obligacionistas; para la reducción de capital social, amortización o enajenación de las participaciones o acciones; para el nombramiento y revocación de liquidador, auditor o interventor.

2.2. POSTULACIÓN, INTERVENCIÓN DEL MF, COMPETENCIA Y LITISPENDENCIA

Los primeros arts. de la LJV nos dan pautas generales comunes a los expedientes de jurisdicción voluntaria, sin perjuicio de las distintas especialidades que caracterizan a cada uno de ellos. En general, no es preceptiva la intervención de abogado, salvo casos concretos previstos en la ley si el valor de los bienes es superior a 6.000 euros, en los siguientes expedientes:

- Autorización de actos de disposición de bienes de menores o personas con discapacidad con medidas de apoyo para el ejercicio de su capacidad jurídica (62.3 LJV).
- Administración bienes gananciales (90.3 LJV).
- Albaceazgo (91.2 LJV).
- Contador–partidor dativo (92.2 LJV).
- Aceptación y repudiación de herencias (94.4 LJV).

Sin embargo, es obligatoria la intervención de letrado a partir del momento que se formule oposición a cualquier expediente y para interponer recursos de revisión y apelación.

El MF Interviene en los expedientes que afecten al estado civil, condición de la persona, menores, personas con discapacidad con medidas de apoyo para el ejercicio de su capacidad jurídica y demás casos en que la ley lo prevea.

La competencia objetiva corresponde al Tribunal de Instancia SC o SM según el caso (apreciada de oficio LAJ, 16 LJV), la competencia territorial viene regulada en cada expediente en concreto y no cabe sumisión expresa ni tácita. Los tribunales españoles tienen competencia para conocer expedientes de jurisdicción voluntaria según las normas y tratados internacionales al igual que surten efectos los acordados por autoridades extranjeras.

Iniciado un expediente por una parte no se puede iniciar o continuar otro con idéntico objeto y, en caso de tramitarse simultáneamente dos, se proseguirá el primero y se archivarán los demás. Se suspenderá cualquier expediente cuando haya un proceso contencioso en curso cuya resolución le pueda afectar.

2.3. PROCEDIMIENTO

Dado que nos encontramos estudiando la asignatura de derecho procesal civil, nos centraremos en analizar los expedientes de jurisdicción voluntaria que se pueden presentar ante un órgano judicial, pudiendo distinguir entre la tramitación prevista con carácter general y las tramitaciones específicas dispuestas para determinadas materias.

La tramitación prevista con carácter general queda sujeta a las siguientes normas:

- Inicio: solicitud de oficio, presentada por el MF o cualquier interesado, constando sus datos y domicilio para notificaciones, incluyendo una dirección de correo electrónico, identificando a todos los interesados, con sus hechos, fundamentos de derecho y suplico, acompañándose los documentos y dictámenes que el solicitante considere de interés para el expediente.
- Cabe la acumulación de expedientes si la resolución de uno puede afectar al otro o hay conexidad entre ellos.
- No cabe acumulación de expedientes de sujetos distintos ni acumular un expediente de jurisdicción voluntaria a ningún proceso contencioso.

- En los procesos a los que se refiere la LJV en los que participen personas con discapacidad se realizarán las adaptaciones y los ajustes que sean necesarios para garantizar su participación en condiciones de igualdad. Dichas adaptaciones y ajustes se realizarán, tanto a petición de cualquiera de las partes o del MF, como de oficio por el propio Tribunal, y en todas las fases y actuaciones procesales en las que resulte necesario, incluyendo los actos de comunicación. Las adaptaciones podrán venir referidas a la comunicación, la comprensión y la interacción con el entorno.
- Presentada la solicitud, el LAJ examina la competencia y, en caso de faltar, dictará decreto de archivo, indicando el órgano judicial que estima competente y, si detecta otros defectos, concede plazo de 5 días para subsanarlos.
- Admitida la solicitud por el LAJ, señalará una comparecencia que se seguirá por los trámites del juicio verbal, si concurre alguna de estas circunstancias:
    - Si hay que oír a interesados distintos del solicitante, quienes acudirán con los medios de prueba de que intenten valerse.
    - Si hay que practicar pruebas; si la única es informe del MF lo hará por escrito para el que dispone de un plazo de 10 días.
    - Si el juez o LAJ lo consideran necesario.
- Si alguno de los interesados formula oposición tiene un plazo de 5 días ss. a su citación para lo que necesitará postulación procesal.
- Resolución por auto (frente al que cabe recurso apelación) o decreto (recurso revisión) (según sea competente el juez o el LAJ).
- Los gastos derivados del expediente son sufragados por la parte solicitante.
- El expediente JV no impedirá la incoación proceso posterior que se pronunciará sobre lo acordado en el expediente JV.
- Habrá caducidad del expediente por inactividad de los interesados si transcurren 6 meses desde la última notificación.
- La ejecución se sigue por los trámites de los arts. 521 y 522 LEC.

Para los expedientes que no se ajustan a la tramitación general, se establecen reglas específicas, teniendo aquella carácter supletorio. En función de la materia puede establecerse la siguiente agrupación: expedientes referidos a personas, familia, sucesiones, obligaciones, derechos reales y mercantiles.

2.4. EXPEDIENTES DE JV

2.4.1. En materia de personas

A/ Expediente de autorización o aprobación judicial de reconocimiento de filiación no matrimonial de menor o persona con discapacidad con medidas de apoyo para el ejercicio de su capacidad jurídica (23 y ss. LJV).

Cuando los progenitores del menor o incapaz fueren hermanos o consanguíneos en línea recta sólo podrá quedar determinada legalmente tal filiación previa autorización judicial. Se presentará la solicitud por quien sea hermano o consanguíneo en línea recta del progenitor cuya filiación esté determinada legalmente:

- Por quien no pueda contraer matrimonio por razón de edad.
- Quien no tenga consentimiento expreso de su representante legal.
- Por el padre, cuando el reconocimiento se hizo en plazo para inscribir el nacimiento y se hubiera suspendido a petición de la madre.

Es competente el TI del domicilio o residencia del reconocido o residencia del progenitor autor del reconocimiento. Se celebrará una comparecencia y se resuelve por el juez.

B/ Aprobación judicial de la modificación de la mención registral del sexo de personas mayores de 12 años y menores de 14 (26 bis, 26 ter, 26 quater, 26 quinquies LJV). Es competente el TI del domicilio de la persona solicitante. En caso de desacuerdo entre los menores, sus representantes legales y éstos entre sí, se le nombrará un defensor judicial. No es preceptiva postulación procesal. Se iniciará mediante solicitud acompañada de documentales o testificales, citando el juez a una comparecencia al solicitante, representantes legales, el MF y demás personas que se considere oportuno. La concesión no podrá estar condicionada a la previa exhibición de informe médico o psicológico. El testimonio de la resolución se remitirá al Registro Civil competente para proceder, en su caso, a la inscripción de la rectificación aprobada judicialmente.

C/ Aprobación judicial de la nueva modificación de la mención registral relativa al sexo con posterioridad a una reversión de la rectificación de la mención registral (26 sexies, 26 septies, 26 octies, 26 nonies LJV). Es competente el TI del domicilio de la persona solicitante Se iniciará por solicitud acompañada de los medios de prueba de que intente valerse. El juez citará a comparecencia y resolverá teniendo en cuenta el superior interés del menor remitiéndose, en caso de concesión, al Registro Civil correspondiente.

D/ Habilitación para comparecer en juicio y nombramiento de defensor judicial (recogido en el 27 LJV). Corresponde su conocimiento al LAJ del domicilio del menor o persona con discapacidad, nombrándosele un defensor judicial en caso de:

- Hallarse los progenitores, tutor o persona designada para ejercer el apoyo de ausentes ignorándose su paradero, sin que haya motivo racional bastante para creer próximo su regreso.
- Negarse ambos progenitores, tutor o persona designada para ejercer el apoyo a representar o asistir en juicio al menor o persona con discapacidad.
- Hallarse los progenitores, tutor o persona designada para ejercer el apoyo en una situación de imposibilidad de hecho para la representación o asistencia en juicio.

La habilitación para comparecer en juicio se insta cuando el menor o incapaz sea demandado si:

- Su progenitor, tutor o curador está en ignorado paradero.
- Si se niegan a asistir a juicio.
- O tengan imposibilidad de hecho de asistir al juicio.

La legitimación corresponde al MF, de oficio, por iniciativa del menor o persona con discapacidad o cualquier persona que actúe en interés de éste; mientras se tramita, se suspende el expediente principal, asumiendo el MF la representación y defensa hasta el nombramiento de defensor judicial, que se remitirá al Registro Civil. Al concluir la gestión, son aplicables las disposiciones para formación de inventario, y rendición de cuentas.

E/ Adopción (33 y ss. LJV). Es competente el TI de la sede de la Entidad pública que tenga encomendada la protección del adoptado y, en su defecto, el domicilio del adoptante. Este expediente tiene carácter preferente, interviene MF y la resolución corresponde al juez:

- Se inicia por escrito con la propuesta de adopción formulada por la Entidad pública o mediante solicitud del adoptante, indicando las condiciones personales y económicas del adoptante que justifiquen su elección y el asentimiento del cónyuge o pareja del adoptante, acompañando la declaración previa de idoneidad del adoptante emitido por la Entidad pública.
- El LAJ citará al adoptante y al adoptando mayor de 12 años para que manifiesten su consentimiento ante el juez.
- Si los progenitores pretenden que se les reconozca la necesidad de prestar su asentimiento en la adopción (781 bis LEC), deberán ponerlo de manifiesto, en cuyo caso, el LAJ suspenderá el expediente y dará plazo de 15 días para presentación de la demanda ante el mismo tribunal, dictándose decreto que declarará contencioso el expediente (frente al cual cabe recurso revisión), continuándose por los trámites del juicio verbal, que finalizará por auto (frente al cual se puede interponer recurso apelación).

F/ Acogimiento de menores (DA 2ª LJV). Se establece un régimen provisional en tanto se apruebe la modificación del sistema de protección a la infancia y adolescencia que se prevé desjudicialice el expediente. Se distingue entre el acogimiento y el cese del acogimiento.

Cuando requiera decisión judicial, será promovido por el MF o la Entidad pública mediante propuesta. El juez recabará el consentimiento de la entidad si no fuere la promotora del expediente, de las personas que reciban al menor, de éste si es mayor de 12 años y de sus progenitores si no están privados patria potestad, dictándose la correspondiente resolución. Si no se conoce el paradero de los padres o tutores o, citados personalmente no comparecen, el juez resolverá. Si los progenitores quieren impugnar la declaración de desamparo, se suspende el expediente para que presenten demanda en 20 días.

El expediente de cesación del acogimiento acordado se iniciará de oficio, por el menor, su representante legal, la entidad, o los que acogen, ante el tribunal que lo acordó.

G/ Provisión de medidas judiciales de apoyo a personas con discapacidad (42.bis.a – c LJV). Se introdujo en la LJV por el art. séptimo apartado tres de la Ley 8/2021, de 2 de junio.

Tiene como finalidad la adopción de alguna medida judicial de apoyo de carácter estable a una persona con discapacidad. La competencia corresponde al TI–SC o TI–SF del lugar donde resida la persona con discapacidad. La legitimación se atribuye al MF, a la propia persona con discapacidad, a su cónyuge no separado de hecho o legalmente o a quien se encuentre en una situación de hecho asimilable y a sus descendientes, ascendientes o hermanos; sin perjuicio de lo indicado, cualquier persona está facultada para poner en conocimiento del MF los hechos que puedan ser determinantes de una situación que requiera la adopción judicial de medidas de apoyo; así mismo, las autoridades y funcionarios públicos que, por razón de sus cargos, conocieran la existencia de dichos hechos respecto de cualquier persona, deberán ponerlo en conocimiento del MF.

La persona con discapacidad podrá actuar con su propia defensa y representación; si no fuera previsible que proceda a realizar por sí misma tal designación, con la solicitud se pedirá que se le nombre un defensor judicial, quien actuará por medio de Abogado y Procurador.

La tramitación del expediente para la provisión de medidas judiciales de apoyo a personas con discapacidad se llevará a cabo conforme prescriben el 42 bis b y c LJV.

H/ Tutela, curatela y guarda de hecho, (43 y ss. LJV). Es uno de los expedientes más utilizados en la práctica. El expediente solo será aplicable a la curatela cuando, tras la tramitación de un procedimiento sobre la adopción de medidas judiciales de apoyo a una persona con discapacidad, sea procedente el nombramiento de un nuevo curador, en sustitución de otro removido o fallecido. Será competente el Tribunal de Instancia correspondiente al domicilio menor o persona con discapacidad, no siendo necesaria postulación:

- Se inicia por solicitud que contendrá los hechos, identificación de los parientes más próximos y se acompañarán los siguientes documentos: certificado de nacimiento, certificado últimas voluntades progenitores, testamento o documento público que disponga sobre la tutela o curatela.
- En la comparecencia se oirá al promotor, al que se proponga para tutor o curador, al mayor de 12 años o menor si tiene capacidad suficiente, a los parientes más próximos y será parte el MF, habiéndose realizado previamente la exploración judicial del menor o presunta persona con discapacidad y, en su caso, del médico forense.
- En la resolución acordando nombramiento de tutor o curador, se adoptarán las medidas de fiscalización establecidas por los progenitores y, si no las hay, serán adoptadas por el juez, pudiendo incluso fijar fianza al tutor o curador o una retribución, pudiendo interponerse recurso apelación sin efectos suspensivos.

- Firme la resolución se concede al tutor, curador o guardador nombrado el plazo de 15 días para que acepte el cargo y preste fianza, requiriéndole para que presente Inventario de bienes del tutelado, curatelado o guardado en el plazo de 60 días en el que se debe reflejar no sólo su situación económica sino también la personal. Tendrá obligación de presentar rendición anual de cuentas, así como rendición final de cuentas cuando finalice el expediente.
- El Juez, en la resolución por la que constituya la tutela o curatela o en otra posterior, podrá exigir al tutor o curador de modo excepcional la constitución de fianza que asegure el cumplimiento de sus obligaciones, debiendo determinar, en tal caso, la modalidad y cuantía.

También podrá con posterioridad, de oficio o a instancia de parte interesada, dejar sin efecto o modificar en todo o en parte la fianza que se hubiera prestado, tras haber oído al tutor o curador, a la persona con discapacidad que precise medidas de apoyo, al menor si tuviere suficiente madurez y, en todo caso, si tuviere más de doce años, y al MF.

Además, tenemos los expedientes de remoción de tutor, curador o guardador en los que es preceptiva la intervención de abogado. Presentada la solicitud, se señalará para comparecencia, oyéndose al tutor o curador, a las personas que puedan sustituirle en el cargo, a la persona con discapacidad, al menor si tuviere suficiente madurez y, en todo caso, si fuera mayor de doce años, y al MF; y, en caso de que haya oposición el procedimiento se convertirá en contencioso, siguiéndose por los trámites del juicio verbal.

Cabe excusa del tutor, curador o guardador debiendo permanecer en el cargo hasta nuevo nombramiento.

I/ Medidas de control de la guarda de hecho (52 LJV): a instancia del MF, del sometido a guarda o cualquiera que tenga interés, el Juez podrá requerirle para que informe de la situación de la persona y bienes del menor.

J/ Emancipación (53 y ss. LJV). Conocerá este expediente el Tribunal de Instancia del domicilio del menor mayor de 16 años, por encontrarse en alguno de los supuestos del art. 320 CC:

- Cuando quien ejerciere la patria potestad contrajere nupcias o conviviere maritalmente con persona distinta del otro progenitor.
- Cuando los progenitores vivan separados.
- Cuando concurra cualquier causa que entorpeciera gravemente el ejercicio de la patria potestad.

Se iniciará por solicitud del menor asistido de un progenitor o defensor judicial, a la que se acompañarán todos los documentos que acrediten la causa y en la que se formulará la proposición de los medios de prueba de que intenta valerse.

En el caso de que se formule oposición será preceptiva la asistencia de letrado.

Se convocará al menor, sus padres, MF e interesados a una comparecencia con el Juez en la que serán oídos por este orden.

K/ Protección del patrimonio de personas con discapacidad (arts. 56 y ss. LJV). Es competente el Tribunal de Instancia del domicilio o residencia de esta persona. La Ley únicamente prevé la legitimación del MF, quien lo instará de oficio o a instancia de cualquiera, mediante solicitud que contendrá los datos y circunstancias de todos los interesados, hechos, fundamentos y suplico. El 58.2 LJV simplemente señala que "Su tramitación se ajustará a las normas generales de tramitación previstas en esta ley". La resolución debe contener:

- Inventario de bienes y derechos.
- Reglas de su administración y, en su caso, fiscalización.
- Procedimientos de designación de las personas que integren los órganos de administración o fiscalización.

Frente a la resolución que se dicte cabe recurso de apelación.

L/ Expediente de derecho al honor, la intimidad y la propia imagen del menor o persona con discapacidad con medidas de apoyo para el ejercicio de su capacidad jurídica,(59 LJV). Es competente el Tribunal de Instancia del domicilio o, en su defecto, de la residencia del menor o persona con discapacidad con medidas de apoyo para el ejercicio de su capacidad jurídica; sin postulación. La legitimación activa la ostenta el representante legal o menor o persona con discapacidad con medidas de apoyo para el ejercicio de su capacidad jurídica conforme art 3 LO 1/1982 de derecho al honor. Tiene por objeto la autorización judicial del consentimiento a las intromisiones legítimas cuando el MF se oponga al consentimiento prestado por el representante legal:

- Se inicia por solicitud al que se debe adjuntar el proyecto de consentimiento más los documentos que justifiquen la notificación al MF.
- Se convocará a una comparecencia para la que se citará al MF, representante legal menor o persona con discapacidad con medidas de apoyo para el ejercicio de su capacidad jurídica, a éste si el Juez lo creyera necesario y otros interesados.
- Se finalizará por resolución dictada al término de la comparecencia o en el plazo de 5 días si el tema es complejo. Cabe recurso de apelación, con efectos suspensivos, que se resolverá con carácter preferente.

Si los representantes quisieran que se revocara el consentimiento otorgado judicialmente, lo pondrán en conocimiento del juez, quien dictará resolución, dejándolo sin efecto.

M/ Autorización para la realización de actos de disposición de bienes y derechos de menores y personas con discapacidad con medidas de apoyo para el ejercicio de su capacidad jurídica (61 y ss. LJV). Se necesita autorización del Tribunal de Instancia del domicilio o residencia del menor o persona con discapacidad para cualquier acto de disposición de sus bienes.

Tienen legitimación activa el tutor o curador, defensor judicial o el tutelado, el administrador de los bienes e intervendrá abogado cuando resulte necesario por razones de complejidad de la operación o existencia de intereses contrapuestos.

- Se inicia por solicitud en la que se justifique motivo del acto o negocio (por ejemplo, una compraventa, préstamo, aceptación de una herencia, etc.) y cuál será el destino del dinero que se obtenga, a la que se adjuntarán los documentos justificativos de lo que se solicita junto con el correspondiente informe pericial de valoración del bien.
- Se celebrará una comparecencia a la que acudirán el MF, personas que exija la ley, el afectado si tuviera madurez suficiente, el menor mayor de 12 años, así como el perito que valoró el bien.
- Cuando proceda dictamen pericial, se acordará de oficio o a instancia de parte, y se emitirá antes de celebrarse la comparecencia, debiendo citarse a ella al perito o peritos que lo hubiesen emitido, si así se acordara, para responder a las cuestiones que le planteen tanto los intervinientes como el Juez.
- La resolución judicial adoptará medidas necesarias para asegurar la cantidad obtenida y frente a la misma cabe recurso de apelación con efectos suspensivos.

N/ Declaración de ausencia y fallecimiento (67 y ss. LJV.) Es competencia del LAJ del último domicilio o residencia del ausente o fallecido. Si la desaparición fue en una nave o aeronave: es competente el juzgado del lugar donde se inició el viaje y si se inició en el extranjero el domicilio o residencia en España de la mayoría. La legitimación la ostenta el MF (de oficio o por denuncia; único legitimado en caso de haber ocurrido en una nave), el cónyuge no separado legalmente, persona análoga o consanguíneos hasta el 4° grado. Se le nombrará defensor judicial en caso de desaparición.

Ñ/ Expediente de declaración de ausencia (181 y ss. CC, 70 y ss. LJV):

- Inicio mediante solicitud aportando pruebas precisas de las que se dispongan. Cabe solicitar medidas antes de iniciar el expediente, cuyo plazo es, según el art. 183 CC de 1 año si no dejó apoderado con facultades de administración o de 3 años si lo dejó. El cónyuge del ausente tendrá derecho a la separación de bienes.
- Admitida la solicitud se señalará a una comparecencia en el plazo máximo de un mes, citándose al solicitante, MF, parientes e interesados, publicándose dos veces la resolución de admisión mediante edictos en el BOE y tablón del ayuntamiento.
- El LAJ dictará decreto de declaración de ausencia, nombrará representante del ausente, quien administrará sus bienes, rigiéndose por las normas de nombramiento de tutores: fianza, inventario, rendición de cuentas, etc.

O/ Expediente de declaración de fallecimiento (193 y ss. CC y 74 LJV). Plazos para su presentación conforme art. 193 CC:

- 10 años desde las últimas noticias del ausente.
- 5 años si el ausente mayor 75 años.
- 1 año si un riesgo inminente para la vida.

Se instará por el MF inmediatamente después del siniestro o a los 8 días ss si no pudieron ser identificados los restos si nave o aeronave. En los demás casos, cualquier interesado. Aportadas o practicadas las pruebas necesarias en el plazo de 5 días, el LAJ dictará ese mismo día decreto de fallecimiento, expresando la fecha del siniestro como sucedida la muerte. Firme la declaración de fallecimiento del ausente, se abrirá la sucesión según trámites LEC o extrajudicialmente.

P/ Hechos posteriores a la declaración de ausencia o fallecimiento (75 LJV). Si se presentare quien hubiere sido declarado ausente o fallecido, el LAJ ordenará que sea identificado por los medios adecuados que se acordará de oficio o a instancia del interesado, convocando a una comparecencia al MF, persona presentada y a todos los intervinientes en el expediente de declaración y el LAJ dictará decreto dejando sin efecto o ratificando la declaración de ausencia o fallecimiento.

Q/ Extracción de órganos de donantes vivos (78 y ss. LJV). Este expediente tiene por objeto la constatación de la concurrencia del consentimiento libre, consciente y desinteresado del donante según Ley 30/1979, 27 octubre sobre extracción y trasplante de órganos, ante el Tribunal de Instancia de la localidad de la extracción o el trasplante:

- Se inicia mediante solicitud del donante o comunicación del director del centro sanitario, expresando las circunstancias personales y familiares del donante y el objeto de la donación, acompañando el certificado médico de salud mental y física del donante.
- Se señala una comparecencia en la que se citará al médico firmante del certificado y al responsable del trasplante, debiendo el donante otorgar su consentimiento expreso ante el juez. Cualquiera puede oponerse y el donante puede revocar su consentimiento en cualquier momento previo a la intervención.

R/ Expedientes de declaraciones judiciales sobre hechos pasados (80 bis, 80 ter, 80 quater, 80 quinquies LJV). Se trata de especialidades introducidas por la DF tercera de la Ley 20/2022, de 19 de octubre, de Memoria Democrática. Será competente el Tribunal de Instancia del domicilio del solicitante. Ostentan la legitimación los titulares de derechos o intereses legítimos y el MF quien siempre será parte en el expediente. No necesita postulación procesal. Se citará a una comparecencia por trámites del juicio verbal que se resuelve por Auto frente al cual cabe recurso de apelación. Si hay oposición y se estima se sobreseerá el expediente con reserva a las partes de su derecho a ejercitar la acción correspondiente.

2.4.2. En materia de familia

A/ Dispensa de impedimento matrimonial (81–84 LJV). Los impedimentos para contraer matrimonio por razón de parentesco y de muerte dolosa del cónyuge o pareja (47 CC), puede ser dispensada por el Juez si se acredita justa causa (48 CC, 81 LJV).

La dispensa puede solicitarse sin necesidad de abogado y procurador, por la persona en que concurra el impedimento, ante el TI del domicilio o residencia de cualquier contrayente, debiendo expresar los motivos en que se basa, acompañando los documentos que acrediten la justa causa e interesando la proposición prueba.

Admitida a trámite por el LAJ, citará a la comparecencia y los posibles interesados, así como al MF si se tratase del impedimento por muerte dolosa. El Juez resolverá mediante auto y el LAJ, de autorizarse la dispensa, expedirá testimonio de la resolución.

B/ Intervención judicial en la patria potestad (85–89 LJV). Se trata de expedientes bastante utilizados que permiten la solución de desavenencias en el ejercicio de la patria potestad. Tras las disposiciones comunes sobre tramitación (85 LJV), se regula el expediente para casos de desacuerdo en el ejercicio de la patria potestad (86 LJV) y el expediente para la adopción de medidas de protección en caso de ejercicio inadecuado de guarda o administración de bienes de menor o persona con discapacidad (87–89 LJV).

Se inicia por solicitud sin necesidad de abogado ni procurador; tras su admisión por el LAJ, citará a comparecencia al MF, a los progenitores, guardadores o tutores y al menor si tuviere suficiente madurez y, en todo caso, si es mayor 12 años; el Juez dispone de facultades para acordar, de oficio o a instancia del solicitante a de cualquier interesado, la práctica de las diligencias que considere oportunas

Los desacuerdos en el ejercicio de la patria potestad pueden referirse a multitud de decisiones, educativas (elección de centro educativo), sanitarias (vacunas, intervenciones quirúrgicas, tratamientos), religiosas (bautizo o comuniones), de ocio (viajes), deportivas (pertenencia a clubs, participación en competiciones). La competencia corresponde al TI del domicilio o, en su defecto, de la residencia del hijo, salvo que el ejercicio conjunto de la patria potestad por los progenitores hubiera sido establecido por resolución judicial, en que será competente el tribunal que la hubiera dictado. La legitimación corresponde a ambos progenitores, individual o conjuntamente.

En caso de ejercicio inadecuado de la potestad de guarda o de administración de los bienes del menor o persona con discapacidad, ya sea respecto a circunstancias personales (158, 200 y 249 CC) o patrimoniales (164, 165 y 167 CC), pueden adoptarse medidas de protección respecto a la persona o el patrimonio del menor o discapaz, tanto de oficio por el juez, como a instancia del propio menor o persona con discapacidad, de cualquier pariente, del MF y, si se trata de persona con discapacidad, de cualquier interesado.

C/ Intervención judicial en caso de desacuerdo conyugal y administración de bienes gananciales (90 LJV). Este expediente puede tener como objeto la adopción de decisiones respecto al domicilio conyugal, a la disposición sobre la vivienda habitual y objetos de uso ordinario, la contribución a las cargas del matrimonio, sobre actos de administración o de disposición respecto de bienes comunes

Es competente el TI–SU/SC/SF del último domicilio conyugal, siendo preceptiva la intervención de letrado si el valor de los bienes es superior a 6.000 euros y del MF si hay menores. El juez puede adoptar cautelas o limitaciones bien de oficio bien a instancia de parte. El objeto de este expediente puede ser:

2.4.3. Expediente relativo a declaraciones judiciales sobre hechos pasados.

Se encuentra regulado en los arts. 80.bis a 80.quinquies, introducidos por la DF tercera de la L 20/2022, de 19 de octubre, de Memoria Democrática. Tiene como objeto la obtención de una declaración judicial sobre la realidad y las circunstancias de hechos pasados determinados, siempre que no exista controversia que deba sustanciarse en un proceso contencioso. Para que pueda acudirse a este expediente tiene que referirse a un objeto posible y lícito, de los hechos no puede derivarse perjuicio para persona cierta y determinada, no pueden ser objeto de un procedimiento judicial en curso, ni existir otro procedimiento legalmente indicado para su demostración. Es necesario, además, que exista un principio de prueba de los hechos; además, no será posible su utilización cuando de los hechos resulte perjuicio para una persona cierta y determinada, cuando existe proceso judicial en trámite sobre ellos

La competencia corresponde al TI–SU/SC del lugar donde acaecieron los hechos a los que se refiere la declaración judicial del interesado y, si fueran varios lugares, el de cualquier de ellos a elección del solicitante; en su defecto, al que corresponda al domicilio del solicitante.

Están legitimados los titulares de derechos o intereses legítimos en relación con los hechos respecto de los cuales se interesa la información, así como el MF, que actuará de oficio o a solicitud de cualquier persona. No es preceptiva la defensa por Letrado ni la representación por Procurador.

La solicitud debe expresar con claridad el contenido de la declaración judicial que se interesa, recogiendo un relato de las circunstancias relevantes a los efectos de la solicitud, el principio de prueba y la identificación de las personas que puedan estar interesadas.

La falta de competencia o la ausencia de requisitos habrá de ser comunicada por el LAJ al Juez que, previa audiencia del MF y del solicitante, decidirá por auto sobre la admisibilidad del expediente. Si reúne los requisitos, el LAJ la admitirá y convocará al promotor, al MF y a cuantas personas pudieran estar interesadas a una comparecencia, que se celebrará como la vista del juicio verbal, practicándose la prueba pertinente y útil que propongan las partes. Previamente, los intervinientes podrán interesar la citación de testigos o peritos, así como pedir repuestas escritas a personas jurídicas o entidades públicas.

En cualquier momento durante la tramitación del expediente, los interesados o afectados podrán formular oposición, sobre la que habrá de pronunciarse el Juez. De estimarla justificada, archivará el expediente, con reserva de las partes de su derecho a ejercitar la acción correspondiente.

El Juez, en el plazo de 5 días, dicta auto por el que se acceda o se deniegue la emisión de la declaración interesada. Si accediere a la solicitud, el Juez realiza en la parte dispositiva del auto la declaración sobre hechos pasados determinados interesada por el promotor, con expresión de sus circunstancias, y se pronuncia, en su caso, en relación con las consecuencias que se deriven de la declaración. Si de la declaración se deriva la existencia de un hecho inscribible en el Registro de la Propiedad, Mercantil u otro registro.

Las resoluciones interlocutorias dictadas durante la tramitación del expediente son susceptibles de recurso de reposición, en los términos previstos en la LEC. La resolución definitiva que inadmita la solicitud, acceda a la misma o archive el expediente por oposición justificada, es susceptible de recurso de apelación, en los términos previstos en la LEC.

2.4.4. En materia de derecho sucesorio

A/ Albaceazgo (91 LJV). Tiene por objeto la designación de albacea en casos de renuncia o remoción, la rendición de cuentas y la autorización para efectuar actos de disposición. Puede solicitarse ante el TI–SU/SC/SF del último domicilio del causante o, donde radiquen la mayor parte de los bienes, o en el lugar de fallecimiento en España, o domicilio del solicitante. La intervención de abogado y procurador es preceptiva cuando la cuantía del haber hereditario sea igual o superior a 6.000 €.

La decisión corresponderá al Juez, salvo que se trate de la designación, que corresponderá al LAJ. Para la designación también puede acudirse a expediente notarial.

B/ Expediente de nombramiento de contador–partidor dativo (92 LJV). Se trata de un expediente judicial en el que la decisión corresponde al LAJ, pudiendo también instarse ante notario.

Su objeto puede ser la designación de contador–partidor dativo en casos de sucesión intestada o cuando no se hubiera designado por el testador (1057 CC), en caso de renuncia; también se aplica para la prórroga del plazo para la realización de su encargo y para la aprobación de la partición realizada en caso de haber sido conformada por todos los herederos y legatarios.

La intervención de abogado y procurador es preceptiva cuando la cuantía del haber hereditario sea igual o superior a 6.000 €.

Territorialmente es competente el TI–SU/SC/SF del último domicilio del causante o residencia o donde radiquen la mayor parte de los bienes o lugar fallecimiento en España o domicilio del solicitante. Interviene abogado si la cuantía de haber hereditario es superior a 6000 euros.

Para la tramitación se realiza una remisión a las normas comunes de la LJV.

C/ Aceptación y repudiación de la herencia (93 LJV). Tiene por objeto todos aquellos supuestos en que, conforme a la ley, la validez de la aceptación o repudiación de la herencia necesite autorización o aprobación judicial. Requieren autorización los progenitores para repudiar la herencia o o legados cuando se trate de menores de 16 años o que sin ser mayores de edad no hubieran prestado su consentimiento; los tutores o defensores judiciales para aceptar sin beneficio de inventario o para repudiar la herencia; los acreedores de los herederos que hubieran repudiado la herencia, para aceptarla en su nombre; los legítimos representantes de asociaciones, corporaciones o fundaciones para repudiar herencias.

La competencia corresponde al TI–SU/SC/SF del último domicilio o última residencia del causante, y, si lo hubiere tenido en país extranjero, el del lugar de su último domicilio en España o donde estuviere la mayor parte de sus bienes, a elección del solicitante; si se tratase de la herencia de un menor o persona con medidas judiciales de apoyo de personas con discapacidad, será competente para su conocimiento el TI del lugar en que estos residan.

La legitimación corresponde a los llamados a la herencia y los acreedores del heredero que hubiera repudiado la herencia; si los llamados fueran menores, podrán promoverlo quienes ostenten su representación y, en su defecto, el MF.; si se tratara de personas con discapacidad provistas de medidas de apoyo representativo para este tipo de actos podrán promoverlo los que ejerzan el apoyo; asimismo, podrá promoverlo el defensor judicial si no se le hubiera dado la autorización en el nombramiento. El MF habrá de ser parte siempre que entre los herederos o legatarios haya menores.

Interviene abogado si la cuantía del haber hereditario es superior a 6000 euros.

Para la tramitación se realiza una remisión a las normas comunes de la LJV.

La resolución será recurrible en apelación con efecto suspensivo.

2.4.5. En materia de derecho de obligaciones

A/ Expediente para la fijación del plazo para el cumplimiento de las obligaciones (96 y 97 LJV). Tiene por objeto la fijación del plazo para el cumplimiento de una obligación cuando hubiera quedado a voluntad del deudor o cuando no señalándolo la obligación, de su naturaleza y circunstancias se dedujera que ha querido concederse al deudor.

La competencia corresponde al TI–SU/SC del domicilio del deudor; cuando el acreedor sea usuario o consumidor y el deudor empresario o profesional, aquel podrá optar por el TI de su domicilio.

Si se formula oposición frente a este expediente, el procedimiento se convierte en contencioso, citando el LAJ a los interesados a una vista que continuará con arreglo a lo previsto para el el juicio verbal.

B/ Expediente de consignación (98 y 99 LJV). Tiene por objeto la consignación ante un órgano judicial. La competencia corresponde al TI–CU/SC del lugar de cumplimiento de la obligación y, si pudiera cumplirse en distintos lugares, cualquiera de ellos a elección del solicitante; en su defecto, será competente el que corresponda al domicilio del deudor. La decisión corresponde al LAJ.

Puede instar la consignación tanto el deudor como un tercero. Por parte del legislador se ha puesto límites en su regulación ante el gran número de expedientes de consignación que inundaban los juzgados anteriormente.

Se inicia por solicitud que debe contender los datos de los interesados y de la obligación, las razones de la consignación, su puesta a disposición y lo que se solicite en cuanto a su depósito, siendo requisito imprescindible acreditar haber efectuado ofrecimiento de pago y, en todo caso, el anuncio de la consignación al acreedor.

Admitida la solicitud, el LAJ lo notificará a los interesados para que en el plazo de 10 días retiren la cosa debida o aleguen lo que consideren oportuno. Si proceden a la retirada, se dicta un decreto teniendo por aceptada la consignación; si no la retiran ni realizan alegaciones, se dará plazo por 5 días al solicitante para que solicite la devolución, dictándose decreto archivando el expediente o manteniendo lo consignado, en cuyo caso se señalará para comparecencia ante el Juez, practicándose la prueba pertinente, tras lo cual se resolverá sobre si está bien hecha o no la consignación; si se tuviere por bien hecha, producirá los efectos legales procedentes, se entregará al acreedor la cosa consignada y se mandará cancelar la obligación si el promotor lo solicitare; en caso contrario, la obligación subsistirá y se devolverá al promotor lo consignado. Los gastos serán de cuenta del acreedor si la consignación fuera aceptada o se declarase estar bien hecha, y serán de cuenta del promotor si fuera declarada improcedente o retirase la cosa consignada.

2.4.6. En materia de derechos reales

A/ Autorización judicial al usufructuario para reclamar créditos vencidos que formen parte del usufructo (100 a 103 LJV,).

del que va a conocer el Tribunal de Instancia correspondiente al último domicilio o residencia del solicitante, para el caso de que el usufructuario pretenda cobrar por sí los créditos vencidos del usufructo, cuando esté dispensado de prestar fianza o no hubiese podido constituirla, o constituida no sea suficiente o no tenga autorización del propietario, así como para poner a interés el capital si no contara con el acuerdo del propietario:

– Se principiará por solicitud del usufructuario a la que se adjuntará los medios de prueba que acrediten su derecho y, en su caso, la falta de autorización del propietario.

– Admitida a trámite, se señalará para comparecencia al promotor, propietario, interesados en el cobro del crédito.

– Finalizará con resolución del juez, acordándose la obligación del usufructuario de informar periódicamente sobre las gestiones realizadas y las garantías que debe establecer el usufructuario para garantizar el capital en su caso.

B/ Expediente de deslinde de fincas no inscritas (104 a 107 LJV). Téngase en cuenta que, si se trata de fincas inscritas, se regula por la LH y, si son fincas de la Administración, conforme a su propia legislación. Lo tramitará el LAJ del lugar de la finca. Interviene abogado si el valor de la finca supera 6.000 euros:

– Se inicia por escrito que debe contener las circunstancias de la finca que se pretende deslindar, así como las fincas colindantes, sus titulares, adjuntándose certificación catastral descriptiva y gráfica (si ésta tampoco coincide ha de acompañarse un documento gráfico georreferenciado) y certificado registral de las colindantes si están inscritas.

– Admitido a trámite se dará traslado a todos los interesados por el plazo de 15 días para presentar Alegaciones a las que deberán acompañar sus pruebas, transcurrido el cual se citará al acto de deslinde para buscar la avenencia. Si algún interesado se opone al deslinde, se archiva el expediente sobre esa parte de la finca, pudiendo acudirse al declarativo correspondiente y, se continuará para el resto. Si se alcanza el acuerdo, bien total o parcial, se aprobará por decreto que se remitirá al catastro correspondiente.

C/ Subastas voluntarias (108 a 111 LJV), en la que el interesado puede instarlas con el fin de enajenación de bienes o derechos, fuera de la vía de apremio, bien ante el LAJ del lugar donde radiquen los bienes o bien ante notario:

– Se inicia por solicitud a la que se acompañará la documentación que acredite la capacidad para contratar del solicitante y su disposición del bien, así como un pliego de condiciones particulares de la subasta con valoración del bien e indicación de existencia de posibles arrendatarios u ocupantes, quienes deberán ser notificados.

– Si el LAJ acuerda su procedencia, lo pondrá en conocimiento del registro público concursal si procede y, si son bienes inmuebles, solicitará electrónicamente la certificación registral de dominio y cargas.

– La subasta se llevará a cabo electrónicamente en el Portal de Subastas de la Agencia Estatal del BOE.

– Finalizará por decreto aprobando el remate al único o mejor postor. Si no hay postor se archiva el expediente.

2.4.7. En materia mercantil

A/ Exhibición de libros de las personas obligadas a llevar contabilidad (112 a 116 LJV,) cuyo conocimiento compete a la SM del domicilio persona obligada a llevarlos:

– Se inicia por solicitud en la que ha de constar el interés del solicitante y los asientos que deben examinarse.

– Se cita a comparecencia resolviendo el juez motivadamente en la misma. Si se estima la solicitud, se señalará día y hora para la exhibición que se realizará ante el LAJ, pudiendo acompañarse el solicitante de los expertos que haya designado en su solicitud, levantándose acta de lo actuado, pudiendo llevarse a cabo en el domicilio o establecimiento de la persona obligada a llevar los libros, pudiéndose imponer multas coercitivas de hasta 300 euros al día si el obligado incumpliere.

B/ Convocatoria de juntas generales ordinarias y extraordinarias (117 a 119 LJV), en el que comparten competencia el LAJ y el registrador:

– Se inicia por escrito solicitando convocatoria de junta, debiéndose acompañar los estatutos, así como los demás documentos que justifiquen la legitimación y los que acrediten el cumplimiento de los requisitos exigidos legalmente en cada caso. Se podrá solicitar que se designe un presidente y secretario para la junta, distintos de los fijados estatutariamente.

– Si la junta es ordinaria: La solicitud se basará en que no se ha reunido en los plazos establecidos.

– Si la junta es extraordinaria: Se expresarán los motivos de la solicitud y el orden del día que se solicita.

– Se celebrará una comparecencia en la que se citará al órgano de Administración. Si se accede a lo solicitado, el LAJ convocará a la junta en el plazo de un mes desde que se formó la solicitud indicando día y hora y lugar (el fijado en los estatutos). Contra el decreto de convocatoria NO cabe recurso. En caso de no aceptación de quien haya sido designado para presidirla, el LAJ nombrará a otra persona.

C/ Nombramiento y revocación de liquidador, auditor o interventor de una entidad (120 a 123 LJV), cuyo conocimiento se atribuye al LAJ de la SM del domicilio social o al registrador:

– Se inicia por escrito al que se acompañarán los documentos que acrediten los requisitos exigidos legalmente.

– Se citará a la comparecencia tanto a los interesados como a los administradores que no hubieran promovido el expediente.

– Finalizará por decreto que se notificará a los nombrados para la aceptación del cargo, remitiéndose testimonio al Registro Mercantil. Debe aceptarse el cargo.

D/ Expediente para la reducción de capital social y de la amortización o enajenación de las participaciones o acciones (124 LJV), muy parco en su redacción dado que únicamente señala que es competencia del LAJ de la SM del domicilio social o del registrador y que su tramitación “Se seguirá el expediente general previsto en esta ley”.

E/ Disolución judicial de sociedades (art. 125 a 128 LJV), del que va a conocer la SM del Tribunal de Instancia donde tenga su domicilio social. La legitimación para promoverlo corresponde a los administradores, a los socios o a cualquier interesado:

– Se inicia por escrito al que se adjuntarán los documentos en los que conste los requisitos para proceder a la disolución, así como la notificación a la Sociedad de solicitud de la disolución si quien lo insta no es Administrador.

– Se citará a comparecencia al solicitante, administradores e interesados, resolviéndose por auto que, si acuerda la disolución, designará a los liquidadores, enviándose testimonio al registro mercantil.

F/ Convocatoria de la asamblea general de obligacionistas (129 131 LJV), a cargo del LAJ del juzgado mercantil correspondiente al domicilio social de la entidad emisora de las obligaciones o al registrador, pudiendo ser instado por quien resulte legitimado para solicitar la convocatoria según ley:

– Se inicia por escrito al que se deberá adjuntar los estatutos y, en su caso, el reglamento del sindicato, los documentos que acrediten la legitimación y cumplimiento de los requisitos.

– La comparecencia se celebrará en un mes desde la solicitud, a la que se citará al comisario designado en la escritura de emisión y a los promotores de la asamblea. Contra el decreto que resuelva el expediente no cabe recurso.

G/ Robo, hurto, extravío o destrucción de título valor o representación de partes de socio (132 a 135 LJV), cuyo conocimiento se atribuye al LAJ de la SM o notario del lugar pago si es un título de crédito; lugar de depósito si se trata de título depósito; y, lugar correspondiente al domicilio de la entidad emisora si se trata de título valores mobiliarios, pudiendo instar el expediente los poseedores legítimos de los títulos:

– Se inicia por solicitud que deberá presentarse en el plazo máximo de 9 días desde la denuncia en la sociedad rectora del mercado secundario oficial del domicilio de la entidad emisora. El LAJ acordará el anuncio de la incoación del expediente en el BOE y en un periódico de la provincia.

– Se celebrará una comparecencia que finalizará por decreto que contendrá la prohibición de trasmitir los valores, la suspensión del pago del capital o el depósito de mercancías, según proceda. Si transcurre un año sin mediar oposición, el LAJ ordenará al emisor la expedición de nuevos títulos que se entregarán al solicitante.

H/ Nombramiento de perito en los contratos de seguro (136 a 138 LJV), del que puede conocer tanto el LAJ, JM o el notario del domicilio asegurado. Tiene por objeto el caso en el que no hay acuerdo entre peritos nombrados por el asegurador y el asegurado para determinar los daños producidos y aquéllos que no estén conformes con la designación de un tercero, pudiendo instar el expediente cualquiera de las partes del seguro o ambos conjuntamente. En este caso no hace falta postulación:

- Se inicia por escrito en el que debe constar el hecho de la discordia, los daños sufridos, la solicitud de nombramiento perito, adjuntando la póliza correspondiente más los informes de otros peritos si los hubiere.

- Posteriormente, se cita a una comparecencia con el objeto de nombrar a un perito, conforme a la normativa de la LEC en esta materia.

TEMA 3. LOS SUJETOS DEL PROCESO I: EL ÓRGANO JURISDICCIONAL

3.1. ÓRGANOS JURISDICCIONALES DEL ORDEN CIVIL: DEMARCACIÓN Y PLANTA

Desarrollamos a continuación de manera específica para el orden jurisdiccional civil lo ya analizado en *Derecho Procesal I. Introducción* (Tema 4). Recordemos que la jurisdicción es única pero su ejercicio se encuentra distribuido por razones de especialización en órdenes jurisdiccionales; a su vez, en cada orden jurisdiccional se realiza una distribución funcional entre las distintas clases de órganos jurisdiccionales, atribuyendo el conocimiento de las distintas fases del proceso, sea instancia, recursos, ejecución; por último, entre los órganos jurisdiccionales que ejercen la misma función, se realiza una distribución territorial que delimita el ámbito en el que cada uno desarrolla su actividad. Todo ello configura lo que conocemos como planta judicial, esto es, el número y composición de los órganos judiciales; su estructura se encuentra prevista en la LOPJ (26 a 29, "De los Tribunales, (30 a 37, "De la división territorial en lo judicial") y su desarrollo en la LPDJ.

La LOMESPJ, en relación a la organización de los órganos jurisdiccionales ha traído dos cambios: la creación de las Oficinas de Justicia en los municipios y la creación de los Tribunales de Instancia. Por un lado, aunque se mantienen los Jueces de Paz, los Juzgados de Paz han sido sustituidos por las OJM; por otro, los órganos unipersonales hasta ahora existentes (JPI, JPII, JM, JF, para el orden jurisdiccional civil), han sido sustituidos por los Tribunales de Instancia, conformados por secciones que en el ámbito civil pueden ser única (civil y de instrucción), civil, mercantil y familia, infancia y capacidad.

Así pues, conforman el orden jurisdiccional civil las Oficinas de Justicia en los municipios (antes Juzgados de Paz), los Tribunales de Instancia, las Audiencias Provinciales, los Tribunales Superiores de Justicia y el Tribunal Supremo. Estos tribunales del orden jurisdiccional civil conocerán, además de las materias que les son propias, de todas aquellas que no estén atribuidas a otro orden jurisdiccional, asumiendo, pues, una vis atractiva respecto a cualquier materia que no tenga una atribución expresa (9.2 LOPJ). Como materias propias del orden jurisdiccional civil han de considerarse las civiles y mercantiles. La LEC hace referencia a la *jurisdicción* de los tribunales civiles y a la *jurisdicción* civil (37.1), lo cual no es técnicamente correcto, pues la jurisdicción es única y lo que existen son órdenes jurisdiccionales. En todo caso, ha de tenerse en cuenta que con el término jurisdicción se hace referencia a la extensión y límites del orden jurisdiccional civil (competencia judicial internacional –36–) y a la atribución al orden jurisdiccional civil (37)

En cada municipio donde no exista TI, y con jurisdicción en el término correspondiente, habrá un juez o una jueza de paz (99 LOPJ). En cada partido judicial habrá un TI, con sede en su capital, de la que tomará su nombre; conforme a la LDPJ estarán integrados por una SU (Civil y de Instrucción) o por una SC y una SI. Además de estas podrán conformarse con SF y SM (84LOPJ). Las AAPP están integradas por secciones civiles y secciones penales; en los TTSSJJ la Sala de lo civil y penal asume el conocimiento de los asuntos civiles; en el TS es la Sala Primera la que tiene competencias civiles.

3.2. EXTENSIÓN Y LÍMITES DEL ORDEN JURISDICCIONAL CIVIL. TRATAMIENTO PROCESAL

La LOPJ regula en los arts. 21 a 25 lo que denomina "extensión y límites de la jurisdicción"; reglas que determinan las pretensiones de las que deben conocer los Tribunales, en este caso civiles, españoles. Nos remitimos a lo dicho en *Derecho Procesal I. Introducción* (Tema 3), limitándonos ahora a analizar el tratamiento procesal de estas reglas.

La LEC prevé el control de estas reglas tanto de oficio como a instancia de parte. De oficio, los tribunales civiles españoles deben abstenerse de conocer de los asuntos que se les sometan cuando concurra en ellos alguna de las circunstancias siguientes (36.2 LEC):

- Cuando se haya formulado demanda o solicitada ejecución respecto de sujetos o bienes que gocen de inmunidad de jurisdicción o de ejecución de conformidad con la legislación española y las normas de Derecho Internacional Público.
- Cuando, en virtud de un tratado o convenio internacional en el que España sea parte, el asunto se encuentre atribuido con carácter exclusivo a la jurisdicción de otro Estado.
- Cuando no comparezca el demandado emplazado en debida forma, en los casos en que la competencia internacional de los tribunales españoles únicamente pudiera fundarse en la sumisión tácita de las partes" (36.2 LEC).

Tras oír a las partes y al fiscal, el tribunal resuelve por auto, contra el que cabe recurso de apelación.

La denuncia a instancia de parte se lleva a cabo mediante declinatoria regulada, a cuyo estudio se dedica el apartado 3.5 de este mismo Tema.

3.3. LA COMPETENCIA

3.3.1. Concepto y clases

La existencia de una pluralidad de órganos en cada orden jurisdiccional hace necesario que exista una serie de normas que distribuyan entre cada uno de ellos las funciones a realizar; llegamos así al concepto de competencia. Así pues, lo que la LEC denomina jurisdicción no es suficiente, necesitamos acudir a la competencia. No en vano se afirma que la competencia es la "medida" de la jurisdicción o que, si la jurisdicción es el "género", la competencia es la "especie". Efectivamente, la competencia se puede definir como "aquel conjunto de asuntos o procesos en que un tribunal ejerce, conforme a la ley, su jurisdicción". No obedece a los mismos principios que la jurisdicción, pues si esta es única, la competencia es diversa, si la jurisdicción es indivisible, la competencia se divide o reparte entre los distintos órganos. No todos conocen de todo, sino que lo hacen en la medida de aquellos asuntos que la ley les atribuya.

Tradicionalmente se distingue entre tres tipos o clases de competencia: la objetiva, la funcional y la territorial.

3.3.2. La competencia objetiva

Antes de nada, conviene recordar que, de conformidad con el art. 9.2 LOPJ: "Los tribunales y juzgados del orden civil conocerán, además de las materias que les son propias, de todas aquellas que no estén atribuidas a otro orden jurisdiccional", quizás como consecuencia de que, es precisamente el proceso civil el primigenio, aquel del que se fueron desgajando todos lo demás.

Por competencia objetiva puede entenderse aquel conjunto de normas que distribuyen el conocimiento de los asuntos en la primera instancia, entre los distintos órganos del orden jurisdiccional civil. Estas normas deben tener rango de ley y carácter imperativo o de "*ius cogens*". El legislador utiliza tres criterios para atribuir competencia objetiva: el de la materia, el de la cuantía y el de los sujetos demandados.

Hemos de aclarar que la LEC sigue haciendo mención a los juzgados unipersonales que han sido sustituidos por los Tribunales de Instancia.

3.3.2.1. Por la materia

Jueces de Paz. Les corresponde el conocimiento, en primera instancia, de los asuntos civiles de cuantía no superior a 150 € que no estén comprendidos en ninguno de los casos a que, por razón de la materia, se refiere el apartado 1 del artículo 250. Así pues, con independencia de que la cuantía no supere los 150 €, queda vedado a los JPz conocer de cualquier materia que deba tramitarse a través del juicio ordinario, así como las que deban tramitarse a través del juicio verbal en razón a la materia.

Secciones únicas o secciones civiles. Asumen las competencias de los JPI o JPII. Tienen competencia residual, pues según el art. 45.1 LEC: "*Corresponde a los* Juzgados de Primera Instancia *el conocimiento, en primera instancia, de todos los asuntos civiles que por disposición legal expresa no se hallen atribuidos a otros tribunales. Conocerán, asimismo, dichos Juzgados de los asuntos, actos, cuestiones y recursos que les atribuye la LOPJ*". Son, además, los órganos básicos en el orden jurisdiccional civil, la "fuerza de choque" civil. Así, por razón de la materia, según el art. 85 LOPJ, conocen:

En primera instancia, de los juicios que no vengan atribuidos por esta ley a otros juzgados o tribunales.

- De los actos de jurisdicción voluntaria en los términos que prevean las leyes.
- De los recursos que establezca la ley contra las resoluciones de los Juzgados de Paz del partido.
- De las solicitudes de reconocimiento y ejecución de sentencias y demás resoluciones judiciales extranjeras y de la ejecución de laudos o resoluciones arbitrales extranjeros, a no ser que, con arreglo a lo acordado en los tratados y otras normas internacionales, corresponda su conocimiento a otro Juzgado o Tribunal.

<u>Secciones mercantiles</u>. Los JM se crearon para asumir el conocimiento de los procesos concursales, sin embargo, desde s creación se les atribuyó el conocimiento de otras materias. Conforme al art. 87.6 y 7 LOPJ conocerán:

- Materias mercantiles. De cuantas cuestiones sean de la competencia del orden jurisdiccional civil en materia de propiedad intelectual e industrial; competencia desleal y publicidad; sociedades mercantiles, sociedades cooperativas, agrupaciones de interés económico; transporte terrestre, nacional o internacional; derecho marítimo y derecho aéreo. Se excluyen algunos supuestos en materia de transporte de pasajeros (aéreo, ferrocarril, autobús, marítimo.
- Defensa de la competencia (101 y 102 TFUE)
- De los recursos directos contra las calificaciones negativas de los registradores y las registradoras mercantiles o, en su caso, contra las resoluciones expresas o presuntas de la DGSJFPJ relativas a esas calificaciones.
- Recursos contra las resoluciones dictadas por la Sección Primera de la Comisión de Propiedad Intelectual para resolver las cuestiones litigiosas sobre el acuerdo previsto en el artículo 129 bis.3 LPI.
- Reconocimiento y ejecución de sentencias y demás resoluciones judiciales extranjeras, cuando éstas versen sobre cualquiera de las materias a que se refiere este artículo, salvo que, según los tratados y otras normas internacionales, el conocimiento de esa materia corresponda a otro órgano judicial.
- Procesos concursales. Cuantas cuestiones sean de la competencia del orden jurisdiccional civil en materia de concurso de acreedores, cualquiera que sea la condición civil o mercantil del deudor, de los planes de

reestructuración y del procedimiento especial para microempresas, en los términos establecidos por el texto refundido de la Ley Concursal.

- Materias *atraídas* por el proceso concursal. Las acciones civiles con trascendencia patrimonial que se dirijan contra el concursado, con excepción de las que se ejerciten en los procesos civiles sobre capacidad, filiación, matrimonio y menores. Las ejecuciones relativas a créditos concursales o contra la masa sobre los bienes y derechos del concursado integrados o que se integren en la masa activa, cualquiera que sea el tribunal o la autoridad administrativa que la hubiera ordenado, sin más excepciones que las previstas en la legislación concursal. La determinación del carácter necesario de un bien o derecho para la continuidad de la actividad profesional o empresarial del deudor. La declaración de la existencia de sucesión de empresa a efectos laborales y de seguridad social en los casos de transmisión de unidad o de unidades productivas y la determinación de los límites de esa declaración conforme a lo dispuesto en la legislación laboral y de seguridad social. Las medidas cautelares que afecten o pudieran afectar a los bienes y derechos del concursado integrados o que se integren en la masa activa, cualquiera que sea el tribunal o la autoridad administrativa que la hubiera acordado, excepto las que se adopten en los procesos civiles sobre capacidad, filiación, matrimonio y menores. Las demás materias establecidas en la legislación concursal.
- Otras materias *atraídas* por el concurso cuanto el deudor sea persona natural. En relación con la asistencia jurídica gratuita; a la disolución y liquidación de la sociedad o comunidad conyugal del concursado.
- Otras materias atraídas por el concurso cuanto el deudor sea persona jurídica. Las acciones de reclamación de deudas sociales que se ejerciten contra los socios de la sociedad concursada que sean subsidiariamente responsables del pago de esas deudas, cualquiera que sea la fecha en que se hubieran contraído, y las acciones para exigir a los socios de la sociedad concursada el desembolso de las aportaciones sociales diferidas o el cumplimiento de las prestaciones accesorias; las acciones de responsabilidad contra los administradores o liquidadores, de derecho o de hecho; contra la persona natural designada para el ejercicio permanente de las funciones propias del cargo de administrador persona jurídica y contra las personas, cualquiera que sea su denominación, que tengan atribuidas facultades de la más alta dirección de la sociedad cuando no exista delegación permanente de facultades del consejo de administración en uno o varios consejeros delegados o en una comisión ejecutiva, por los daños y perjuicios causados, antes o después de la declaración judicial de concurso, a la persona jurídica concursada; las acciones de responsabilidad contra los auditores por los daños y perjuicios causados, antes o después de la declaración judicial de concurso, a la persona jurídica concursada.

- Materias laborales atraídas por el concurso. Acciones sociales que tengan por objeto la modificación sustancial de las condiciones de trabajo, el traslado, el despido, la suspensión de contratos y la reducción de jornada por causas económicas, técnicas, organizativas o de producción que, conforme a la legislación laboral y a lo establecido en la legislación concursal, tengan carácter colectivo, así como de las que versen sobre la suspensión o extinción de contratos de alta dirección; la suspensión de contratos y la reducción de jornada tendrán carácter colectivo cuando afecten al número de trabajadores establecido en la legislación laboral para la modificación sustancial de las condiciones de trabajo con este carácter.
- Cuestiones prejudiciales directamente relacionadas con el concurso o cuya resolución sea necesaria para la adecuada tramitación del procedimiento concursal. La decisión sobre estas cuestiones no surtirá efecto fuera del concurso de acreedores en que se produzca.
- Reconocimiento y ejecución de sentencias y demás resoluciones judiciales extranjeras, cuando éstas versen sobre cualquiera de las materias a que se refiere este artículo, salvo que, según los tratados y otras normas internacionales, el conocimiento de esa materia corresponda a otro órgano judicial.

Se debe recordar que la SM del TI de Alicante actúa como Juzgado de Marca de la Unión Europea, teniendo atribuido el de todos aquellos litigios que se promuevan al amparo de lo previsto en los Reglamentos números 40/94, del Consejo de la Unión Europea, de 20 de diciembre de 1993, sobre la marca comunitaria, y 6/2002, del Consejo de la Unión Europea, de 12 de diciembre de 2001, sobre los dibujos y modelos comunitarios.

Secciones de Violencia contra la Mujer. La LOPIVM dio lugar a la creación de los JVM, que pese a ser órganos incardinados en el orden jurisdiccional penal asumieron competencias civiles que ahora pasan a las SVM. Tal atribución requiere que concurran simultáneamente los siguientes requisitos (89.7 LOPJ):

- Que alguna de las partes del proceso civil sea víctima de los actos de violencia de género cuyo conocimiento corresponda a las SVM; tal atribución se realiza respecto a determinados delitos (homicidio, aborto, lesiones, lesiones al feto, delitos contra la libertad, delitos contra la integridad moral, contra la libertad e indemnidad sexual, contra la intimidad y el derecho a la propia imagen, contra el honor o cualquier otro delito cometido con violencia o intimidación), cuando se cometan contra determinadas sujetos (quien sea o haya sido su esposa o mujer que esté o haya estado ligada al autor por análoga relación de afectividad, aun sin convivencia, así como de los cometidos sobre los descendientes, propios o de la esposa o conviviente, o sobre los menores o personas con discapacidad que con él convivan o que se hallen sujetos a la potestad, tutela, curatela, acogimiento o guarda de hecho de la esposa o conviviente).

- Que alguna de las partes del proceso civil sea imputado como autor, inductor o cooperador necesario en la realización de actos de violencia de género.
- Que se hayan iniciado ante la SVM actuaciones penales por delito o falta a consecuencia de un acto de violencia sobre la mujer, o se haya adoptado una orden de protección a una víctima de violencia de género.
- Que se trate de un proceso civil que tenga por objeto alguna de las materias que expresamente se relacionan en el art. 89.6 LOPJ, (relación casi coincidente con los procesos civiles no dispositivos –748 y ss LEC–):
    - Cuestiones matrimoniales y de uniones de hecho (régimen económico, medidas con trascendencia familiar, adopción, crisis)
    - Guarda y custodia de hijos menores y alimentos en nombre de ellos
    - Modificación de medidas adoptadas en los casos anteriores
    - Maternidad, paternidad, filiación y adopción.
    - Relaciones paternofiliales
    - Protección de menores (capítulos IV bis y V del título I del libro IV LEC).
    - Jurisdicción voluntaria en materia de personas y familia (salvo cap. IX –declaración de ausencia y fallecimiento– y X –extracción de órganos de donantes vivos– del tít. II LJV)
    - Liquidación del régimen económico matrimonial instados por los herederos de la mujer víctima de violencia de género, así como los que se insten frente a estos herederos.
    - Eficacia civil de resoluciones o decisiones eclesiásticas en materia matrimonial
    - Reconocimiento y la ejecución de sentencias y resoluciones judiciales extranjeras civiles sobre menores y familia.
    - Efectividad de los derechos reconocidos en el art. 160 CC

<u>Secciones de familia, infancia y capacidad</u>. El art. 86 LOPJ prevé la posibilidad de que, en función de la carga de trabajo, se creen secciones de familia, infancia y capacidad. Les corresponderá, en su caso, el conocimiento de cuantas cuestiones se susciten en materias civiles relativas a la familia o la protección de la infancia o las personas con discapacidad. En todo caso, tal atribución será exclusiva y excluyente respecto:

- Cuestiones matrimoniales y de uniones de hecho (régimen económico, medidas con trascendencia familiar, adopción, crisis)
- Guarda y custodia de hijos menores y alimentos en nombre de ellos
- Modificación de medidas adoptadas en los casos anteriores
- Maternidad, paternidad, filiación y adopción.
- Relaciones paternofiliales
- Medidas judiciales de apoyo a personas con discapacidad, incluyendo los internamientos no voluntarios

- Protección de menores, incluidos los supuestos de los arts. 778 bis y ter y los capítulos IV bis y V del título I del libro IV LEC
- Oposición a resoluciones y actos DGSJFPJ y RC
- Jurisdicción voluntaria en materia de personas y familia (salvo cap. IX –declaración de ausencia y fallecimiento– y X –extracción de órganos de donantes vivos– del tít. II LJV)
- Eficacia civil de resoluciones o decisiones eclesiásticas en materia matrimonial
- Reconocimiento y la ejecución de sentencias y resoluciones judiciales extranjeras civiles sobre menores y familia.
- Efectividad de los derechos reconocidos en el art. 160 CC
- Cualesquiera otras materias civiles relativas a la familia o la protección de la infancia o las personas con discapacidad.

Secciones civiles de las Audiencias Provinciales. Las reglas sobre competencia objetiva aplicables a las AAPP son mínimas, pues apenas conocen de asuntos en la instancia. Así sucede con la impugnación de resoluciones de la OEPM.

Salas de lo civil y penal de los Tribunales Superiores de Justicia. Más que competencia por razón de la materia, les corresponde competencia por razón de sujeto demandado. Únicamente cabría citar dentro de aquella, el art. 73.1.c LOPJ, según el cual conocerán: "De las funciones de apoyo y control del arbitraje que se establezcan en la ley, así como de las peticiones de exequátur de laudos o resoluciones arbitrales extranjeros, a no ser que, con arreglo a lo acordado en los tratados o las normas de la Unión Europea, corresponda su conocimiento a otro Juzgado o Tribunal".

Sala Primera del Tribunal Supremo. Su competencia objetiva se determina en función de los sujetos demandados.

3.3.2.2. Por la cuantía

Resulta relevante la utilización del criterio de la cuantía para deslindar la competencia de los Jueces de Paz, los cuales, de conformidad con el art. 47 LEC conocerán en primera instancia, de los asuntos civiles de cuantía no superior a 150 € que no estén comprendidos en ninguno de los casos a que, por razón de la materia, se refiere el apartado 1 del art. 250".

3.3.2.3. En razón del sujeto demandado

Tanto los TTSSJJ como el TS conocen de los procesos en que se reclame responsabilidad civil a determinados sujetos, en razón de su cargo o función.

Las salas de lo civil y penal de los TSJ conocen en única instancia (73.2 LOPJ):

- De las demandas de responsabilidad civil, por hechos cometidos en el ejercicio de sus respectivos cargos, dirigidas contra el Presidente y miembros del Consejo de Gobierno de la comunidad autónoma y contra los miembros de la Asamblea legislativa, cuando tal atribución no corresponda, según los Estatutos de Autonomía, al TS
- De las demandas de responsabilidad civil, por hechos cometidos en el ejercicio de su cargo, contra todos o la mayor parte de los magistrados de una Audiencia Provincial o de cualesquiera de sus secciones.

La Sala Primera del TS conoce en única instancia:

- De las demandas de responsabilidad civil por hechos realizados en el ejercicio de su cargo, dirigidas contra el Presidente del Gobierno, Presidentes del Congreso y del Senado, Presidente del Tribunal Supremo y del Consejo General del Poder Judicial, Presidente del Tribunal Constitucional, miembros del Gobierno, Diputados y Senadores, Vocales del Consejo General del Poder Judicial, Magistrados del Tribunal Constitucional y del Tribunal Supremo, Presidentes de la Audiencia Nacional y de cualquiera de sus Salas y de los Tribunales Superiores de Justicia, Fiscal General del Estado, Fiscales de Sala del Tribunal Supremo, Presidente y Consejeros del Tribunal de Cuentas, Presidente y Consejeros del Consejo de Estado, Defensor del Pueblo y Presidente y Consejeros de una Comunidad Autónoma, cuando así lo determinen su Estatuto de Autonomía (56.2º LOPJ)
- De las demandas de responsabilidad civil dirigidas contra Magistrados de la Audiencia Nacional o de los Tribunales Superiores de Justicia por hechos realizados en el ejercicio de sus cargos (56.3º LOPJ)
- De las acciones civiles dirigidas contra la Reina consorte o el consorte de la Reina, la Princesa o Príncipe de Asturias y su consorte, así como contra el Rey o Reina que hubiere abdicado y su consorte (55 bis LOPJ).

3.3.3. La competencia funcional

Consiste en aquel conjunto de normas que determina el órgano competente para conocer en las distintas instancias de un procedimiento o en cada fase o acto por el que atraviese el asunto (recursos, cuestiones de competencia, prejudiciales, recusaciones, ejecución, acumulaciones, incidentes).

Los criterios generales sobre competencia funcional son los siguientes: para los recursos debe tenerse presente su carácter devolutivo o no; para la ejecución, se establece la competencia del tribunal que conoció del asunto en la instancia (545.1); la denominada competencia funcional por conexión, atribuye al tribunal que está conociendo de un pleito la competencia también para resolver sobre sus incidencias (61), salvo disposición legal en otro sentido; entre estos supuestos tenemos los conflictos de jurisdicción (salas de los arts. 38 y 39 LOPJ), conflictos de competencia (sala especial del art. 42 LOPJ), cuestiones de competencia e incidentes de acumulación de procesos (órgano inmediato superior común, 51.1 LOPJ, 93, 94, y 95 LEC), instrucción y resolución de incidentes de recusación (depende de la categoría del recusado y del órgano del que forma parte).

De forma detallada:

Secciones civiles o únicas de TI. Conocen de los recursos que establezca la ley contra las resoluciones de los Jueces de paz del partido, así como de las cuestiones de competencia que surjan entre ellos.

Secciones civiles de las AAPP. Conocen de los recursos que la ley establezca contra las resoluciones en materia civil y mercantil de las secciones de los TI (SU/SC, SM, SF, SVM y SVI; del recurso de queja frente al auto de inadmisión a trámite del recurso de apelación.

La sección o secciones especializadas en materia mercantil de la AP de Alicante actúa como Tribunal de Marca UE y conoce de los recursos contra las resoluciones del Juzgado de Marca UE.

Sala de lo civil y penal de los TTSSJJ. Conocen del recurso de casación que establezca la ley contra resoluciones de órganos jurisdiccionales del orden jurisdiccional civil con sede en la comunidad autónoma, siempre que el recurso se funde en infracción de normas del derecho civil, foral o especial, propio de la comunidad, y cuando el correspondiente Estatuto de Autonomía haya previsto esta atribución; de la revisión que establezca la ley contra sentencias dictadas por órganos jurisdiccionales del orden civil con sede en la comunidad autónoma, en materia de derecho civil, foral o especial, propio de la comunidad autónoma, si el correspondiente Estatuto de Autonomía ha previsto esta atribución; de las cuestiones de competencia entre órganos jurisdiccionales del orden civil con sede en la comunidad autónoma que no tenga otro superior común.

Sala Primera del TS. Conoce de los recursos de casación, revisión y otros extraordinarios en materia civil que establezca la ley; de las recusaciones que se interpusieren contra los magistrados de la Sala; de las cuestiones de competencia entre Tribunales del propio orden jurisdiccional que no tengan otro superior común.

3.3.4. La competencia territorial

Una vez que han quedado establecidas la competencia objetiva y la funcional, la existencia de múltiples juzgados y tribunales del mismo tipo hace necesario acudir a otro elemento que concrete los anteriores: si la competencia objetiva nos dice quien conoce en la instancia y la funcional quien conoce en las distintas fases o momentos de un proceso, las normas sobre competencia territorial perfilan y definen el órgano concreto que, entre aquellos que tienen la misma competencia objetiva, conoce en función del territorio.

Las reglas que determinan la competencia territorial se denominan fueros. En la regulación de la competencia territorial se parte del carácter dispositivo de las normas que la regulan, pero sentado este criterio, la tendencia a limitar la posibilidad de sumisión se manifiesta con la existencia de fueros imperativas y en la prohibición de sumisión en el juicio verbal y en contratos de adhesión, condiciones generales y con consumidores y usuarios (54.1 y 2).

Para determinar el tribunal competente las normas sobre competencia territorial han de aplicarse conforme a la siguiente prelación:

- Fueros legales imperativos; si existe norma imperativa se excluye la aplicación de cualquier otra.
- Fuero convencional o sumisión; no habiendo norma imperativa, cabe la sumisión de las partes, siendo preferente la sumisión tácita (56) sobre la sumisión expresa (55). La sumisión no puede alterar la competencia objetiva (54.3)
- Fueros legales especiales no imperativos (52.1.2° y 3°)
- Fueros legales generales no imperativos (50 y 51)

3.3.4.1. Los fueros convencionales

Cabe hablar de dos tipos de fueros convencionales: la sumisión expresa y la sumisión tácita:

Se entiende por **sumisión expresa** la pactada por los interesados designando con precisión la circunscripción a cuyos tribunales se sometieren (55). Se trata de una manifestación de voluntad que da lugar al fuero convencional; se lleva a cabo pre–procesalmente, por medio de un pacto o contrato realizado por las partes y, normalmente, incorporado como cláusula a un negocio jurídico–material. A través de esta cláusula, las partes acuerdan que los litigios que surjan en relación a ese negocio jurídico se resuelvan por el Tribunal de un territorio concreto.

La **sumisión tácita** se deduce de la actuación de las partes; en el caso del demandante por el mero hecho de acudir a los tribunales de una determinada circunscripción interponiendo la demanda o formulando petición o solicitud que haya de presentarse ante el tribunal competente para conocer de la demanda; para el demandado, por el hecho de hacer, después de personado en el juicio tras la interposición de la demanda, cualquier gestión que no sea la de proponer en forma la declinatoria, así como cuando, emplazado o citado en forma, no comparezca en juicio o lo haga cuando haya precluido la facultad de proponer la declinatoria (56).

Los fueros convencionales están sometidos a las fuertes limitaciones que les impone el art. 54, que establece el carácter imperativo de los siguientes fueros:

- En los supuestos de los apartados 1° y 4° a 15° del art. 52.1. Hemos de señalar que a este apartado se incorporaron los numerales 16° y 17°, sin

actualizar lo dispuesto en el 54.1; la interpretación más coherente es considerar que también se trata de fueros indisponibles, habida cuenta que el 16º se refiere a consumidores y usuarios y el 17º a impugnación de resoluciones de un órgano administrativo.
- En los asuntos que deban decidirse por el juicio verbal.
- En contratos de adhesión, o que contengan condiciones generales impuestas por una de las partes, o que se hayan celebrado con consumidores o usuarios.

3.3.4.2. Los fueros legales

Los fueros legales pueden ser generales y especiales.

Los **fueros legales especiales** se prevén para supuestos específicos y se encuentran recogidos en el art. 52. Se aplican con preferencia sobre los fueros generales; mientras que los previstos en los numerales 2º y 3º del apartado 1 son disponibles y ceden ante la existencia de sumisión, el resto tienen carácter imperativo y no admiten sumisión.

Son fueros legales disponibles y, por tanto, admiten sumisión:

52.1.2º	Presentación y aprobación de las cuentas por administradores de bienes ajenos	Tribunal lugar donde deban presentarse dichas cuentas, y no estando determinado, el del domicilio del mandante, poderdante o dueño de los bienes, o el del lugar donde se desempeñe la administración, a elección del actor
52.1.3º	Obligaciones de garantía o complemento de otras anteriores	Tribunal competente para conocer o que esté conociendo de la obligación principal

Son fueros legales no disponibles o de carácter imperativo y, por tanto, no admiten sumisión:

52.1.1º	Acciones reales sobre inmuebles	Tribunal del lugar en que esté sita la cosa litigiosa. Si varias cosas o una situada en diferentes circunscripciones, Tribunal de cualquiera de ellas a elección del demandante
52.1.4º	Cuestiones hereditarias	Tribunal de último domicilio del finado; si fuera en país extranjero, el último domicilio en España o donde estuviera la mayor parte se sus bienes, a elección del demandante
52.1.5º	Medidas judiciales de apoyo a discapaces	Tribunal donde resida la persona con discapacidad
52.1.6º	Derecho al honor, intimidad personal y familiar y propia imagen, así como DDFF	Tribunal del domicilio del demandante; si no lo tiene en España, Tribunal del lugar del hecho que vulnere el derecho fundamental
52.1.7º	Arrendamientos de inmuebles y desahucio	Tribunal del lugar donde esté sita la finca
52.1.8º	Propiedad horizontal	Tribunal del lugar en que radique la finca.

52.1.9º	Daños y perjuicios derivados de la circulación de vehículos a motor	Tribunal del lugar en que se causaron los daños
52.1.10º	Impugnación de acuerdos sociales	Tribunal del lugar del domicilio social
52.1.11º	Infracciones en materia de propiedad intelectual	Tribunal del lugar en que la infracción se haya cometido o existan indicios de su comisión o se encuentren ejemplares ilícitos, a elección del demandante
52.1.12º	Competencia desleal	Tribunal en que el demandado tenga su establecimiento; a falte de este, su domicilio o lugar de residencia; si no lo tiene en territorio español, el del lugar donde se haya realizado el acto de competencia desleal o donde se produzcan sus efectos, a elección del demandante
52.1.13º	Propiedad industrial	Tribunal que señale la legislación sobre dicha materia. Por remisión se aplica el 128 LP
52.1.13º bis	Recursos contra resoluciones OEPM	Secciones especializadas en materia mercantil de las AAPP en cuya circunscripción radique la sede del TSJ del domicilio del demandante o, en su defecto, del domicilio autorizado en España para actuar en su nombre.
52.1.14º	No incorporación o nulidad de CGC	Tribunal del domicilio del demandante;
	Acciones declarativas, de cesación o retractación	Tribunal donde el demandado tenga su establecimiento; a falta de este, el de su domicilio; si no lo tiene en España, el del lugar en que se hubiera realizado la adhesión (a elección del demandante).
52.1.15º	Tercerías de dominio o mejor derecho en procedimiento administrativo de apremio	Tribunal del domicilio del órgano que acordó el embargo
52.1.16º	Acción de cesación en defensa de los intereses tanto colectivos como difusos de consumidores y usuarios	Tribunal del lugar donde el demandado tenga un establecimiento; a falta de este, el de su domicilio; si careciere de domicilio en España, el del lugar del domicilio del actor (a elección del demandante)
52.1.17º	Resoluciones de la DGRN (en la actualidad DGSJFP)	Tribunal de la capital de provincia del domicilio del recurrente
52.2	Seguros, ventas a plazos de bienes muebles corporales, contratos para su financiación, contratos de prestación de servicios relativos a bienes muebles precedidos de oferta pública cuando no fueran de aplicación las reglas anteriores	Tribunal del domicilio del asegurado, comprador o prestatario o el del domicilio del que hubiera aceptado la oferta, o el que corresponda conforme a los fueros generales (50 y 51), a elección del demandante
52.3	Acciones individuales de consumidores o usuarios cuando no fueran de aplicación las reglas anteriores	Tribunal del domicilio del consumidor o usuario o el que corresponda conforme a los fueros generales (50 51), a elección del consumidor

La regulación de los **fueros legales generales** se establece en los arts. 50 y 51,.

50.1 y 2	Personas físicas	Salvo que la ley disponga otra cosa, - Tribunal del domicilio del demandado - Si no lo tuviere en el territorio nacional, Tribunal de su residencia - Sin domicilio ni residencia en España, tribunal del lugar en que se encuentren dentro del territorio nacional o en el de su última residencia en éste - Si tampoco pudiera determinarse así la competencia, Tribunal del domicilio del actor.
50.3	Empresarios y profesionales en litigios derivados de su actividad empresarial o profesional	Además de los fueros anteriores, el Tribunal del lugar donde se desarrolle dicha actividad y, si tuvieren establecimientos en distintos lugares, el Tribunal de cualquiera de ellos, a elección del demandante
51.1	Personas jurídicas	Salvo que la ley disponga otra cosa, - Tribunal del lugar de su domicilio - Tribunal del lugar donde la situación o relación jurírica haya nacido o deba surtir efectos, si tiene establecimiento abierto al público o representante en dicho lugar
51.2	Entes sin personalidad	Tribunal del domicilio de sus gestores o donde desarrollen su actividad (a elección del demandante)

En caso de que se ejerciten conjuntamente varias acciones frente a una o varias personas será tribunal competente el del lugar correspondiente a la acción que sea fundamento de las demás; en su defecto, aquel que deba conocer del mayor número de las acciones acumuladas y, en último término, el del lugar que corresponda a la acción más importante cuantitativamente (53.1).

Cuando hubiere varios demandados y, conforme a las reglas anteriores pudiera corresponder la competencia territorial a los tribunales de más de un lugar, la demanda podrá presentarse ante cualquiera de ellos, a elección del demandante (53.2).

3.3.5. Tratamiento procesal

3.3.5.1. De la competencia objetiva

La falta de competencia objetiva puede ser controlada de oficio o a instancia de parte. De oficio, tan pronto como se advierta la posible falta de competencia objetiva, el LAJ dará vista a las partes y al MF por plazo común de diez días, resolviendo el Tribunal por medio de auto que, si declara la falta de competencia objetiva, debe indicar la clase de tribunal al que corresponde el conocimiento del asunto (48.1, 3 y 4).

Si la falta de competencia objetiva es apreciada en segunda instancia (apelación) o en casación, la AP o el TS decretarán la nulidad de todo lo actuado, dejando a salvo el derecho de las partes a ejercitar sus acciones ante la clase de tribunal que corresponda (48.2).

Específicamente, respecto a la atribución a las SVM, cuando el juez o la jueza apreciara que los actos puestos en su conocimiento, de forma notoria, no constituyen expresión de violencia de género o de violencia sexual, podrá inadmitir la pretensión, remitiéndola al órgano judicial competente (89.8 LOPJ).

A instancia de parte, la falta de competencia objetiva puede denunciarse mediante declinatoria (49) [*Vid. aptdo. 3.5*].

3.3.5.2. De la competencia funcional

La falta de competencia funcional determina la nulidad de pleno derecho (238 LOPJ, 62.1), debiendo controlarse de oficio (240.2 LOPJ), inadmitiendo el recurso dirigido a un tribunal que carezca de competencia o absteniéndose de conocer a través de auto previa audiencia de las partes personadas por plazo común de diez días (art. 62.1). La inadmisión del recurso proporciona un nuevo plazo de cinco días para la correcta interposición o anuncio del recurso que se añadirá al previsto legalmente para dichos trámites (62.2).

Las reglas de competencia funcional no suelen plantear problemas de aplicación, aunque en el recurso de casación, ante la posibilidad de que la competencia corresponda a los Tribunales Superiores de Justicia o al Tribunal Supremo, se prevén dos reglas especiales (478).

Por lo que se refiere a la posibilidad de denuncia por las partes, deberá hacerse valer por medio de los recursos establecidos en la ley contra la resolución de que se trate o por los demás medios que establezcan las leyes procesales (240.1 LOPJ); en este sentido, la nulidad también puede declararse a instancia de parte antes de que hubiere recaído resolución que ponga fin al proceso, y siempre que no proceda la subsanación, previa audiencia de las partes (240.2 LOPJ).

A pesar de que "entre los demás medios que establezcan las leyes procesales" se incluye la declinatoria, apta para denunciar la falta de competencia de cualquier tipo (63.1.II), si se repasa la regulación de la misma (63, 64 y 65) no parece que sea este el cauce adecuado para la competencia funcional, sino que deberá plantearse en el trámite de oposición al recurso (apelación –461– o casación –art. 483–).

3.3.5.3. De la competencia territorial

En el caso de la falta de competencia territorial, el tratamiento es distinto en función del tipo de norma de que se trate. Así, si la competencia territorial viene dada por normas imperativas, el control cabe realizarlo de oficio el LAJ inmediatamente después de presentada la demanda; si entiende que el Tribunal carece de competencia territorial para conocer del asunto, previa audiencia de las partes personadas y del MF, dará cuenta al Juez para que resuelva lo que proceda mediante auto, remitiendo, en su caso, las actuaciones al Tribunal que considere territorialmente competente. Si fuesen de aplicación fueros electivos se estará a lo que manifieste el demandante, tras el requerimiento que se le dirigirá a tales efectos.

Por el contrario, si la competencia territorial está establecida por normas convencionales, su falta sólo se podrá denunciar a instancia de parte, mediante declinatoria.

3.4. EL REPARTO DE ASUNTOS

Los TI están conformados por secciones entre las que se distribuyen los asuntos conforme a las reglas sobre competencia objetiva; pero dentro del mismo TI puede haber varias secciones con la misma competencia objetiva y ello hace necesario un reparto de los asuntos entre las mismas. Las normas de reparto permiten esa distribución, debiendo tener en cuenta que con la creación de los TI, las disposiciones de la LEC (68 a 70) han quedado obsoletas. Corresponde su aprobación a las Salas de Gobierno de los TTSSJJ (152.2 LOPJ), a propuesta de la Junta de Jueces de la respectiva Sección del TI.

Lo importante es que estas normas de reparto integran el derecho al juez predeterminado por la ley, razón por lo que debe dárseles publicidad (159.2 LOPJ) y su infracción da lugar a la nulidad siempre que se impugne en el momento de la presentación del escrito o de la solicitud de incoación de las actuaciones (68.3).

En tanto no se lleve a cabo el reparto, no pueden adoptarse resoluciones, excepto las medidas urgentes a instancia de parte que pueden adoptar los Presidentes de Tribunales y Audiencias (70).

3.5. LA DECLINATORIA

3.5.1. Concepto

Entendemos por declinatoria aquel instrumento procesal para la denuncia a instancia de parte de la falta de jurisdicción o de competencia de todo tipo de un tribunal. Cabe interponer declinatoria por corresponder el conocimiento de un asunto a tribunales extranjeros, a órganos de otro orden jurisdiccional, a árbitros o a mediadores, excepto en los supuestos en que exista un pacto previo entre un consumidor y un empresario de someterse a un procedimiento de resolución alternativa de litigios de consumo y el consumidor sea el demandante.

3.5.2. Aspectos procesales

a) Legitimación. Pueden promover declinatoria, según el art. 63.1, el demandado y los que puedan ser parte legítima en el juicio promovido.

b) Órgano competente para conocer de la declinatoria. Establece el art. 63.2 que la declinatoria se propondrá ante el mismo tribunal que esté conociendo del pleito y al que se considere carente de jurisdicción o de competencia. No obstante, la declinatoria podrá presentarse también ante el tribunal del domicilio del demandado, que la hará llegar por el medio de comunicación más rápido posible al tribunal ante el que se hubiera presentado la demanda, sin perjuicio de remitírsela por oficio al día siguiente de su presentación.

c) Momento procesal para proponer la declinatoria. Se debe proponer en los diez primeros días del plazo para contestar a la demanda (64.1).

d) Otros requisitos procesales. La declinatoria se debe presentar por escrito, acompañada de los documentos o principios de prueba en que se funde, con copias en número igual al de los restantes litigantes. Si la declinatoria se fundare en la falta de competencia territorial, habrá de indicar el tribunal al que, por considerarse territorialmente competente, habrían de remitirse las actuaciones.

e) Tramitación. Del escrito proponiendo declinatoria y documentos adjuntados, se dará traslado a los restantes litigantes, que dispondrán de un plazo de cinco días, contados desde la notificación de la declinatoria, para alegar y aportar lo que consideren conveniente para sostener la jurisdicción o la competencia del tribunal, que decidirá la cuestión dentro del quinto día siguiente (65.1).

f) Efectos inmediatos de la proposición de declinatoria. Surte el efecto de suspender, hasta que sea resuelta, el plazo para contestar y el curso del procedimiento principal, suspensión que declarará el LAJ (64.1 LEC). No obstante, la suspensión no impide que el tribunal ante el que penda el asunto pueda practicar, a instancia de parte legítima, cualesquiera actuaciones de aseguramiento de prueba, así como las medidas cautelares de cuya dilación pudieran seguirse perjuicios irreparables para el actor, salvo que el demandado prestase caución bastante para responder de los daños y perjuicios que derivaran de la tramitación de una declinatoria desprovista de fundamento. La caución podrá otorgarse en dinero efectivo, mediante aval solidario de duración indefinida y pagadero a primer requerimiento emitido por entidad de crédito o sociedad de garantía recíproca o por cualquier otro medio que, a juicio del tribunal, garantice la inmediata disponibilidad, en su caso, de la cantidad de que se trate (64.2).

g) Decisión. La declinatoria se resuelve por medio de auto. Si se estima, el tribunal se abstendrá de conocer del asunto. Si fuera desestimatorio, se continuará con la tramitación del asunto. Se deben tener en cuenta las normas establecidas en el art. 65, conforme al cual:

- En caso de falta de competencia territorial, el actor, al impugnarla, podrá también alegar la falta de competencia territorial del tribunal en favor del cual se pretendiese declinar el conocimiento del asunto.
- Si se refiere a falta de competencia judicial internacional por corresponder el conocimiento del asunto a los tribunales de otro Estado, lo declarará así mediante auto, absteniéndose de conocer y sobreseyendo el proceso
- Del mismo modo procederá el tribunal si estimase la declinatoria fundada en haberse sometido el asunto a arbitraje o a mediación.

- Si se considera que el asunto corresponde a tribunales de otro orden jurisdiccional, en el auto en el que se abstenga de conocer señalará a las partes ante qué órganos han de usar de su derecho. Igual resolución se dictará cuando el tribunal entienda que carece de competencia objetiva.
- Si se hubiere interpuesto declinatoria relativa a la competencia territorial y ésta no viniere determinada por reglas imperativas, el tribunal, para estimarla, habrá de considerar competente al órgano señalado por el promotor de la declinatoria.
- El tribunal, al estimar la declinatoria relativa a la competencia territorial, se inhibirá en favor del órgano al que corresponda la competencia y acordará remitirle los autos con emplazamiento de las partes para que comparezcan ante él en el plazo de diez días.

3.6. RECURSOS EN MATERIA DE COMPETENCIA

El auto absteniéndose de conocer por falta de competencia internacional, por pertenecer el asunto a tribunal de otro orden jurisdiccional, por haberse sometido el asunto a arbitraje o a mediación o por falta de competencia objetiva puede recurrirse en apelación (66.1). Si, por el contrario, el auto rechaza la falta de competencia internacional, de jurisdicción o de competencia objetiva, de sumisión a arbitraje o a mediación sólo cabrá recurso de reposición, sin perjuicio de alegar la falta de esos presupuestos procesales en la apelación contra la sentencia definitiva (66.2).

Los autos que resuelvan sobre la competencia territorial no son recurribles y tan solo podrá reproducirse la cuestión en los recursos de apelación o de casación cuando, en el caso de que se trate, fueren de aplicación normas imperativas (67).

3.7. LA CUESTIÓN NEGATIVA DE COMPETENCIA

La cuestión negativa de competencia es una situación que se suscita cuando el tribunal que recibe unas actuaciones procedentes de otro tribunal, no se estima competente para conocer. Conforme a lo dispuesto en el art. 60, cabe distinguir dos supuestos:

- Que la remisión se haya acordado al resolver la declinatoria o de oficio, pero con audiencia de todas las partes, en cuyo caso el tribunal receptor queda vinculado y no puede declarar de oficio su falta de competencia territorial.
- Que la decisión no se hubiese adoptado con audiencia de todas las partes, en este caso, el tribunal a quien se remitieran las actuaciones podrá declarar de oficio su falta de competencia territorial cuando ésta deba determinarse en virtud de reglas imperativas. En esta misma resolución mandará remitir todos los antecedentes al tribunal inmediato superior común, que decidirá por medio de auto, sin ulterior recurso, el tribunal al que corresponde conocer del asunto, ordenando, en su caso, la remisión de los autos y

emplazamiento de las partes, dentro de los diez días siguientes, ante dicho tribunal.

TEMA 4. LOS SUJETOS DEL PROCESO II: LAS PARTES

4.1. LAS PARTES PROCESALES: ACTUALIZACIÓN DE PLANTEAMIENTOS

El estudio clásico de la teoría de las partes y de sus presupuestos requiere una actualización de planteamientos para adaptarse al actual sistema procesal de significada configuración garantista; el art. 24.1 CE y la doctrina del TC reconocen el libre acceso a la Justicia que debe garantizarse por los tribunales a partir del principio «*pro actione*», que implica *"la exigencia de que los órganos judiciales, al interpretar los requisitos procesales legalmente previstos, tengan presente la ratio de la norma, con el fin de evitar que los meros formalismos o entendimientos no razonables de ella impidan un enjuiciamiento de fondo del asunto, vulnerando las exigencias del principio de proporcionalidad*" (STC Sala 2ª 141/2020, de 19 octubre). En lo que se refiere a los presupuestos relativos a las partes, tal exigencia interpretativa ha de ir acompañada de la superación de dos premisas tradicionales: el influjo *iusprivatista* y la visión conflictualista del proceso. Por otro lado, todo lo relativo a los procesos colectivos, no sin cierto influjo de la tendencia evolutiva en favor de la eficiencia, requiere la revisión de algunos planteamientos tradicionales.

En la construcción tradicional de los presupuestos procesales relativos a las partes, el influjo *iusprivatista* es innegable, manifestándose a través de la trasposición al ámbito procesal de conceptos propios del derecho civil; la correspondencia entre la capacidad jurídica y la capacidad de obrar con la capacidad para ser parte y la capacidad procesal es lugar común en la doctrina procesal y, aún hoy, sigue presente en la mayoría de manuales como muestra de una tradición doctrinal que "*sigue pesando todavía en las exposiciones al uso*" (RAMOS MÉNDEZ). La definitiva superación de tal influjo ha de partir de la indudable naturaleza procesal del concepto de parte y de la consagración por la CE del derecho de libre acceso a la justicia y del reiterado recordatorio del TC acerca de la interpretación anti formalista de los presupuestos procesales como exigencia del referido principio «*pro actione*». Destacados autores vienen insistiendo en la relevancia de la persona como punto de partida del sistema procesal (RAMOS MÉNDEZ), el desplazamiento del Derecho Procesal del Estado a los ciudadanos (ALMAGRO NOSETE) y su configuración como método de defensa social al servicio de la persona como titular de derechos (GÓMEZ DE LIAÑO GONZÁLEZ); las nuevas orientaciones que se abren camino en el Derecho Procesal moderno profundizan en su consideración como sistema de garantías en el que lo verdaderamente importante es el ciudadano como destinatario de las normas que conforman ese sistema; el ordenamiento jurídico reconoce derechos y obligaciones y las normas procesales establecen los mecanismos o instrumentos para hacerlos valer. En definitiva, con relación a los presupuestos procesales de las partes, debe huirse de interpretaciones formalistas, ancladas en la tradición y en la literalidad de la ley que flaco favor hacen al Derecho Procesal, a la Justicia y, por tanto, al justiciable.

Por otro lado, se ha venido tomando como punto de partida el conflicto, la controversia que da lugar a la existencia de sujetos con intereses contrapuestos que al acudir al proceso se convierten en partes procesales. Esta situación es, en efecto, la más habitual, pero no la única; con relativa frecuencia la realidad nos muestra supuestos en que la visión conflictual del proceso y la tradicional dualidad de posiciones en el mismo no aparecen; pensemos, por ejemplo, en supuestos en que las dos partes actúan conjuntamente (separación y divorcio de mutuo acuerdo –750.2 y 777–), en que un sujeto actúa "contra sí mismo" (la persona con discapacidad que insta la adopción de medidas de apoyo –757.1– o el deudor que insta su propio concurso –5 LC–) o los procesos instados por asociaciones de consumidores y usuarios en que la sentencia puede contener un pronunciamiento favorable para sujetos que ni siquiera han sido parte (221.1.2º).

No puede desconocerse, en fin, la irrupción de los pleitos–masa y es riesgo de saturación o colapso de los tribunales; situación a la que también desde el punto de vista de los presupuestos procesales relativos a las partes ha de darse respuesta. En esa línea ha de destacarse la legitimación colectiva (BOCG, Serie A, núm. 48–1, 14 de marzo de 2025, Proyecto de Ley de acciones colectivas para la protección y defensa de los derechos e intereses de los consumidores y usuarios) o la extensión de efectos de una sentencia a sujetos no litigantes.

La LEC supuso un importante avance desde el punto de vista legislativo, aunque menor si se toma en consideración la avanzada jurisprudencia que en algún caso había ido adelantando el TS. Sin embargo, la realidad suele avanzar más rápido que el legislador, por lo que es necesario mantener la atención ante nuevas realidades y desterrar cualquier viso de inmovilismo.

Las páginas que siguen abordan el estudio de las partes y de los condicionantes que la legislación procesal exige para adquirir tal estatus. Se trata de conceptos y presupuestos con una indudable carga dogmática, con significativas divergencias entre los distintos planteamientos, alejada, en no pocas ocasiones, de la realidad práctica de nuestros tribunales. Reducir a lo inevitable la doctrina y exponer las líneas jurisprudenciales básicas son las premisas de partida.

4.2. CONCEPTO DE PARTE

En el proceso civil, el concepto de parte hace referencia a la titularidad de la relación procesal: las partes son los sujetos que asumen la titularidad del proceso en el doble plano de quien solicita (o a cuyo nombre se solicita) la tutela judicial (demandante) y frente al que solicita dicha tutela (demandado). Su relevancia se pone de manifiesto en el aforismo *nemo iudex sine actore* que, como expresión del principio dispositivo, destaca la necesidad de una actividad de parte como presupuesto de la actividad jurisdiccional. La cualidad de parte determina la relación de un sujeto con un proceso; quien es parte y, por tanto, titular (activo o pasivo) de la relación jurídico procesal, adquiere o asume los derechos, deberes, expectativas y cargas que de la misma derivan.

El proceso civil basa su estructura en el principio de dualidad de posiciones que vienen identificadas por las figuras de demandante y demandado (si bien en cada una de ellas puede haber pluralidad de sujetos). A lo largo del mismo la denominación va adaptándose a su desarrollo, refiriéndose la ley a apelante y apelado, recurrente y recurrido, ejecutante y ejecutado.

Lo habitual es que las partes procesales sean a su vez titulares de la relación jurídico material sobre la que se sustenta la solicitud de tutela que da origen al proceso, aunque, como iremos viendo, ello no ha de ser siempre necesariamente así (con carácter general lo prevé el art. 10.2º y son numerosas las disposiciones legales en tal sentido: la acción directa de los arts. 1552, 1597 o 1722 CC, 76 LCS, 7.1 o 11.3 RDLeg 8/2004, de 29 de octubre; la acción subrogatoria del art. 1111 CC).

Como contraposición al concepto de parte, tendrá la consideración de tercero todo aquél que no sea parte, con independencia de la relación que pueda tener con el proceso. En principio el tercero no se verá afectado por el desarrollo del proceso, si bien existen excepciones derivadas de expresas disposiciones legales (la afectación a los herederos y causahabientes de las partes y a los terceros titulares de la relación jurídico material cuya tutela judicial se pretende –222.3.1º–, la eficacia *erga omnes* de determinadas sentencias –222.3.2º–, el efecto extensivo de las sentencias sobre impugnación de acuerdos societarios respecto a todos los socios, aunque no hubieran litigado –222.3.3º– o en relación a intereses colectivos o difusos –221–). También es posible que un tercero se incorpore al proceso durante su tramitación, adquiriendo con ello la condición de parte (supuestos de intervención procesal, 13 y 14).

En definitiva, el planteamiento inicial es sencillo: será parte quien se presente y actúe como tal en un proceso. Sin embargo, la sencillez pronto se complica en cuanto nos preguntamos quién puede ser parte, es decir, quién puede solicitar la tutela y frente a quién ha de solicitarla. La respuesta a este interrogante nos viene dada a través del estudio de los denominados presupuestos procesales relativos a las partes, sin cuya concurrencia no queda válidamente constituida la relación jurídico–procesal; así, las normas procesales, en relación al proceso en general, establecen quién puede asumir su titularidad (capacidad para ser parte) y quién puede intervenir válidamente en él (capacidad procesal) y, en relación a un proceso concreto, quién puede o ha de asumir la condición de parte (legitimación). En el proceso civil español, a tales presupuestos ha de añadirse la exigencia de postulación procesal, que opera como regla general y se manifiesta a través de la representación procesal (procurador) y la defensa jurídica (abogado).

4.3. IDENTIFICACIÓN Y PRESENCIA DE LAS PARTES EN EL PROCESO

El proceso ha de desenvolverse entre sujetos determinados, siendo necesario saber quién solicita la tutela judicial y frente a quién la solicita, es decir, quién ostenta la condición de parte en el proceso. La identificación de las partes debe establecerse al inicio del proceso, correspondiendo al demandante incluir en la demanda los datos necesarios para ello (399 y 437); debe incluir de manera completa los datos que permitan su propia identificación; cualquier omisión deberá ser advertida por el LAJ y podrá ser objeto de subsanación, dando lugar a la inadmisión en caso contrario (404.2.2). En relación al demandado, aunque también corresponde al demandante su identificación, no cabe exigir exhaustividad, sino solo la aportación de los datos suficientes para su individualización, de manera que permitan determinar contra quién se dirige la demanda; afortunadamente son aislados los casos como el recogido en auto de la AP de La Rioja, 107/2002 de 7 octubre, que no admitió a trámite la demanda en la que la identificación del demandado se hacía a partir de un número de teléfono, admitiéndose fórmulas como "herederos de ...", "desconocidos herederos de ..." o "desconocidos ocupantes de ..." (esta última con respaldo legal desde L. 5/2018, de 11 de junio –437.3 bis–). Por otro lado, el tribunal debe utilizar los medios oportunos para averiguar esas circunstancias, pudiendo dirigirse en su caso a los registros, organismos o publicaciones de colegios profesionales en los que pueda aparecer (155 y 156); solo en caso de que no sea posible determinar frente a qué sujetos jurídicos se formulan las pretensiones procederá el sobreseimiento del proceso (424.2).

La condición de parte otorga a quien la ostenta la titularidad del proceso, condicionando su desarrollo y quedando afectado por su resultado; sin ser parte, solo excepcionalmente se permite intervenir en el proceso (p. ej. para realizar algunas actuaciones en el proceso concursal –comunicar créditos o asistir a la junta, 512.2 LC– o para intervenir en la ejecución –538.3–) o recibir los efectos del mismo (sentencias con eficacia *erga omnes* y efecto extensivo de sentencias en materia de consumidores y usuarios –221–). La condición de parte se adquiere con la admisión de la demanda, aunque los efectos (litispendencia) se retrotraen al momento de su presentación (410).

La identificación de las partes permite la individualización subjetiva del proceso y su distinción respecto a otros (a través de la litispendencia o de la cosa juzgada), dando lugar, también, a otras consecuencias procesales: en relación al tribunal, puede determinar la competencia territorial (domicilio del demandado –50.1, 51.1–, domicilio del demandante –52.3–), puede hacer surgir causas de abstención o recusación (219 LOPJ y 124.3); en relación al desarrollo del proceso, las partes tienen la facultad de disponer de su objeto (19, 20, 21, 22, 415 y 428.2, entre otros), así como de interponer recursos (448).

4.4. PRESUPUESTOS RELATIVOS A LAS PARTES

4.4.1. Capacidad para ser parte y capacidad procesal

Capacidad para ser parte y capacidad procesal son presupuestos procesales cuya comprensión se alcanza mejor analizándolos de manera conjunta (6 y 7, éste último, modificado por L 8/2021, de 2 de junio). Ambas tienen carácter genérico en tanto no guardan relación con un proceso concreto. Para la LEC la capacidad para ser parte determina quién puede ser parte y la capacidad procesal quién puede comparecer en juicio; la primera se refiere a la aptitud para ser demandante o demandado, es decir, para ser titular de la relación procesal (de los derechos, obligaciones, posibilidades y cargas) y recibir los efectos del proceso; la segunda a la aptitud para actuar en el proceso, es decir, para intervenir y realizar actuaciones válidas en el mismo.

La capacidad para ser parte debe reconocerse a cualquier sujeto o entidad que pueda ser titular de derechos o de obligaciones, para que a través del proceso pueda reclamar tales derechos (parte activa) o se le pueda exigir el cumplimiento de tales obligaciones (parte pasiva); por contra, la capacidad procesal es más restringida, unas veces como consecuencia de las características del propio sujeto (las personas jurídicas han de comparecer a través de quien las represente), otras por exigencia legal (las personas físicas han de ser mayores de edad y no estar sujetas a medidas de apoyo que requieran la intervención de quien deba prestar ese apoyo). Lo relevante, pues, desde el punto de vista procesal, es determinar cómo deben comparecer en juicio quienes, teniendo capacidad para ser parte, carecen de capacidad procesal o tienen su ejercicio condicionado por la existencia de alguna medida de apoyo. En tales situaciones entran en juego diversas reglas sobre **representación legal** (menor, persona con discapacidad con medidas de apoyo, concursado, *nasciturus*, herencia yacente), **necesaria u orgánica** (personas jurídicas, comunidad de propietarios), **de hecho** (entidades sin personalidad, grupos de consumidores) o **institucional** (asociaciones de consumidores y usuarios, entidades habilitadas conforme a la normativa comunitaria europea para el ejercicio de la acción de cesación, Autoridad Independiente para la Igualdad de Trato y la No Discriminación, partidos políticos, sindicatos, asociaciones profesionales de trabajadores autónomos, asociaciones y organizaciones legalmente constituidas que tengan entre sus fines la defensa y promoción de los derechos humanos).

El siguiente cuadro recoge las previsiones legales (6 y 7):

<table>
<tr><th colspan="3">CAPACIDAD PARA SER PARTE (6 LEC)</th><th colspan="3">CAPACIDAD PROCESAL (7 LEC)</th></tr>
<tr><td rowspan="2">, 6.1</td><td rowspan="2">1º</td><td rowspan="2">Personas físicas</td><td rowspan="2">7</td><td>1</td><td>Persona física</td></tr>
<tr><td>2</td><td>Menores: representación, asistencia, autorización
Persona con discapacidad: medidas de apoyo</td></tr>
</table>

	2º	Nasciturus		3	Personas que legítimamente los representarían si ya hubieren nacido
	3º	Personas jurídicas		4	Representante legal (administrador, apoderado...)
	4º	Masas patrimoniales o patrimonios separados transitoriamente sin titular (herencia yacente) o privado de facultades de disposición y administración (patrimonio del concursado). *Uniones sin personalidad*		5	Administradores (albacea, administrador judicial, herederos, administrador concursal...). *Por las uniones sin personalidad, quien de hecho o en virtud de pactos, actúe en su nombre frente a terceros.*
	5º	Entidades sin personalidad jurídica a las que la ley reconozca con capacidad para ser parte reconocida legalmente (comunidad propietarios)		6	Las entidades sin personalidad a que se refiere el número 5.º del apartado 1 del art. anterior comparecerán en juicio por medio de las personas a quienes la ley, en cada caso, atribuya la representación en juicio de dichas entidades
	6º	Ministerio Fiscal			
	7º	Grupos de consumidores o usuarios afectados por un hecho dañoso, determinados o fácilmente determinables. Para demandar en juicio será necesario que el grupo se constituya con la mayoría de los afectados		7	Personas que, de hecho o en virtud de pactos de la entidad, actúen en su nombre frente a terceros
	8º	Entidades habilitadas para el ejercicio de la acción de cesación (intereses colectivos/difusos de consumidores y usuarios)			*Quien deba actuar en nombre de tal entidad.*
6.2		Entidades sin personalidad jurídica, formadas por una pluralidad de elementos personales y patrimoniales puestos al servicio de un fin determinado (sociedades irregulares, en proceso de constitución)		7	Personas que, de hecho o en virtud de pactos de la entidad, actúen en su nombre frente a terceros

Personas físicas (6.1.1º y 2º). Se reconoce capacidad para ser parte a todas las personas físicas, sin ningún tipo de limitación (incluso a quien se encuentre en situación ilegal –así se desprende de la STC 95/2003, de 22 de mayo–). En cuanto a la capacidad procesal, la Ley 8/2021 llevó a cabo una importante reforma de la legislación civil y procesal que eliminó la incapacitación (y la representación del incapaz mediante la tutela o la curatela), introduciendo las medidas de apoyo para el ejercicio de la capacidad jurídica, a las que habrá que atender para determinar si una persona física puede comparecer por sí misma o requiere la intervención de quien asuma tales medidas; la situación actual permite a cualquier persona física comparecer por sí misma, con las siguientes excepciones: los menores de edad no emancipados deberán comparecer mediante la representación, asistencia o autorización exigidas por la ley (quien tenga atribuida la patria potestad –154 y 162 CC–, la tutela –199 y 225 CC– o la guarda de hecho –237 CC–, el defensor judicial –235 CC, 8–); las personas con medidas de apoyo para el ejercicio de su capacidad jurídica habrán de comparecer conforme al alcance y contenido de tales medidas (designado por el propio discapacitado –256 y ss CC–, quien ejerza la guarda de hecho –264 CC– o la curatela representativa –269, 271 y 287 CC–, el defensor judicial –295 CC, 8 y 758).

El reconocimiento de la capacidad para ser parte se adelanta al ***nasciturus*** (concebido no nacido) para todos los efectos que le sean favorables, debiendo comparecer por él (capacidad procesal) las personas que legítimamente lo representarían si ya hubieren nacido. No menciona la LEC al ***concepturus*** (el que va a ser concebido), si bien la jurisprudencia ha reconocido que pueda ser declarado heredero (no ya sólo por la vía indirecta de la sustitución –781 CC–, sino también por la vía directa de la institución como heredero), con lo que ha admitido implícitamente su capacidad para ser parte (STS Sala 1ª, 82/1998, de 9 de febrero); en tal caso, la capacidad procesal correspondería también a quienes legítimamente lo representarían si llegara a nacer.

Personas jurídicas (6.1.3º). La capacidad para ser parte de las personas jurídicas va ligada a la personalidad jurídica, de manera que la tendrán a partir de la adquisición de ésta y la conservarán mientras la mantengan, todo ello conforme a las correspondientes normas reguladoras (ya sea legislación civil –38 CC– o mercantil –116 CCo–, y con independencia del tipo formal que adopten: asociación, fundación, anónima, limitada, colectiva, cooperativa, etc.); la sociedad disuelta conserva su personalidad jurídica mientras se realiza la liquidación (371.2 LSC), habiendo favorecido la jurisprudencia una interpretación flexible que extiende la capacidad para ser parte a las sociedades no solo disueltas, sino también liquidadas, para la reclamación de deudas pendientes (STS Sala 1ª, pleno, 324/2017, de 24 de mayo de 2017), incluso una vez cancelada su inscripción registral (STS. Sala 1ª, sec. 1ª, 220/2013, de 20 de marzo).

Por lo que se refiere a su intervención como parte en el proceso (capacidad procesal), han de comparecer a través de quienes legalmente las representen, con la particularidad que, en su caso, se derive de una eventual situación de concurso, disolución o liquidación (en tanto pudiera afectar a la representación de la sociedad).

Masas patrimoniales y **patrimonios separados (6.1.4º)**. La LEC atribuye capacidad para ser parte a las masas patrimoniales y a los patrimonios separados que carezcan transitoriamente de titular o cuyo titular haya sido privado de sus facultades de disposición y administración. Claramente identificables con tales supuestos son la herencia yacente (masa patrimonial carente de titular desde el fallecimiento del causante hasta la aceptación) y la masa en el concurso de acreedores (patrimonio del concursado que puede haber sido privado de sus facultades de administración y disposición sobre el mismo); tendría también cabida en este apartado el patrimonio del ausente.

La capacidad procesal se atribuye a quienes, conforme a Derecho, corresponda la administración de tales patrimonios. Por la herencia yacente podrá comparecer el albacea (901 y 902 CC), el administrador de la herencia (798), el administrador judicial (ha de designarse cuando no exista albacea y sean desconocidos los posibles herederos –Resoluciones DGRN de 18 de noviembre de 2006 y 25 de junio de 2005; AAP Madrid, sec. 18ª, 316/2014, de 11 de noviembre–), así como cualquier coheredero en interés de la comunidad hereditaria; en los casos de concurso, habrá de comparecer el administrador concursal (en los términos que establezca el auto de declaración de concurso –28.1.3º TRLC); en el caso del ausente, las personas que establece el CC (181 y 184 CC).

Entidades sin personalidad jurídica (6.1.5º y 6.2). Como manifestación de la flexibilidad con la que ha de interpretarse la capacidad para ser parte, la LEC reconoció que pueden ser parte las entidades sin personalidad a las que la ley reconoce capacidad para ser parte; tal inútil afirmación, lejos de suponer un avance, supone un claro retroceso sobre lo que ya había reconocido la jurisprudencia, dando muestras el legislador de una clara ingenuidad pues, como dice RAMOS MÉNDEZ "*por definición, en entes como los mencionados, que escapan a toda regulación, es difícil que la ley tenga dotes de adivino para reconocerles capacidad para ser parte*". Existiendo reconocimiento legal, será tal norma la que determine quién ha de comparecer por la entidad sin personalidad, como sucede con las comunidades en régimen de propiedad horizontal (13.3 LPH) o con las Uniones Temporales de Empresas (7 y 8 Ley 18/1982, de 26 de mayo, sobre régimen fiscal de agrupaciones y uniones temporales de Empresas y de las Sociedades de desarrollo industrial regional). El problema se plantea respecto a las entidades sin personalidad jurídica que no cuentan con reconocimiento legal; nos referimos a determinadas uniones sin personalidad jurídica que, con cierta estabilidad o permanencia en el tiempo, pero sin intención de constituirse en persona jurídica, aglutinan a individuos con intereses comunes dirigidos a un determinado fin, tales como comunidades de usuarios, asociaciones culturales o deportivas no inscritas o agrupaciones con cualquier tipo de finalidad lícita (organización de fiestas, viajes de estudios, congresos, homenajes; montaje y explotación de casetas o *chiringuitos* en fiestas o ferias). La cuestión está en determinar si la comunidad o agrupación puede ser parte o si han de serlo los individuos que la integran.

Entre las AAPP se ha extendido la aplicación del apartado 2 del art. 6, reconociendo a estas entidades, así como a las sociedades irregulares o en fase de constitución, capacidad para ser parte, aunque solo como demandadas, aparte de la responsabilidad que pueda corresponder a los gestores o a los partícipes (sociedad irregular: SAP Alicante, sec. 9ª, 469/2010, de 23 de noviembre, SAP Cádiz, sec. 8ª, 237/2011, de 30 de noviembre; asociación con finalidad deportiva: SAP Ciudad Real, sec. 1ª, 300/2011, de 21 de noviembre; comisión de fiestas: SAP Orense, sec. 1ª, 302/2012, de 9 de julio; comunidad "*ad aedificandum*": SAP Madrid, sec. 12ª, 919/2011, de 22 de diciembre, SAP Zaragoza, sec. 5ª, 714/2011, de 9 de diciembre, SAP Jaén, sec 2ª 30/2007, de 14 de febrero). Afortunadamente parece que el TS ha superado la literalidad de la LEC y ha ido flexibilizando la intervención como parte (tanto demandante como demandada) de tales entidades sin personalidad, aunque carezcan de reconocimiento legal (STS Sala 1ª Pleno, 469/2020 de 16 septiembre).

Uno de los supuestos más frecuentes se da con las comunidades de bienes. A partir de su regulación en el CC, con carácter general se considera que carecen de capacidad para ser parte y no pueden demandar ni ser demandadas, ya que no se reconoce su actuación como algo distinto a la de los comuneros que la integran (esta tradicional interpretación es extensamente argumentada en la SAP Madrid, sec. 10ª, 576/2012, de 17 de octubre). La jurisprudencia más reciente, no obstante, ha ido distinguiendo entre la comunidad de bienes tradicional (que denomina estática) y la comunidad de bienes con finalidad lucrativa (que denomina funcional o dinámica) que, a su vez, puede llevar a cabo una actividad civil o mercantil, aplicando entonces las normas de la sociedad civil (1669 y 1697 a 1699 CC) o de las compañías colectivas (125–144 CCo), respectivamente, con el consiguiente reconocimiento de su capacidad para ser parte, con independencia de la responsabilidad de sus integrantes en virtud del 6.2 y del 127 CCo (STS Sala 1ª, sec. 1ª, 662/2020, de 20 de diciembre).

En caso de que se admita como parte a una entidad sin personalidad jurídica, su comparecencia (capacidad procesal) habrá de hacerse a través de quienes de hecho o en virtud de pactos, actúen en su nombre frente a terceros.

En el ámbito de la ejecución, cuando en el título ejecutivo figura como deudor una entidad sin personalidad jurídica, se permite el despacho frente a los socios, miembros o gestores que hayan actuado en el tráfico jurídico en nombre de la entidad (544).

Ministerio Fiscal (6.1.6º). Mencionar la aptitud del Ministerio Fiscal para ser parte en el proceso civil es de todo punto innecesario, pues deriva de su propia configuración constitucional y de su regulación orgánica (EOMF). En relación al proceso civil le corresponde intervenir en aquellos procesos que determine la ley cuando esté comprometido el interés social o cuando puedan afectar a personas menores, con discapacidad o desvalidas en tanto se provee de los mecanismos ordinarios de apoyo o de representación (3.7 EOMF). De tal previsión y las numerosas disposiciones de la LEC, se puede resumir que su intervención puede ser:

- Como parte. Debe ser parte en determinados procesos, aunque no sea el promotor de los mismos: sobre adopción de medidas de apoyo a personas con discapacidad, en los de nulidad matrimonial, en los de sustracción internacional de menores y en los de determinación e impugnación de la filiación (749.1), cuando alguno de los interesados en el procedimiento sea menor (749.2), en los que pretendan la tutela de cualquier derecho fundamental, salvo el de rectificación (249.1.2º), en el proceso de reconstrucción de autos (232). Puede ejercitar cualquier acción en defensa de los intereses de los consumidores y usuarios (11.5) y en defensa de los intereses de los trabajadores por cuenta propia o autónomos del arte y la cultura (11.quáter.3), incluido instar la ejecución (519) y puede ser parte en procesos promovidos por otros (15.1).
- Como representante. Cuando resulten afectados menores, personas con discapacidad o personas desvalidas, cuando no tengan otra representación (750.1) en tanto se designa defensor judicial (8.2).
- A los efectos de ser oído o informar. En cuestiones relativas a presupuestos del órgano jurisdiccional (38, 48.3, 58 y 725), prejudicialidad (40.1, 43.bis.1), incidentes sobre recusación (109.3, 118), juicio de revisión (514.2), suspensión de la ejecución (566.1 y 568.1).

Por el Ministerio Fiscal podrá comparecer cualquiera de sus miembros que, por otro lado, no precisan de postulación procesal.

Grupos de consumidores o usuarios afectados por un hecho dañoso (6.1.7º). Esta previsión da respuesta a las situaciones en que un colectivo de consumidores se ve afectado por un hecho dañoso (recientemente ha habido casos conocidos de perjudicados por la salida a bolsa de una sociedad o por la venta de participaciones preferentes), permitiendo que, como grupo, asuman la posición de parte demandante; para ello, es necesario que los individuos que lo compongan estén determinados o sean fácilmente determinables y, además, que el grupo se constituya con la mayoría de los afectados.

Reuniendo ambos requisitos, la comparecencia del grupo ha de hacerse a través de las personas que de hecho o en virtud de pactos, actúen en su nombre frente a terceros.

Entidades habilitadas para el ejercicio de la acción de cesación (6.1.8º). Este apartado ha sido introducido por la Ley 39/2002, de 28 de octubre, con la finalidad de transponer al ordenamiento jurídico español la Directiva 98/27/CE, de 19 de mayo de 1998; tal Directiva fue sustituida por la Directiva 2009/22/CE, de 23 de abril y ésta, a su vez, por la Directiva (UE) 2020/1828. La modificación de la LEC reconoce la capacidad para ser parte (y regula la legitimación) de las entidades habilitadas para ejercitar acciones de cesación, con la finalidad de que los consumidores y usuarios dispongan en todos los Estados de, al menos, un mecanismo procesal efectivo y eficiente de acciones de representación para obtener medidas de cesación; la Directiva 2020/1828 refuerza la protección y la finalidad disuasoria añadiendo medidas resarcitorias.

Por entidad habilitada se entiende (3.4 Directiva 2020/1828) "*toda organización u organismo público que represente los intereses de los consumidores, que haya sido designado como tal por un Estado miembro para el ejercicio de acciones de representación de conformidad con la presente Directiva*"; requiere la incorporación a la lista que cada Estado configure al efecto (ello supone una prueba de su capacidad para ser parte –11.4.2º–), debiendo comparecer (capacidad procesal) a través de quien legalmente las represente.

Sociedades irregulares (6.2). El apartado 2 del art. 6 reconoce la capacidad para ser parte a las conocidas como sociedades irregulares, entendidas como aquellas entidades que, no habiendo cumplido los requisitos legalmente establecidos para constituirse en personas jurídicas, estén formadas por una pluralidad de elementos personales y patrimoniales puestos al servicio de un fin determinado; tal reconocimiento legal es consecuente con la legislación mercantil (37, 39, 57.2, 371.2 LSC) si bien se limita a la posibilidad de ser demandadas, coincidiendo doctrina y jurisprudencia en que con ello se pretende impedir "*que puedan ampararse precisamente en su falta de personalidad jurídica para eludir el cumplimiento de sus obligaciones*" (MORENO CATENA). En todo caso, la posibilidad de demandar a estas entidades es independiente de la responsabilidad que, conforme a la ley, pueda corresponder a los gestores o a los partícipes. También aquí el TS ha mantenido una interpretación no formalista, reconociendo cierto grado de personalidad jurídica, aunque no cumplan las exigencias legales para su inscripción en el Registro Mercantil, reconociéndoles también capacidad para ser parte activa (STS Sala 1ª, pleno, 469/2020 de 16 septiembre).

En los procesos de defensa de la competencia y de protección de datos se prevé la intervención como meros informadores y sin tener la condición de parte, de la Comisión Europea, Comisión Nacional de los Mercados y la Competencia, de la Agencia Española de Protección de Datos, así como los órganos competentes de las comunidades autónomas en el ámbito de sus competencias. Tal intervención puede ser voluntaria o a instancia del órgano judicial, sin adquirir con ello la condición de parte y limitándose a aportar información u observaciones; la figura se asemeja al *amicus curiae* procedente del derecho anglosajón.

4.4.2. Tratamiento procesal de la capacidad

La LEC dispone el mismo tratamiento procesal para la capacidad para ser parte y para la capacidad procesal; se trata en ambos casos de presupuestos procesales que han de ser controlados de oficio por el tribunal en cualquier momento del proceso (9). Lo habitual será que su falta sea apreciada en el trámite de admisión de la demanda (o de la reconvención), habida cuenta de que, si se hace en un momento posterior, se habrán consumido actuaciones procesales inútiles; aun así, puede hacerse también en la audiencia previa o en la vista e, incluso en la sentencia o en fase de recurso. Nada impide a las partes denunciar también la falta de capacidad, siendo el momento adecuado en el juicio ordinario la contestación (405), la contestación a la reconvención (407.2), la audiencia previa (418) o como cuestión incidental de previo pronunciamiento cuando se plantee con posterioridad a la audiencia (390 y 391); en el juicio verbal habrá de hacerse en la contestación (438.1) o en el trámite escrito previo a la vista (438.8). No se prevé expresamente y es dudoso que pueda cuestionarse la capacidad en la vista; el art. 433.1 (ordinario) no lo prevé y del art. 443.3 (verbal) ha desaparecido dicha posibilidad al ser modificado por la LOMESPJ.

Sometidos ambos presupuestos al mismo tratamiento procesal, difieren en cuanto a las posibilidades de subsanación y a las consecuencias derivadas de la apreciación de su falta. La capacidad para ser parte se tiene o no se tiene, por lo que con carácter general no podrá ser objeto de subsanación; su falta, en todo caso, no permite la continuación del proceso y determinará su archivo. La capacidad procesal, por el contrario, sí puede ser objeto de subsanación, compareciendo mediante quien deba suplir su falta, estando expresamente prevista tal posibilidad en la audiencia previa (en el acto o en un plazo no superior a diez días –418.1–). La falta de capacidad procesal (o la no subsanación) determina distintas consecuencias; en el caso del demandante, da lugar a la terminación del proceso; para el demandado supondrá su declaración de rebeldía, sin que de las actuaciones que hubiese llevado a cabo quede constancia en autos (418.3).

La falta de capacidad para ser parte o procesal, ya sea apreciada de oficio o a instancia de parte, con anterioridad a la vista, deberá resolverse a través de auto recurrible en apelación (455.1); si se aprecia en la vista, dará lugar a una sentencia absolutoria de la instancia que dejará imprejuzgado el fondo del asunto.

Por último, debe tenerse en cuenta que los presupuestos relativos a la capacidad procesal deben mantenerse durante el proceso, por lo que la modificación de las circunstancias personales puede afectar al desarrollo del mismo. Ello es especialmente relevante respecto a las personas físicas, de manera que la pérdida de la capacidad procesal de cualquiera de las partes dará lugar a la integración de su capacidad (8); por el contrario, si alcanza el pleno ejercicio de los derechos civiles (menor que alcanza la mayoría de edad, persona a la que se retiran las medidas de apoyo), podrá comparecer por sí mismo.

4.5. POSTULACIÓN PROCESAL: REPRESENTACIÓN PROCESAL Y DEFENSA TÉCNICA

La complejidad y el tecnicismo de las leyes y del propio proceso aconseja la intervención de profesionales tanto desde el punto de vista del ciudadano, para el ejercicio de sus derechos e intereses legítimos, como desde el punto de vista de la Administración de Justicia, a la que tales profesionales facilitan su actuación; se trata del requisito denominado postulación procesal que, en España, descansa históricamente en una dualidad de funciones: la defensa, en manos de la abogacía y la representación, en manos de la procura.

La regla general en el proceso civil es que las partes han de comparecer por medio de procurador (23 y 543 LOPJ) y dirigidas por abogado (31 y 542 LOPJ); representación y defensa integran lo que se denomina postulación procesal cuya exigencia descansa en la cada vez más compleja realidad jurídica que aconseja el asesoramiento técnico y la facilitación de las comunicaciones entre las partes y el tribunal (*vid.*: Derecho Procesal I. Introducción, lección 8); no se trata de una exigencia caprichosa o de un simple formalismo, sino que se configura como garantía del acceso a la justicia y manifestación de la igualdad de las partes (STC 225/2007, de 22 octubre). Se trata de funciones incompatibles entre sí (23.3), de manera que no es posible desempeñar simultáneamente ambas profesiones, si bien, la Ley 15/2021, de 23 de octubre, permite que las sociedades profesionales incorporen conjuntamente abogados y procuradores para poder ofertar y prestar un servicio integral de defensa y representación.

Las excepciones a la obligatoriedad de comparecer mediante procurador y con abogado son prácticamente coincidentes; no se requiere postulación procesal (ni procurador ni abogado):

- En los juicios verbales por razón de la cuantía cuando ésta no exceda de 2.000 euros y en la petición inicial en el monitorio (23.2.1º y 31.2.1º)
- En los incidentes relativos a la impugnación de resoluciones en materia de asistencia jurídica gratuita (23.2.3º y 20.1 LAJG)
- En los juicios universales (sucesorios o concursales), para comunicar créditos o derechos e intervenir en la Junta (23.2.2º y 512.2 LC).
- Para instar determinadas actuaciones anteriores al juicio (23.3 y 31.2.2º); como tales han de considerarse las diligencias preliminares (256), la anticipación (293) y el aseguramiento (297) de prueba, y la solicitud de medidas previas o provisionalísimas en los procesos matrimoniales (771.1)
- En la reclamación de gastos y suplidos por el procurador (34.1) y de los honorarios de abogado (35.1)
- En la ejecución: cuando se trate de resoluciones dictadas en procesos en que no sea preceptiva su intervención y cuando derive de monitorios sin oposición, de acuerdos de mediación o laudos arbitrales cuando la cantidad por la que se despache ejecución no sea superior a 2.000 euros.
- En los procesos en que se ejercite la acción de rectificación de hechos inexactos y perjudiciales (5 LODR)
- En los expedientes de jurisdicción voluntaria expresamente excluidos de representación y defensa; siempre se necesita para formular oposición, para formular recursos y en expedientes de contenido patrimonial cuando la cuantía supera los 6.000 euros.

Al procurador se le permite comparecer en cualquier tipo de procesos sin necesidad de abogado para oír y recibir actos de comunicación y efectuar comparecencias de carácter no personal de los representados, que hayan sido solicitadas por el juez, tribunal o LAJ, sin posibilidad de formular solicitud alguna (23.3); tampoco se necesita abogado para presentar escritos que tengan por objeto personarse en juicio o pedir la suspensión urgente de vistas o actuaciones (31.2.2º).

Cuando la intervención de procurador y abogado no sea preceptiva, podrán ser utilizados sus servicios con carácter facultativo por cualquiera de las partes, debiendo comunicar tal intención a la otra para garantizar el principio de igualdad (32).

Las partes disponen de libertad para designar procurador y abogado; en el caso del procurador requiere un apoderamiento que puede hacerse ante notario o *apud acta* (por comparecencia personal o electrónica ante el LAJ de cualquier oficina judicial –24.1–); para los abogados no se prevén formalidades, si bien en la práctica (por motivos económicos) se ha ido generalizando la confección de una hoja de encargo. Cuando la designación se realice a partir del turno de oficio (con independencia del reconocimiento del derecho a asistencia jurídica gratuita), consistirá en la comunicación del correspondiente colegio de procuradores o de abogados.

Ambos profesionales tienen derecho a la percepción de sus honorarios profesionales y, en el caso del procurador, a la devolución de las cantidades adelantadas (suplidos); para ello disponen de procedimientos especiales de tutela privilegiada de sus créditos ("jura de cuentas" para la reclamación de gastos y suplidos y reclamación de honorarios, 34 y 35, respectivamente). Los derechos del procurador se fijan por arancel (RD 1373/2003, de 7 de noviembre), mientras que los abogados tienen libertad de honorarios. Respecto a estos, los colegios profesionales establecían criterios orientadores seguidos habitualmente por los abogados; sin embargo, a partir de la STS, Sala 4ª, 1749/2022 de 23 de diciembre, tales criterios no pueden tomarse en cuenta para la determinación de las costas, favoreciendo con ello la libre competencia.

La postulación se configura como un presupuesto procesal de ineludible cumplimiento, sujeto a control de oficio, que debe acreditarse por cada parte; el demandante ha de presentar el poder con la demanda (264); su omisión es subsanable, pero si no se subsana, determinará su inadmisión (403 y 404). Tampoco podrá proveerse ninguna solicitud que no lleve la firma de abogado, cuando su intervención sea preceptiva (31). El demandado, por su parte, debe comparecer en forma con procurador y abogado cuando su intervención sea preceptiva, aunque en este caso, la omisión, si no se subsana, dará lugar a la declaración de rebeldía (418.3). También las partes, de no apreciarse de oficio, pueden poner de manifiesto la falta de postulación procesal en la contestación a la demanda (405.3) o, incluso, en la audiencia previa (416.1 y 418), debiendo resolverse en ésta (ordinario) o en la vista como cuestión previa (verbal).

La función del procurador es representar al poderdante, de forma similar al mandato; la extensión de la representación dependerá del contenido del apoderamiento, distinguiendo el poder general (actos contenidos en la tramitación ordinaria del procedimiento –25.1–) y el poder especial (para actos de disposición –25.2–). La representación activa (26) le obliga a seguir el asunto y a mantener informados al abogado y al cliente de todas las actuaciones procesales, así como dar traslado de los escritos y documentos que se le remitan. La representación pasiva (28) lo convierte en receptor de las comunicaciones del tribunal y de las demás partes que, salvo excepciones, se entenderán realizadas con su poderdante; la LEC introdujo un sistema de traslado de escritos y copias a través de los colegios de procuradores (reforzando la figura), habiéndose implantado el traslado telemático de escritos a través de *lexnet*. Las últimas reformas han potenciado la figura de la procura con la atribución de capacidad de certificación en actos de comunicación (2015) y con la posibilidad de asumir, por delegación expresa), la realización de actividades materiales propias de la ejecución (2025).

El procurador tiene la obligación de pagar los gastos que se ocasionen a su instancia, para lo cual dispone de un procedimiento que le permite solicitar la provisión de fondos a su cliente (29).

La función del abogado consiste en el asesoramiento y dirección técnica del proceso, aproximándose a la figura del arrendamiento de servicios.

4.6. AJUSTES PARA PERSONAS CON DISCAPACIDAD Y PERSONAS MAYORES

La L 8/2021 de 2 de junio, por la que se reforma la legislación civil y procesal para el apoyo a las personas con discapacidad en el ejercicio de su capacidad jurídica, introdujo el art. 7.bis en el que se prevé la realización de adaptaciones y ajustes en el proceso que sean necesarios para garantizar la participación de las personas con discapacidad en condiciones de igualdad. Así mismo, el RDL 6/2023, extiende dicha previsión a las personas mayores y, a tal efecto, considera mayores a las personas con una edad igual o superior a 65 años, estableciendo un régimen específico para las personas con 80 años o más.

Las adaptaciones y ajustes pueden extenderse a cualquier fase y actuación procesal sobre comunicación, comparecencia o interacción con el entorno. En el caso de las personas con discapacidad pueden adoptarse a instancia de parte, del MF o de oficio por el propio tribunal; para las personas con una edad de 65 años o más solo pueden adoptarse a instancia de la persona interesada y cuando la edad sea igual o superior a 80 años también pueden adoptarse de oficio.

Las adaptaciones y ajustes se dirigen, principalmente, a facilitar el entendimiento entre la persona con discapacidad o mayor y el tribunal, enumerándose como tales la utilización de un lenguaje claro, sencillo y accesible, la utilización de la lectura fácil, la toma en consideración de sus características personales y sus necesidades, la intervención de expertos en lenguaje de signos o el acompañamiento por personas de su elección. Así mismo, está prevista la figura del "facilitador" como profesional experto para realizar las tareas de adaptación y ajustes.

4.7. LAS ADMINISTRACIONES PÚBLICAS COMO PARTE EN EL PROCESO CIVIL

Las administraciones públicas no están sujetas a un estatuto procesal propio cuando son parte en el proceso civil, si bien, sí que existen algunas reglas especiales que les confieren ciertos privilegios que, de manera resumida, son los siguientes:

- *Representación y defensa*: Su representación y defensa corresponde a los respectivos servicios jurídicos, si bien, en ocasiones, acuden a letrados habilitados e, incluso, a asesores externos
- *Actos de comunicación*: Los actos de comunicación han de realizarse en la sede oficial de sus servicios jurídicos
- *Exenciones*: Están exentos de prestar cauciones y constituir depósitos (12.1 LAJE)
- *Fuero territorial*: En el caso del Estado y las CCAA se fija la competencia territorial en favor de los juzgados de la capital de provincia o de la capital de la CA, si no fuera capital de provincia y se da la posibilidad de que soliciten la suspensión para acceder a los antecedentes y/o elevar consulta a la dirección de los servicios jurídicos (15 LAJE).
- *Alegaciones previas*: Las partes demandadas podrán alegar, dentro de los primeros cinco días del plazo para contestar a la demanda, los motivos que pudieran determinar la incompetencia del órgano jurisdiccional o la inadmisibilidad del recurso con arreglo a lo dispuesto en el artículo 69, sin perjuicio de que tales motivos, salvo la incompetencia del órgano jurisdiccional, puedan ser alegados en la contestación, incluso si hubiesen sido desestimados como alegación previa". Este trámite se aparta de lo dispuesto en la legislación civil y, pese a su aparente inocencia, es un arma que utilizada en manos de la Administración conlleva ampliar artificialmente el plazo de contestación a la demanda (58.1 LAJE).
- *Ejecución*: Inexistencia de procedimiento ejecutivo frente a los entes públicos.

4.8. LEGITIMACIÓN

4.8.1. Concepto, clases y titulares

No es éste el lugar adecuado para profundizar en un concepto del que ya dijo Gómez Orbaneja "*es uno de los más debatidos y, al mismo tiempo, más confusos del Derecho procesal*"; figura, pues, tan estudiada como controvertida, en la doctrina encontramos dos planteamientos opuestos y múltiples matizaciones a ambos. Para algunos autores, "*la teoría de la legitimación representa hoy un esfuerzo superfluo y vano para tratar de asegurar la presencia en el juicio desde su iniciación, del verdadero titular del derecho discutido*" (Ramos Méndez); su estudio "*agota normalmente su virtualidad en el plano teórico, y en la mayoría de los casos carece de trascendencia*" (Moreno Catena); en la medida en que se generaliza la libertad de acción (art. 24 CE), no ha de acreditarse titularidad alguna sobre el derecho o relación jurídica discutida; "*la legitimación no interesa al Derecho procesal, sino que en realidad vuelve a la sede de la que nunca debió salir: el Derecho privado*" (Nieva Fenoll). Otros autores, destacan su naturaleza esencialmente procesal, como auténtico presupuesto, y defienden su separación de la cuestión de fondo, aunque se reconozca que en ocasiones en la práctica se manifiesta muy próxima a este (Montero Aroca). Para los primeros, la legitimación será condicionante de la estimación de la pretensión (naturaleza sustantiva o material); para los segundos, será condicionante de su admisibilidad (naturaleza procesal). Negar la realidad de la legitimación (de su regulación legal, de los pronunciamientos judiciales y de su relevancia, en ocasiones, como óbice para un pronunciamiento de fondo) es tan peligroso como forzar interpretaciones intentando ver o encontrar en la ley lo que en ningún caso dice o contiene (pretendiendo configurar una categoría procesal a voluntad del intérprete). El esfuerzo ha de dirigirse a alcanzar el equilibrio entre la remisión absoluta de las cuestiones sobre legitimación al fondo del asunto (asumiendo el fracaso de posibles sentencias absolutorias de la instancia) y su control previo (con la consiguiente limitación del derecho de libre acceso a la Justicia).

La polémica doctrinal existente da muestra de la dificultad de reducir a un esquema único los diferentes planteamientos que surgen a partir de las muy diversas relaciones jurídicas (Gómez de Liaño González, Asencio Mellado). Ya sea a través de la distinción entre legitimación abierta y cerrada (Gómez de Liaño González), entre capacidad de conducción procesal y legitimación (Gimeno Sendra, Calaza López) o entre el aspecto procesal y el material de la legitimación (STS Sala 1ª, sec. 1ª, 869/2011, de 7 diciembre, Serra Domínguez), lo cierto es que su tratamiento procesal no es único.

Si los conceptos de capacidad para ser parten y de capacidad procesal agotan su virtualidad en el plano abstracto, sin referencia a un proceso concreto, el **concepto** de legitimación viene referido a un proceso concreto, determinando el sujeto que puede interponer la pretensión (activa) y frente al que ha de interponerla (pasiva). Con la legitimación se pretende determinar las condiciones que ha de reunir un sujeto para poder ser demandante o demandado en un proceso concreto, exigiendo una especial vinculación con la relación jurídica u objeto litigioso. A partir de aquí, la casuística es tan amplia que, como ya dije, resulta muy difícil reconducir la cuestión a normas generales. La legitimación se puede atribuir a un solo sujeto o a varios en cada parte procesal (situaciones litisconsorciales), pero además pueden estar legitimados de forma conjunta o separada (distintos tipos de litisconsorcio); en ocasiones, la legitimación se corresponde con la titularidad del derecho o interés que se invoca (ordinaria) y en otras no (extraordinaria); unas veces la legitimación viene impuesta por la naturaleza de la relación jurídica discutida y otras simplemente por la ley; unas veces hay que acreditar la legitimación para poder iniciar el proceso y otras basta la afirmación inicial de la misma.

Aunque no tiene reconocimiento legal, parece aconsejable hacer referencia, siquiera mínima, a la distinción tradicional entre *legitimatio «ad processum»* y *«ad causan»*, no ya por la relevancia doctrinal que llegó a alcanzar, sino por haber adquirido pleno reconocimiento jurisprudencial, aunque se haya distorsionado su significación histórica (MONTERO AROCA). La legitimación ***ad processum*** (para el proceso) hace referencia a los requisitos o presupuestos que condicionan la válida comparecencia en el proceso, identificados por la jurisprudencia con la capacidad procesal; la legitimación ***ad causam*** (para la causa o pleito) se refiere a la relación que han de tener las partes con el objeto del proceso y requiere una aptitud o idoneidad para ser parte procesal activa o pasiva, en cuanto supone una coherencia entre la titularidad jurídica afirmada y las consecuencias jurídicas pretendidas (STS Sala 1ª, sec. 1ª, 816/2013, de 9 enero); la jurisprudencia la viene identificando con la legitimación. La STS Sala 1ª, sec. 1ª, 756/2014, de 7 enero se hace eco de la desaparición de esta dualidad (*ad processum* y *ad causam*) tras la entrada en vigor de la LEC, pues la misma distingue entre capacidad procesal y legitimación, refiriéndose esta última solo a la tradicionalmente denominada legitimación *ad causam*. A su vez, el TS ha distinguido dentro de la legitimación propiamente dicha entre la procesal y la material; la procesal consiste en la afirmación de un título que ha de ser coherente con el resultado procesal pretendido, con independencia de su realidad; la material tiene su fundamento en normas sustantivas y hace referencia a la realidad de la titularidad del derecho, tiene una estrecha relación con la cuestión de fondo y, aunque puede ser de examen prioritario, también cabe que se integre e identifique con el propio fondo del proceso (STS Sala 1ª, sec. 1ª, 869/2011, de 7 diciembre). Es precisamente esta doble posibilidad (examen prioritario o identificación con el fondo) lo que da complejidad a la legitimación e impide un tratamiento unitario; la propia LEC así lo hace estableciendo la distinción entre legitimación ordinaria y extraordinaria. Esa dualidad ha permitido también al TS (STS Sala 1ª, sec. 1ª, 869/2011, de 7 de diciembre) admitir la alegación de su infracción tanto a través del recurso de casación (norma sustantiva) como del recurso por infracción procesal (norma procesal).

La problemática acerca de la legitimación surge a partir del momento en que se disocia la acción del derecho subjetivo, es decir, cuando el derecho de acción gana autonomía y se supera la concepción romana de la misma como "derecho en movimiento", como derecho a perseguir en juicio lo que nos es debido. Hasta entonces, solo el titular del derecho subjetivo podía ejercitar la acción; con la separación, la titularidad de la acción puede no corresponder al titular del derecho subjetivo, adquiriendo complejidad la legitimación.

Por legitimación **ordinaria** se entiende la que ostenta quien comparece y actúa como titular de la relación jurídica u objeto litigioso (10.1); será suficiente la afirmación de la titularidad para estar legitimado activamente y su atribución a la otra parte para que esté legitimada pasivamente (el acreedor puede exigir del deudor el cumplimiento de la obligación de la que afirma ser titular, siendo suficiente tal afirmación para considerar que ambos ostentan legitimación, sin que pueda realizarse su control separadamente del fondo del asunto). La redacción del art. 10.1 no es afortunada, pues la casuística no se agota en la titularidad de la relación jurídica u objeto litigioso, sino que por imperativo constitucional (24.1 CE), la legitimación se atribuye también en razón a la existencia de interés legítimo. Se trata de un concepto jurídico indeterminado, presente en muchas disposiciones, que el TC en reiteradas sentencias (SSTC 119/2008, de 13 de octubre, 52/2007, de 12 de marzo, sala 2ª 73/2006, de 13 de marzo) ha conectado con la expectativa actual o futura, pero cierta, de obtener del proceso un efecto positivo (beneficio) o evitar uno negativo (perjuicio). Ejemplos encontramos en la regulación de la nulidad matrimonial (74 CC, interés directo y legítimo), en algunos supuestos de filiación (131 CC, interés legítimo; 140.1 CC, perjudicados), en materia de sociedades (206.1 LSC, tercero con interés legítimo), de competencia desleal y publicidad (33.1 LCD, perjudicados, amenazados o afectados), de patentes (121.1 LP, interesado), de ilicitud de traslado o retención internacional (778.sexies, persona interesada) o para solicitar la extensión de efectos (519.2.a). También en estos supuestos será suficiente la afirmación de la existencia de interés, perjuicio o afectación por lo que tampoco se podrá realizar su control separadamente del fondo del asunto.

La cuestión se complica al permitir reclamar a quien no es titular de lo reclamado, como sucede, por ejemplo, con la acción subrogatoria (1111 CC); entra en juego, entonces, la legitimación **extraordinaria**, que se atribuye a persona distinta del titular (10.2); el TS ha insistido en la necesidad de que exista una cobertura legal expresa (STS Sala 1ª, sec. 1ª, 634/2010 de 14 octubre). Los supuestos que justifican la atribución legal de la legitimación extraordinaria son muy diversos y su clasificación harto complicada, de lo cual da muestra la enorme divergencia entre los manuales al uso. Con el riesgo que ello supone y reconociendo su finalidad didáctica más que dogmática, puede seguirse la agrupación siguiente:

A) Atribución de legitimación para ejercitar en nombre e interés propio derechos ajenos. La figura surge en Alemania (KÖHLER), trasladándose a Italia donde se acuña el término de sustitución procesal (CHIOVENDA), comúnmente admitido desde entonces (PRIETO–CASTRO Y FERRÁNDIZ ha preferido hablar de desplazamiento de la legitimación). Aunque hay destacadas opiniones críticas que reducen al mínimo estos supuestos (RAMOS MÉNDEZ o NIEVA FENOLL), existe cierto consenso en incluir en este grupo la acción subrogatoria (1111 CC, 43 LCS), diversos supuestos del CC (usufructuario, 486 y 507, arrendador, 1551 y 1552, quien pone trabajo y materiales en obra ajena, 1597, mandante, 1722, acreedor pignoraticio, 1869), en materia de sociedades de capital (240 LSC), en materia de seguros (76 LCS, 7.1 y 11.3 LRCSCVM), en materia de transporte (terrestre –DA sexta Ley 9/2013–, marítimo –336 LNM–), en materia de propiedad intelectual (al cesionario 48 y 118 LPI), en materia de patentes, diseño industrial y secretos empresariales (a los licenciatarios 117.2 y 3 LP, 61 LPJDI, 13.1 y 2 LSE). En todo caso, aparte de la atribución legal, la jurisprudencia viene exigiendo que el sustituto tenga interés en el ejercicio de los derechos ajenos que, como ya se ha expuesto, viene determinado por la posibilidad de obtener un beneficio o evitar un perjuicio.

B) Atribución de la legitimación en razón a determinada cualidad, condición o cargo del sujeto legitimado (pariente, cónyuge, heredero, progenitor, tutor, acogedor, guardador, socio, propietario). El legislador ha tenido en cuenta, posiblemente, que el sujeto que se encuentra en tales circunstancias es titular de un interés legítimo respecto a lo que ha de ser objeto del proceso, atribuyéndole legitimación; así sucede respecto a determinados parientes (757, 766, 777, 134, 137 CC), a los cónyuges (437.4.4º, 541.2, 757.1 y 5, 792.1.1º, 808; 1053, 1393, 1416, 1433 CC), a los herederos (34.1, 35.1, 233, 658, 765.2, 766, 782 y 808, 132, 133.1, 136.3, 137.3 y 4, 140.2 CC, 568 TRLC, 15 LPI), a los progenitores (133.2, 137.1 CC y 748.4º, 778. bis.5, 780.1, 781.1), a los tutores, acogedores o guardadores (780.1), a los socios (206 LSC) y a los propietarios (18.2 LPH). Excepcionalmente, tal reconocimiento ha venido por vía jurisprudencial, como sucede con los comuneros que actúan en interés de la comunidad (SSTS, Sala 1ª, 616/2018 de 7 noviembre). Este supuesto es el que GIMENO SENDRA, siguiendo a la doctrina alemana, identifica como capacidad de conducción procesal, como auténtico presupuesto procesal distinto de la legitimación; mientras ésta es tratada como cuestión de fondo, la capacidad de conducción procesal permite su examen previo que puede condicionar la admisibilidad de la demanda.

C) Atribución de legitimación para ejercitar derechos ajenos, previa autorización del titular. Se ha propuesto la denominación de legitimación representativa (DE LA OLIVA SANTOS) para identificar algunos supuestos en que por el titular de la relación jurídica se atribuye de manera expresa *legitimación* a otro sujeto; considero que no estamos ante un supuesto de atribución de legitimación, sino de representación, dado que el representante actúa en nombre del representado, debiendo circunscribir su actuación al ámbito (legal o convencional) en que ésta se haya otorgado. Como tales supuestos se identifican los siguientes:

a) Presidente o responsable de las Comunidad de Propietarios (13.3 LPH), de la SGAE y entidades de gestión de derechos de propiedad intelectual (150 LPI), de los Colegios Profesionales (5.p L. 2/1974), de 13 de febrero);

b) la persona designada expresamente (15 LPI);

c) determinadas entidades según sus fines, como las personas jurídicas legalmente habilitadas para la defensa de los derechos e intereses legítimos colectivos de personas con discapacidad (que podrán actuar en un proceso en nombre e interés de las personas que así lo autoricen, con la finalidad de hacer efectivo el derecho de igualdad de oportunidades –76 RDLeg. 1/2013, de 29 de noviembre–), las entidades previstas en el art. 11.bis.1 (con relación a la defensa del derecho a la igualdad de trato y no discriminación), en el art. 11.ter.1 (en relación con la defensa del derecho a la igualdad de trato y no discriminación por razón de orientación e identidad sexual, expresión de género o características sexuales) y en el art. 11.quáter.1 (respecto a los derechos e intereses de los trabajadores por cuenta propia o autónomos del arte y la cultura). Los arts. 11.bis.1 y 11.ter.1 fueron introducidos respectivamente por la LIITND –DF 1.2– y por la LTRANS –DF 5.1–, incorporando una innecesaria duplicidad que se hubiera evitado completando el primero con el contenido del segundo; se refieren a la Autoridad Independiente para la Igualdad de Trato y la No Discriminación y a los partidos políticos, los sindicatos, las asociaciones profesionales de trabajadores autónomos, las organizaciones legalmente constituidas que tengan entre sus fines la defensa y promoción de los derechos humanos, en relación con las personas afiliadas o asociadas a los mismos –11.bis.1–, así como a los partidos políticos, las organizaciones sindicales, las organizaciones empresariales, las asociaciones profesionales de personas trabajadoras autónomas, las asociaciones de personas consumidoras y usuarias y las asociaciones y organizaciones legalmente constituidas que tengan entre sus fines la defensa y promoción de los derechos de las personas lesbianas, gais, bisexuales, trans e intersexuales o de sus familias –11.ter.1–. El art. 11.quáter.1 lo introdujo el RDL 6/2023 y se refiere a las asociaciones de profesionales del sector artístico y cultural legalmente constituidas, que tengan por objeto su defensa y protección, así como a las federaciones, confederaciones y uniones constituidas por estas asociaciones.

D) Atribución de legitimación para proteger intereses supraindividuales, colectivos y difusos. El reconocimiento genérico de la legitimación colectiva (7.3 LOPJ) ha ido dando paso a la introducción de supuestos concretos en distintos ámbitos (LGDCU, LCGC); con la LEC se trató de establecer una regulación general, superada por sus propias reformas y por la reiterada práctica de regular la legitimación en leyes especiales. Cabe enumerar los siguientes supuestos:

a) Legitimación para la protección de intereses supraindividuales. Se atribuye (a') a entidades y/o corporaciones de derecho público, como la Comisión Nacional del Mercado de Valores (132 y 163 LMV), la Agencia Española de Consumo, Seguridad Alimentaria y Nutrición (antes Instituto Nacional de Consumo, vid. RD 19/2014, de

17 de enero) y los órganos equivalentes de CCAA y corporaciones locales, (16 LCGC, 54.1.a LGDCU, 31 LSSICE), las Cámaras de Comercio, Industria y Navegación y los Colegios Profesionales (16 LCGC) o los organismos públicos con competencia en determinadas materias (p. ej. en materia de igualdad de trato, 11.bis.2–); (b') a agrupaciones y asociaciones de derecho privado, como asociaciones de consumidores y usuarios (11.2 y 3, 16.3, 24 y 54.1.b LGDCU, 66.1 LPJDI, 31.c LSSICE), entidades de gestión de derechos de propiedad intelectual (150 LPI) o entidades habilitadas para el ejercicio de la acción de cesación en defensa de los intereses colectivos y de los intereses difusos de los consumidores y usuarios (11.4, 54.1.d LGDCU y 31.f LSSICE).

b) Legitimación para la defensa de los intereses colectivos de consumidores o usuarios perjudicados por un hecho dañoso. Se atribuye a las asociaciones de consumidores y usuarios, a las entidades legalmente constituidas que tengan por objeto la defensa o protección de éstos, así como a los propios grupos de afectados; si éstos no están determinados o es difícil su determinación (intereses difusos, STS Sala 1ª, sec. 1ª, 566/2019, de 25 octubre), la legitimación se atribuye exclusivamente a las asociaciones de consumidores y usuarios que sean representativas, para lo cual deben formar parte del Consejo de Consumidores y Usuarios, salvo que el ámbito territorial del conflicto afecte fundamentalmente a una comunidad autónoma, en cuyo caso se estará a su legislación específica (24.2 LGDCU). Con la finalidad de garantizar que los perjudicados por un hecho dañoso tengan conocimiento del proceso y puedan, así, intervenir en el mismo para hacer valer sus derechos o intereses individuales, se establecen medidas para dar publicidad consistentes en la obligación de la asociación o entidad demandante de comunicar su intención de demandar cuando los perjudicados estén determinados o sean fácilmente determinables; en caso contrario, corresponde al LAJ dar publicidad al proceso mediante la publicación de la demanda en medios de comunicación con suspensión del proceso.

c) Legitimación para la defensa de intereses difusos relacionados con el derecho de igualdad de trato entre mujeres y hombres genérico (11.bis.2) y específico por razón de orientación e identidad sexual, expresión de género o características sexuales (11.ter.2) y relativos a los derechos e intereses de los trabajadores por cuenta propia o autónomos del arte y la cultura (11.quáter.2). Cuando los afectados sean una pluralidad de personas indeterminada o de difícil determinación, la legitimación corresponde exclusivamente a las entidades relacionadas en dichos artículos; en el primer supuesto, a la Autoridad Independiente para la Igualdad de Trato y la No Discriminación, a los partidos políticos, los sindicatos y las asociaciones profesionales de trabajadores autónomos más representativos, así como a las organizaciones de personas consumidores y usuarios de ámbito estatal, a las organizaciones, de ámbito estatal o de ámbito territorial en el que se produce la situación de discriminación que tengan entre sus fines la defensas y promoción de los derechos humanos, de acuerdo con lo establecido en la Ley integral para la igualdad de trato y no discriminación sin perjuicio en todo caso de la legitimación individual de aquellas personas afectadas que estuviesen determinadas (11.bis.2); en el segundo supuesto, a los organismos públicos con competencia en la materia, a los partidos políticos, las organizaciones sindicales, las organizaciones empresariales, las asociaciones profesionales de personas trabajadoras autónomas, las asociaciones de personas consumidoras y usuarias y las asociaciones y organizaciones legalmente constituidas que tengan entre sus fines la defensa y promoción de los derechos de las personas lesbianas, gais, bisexuales, trans e intersexuales o de sus familias (11.ter.2); en el tercero, a las asociaciones de profesionales del sector artístico y cultural legalmente constituidas que tengan por objeto su defensa y protección, así como a las federaciones, confederaciones y uniones constituidas por estas asociaciones (11.quáter.2) .

E) Atribución de legitimación condicionada a la inactividad de otros legitimados. En ocasiones la legitimación se atribuye a determinados sujetos, pero solo para el supuesto de que el primer legitimado no actúe; así sucede respecto a quienes tienen derecho a la utilización de licencias y patentes (licenciatario), cuando el titular de las mismas (primer legitimado) no ejercita determinadas acciones (13 LSE, 117.3 LP). Similar es el supuesto regulado en el art. 757, al atribuir la legitimación para promover el proceso para la adopción de medidas de apoyo a personas con discapacidad a la propia persona interesada, su cónyuge no separado de hecho o legalmente o quien se encuentre en una situación de hecho asimilable, su descendiente, ascendiente o hermano, extendiéndola al MF si tales legitimados no existieran o no hubieran presentado la correspondiente demanda.

4.8.2. Tratamiento procesal

El TC ha puesto de manifiesto la conexión de la legitimación con el derecho a la tutela judicial efectiva, en especial en su vertiente de derecho de acceso a la jurisdicción; el reconocimiento del derecho a la tutela judicial efectiva a todas las personas que son titulares de derechos e intereses legítimos, obliga a los Jueces y Tribunales a interpretar con amplitud las fórmulas que las leyes procesales utilizan en orden a la atribución de legitimación activa para acceder a los procesos judiciales (SSTC 24/1987, de 25 de febrero, 93/1990, de 23 de mayo, 195/1992, de 16 de noviembre), así como a censurar aquellas apreciaciones judiciales de falta de legitimación que carezcan de base legal o supongan una interpretación arbitraria, irrazonable o excesivamente restrictiva de la disposición legal aplicable al caso contraria a la efectividad del derecho fundamental (SSTC 285/1993, de 4 de octubre, 34/1994, de 31 de enero, 311/2000 de 18 diciembre).

A partir de tales parámetros de interpretación, el tratamiento procesal de la legitimación debe dar respuesta a dos cuestiones: la iniciativa respecta a su control y el momento procesal para ello. La respuesta a tales cuestiones presenta planteamientos dispares en la doctrina, sin que la jurisprudencia proporcione claridad. En relación a la legitimación ordinaria se viene considerando que para quien comparezca y actúe como titular de la relación jurídica y objeto litigioso es suficiente la afirmación inicial de tal titularidad (activa) o la atribución de la misma (pasiva); en tal caso, no es posible el examen de la legitimación de manera separada al fondo del asunto; a quien reclama la existencia de una servidumbre le basta afirmar que es titular de tal derecho, lo mismo al comprador que reclama la entrega o al vendedor que reclama el precio, a la entidad financiera que reclama el reintegro de las disposiciones del crédito realizadas por el cliente, al transportista que reclama el porte o a la compañía telefónica que reclama una factura. Todos son supuestos en que la legitimación se basa en la afirmación inicial de la titularidad de la relación jurídica u objeto litigioso del proceso (y la correspondiente atribución a la otra parte), reconduciéndose, por tanto, a la cuestión de fondo. Esta conexión con el fondo y la configuración del proceso civil bajo los principios dispositivo y de aportación, impiden apreciar de oficio la falta de legitimación. Si del proceso se concluye la inexistencia de la titularidad afirmada, la sentencia desestimará la demanda, pero no por ausencia de legitimación, sino del derecho reclamado.

Por el contrario, no es pacífico, en absoluto, el tratamiento procesal de la legitimación extraordinaria. Son numerosos los supuestos en que es la ley la que fija quién puede demandar y a quién puede o tiene que demandar; habrá que tener en cuenta la concreta regulación de cada supuesto. En el supuesto **A)** (sustitución) para acreditar la legitimación es suficiente alegar la disposición legal que la atribuye; a partir de ahí, el problema se reconduce a la prueba de las diversas relaciones jurídicas concurrentes (p. ej. para la acción subrogatoria, la existencia de los créditos y la relación entre el acreedor, el deudor y el deudor de éste; para la acción directa, la existencia del subarriendo, del usufructo o del contrato de seguro). En el supuesto **B)** (condición o cualidad del sujeto) es necesario justificar la condición o cualidad que atribuye la legitimación (el grado de parentesco, la condición de cónyuge, de heredero, de socio, de licenciatario), lo cual requiere habitualmente de acreditación documental, con lo que la cuestión se reconducirá a un problema de prueba. Su control se realiza de oficio por tratarse de una cuestión de orden público procesal (SSTS Sala 1ª, sec. 1ª, 497/2008, de 6 de junio, 1366/2007, de 28 de diciembre, 681/2004, de 7 de julio); de apreciarse su falta con anterioridad a la vista, deberá acordarse el sobreseimiento mediante auto (no tiene sentido dejar que el proceso avance si quien insta la incapacitación no se encuentra entre los sujetos del art. 757, si reclama los honorarios de un abogado o procurador quien dice ser su heredero pero no lo acredita –34 y 35–, si quien pretende impugnar un acuerdo social no tiene la condición de socio –206 LSC– o si quien insta la división de la herencia no es heredero o legatario de parte alícuota –782.2–); en todo caso, habrá que diferenciar entre la ausencia de la condición, cualidad o cargo que atribuye la legitimación y la falta de acreditación de la misma, ya que en este caso podrá ser objeto de subsanación. De apreciarse ya en la vista, deberá dictarse sentencia absolutoria que no entrará en el fondo del asunto. También es posible la alegación a instancia de parte, debiendo resolverse en la audiencia previa (ordinario) o en la vista (verbal). En el supuesto **C)** (representación) ya se ha dicho que no se trata de legitimación, sino de representación y, por tanto, de capacidad procesal, por lo que el representante deberá acreditar documentalmente la condición en que actúa (264.2º). En el supuesto **D)** la legitimación no plantea problemas cuando se atribuye de manera expresa a determinados organismos, corporaciones o entidades para la defensa de intereses supraindividuales o colectivos (CNMV, colegios profesionales, cámaras de comercio, etc.); sin embargo, cuando se trata de intereses difusos, el hecho de que la asociación o el sindicato hayan de ser representativos permite el control de tal requisito con carácter previo como presupuesto procesal, tanto de oficio, como a instancia de parte (p. ej. carecerá de legitimación la asociación que no forma parte del Consejo de Consumidores y Usuario, 24.2 LGDCU).

Cuando la legitimación deba acreditarse de manera separada a la cuestión de fondo, su examen puede hacerse tanto de oficio, como a instancia de parte (como excepción procesal); de apreciarse en el trámite de admisión de la demanda o en la audiencia previa, deberá dictarse un auto de inadmisión o de archivo, respectivamente; si es en la vista, se dictará sentencia absolutoria de la instancia.

El diferente tratamiento de la legitimación (como presupuesto procesal o como cuestión de fondo) da lugar a que las consecuencias de su posible pérdida sobrevenida también sean distintas. Con las dificultades propias de la variedad de supuestos, con carácter general se puede decir que cuando la legitimación debe ser examinada con carácter previo y condiciona la admisibilidad de la demanda, la litispendencia determina su mantenimiento, aunque cambien las circunstancias que la atribuían (el socio que impugna un acuerdo, aunque transmita sus acciones y pierda la condición de socio, mantendrá su legitimación; la asociación de consumidores y usuarios que forme parte del Consejo de Consumidores y Usuarios mantendrá su legitimación aunque deje de formar parte del mismo). Por el contrario, cuando la legitimación, como cuestión de fondo, condiciona el éxito de la pretensión, su pérdida sobrevenida ha de conllevar, necesariamente, la desestimación de aquella.

4.9. LEGITIMACIÓN PLURAL: PLURALIDAD DE LITIGANTES

4.9.1. Supuestos

El proceso civil se caracteriza por la existencia de dos partes (dualidad) en posiciones enfrentadas (contradicción), pero nada impide que en cada una de esas dos partes o posiciones pueda haber varios sujetos, dando lugar a una pluralidad subjetiva, ya sea en el lado activo, pasivo o en ambos; es por ello que resulta más adecuado hablar de pluralidad subjetiva o de litigantes, que de pluralidad de partes.

Atendiendo al momento en que se produce la pluralidad es habitual la distinción entre la inicial (litisconsorcio) y la sobrevenida (intervención procesal); la LEC, no obstante, admite que el litisconsorcio que debería haberse constituido inicialmente, se constituya una vez iniciado el proceso de manera sobrevenida en dos supuestos: antes de la contestación a la demanda (401.2) y en la audiencia previa (integración de la litis del 420); en este supuesto, a diferencia de la intervención procesal, al litisconsorte debe dársele oportunidad de formular alegaciones (traslado para contestar con suspensión de la audiencia –420.1 y 3–), mientras que el interviniente se incorpora sin que se retrotraigan las actuaciones (13.2). Ello es así porque el litisconsorte es titular de la relación jurídico–procesal y, en consecuencia, su condición de parte es idéntica a la que ostentan las demás; por el contrario, el interviniente es un tercero afectado por el proceso de manera indirecta o refleja.

El estudio de la pluralidad de litigantes no está exento de cierta confusión a la cual, de alguna manera, contribuye la LEC; me refiero a su proximidad a la acumulación de acciones, con la que frecuentemente se identifica. La pluralidad de litigantes se caracteriza por la existencia en un proceso de varios sujetos en la posición de actor, en la de demandado, o en ambas, ejercitando una única pretensión, por lo que el objeto del proceso es único. En la acumulación de acciones (71 a 73) se ejercitan varias pretensiones, por lo que el objeto del proceso siempre será plural; cuando un sujeto acumula varias acciones frente a otro sujeto, la acumulación es únicamente objetiva, pero cuando son varios los sujetos que acumulan sus acciones o frente a los que se acumulan, se produce, además de la pluralidad de objetos, una pluralidad de sujetos y de ahí la proximidad a la que se ha hecho referencia.

4.9.2. El litisconsorcio

4.9.2.1. Concepto y clases

El litisconsorcio se identifica con la pluralidad inicial de litigantes en alguna o en ambas partes procesales (con la excepción comentada de la integración de la litis); puede ser activo, pasivo o mixto, en razón a la parte en la que exista pluralidad de sujetos.

La pluralidad de litigantes se justifica en razón a la existencia de una legitimación plural, a partir de la cual, como a continuación se expone, se permite (unas veces) o se exige (otras) la actuación conjunta de todos los legitimados. Cuando se trata de una posibilidad, estamos ante el denominado litisconsorcio facultativo, simple o voluntario (12.1) y cuando la pluralidad viene impuesta como carga procesal, se denomina necesario (12.2); sin reconocimiento legal, tanto la doctrina (desde FAIRÉN GUILLÉN) como la jurisprudencia reconocen la figura del denominado litisconsorcio cuasinecesario. El **litisconsorcio facultativo** obedece exclusivamente a la voluntad de la parte demandante y se produce cuanto varios sujetos demandan conjuntamente a uno (activo), cuando uno demanda a varios (pasivo) o cuando varios demandan a varios (mixto); los posibles litisconsortes tienen legitimación (activa o pasiva) de manera individual o separada, pero pueden actuar conjuntamente, en cuyo caso, la LEC aplica lo dispuesto para la acumulación subjetiva de acciones (72, *vid.*: Tema 5.3). El **litisconsorcio necesario** impone la obligación de demandar conjuntamente a varios sujetos, de manera que la omisión de alguno de ellos en la demanda impide que el proceso continúe; se trata de un supuesto de atribución de la legitimación pasiva de manera conjunta e inescindible a varios sujetos. En el **litisconsorcio cuasinecesario** la legitimación activa o pasiva se atribuye de manera conjunta pero no inseparable a varios sujetos, de manera que no es necesario que todos actúen conjuntamente (demanden o sean demandados), pudiendo hacerlo solo alguno o algunos y no la totalidad; ahora bien, si deciden constituir el litisconsorcio, deben hacerlo conjuntamente en el mismo proceso, recibiendo idéntico tratamiento que el necesario. Supuestos de litisconsorcio cuasinecesario son las obligaciones solidarias (p. ej. la reclamación a un deudor y a sus avalistas o fiadores solidarios, al causante del daño y a la aseguradora).

4.9.2.2. Litisconsorcio necesario

El litisconsorcio necesario se presenta en el lado pasivo de la relación procesal, de manera que la demanda ha de dirigirse necesariamente frente a todos los legitimados. Así lo dispone el art. 12.2: "*cuando por razón de lo que sea objeto del juicio la tutela jurisdiccional solicitada sólo pueda hacerse efectiva frente a varios sujetos conjuntamente considerados, todos ellos habrán de ser demandados, como litisconsortes, salvo que la ley disponga expresamente otra cosa*". De manera absolutamente mayoritaria, tanto la doctrina como la jurisprudencia, son contrarias a admitir el litisconsorcio necesario en el lado activo; a diferencia de lo que sucede en el litisconsorcio pasivo, en el que los litisconsortes deben ser necesariamente demandados, en el lado activo nadie está obligado a demandar, por lo que ha de ser el demandante o demandantes los que, cuando sea necesaria su actuación conjunta, así lo hagan, pues de lo contrario, concurrirá la falta de legitimación activa (SSTS Sala 1ª, sec. 1ª, 511/2015, de 22 de septiembre, 460/2012, de 13 de julio, 138/2008, de 12 de febrero, 1366/2007, de 28 de diciembre).

El fundamento del litisconsorcio necesario descansa en la existencia de una relación jurídica plurisubjetiva e inescindible (Gimeno Sendra), que impone la necesidad de que todos los titulares de la misma sean llamados al proceso, porque, como dice el TS es necesario "*asegurar que la sentencia no pueda afectar a terceros no demandados que pudieran por ello quedar en situación de indefensión ante sus pronunciamientos* (STS Sala 1ª, 358/2008, de 30 de abril). Ello no siempre es fácil de determinar, por lo que en ocasiones es la propia Ley la que impone la obligación de demandar a varios sujetos; se distingue así entre el litisconsorcio necesario propio (impuesto por la Ley) y el impropio (derivado de la relación jurídica). Supuestos de litisconsorcio pasivo necesario son: las obligaciones indivisibles (debe demandarse a todos los obligados –1139 CC–), la nulidad del matrimonio a instancia del MF o de tercero con interés legítimo (debe demandarse a los dos cónyuges –74 CC–), algunos supuestos de acciones de filiación (impugnación conjunta de la materna y la paterna), de nulidad, anulabilidad, rescisión o resolución de negocio jurídico formalizado por varios sujetos (debe demandarse a todos los intervinientes), pretensiones relativas a comuneros o socios (división de cosa común, elevación a escritura pública de contrato de sociedad, extinción de sociedad, etc.), en materia hereditaria (debe demandarse a todos los coherederos), algunos supuestos de tercerías de dominio (600) o de mejor derecho (617).

Constituido el litisconsorcio, todos los litisconsortes adquieren la consideración de parte procesal, pudiendo actuar unidos (bajo una misma representación y defensa) o de manera independiente; los actos de cada uno afectan a los demás en tanto les beneficien, pero no si les perjudican; para llevar a cabo actos de disposición (reconocimiento de hechos, allanamiento, transacción) es necesaria la voluntad de todos los litisconsortes.

Por lo que se refiere al tratamiento procesal, tanto el TC como el TS consideran que se trata de un presupuesto procesal de orden público (STC 77/1986, de 12 de junio; SSTS Sala 1ª, de 26 de noviembre de 2014), cuya omisión impide la válida constitución de la relación procesal y el dictado de una sentencia sobre el fondo. Su control puede hacerse tanto de oficio como a instancia de parte como excepción en la contestación (405.3, 438.1), a discutir en la audiencia previa (ordinario –416.1.3º–) o en la vista (verbal –433.2–). La relevancia del litisconsorcio ha llevado al legislador a regular un trámite específico para subsanar su falta en la audiencia previa a través de la integración de la litis (420); tal posibilidad, por elementales razones de economía procesal, debería extenderse a los supuestos en que la falta de litisconsorcio se aprecie de oficio y al juicio verbal.

4.9.3. La intervención procesal

La intervención procesal se produce cuando un tercero (entendiendo por tal cualquiera que no sea parte inicial), se incorpora a un proceso iniciado, en alguna de las partes, originando de manera sobrevenida una pluralidad de litigantes. La intervención requiere, por tanto, la pendencia de un proceso y la incorporación al mismo de un sujeto que inicialmente no era parte, a lo que debe añadirse el interés directo y legítimo del tercero en el resultado del proceso; a partir de la admisión de su intervención adquiere la consideración de parte y la posibilidad de utilizar todas las oportunidades procesales no transcurridas, así como realizar las alegaciones necesarias para su defensa, que no hubiere realizado por corresponder a momentos procesales anteriores a su admisión en el proceso (la cualidad de parte se adquiere a partir de la intervención, no retrotrayéndose las actuaciones, lo cual diferencia la intervención de la integración de la litis ya analizada –13.3 y 14.1–).

Atendiendo al interés del tercero y a las consecuencias de la intervención distinguimos los siguientes supuestos:

- Intervención **principal**, cuando el tercero pretende una tutela incompatible con la solicitada por las partes; aunque no está prevista expresamente en la LEC, las tercerías son un ejemplo de ello.
- Intervención **adhesiva**: el tercero solicita una tutela coincidente con alguna de las partes. A su vez puede ser **litisconsorcial**, cuando el tercero afirma ser cotitular de la relación jurídica objeto del proceso (como tal han de considerarse

los supuestos de litisconsorcio cuasi necesario, cuando el litisconsorte se incorpora de manera sobrevenida) o **adhesiva simple**, cuando el tercero tiene interés en el resultado del proceso por ser titular de una relación jurídica conexa (el subarrendatario en procesos entre arrendador y arrendatario sobre resolución del contrato, el asegurador en proceso frente al asegurado).

En razón a su origen, la intervención puede ser voluntaria (13) y provocada o forzosa (14). La intervención **voluntaria** puede solicitarse mediante escrito dirigido al Tribunal por quien acredite tener interés directo y legítimo en el resultado del pleito, debiendo resolver el tribunal, previa audiencia a las partes personadas por un plazo común de 10 días; de admitirse la intervención, el tercero adquiere la condición de parte, sin que las actuaciones se retrotraigan. En la intervención **provocada o forzosa** el tercero es llamado al proceso, ya sea por el demandante o por el demandado. El demandante debe hacerlo en la demanda (salvo que la ley disponga otra cosa) y, de admitirse la intervención, el tercero dispondrá de las mismas facultades de actuación que la ley concede a las partes. El demandado debe solicitar que la pendencia del proceso se notifique al tercero dentro del plazo para contestar a la demanda, suspendiéndose éste en tanto se da traslado al demandante, tras lo cual el Juez resolverá lo que proceda; de admitir la intervención, se notificará al tercero concediéndole plazo para contestar a la demanda, reanudándose para el demandado inicial una vez contestada por el tercero o transcurrido el plazo para hacerlo, pudiendo el tercero ocupar la posición del demandado cuando éste considere que debe ser así (sucesión procesal conforme al art. 18).

No son muchos los supuestos en que la ley permite la llamada a un tercero al proceso; a continuación, se enumeran algunos de ellos:

- Llamada en garantía. El comprador que se ve privado de la cosa solo puede exigir responsabilidad por evicción al vendedor si le llama al juicio, pues faltando tal notificación no está obligado al saneamiento (1481 CC). Aunque solo se prevé expresamente para la evicción en la compraventa, también será aplicable a las donaciones (638 CC), a la cesión de créditos (1529 CC), a la permuta (1540 CC), a las aportaciones sociales (1681 CC).
- *Laudatio o nominatio auctoris*. Tiene lugar cuando el usufructuario (551 CC) o el arrendatario (1559 CC) llaman al pleito al propietario.
- El usufructuario está obligado a poner en conocimiento del propietario cualquier acto de un tercero, de que tenga noticia, que sea capaz de lesionar los derechos de propiedad, y responderá, si no lo hiciere, de los daños y perjuicios, como si hubieran sido ocasionados por su culpa
- Llamada a coherederos. Cualquiera de los coherederos demandado por deudas de la herencia puede citar y emplazar a los demás (1084 CC)

- Llamada al tercero pretendiente. No está prevista en la ley, pero se admite que, en situaciones de créditos litigiosos, cuando un tercero afirma su condición de acreedor, el demandado puede poner de manifiesto la existencia del litigio (*litis denuntiatio*) al tercero para que intervenga en la causa.
- Llamada a terceros intervinientes en el proceso de edificación. El demandado frente al que se ejercita alguna acción de responsabilidad al amparo de la Ley de Ordenación de la Edificación puede llamar a otros agentes que haya intervenido en la misma. En este caso la notificación de la demanda es trascendental por cuanto la sentencia será oponible a todos, aunque no comparezcan (DA 7ª LOE).

En nuestro proceso civil no se prevé la intervención provocada a instancia del Tribunal, si bien algunos supuestos pueden originar cierta confusión, pues en los procesos iniciados por determinadas entidades, se prevé una llamada, aunque con finalidad informativa, a los efectos de que los afectados puedan hacer valer "sus derechos o intereses individuales"; así sucede en el art. 15.1 respecto a consumidores y usuarios, en el art. 15.ter respecto a las personas afectadas por haber sufrido la situación de discriminación que dio origen al proceso y el art. 15.quater respecto a los afectados cuando se trate de discriminación en relación a los derechos de las personas lesbianas, gais, trans, bisexuales e intersexuales y de sus familias.

Un supuesto particular se prevé en el art. 15.bis que admite la posibilidad de que la Comisión Europea, la Comisión Nacional de la Competencia y los órganos competentes de las Comunidades Autónomas intervengan por propia iniciativa o a instancia del órgano judicial, sin tener la condición de parte, a los efectos de aportar información o de presentar observaciones.

4.10. LA SUCESIÓN PROCESAL

Se habla de sucesión procesal para referirse a los supuestos en que un sujeto asume la situación procesal de alguno de los sujetos que hasta ese momento era parte, colocándose es su lugar; realmente no estamos ante un supuesto de pluralidad, sino de sustitución.

Temporalmente la sucesión procesal debe producirse después de la litispendencia y antes de la firmeza de la sentencia; con anterioridad se tratará de un problema de legitimación; tras la sentencia firme, nos encontraremos con un problema acerca de la extensión de la cosa juzgada a los sucesores (222.3), de legitimación de éstos para ejercitar acciones de impugnación (511 y 514) o de la posición de los sucesores en el proceso de ejecución (540).

La sucesión procesal puede tener lugar por la transmisión de lo que sea objeto del juicio, ya sea *mortis causa* (16) o *inter vivos* (17); también puede suceder que el tercero cuya intervención ha sido provocada, pase a ocupar la posición del, hasta entonces, demandado (14.4ª y 18).

Con la excepción de la mayoría de las acciones personalísimas, el fallecimiento de una de las partes no supone la terminación del proceso, sino que al disponer el CC que "*los herederos suceden al difunto por el hecho sólo de su muerte en todos sus derechos y obligaciones*" (661), se produce la **sucesión procesal por muerte**, debiendo procederse conforme a lo dispuesto en el art. 16. Al fallecimiento de cualquiera de las partes, la persona o personas que deban sucederle pueden ocupar su posición procesal, para lo cual es suficiente que lo pongan en conocimiento del Juzgado, debiendo el LAJ acordar la suspensión del proceso y dar traslado a las demás partes; acreditados la defunción, el título sucesorio y los demás trámites (p. ej. la aceptación de la herencia), el LAJ tendrá por personado al sucesor. Si de cualquier otra manera consta al tribunal el fallecimiento de cualquiera de las partes y el sucesor no se persona en el plazo de 5 días, las demás partes pueden solicitar que se le notifique la existencia del proceso (identificando a los sucesores y su domicilio o residencia) para que comparezca en el plazo de 10 días, con suspensión del proceso por el LAJ; si el fallecido es el demandado y se desconoce quiénes sean los sucesores, no se les puede localizar o no quieren comparecer, se declarará la rebeldía de la parte demandada; si es el demandante y se desconoce a sus sucesores o no se les puede localizar, se entenderá que ha habido desistimiento, a menos que el demandado se opusiera, en cuyo caso, el Juez resolverá lo que estime oportuno (20); si su incomparecencia es un acto voluntario se entenderá que la parte demandante renuncia a la acción ejercitada. En cualquier caso, cuando interviene procurador, en la práctica la muerte de cualquiera de las partes supone la suspensión del proceso por cuanto da lugar al cese de la representación procesal (30.3º), estando el procurador obligado a comunicarlo al tribunal.

La condición litigiosa de un bien o de un crédito no impide su transmisión, que está prevista y regulada en los arts. 1291.4º y 1535 CC. La **sucesión procesal inter vivos** se produce cuando se transmite lo que sea objeto del proceso, pudiendo el adquirente solicitar que se le tenga como parte en la posición que ocupaba el transmitente; de la solicitud ha de darse traslado por el LAJ a la otra parte por plazo de 10 días. De no haber oposición, el LAJ alzará la suspensión y dispondrá que el adquiriente ocupe la posición del transmitente; en caso de oposición, el Tribunal resolverá por auto lo que estime procedente. No se accederá a la sucesión si hay defensas que sólo pueden hacerse valer frente al transmitente, si hay un derecho a reconvenir frente al transmitente (o está pendiente una reconvención) o si se dificulta notoriamente su defensa.

Por último, la sucesión procesal puede tener lugar en los supuestos de intervención provocada, cuando el demandado considere que el tercero debe ocupar su lugar (sucederle); de la solicitud del demandado ha de darse traslado a las demás partes para que aleguen lo que a su derecho convenga, por plazo de 5 días, decidiendo el tribunal por auto (18).

TEMA 5. EL OBJETO DEL PROCESO

5.1. RELEVANCIA TÉCNICO–JURÍDICA DEL OBJETO DEL PROCESO

Reconoce el legislador que el objeto del proceso civil es asunto con diversas facetas, todas ellas de gran importancia, afirmando que son conocidas las polémicas doctrinales y las distintas teorías y posiciones acogidas en la jurisprudencia y en los trabajos científicos, siendo regulado esta materia en diversos lugares, pero el exclusivo propósito de las nuevas reglas es resolver problemas reales que la LEC 1881 no resolvía ni facilitaba resolver –*cfr.*: EM LEC Apartado V III.1–.

A tenor de lo expuesto, resulta obvio que el planteamiento del objeto del proceso civil deberá realizarse acudiendo básicamente a los planteamientos doctrinales y al posicionamiento jurisprudencial.

En orden a los planteamientos doctrinales aludidos sobre el objeto del proceso civil resulta imprescindible hacer mención destacada a la posición defendida por GUASP DELGADO. Efectivamente, se debe al citado autor la formulación más relevante, en España, en torno al objeto del proceso civil o la pretensión procesal, figura que arranca del campo del Derecho civil, el cual –afirma GUASP DELGADO – ha deformado su esencia. La teoría del citado autor tiene su punto de partida en una concepción sociológica del proceso, afirmando que "... *lo que el actor y el demandado quieren fundamentalmente fijar no es si su derecho a obtener la tutela jurídica existe o no, sino efectivamente la obtención pura y simple de la misma.*". Cabe hablar de esta queja interindividual como de una pretensión, en sentido sociológico, lo que en el Derecho Procesal corresponde a la figura de la pretensión jurídica que, para el derecho, se satisface una vez examinada y actuada, de modo que "... *el demandante cuya demanda es rechazada está jurídicamente tan satisfecho como aquel cuya demanda es acogida.*". La acción, en cambio, no pertenece al Derecho Procesal pues "*el poder de provocar la actividad de los Tribunales ... es un puro poder político o administrativo, si se quiere*". Formula su idea fundamental de la pretensión procesal del siguiente modo: "*concebido por el Estado el poder de acudir a los Tribunales para formular pretensiones (derecho de acción), el particular puede reclamar cualquier bien de la vida frente a otro sujeto distinto del órgano estatal (pretensión procesal), incoando para ello el correspondiente proceso (demanda), ya sea al mismo tiempo, ya sea después de esta iniciación.*". La pretensión es, pues, el verdadero objeto del proceso.

La pretensión procesal se configura como "... *la declaración de voluntad, debidamente fundamentada, del actor que formaliza generalmente en el escrito de demanda y deduce ante el Juez, dirigida contra el demandado en cuya virtud se solicita del órgano jurisdiccional una sentencia que, en relación con un derecho, bien o situación jurídica, declare o niegue su existencia, cree, modifique o extinga una determinada situación o relación jurídica, o condene al demandado al cumplimiento de una determinada prestación.*"; por su parte, MONTERO AROCA sostiene que: "*En sentido estricto el objeto del proceso es aquello sobre lo que versa éste de modo que lo individualiza y lo distingue de todos los demás posibles procesos, es siempre una pretensión, entendida como petición fundada que se dirige a un órgano jurisdiccional, frente a otra persona, sobre un bien de la vida.".*

Los elementos, pues, que configurarán el objeto del proceso, para MONTERO AROCA, serían: a) se trataría de una declaración; b) que contiene una petición fundada; c) no se trataría de un trámite, ni un acto procesal –lo que diferencia dicha posición doctrinal de la sostenía por GUASP DELGADO, para quien la noción de pretensión la refería a un acto procesal–, ni un derecho, d) que se dirige a un órgano jurisdiccional y e) interpuesta frente a otra persona.

Como respuesta a la petición del demandante aparece la resistencia u oposición del demandado, dirigida al órgano jurisdiccional, frente al demandante, solicitando no ser condenado. Dicha resistencia –que no tiene necesariamente que estar fundada– no sirve para delimitar el objeto del proceso, aun cuando puede contribuir a ampliar los términos del debate y la congruencia de la sentencia (GIMENO SENDRA, MONTERO AROCA).

La relevancia técnico–jurídica del concepto del objeto del proceso se evidencia por su utilidad para: 1) determinar el ámbito cognoscitivo de la decisión judicial, 2) la prohibición de la transformación de la demanda, 3) el procedimiento adecuado, 4) la viabilidad de la acumulación de pretensiones, 5) los límites de la reconvención, 6) la congruencia de la sentencia, 7) la excepción de litispendencia y 8) el alcance de la cosa juzgada. (GIMENO SENDRA, ORTELLS RAMOS).

Efectivamente, tal y como ha señalado el legislador, la LEC se inspira en el principio de justicia rogada o principio dispositivo, del que se extraen todas sus razonables consecuencias, entre otras, que corresponde a los sujetos jurídicos la configuración del objeto del proceso, contribuyendo éste a fijar los límites del conocimiento judicial.

La prohibición de la transformación de la demanda, prevista en los arts. 412 y 426, disponiéndose en el primer precepto citado que establecido lo que sea objeto del proceso en la demanda, en la contestación y, en su caso, la reconvención, las partes no podrán alterarlo posteriormente, por lo que, la fijación de la alteración o no del objeto se podrá afirmar previamente delimitado éste conforme al contenido de la demanda; por su parte, el segundo de los preceptos citados, permite a los litigantes, en la audiencia, la introducción de alegaciones complementarias en relación con lo expuesto de contrario, siempre que no se altere sustancialmente sus pretensiones, ni los fundamentos de éstas expuestos en sus escritos, por lo que, nuevamente, las alegaciones complementarias que podrán introducir las partes en la audiencia requiere de un contraste de ésta con el objeto del proceso.

La pluralidad de procesos –ordinarios, especiales y sumarios– recogidos en la LEC requiere imprescindiblemente conocer la naturaleza de la pretensión a fin de tramitarse ésta de acuerdo con el procedimiento adecuado al objeto de que pueda ser resuelta judicialmente.

La viabilidad de la acumulación de acciones (71 a 73) queda condicionada a la existencia o no de dos objetos diferentes y a la conexión entre ambos, por lo que resulta indispensable fijar el objeto del primer para resolver sobre la admisibilidad o no de la acumulación, lo mismo ocurre respecto de la fijación de la homogeneidad o heterogeneidad a los efectos de examinar su conexión en el procedimiento de la acumulación de procesos (74 a 98).

La admisibilidad de la reconvención queda condicionada, conforme dispone el art. 406 LEC, a que exista conexión entre la pretensión de la demanda principal y la pretensión de la demanda reconvencional, por lo que, nuevamente, la fijación del objeto de la demanda principal permitirá decidir la posibilidad de la admisión o no de la demanda reconvencional.

La admisión de la excepción de litispendencia a fin de impedir el inicio de un segundo proceso sobre un objeto ya planteado en un proceso anterior requiere que, precisamente, la posibilidad de contrastar ambos objetos, por lo que se requiere la fijación de uno y otro a fin de evitar dicho segundo proceso.

La fijación de la congruencia de la sentencia, prevista en el art. 218, requiere el necesario contraste entre la resolución judicial y el objeto del proceso.

Expresamente se dispone en el art. 222.2 LEC que la cosa juzgada alcanza a las pretensiones de la demanda y de la reconvención, por lo que habrá de precisarse tales pretensiones a fin de conocer la extensión de la cosa juzgada.

Por todo lo expuesto, queda evidenciado que el tema del objeto del proceso civil no solo tiene relevancia doctrinal, sino también una evidente relevancia técnico–jurídica.

5.2. ELEMENTOS DELIMITADORES DEL OBJETO: EL «*PETITUM*»; LA CAUSA DE PEDIR

Distingue la doctrina entre: elementos subjetivos –referidos a las partes procesales– y objetivos del objeto del proceso –relativos a la petición y a su causa de pedir o fundamentación– (MONTERO AROCA y TAPIA FERNÁNDEZ).

Por su parte, GIMENO SENDRA, al referirse a los requisitos que condicionan la validez de la pretensión, diferencia entre requisitos formales y materiales; en cuanto a los requisitos formales (los presupuestos procesales), que condicionan la admisibilidad de la pretensión, diferencia entre: a) requisitos comunes, relativos al del órgano jurisdiccional –la jurisdicción y la competencia–, a las partes –la capacidad, la representación, la postulación procesal y el derecho de conducción de la actividad– y a la actividad –el procedimiento adecuado, la litispendencia y la cosa juzgada, y b) relativos a los medios de impugnación, que condicionan la admisibilidad de la pretensión impugnativa, diferenciando entre requisitos procesales comunes: el gravamen y la conducción procesal y especiales: prestación de caución o prestación de depósito para interposición del recurso, o cumplimiento de una determinada *summa gravaminis*. Por lo que se refiere a los requisitos de fondo o requisitos materiales, que no forman parte de la pretensión, aun cuando condiciona su examen, diferencia entre requisitos subjetivos –legitimación activa y pasiva de las partes procesales– y objetivos –relativos a la petición y la fundación fáctica y jurídica de la pretensión.

A/ Elementos subjetivos o requisitos formales comunes relativos a las partes: debe recordarse que, conforme al principio de justicia rogada o principio dispositivo, que inspira la LEC, corresponde a los sujetos procesales la configuración del objeto del proceso, determinando, con suficiente precisión, qué tutela jurisdiccional pretende, debiendo alegar y probar los hechos que fundamentan dicha petición, aduciendo los fundamentos jurídicos correspondientes a la pretensión de aquella tutela.

B/ Elementos objetivos o requisitos materiales: Seguidamente, teniendo en cuenta las aportaciones doctrinales más relevantes (GUASP DELGADO, SERRA DOMÍNGUEZ, GIMENO SENDRA), debe señalarse que los elementos objetivos del objeto del proceso o requisitos materiales a los que expresamente se hace referencia en diferentes preceptos de la LEC, tales como: art. 222 –la cosa juzgada excluye un ulterior proceso cuyo objeto sea idéntico al del proceso en que aquélla se haya producido, alcanzado tal efecto a las pretensiones de la demanda y de la reconvención, así como a los puntos a que se refieren los arts. 408.1 y 2, 399 y 400 (se expondrán numerados y separados los hechos y los fundamentos de derechos, fijándose con claridad y precisión lo que se pida, relatándose los hechos de forma ordenada y clara con objeto de facilitar su admisión o negación por el demandado al contestar, debiéndose aducirse en la demanda conjuntamente los diferentes hechos o distintos fundamentos o títulos cuando lo que se pida pueda tener diversidad de fundación fáctica y/o jurídica, siempre que resulten conocidos o puedan invocarse al tiempo de interponer la demanda, sin que sea admisible reserva su alegación para u proceso ulterior), art. 406 (la reconvención habrá de expresar con claridad la concreta tutela judicial que se pretende obtener respecto del actor y, en su caso, de otros sujetos)–.

En cuanto a la petición o "petitum", recogida en el "suplico" de la demanda, integrante del contenido sustancial de la pretensión y delimitadora de los límites cualitativos y cuantitativos del deber de congruencia del tribunal, se configura como la declaración de voluntad dirigida al órgano jurisdiccional, constituida por una petición inmediata –atendida a la actuación jurisdiccional que ha de llevar a cabo el tribunal en atención a la clase de tutela jurisdiccional instada por los sujetos procesales– y una petición mediata consistente, o bien en una petición de hacer, dar –cosa específica o genérica– o entregar cantidad de dinero (1088, 1094 a 1099 CC) –en el supuesto de ejercicio de una pretensión procesal de condena–, o bien en la declaración existencia, inexistencia de una relación o situación jurídica o de un negocio jurídico –en la hipótesis de planteamiento de una pretensión meramente declarativa–, o bien, en la creación, modificación o extinción de una relación o situación jurídica –en el supuesto de presentación de una pretensión constitutiva–.

Resulta el *petitum* –tanto mediato, como inmediato– insuficiente para la determinación del objeto del proceso, dado que un mismo bien puede pedirse con base en causas de pedir muy diversas (MONTERO AROCA), por lo que debe abordarse seguidamente la cuestión relativa a la fundamentación –fáctica y jurídica– de la pretensión procesal.

La LEC (399.3 y 4) distingue los "hechos" –o fundamentación fáctica– y los fundamentos de derecho que apoyan la petición o *petitum* de la demanda, surgiendo la necesidad de calificar si ambos o sólo uno de ellos constituyen, junto a la petición, elementos determinantes de la pretensión u objeto procesal. Para dar respuesta a dicho interrogante surge, en Alemania, dos teorías –de la individualización y de la substanciación de la demanda–. Para la teoría de la individualización lo determinante en la formación del objeto procesal es la individualización que ha de efectuar el demandante de los hechos en los correspondientes preceptos materiales, mientras que para la teoría de la substanciación lo decisivo en la determinación del objeto son los hechos que sirven de fundamento a la pretensión (GIMENO SENDRA). En España fue acogida la teoría de la substanciación (FAIRÉN GUILLÉN), por lo que la pretensión procesal se identifica y diferencia de otra en atención a los hechos empíricos tal y como acontecieron en la realidad anterior y extraprocesal, debiendo el demandante fundar su demanda en los hechos que la norma sustantiva toma de referencia para asociar la consecuencia jurídica pretendida por el litigante. En consecuencia, no sirven en la individualización de la pretensión cualquier hecho o acontecimiento, sino aquellos que, teniendo su origen con anterioridad y externamente al nacimiento del proceso, se configuran con el substrato normativo de la norma jurídica del objeto inmediato de la pretensión procesal. La jurisprudencia acoge ambas tesis, inclinándose por la teoría de la substanciación cuando se ejercita acciones de condena en las que se pretende la entrega de una cantidad de dinero y en aquellas acciones en las que se pide la condena a un hacer o a abstenerse de hacer algo, ya que la narración de los hechos es suficiente para identificar la concreta causa de pedir que se alega; mientras que el TS acoge la teoría de la individualización en aquellos casos en que el ordenamiento establece como supuesto de hecho de la consecuencia jurídica pedida por el actor, precisamente, la existencia de un derecho privado; derecho que puede haberse adquirido por varias causas distintas –tales son los supuestos de los derechos absolutos y con la mayoría de los derechos potestativos al cambio, constituyendo, en estos caos, la causa de pedir, por imperativo legal, la existencia (o inexistencia) de una relación jurídica.

Los hechos deberán tener relevancia jurídica, es decir, deberán constituir el supuesto de hecho de una norma jurídica cuyas consecuencias jurídicas se pretenden por los sujetos procesales, por lo que, respecto de dicha fundamentación o calificación jurídica, en orden a la construcción del objeto del proceso, puede afirmarse que:

En materia jurídica rige el principio *iura novit curia*. Conforme a dicho principio puede afirmarse que la alegación de una norma jurídica no vincula al tribunal, pudiendo éste aplicar la norma que estime procedente, aunque no hayan sido acertadamente alegados o citadas por los litigantes, por lo que el cambio de calificación jurídica de los hechos alegados por los sujetos procesales no motiva una situación de incongruencia, pudiendo realizar pronunciamientos jurídicos previstos en una norma jurídica, aunque no haya sido peticionada por las partes.

El principio citado queda limitado por la proscripción de alteración de la causa de pedir (218.1 LEC), no pudiendo el tribunal condenar por acción distinta a la ejercitada por las partes, ni por derecho diferente al alegado por éstas. El principio de justicia rogada, inspiración fundamental del proceso –excepto en los casos en que predomina un interés público que exige satisfacción– no constituye, en absoluto, un obstáculo –afirma el legislador– para que el tribunal aplique el Derecho que conoce dentro de los límites marcados por la faceta jurídica de la causa de pedir (EM LEC, Apartado VI). El tribunal no tendrá que tomar en consideración la calificación jurídica realizada por las partes, si no es esencial para la decisión. Ha tenido ocasión de señalar el TC que: "*... no constituye indefensión que el juzgador base sus decisiones en fundamentos jurídicos distintos de los aducidos por las partes siempre que se atenga al contenido de la pretensión y de la causa petendi y, naturalmente, siempre que se atenga el examen de los hechos que se consideren probado ...*" (SS 20/1982, de 5 de mayo; 15/1984, de 6 de febrero; 12/1987, de 4 de febrero).

Mantiene TAPIA FERNÁNDEZ que la causa de pedir está integrado por dos elementos, a saber: el fáctico y el jurídico, mientras que el primero vincula, en todo caso, al Juez, el segundo (jurídico), formado por dos subelementos (el punto de vista jurídico (o calificación jurídica, o el razonamiento jurídico, o la fundamentación jurídica) y el elemento puramente normativo de este punto de vista jurídico (la concreta norma aplicable a ese objeto procesal delimitación por las partes y sometidos al juez), siendo este segundo subelemento de apreciación por el tribunal, aunque las partes no hubiesen alegado esas normas, en el sentido de que "*... el Juez –sin apartarse de esa fundamentación jurídica alegada por la parte– puede introducir normas aplicables silenciadas por las partes y que refuercen esa fundamentación de Derecho ofrecida*", sosteniendo dicha autora que la LEC acoge la concepción apuntada en su art. 218.1.III.

Cabe mencionar la distinción entre objeto actual y virtual del proceso desarrollada por DE LA OLIVA SANTOS evidencia la falta de sintonía, en la LEC, entre los arts. 218.1 y 2, 222 y 400. Para el citado autor, la demanda, la contestación y, en su caso, la reconvención configuran el objeto actual del proceso, determinante para resolver sobre la jurisdicción, la competencia, el proceso adecuado, la prohibición de cambio de la demanda, la acumulación de acciones y la exhaustividad y congruencia de la sentencia; mientras que, cuando se trata de la acumulación de autos, la litispendencia y la cosa juzgada, el objeto del proceso no puede delimitarse exclusivamente con los sujetos, lo pedido y los fundamentos efectivamente esgrimidos, siendo necesario tener en cuenta los fundamentos fácticos y jurídicos que se hubieran podido aducir, con preclusión de su alegación. Pese al denodado esfuerzo del citado, ni siquiera asumiendo (lo que resulta complicado) admitiendo la diferenciación entre objeto actual y objeto virtual del proceso, resulta comprensible la contradicción en los preceptos mencionados.

La posición cambiante de la doctrina legal ha sido puesto de manifiesto por TAPIA FERNÁNDEZ, que no da una idea clara y concluyente sobre lo que constituye la causa de pedir, puesto que mientras en ocasiones proclama que la causa de pedir está constituida únicamente por los hechos alegados, el acaecimiento histórico, la relación de hechos que, al propio tiempo que la delimitan, sirve de fundamento a la pretensión que se actúa, por entender que los brocardos da *mihi factum et dato tibi ius e iura novit curia* atribuyen a los tribunales la libertad de aplicar el derecho que se corresponda con los hechos alegados; de lo que se deriva que el elemento jurídico no identifica la causa de pedir, ya que tal elemento jurídico puede ser variado sin dificultad sin que cambie este elemento identificador de la acción; en otras ocasiones, el TS ha venido considerando que: "... *la potestad de los Jueces y Tribunales para aplicar la norma adecuada ... tiene como límite infranqueable el respeto a la causa de pedir, es decir, al hecho debatido y a la norma que éste naturalmente postule o requiera, aduciendo para considerar el elemento identificador de la causa de pedir también al elemento normativo*" (*cfr.*: STS 1ª, de 15 de octubre de 1984).

Igualmente, la doctrina constitucional no mantiene un criterio uniforme sobre lo tema, tal y como se ha encargado de poner de manifiesto TAPIA FERNÁNDEZ, afirmando que en doctrina del TC se aprecian, igualmente, posicionamientos dispares, puesto que, en ocasiones, cuando el requisito de la congruencia de la sentencia puede determinar una violación del art. 24 CE se ha visto en la necesidad de dar razón de lo que constituye o no la causa de pedir a los efectos de permitir al juzgador una variación de tales elementos, declarando, de modo ambiguo, que: "... *se cambia la acción ejercitada por el Tribunal, cuando se altera el fundamento jurídico que la nutre y que es la razón porque se pide o causa petendi*" (STC 177/1985, de 18 de diciembre), sin embargo, e otras ocasiones, ha entendido que: "... *los Tribunales no tienen necesidad, ni tampoco obligación, de ajustarse a los razonamientos jurídicos que les sirven para motivar sus fallos a las alegaciones de carácter jurídico aducidas por las partes y pueden basar sus decisiones en fundamentos jurídicos distintos, pues la tradicional regla encarnada en el aforismo iura novit curia les autoriza para ello.*" (SSTC 20/1982, de 5 de mayo y 95/1990, de 23 de mayo).

5.3. ACUMULACIÓN DE ACCIONES: ACUMULACIÓN INICIAL DE PRETENSIONES Y ACUMULACIÓN PENDIENTE EL PROCESO; ACUMULACIÓN EVENTUAL

5.3.1. Concepto, clasificación y fundamento

La regulación, prevista en los arts. 71 a 98 LEC –ubicados sistemáticamente en el Título III del Libro Primero, bajo la rúbrica "De la acumulación de acciones y de procesos"– deja en evidencia la opción (censurable) del legislador –expresada en la EM– de "... *utilizar un lenguaje que, ajustándose a las exigencias ineludibles de la técnica jurídica, resulte más asequible para cualquier ciudadano, con eliminación de expresiones hoy obsoletas o difíciles de comprender y más ligada a antiguas usos forenses que a aquellas exigencias, eludiéndose hasta la apariencia de doctrinarismo y, por ello, no considerándose inconveniente, sino todo lo contrario, mantener diversidades expresivas para las mismas realidades, cuando tal fenómeno ha sido acogido tanto en el lenguaje común como en el jurídico –"juicio" y "proceso" como sinónimos y se emplea en unos casos los vocablos "pretensión" o "pretensiones" y, en otros, el de acción" o "acciones", por ejemplo– como aparecían en la LEC de 1881 y en la jurisprudencia y doctrina posteriores durante más de un siglo.*".

Sostiene el legislador –expuesta en la EM LEC (Apartado VIII)– que: "*Con la misma idea básica de no multiplicar innecesariamente la actividad jurisdiccional y las cargas de todo tipo que cualquier proceso conlleva son las ideas motrices que impregnan la regulación de la pluralidad de objetos, buscando la economía procesal y, a la vez, una configuración del ámbito del objeto de los procesos que no implique una complejidad inconveniente en razón del procedimiento que se haya de seguir o que, simplemente dificulte, sin razón suficiente, la substanciación y decisión de los litigios.*". Por su parte, sostiene el legislador que: "*La regulación de la acumulación de acciones se innova, con carácter general, mediante diversos perfeccionamientos y, en especial con el tratamiento procesal preciso, hasta ahora inexistente, se aclaran los presupuestos que la hacen procedente, así como los requisitos y los óbices procesales de este instituto, simplificando el procedimiento en cuanto resulta posible. Además, la ley incluye normas para evitar un uso desviado de la acumulación de procesos: no se admitirá la acumulación cuando el proceso o procesos ulteriores puedan evitarse mediante la excepción de litispendencia o si lo que se plantea en ellos pudo suscitarse mediante acumulación inicial de acciones, ampliación de la demanda o a través de la reconvención.*".

La acumulación de acciones –en terminología legal– viene referida –afirma, acertadamente, RAMOS MÉNDEZ– a una institución harto completa que presenta dificultades de tratamiento doctrinal, incluso a un nivel meramente expositivo.

El término acumulación es utilizado por el legislador y la doctrina para referirse a la ampliación del objeto del proceso por la introducción de peticiones con fundamento fáctico y jurídico diferenciado. Dicha acumulación puede producirse con relación a: 1) "Acciones" –más correctamente debería referirse a pretensiones– cuando la ampliación del objeto del proceso que surge se produce no habiéndose planteado otro proceso sobre el objeto que se incorpora –contemplado en los arts. 71 a 73 LEC–, 2) De procesos o autos, cuando la ampliación del objeto que surge una vez que existen dos o más procesos en curso –previsto en los arts. 74 a 98 LEC– y 3) Reconvención cuando se produce la introducción por el demandado de un nuevo objeto dirigido contra el demandante –regulado en los arts. 406 a 409 LEC – SAAVEDRA GALLO –.

La clasificación de acumulación de "acciones" –pretensiones– conforme a los criterios más usuales utilizados por la doctrina (GUASP DELGADO, RAMOS MÉNDEZ, SAAVEDRA GALLO) permite diferenciar entre:

A/ En atención al momento procesal en que se produce la acumulación puede diferenciarse entre: 1) Acumulación originaria o inicial (71.2 LEC), cuando la acumulación de plantea inicialmente, en la misma demanda y 2) Acumulación sobrevenida o sucesiva (401 LEC), cuando se refiere a la inserción de nuevas "acciones" –pretensiones– una vez ya planteada la demanda, pudiéndose producir tal acumulación por inserción de nuevas acciones –pretensiones– o por reunión de diversos procesos.

B/ En atención a las diversas modalidades que puede presentar el *petitum* de la demanda se distingue entre: 1) acumulación objetiva o simple (71.2 y 71. 3 LEC), ejercitándose todas las pretensiones del proceso cumulativamente; 2) acumulación alternativa o eventual (71.4 LEC) –se formulan dos o más pretensiones conjuntamente a fin de que el Juez opte por la estimación de alguna de ellas con rechazo de las otras–; 3) acumulación subjetiva o causal (72 LEC), originándose una pluralidad de sujetos y una identidad de causa.

Los fundamentos esgrimidos tanto respecto de la acumulación de "acciones" –pretensiones– como de procesos vienen referidos al principio de economía procesal, sosteniéndose que resultaría antieconómico que un demandante que desea plantear varias pretensiones contra un mismo demandado hubiera de deducir tantas demandas y suscitar tantos procedimientos, cuantas pretensiones quiera interponer, provocándose un notable incremento de los gastos procesales y del tiempo invertido (GIMENO SENDRA, SAAVEDRA GALLO) y las exigencias derivadas del derecho a la tutela judicial efectiva (GIMENO SENDRA). La necesidad de evitar sentencias contradictorias se esgrime, como un segundo fundamento de la acumulación de procesos (SAAVEDRA GALLO).

5.3.2. La acumulación inicial de pretensiones y acumulación pendiente el proceso

La acumulación inicial de acciones llevada a cabo por el actor en la demanda se dispone en el art. 71.2 LEC al disponer que: "*El actor podrá acumular en la demanda cuantas acciones le competan contra el demandado, aunque provengan de diferentes títulos, siempre que aquéllas no sean incompatibles entre sí*". Contempla el precepto citado la hipótesis de acumulación inicial, exclusivamente objetiva de pretensiones, consistente en la unión, dentro de una misma demanda y contra el mismo demandado, de una pluralidad de pretensiones que se tramitarán conjuntamente en un único procedimiento, que concluirá ordinariamente mediante una única sentencia en la que contemplaran en su fallo tantos pronunciamientos como pretensiones se hayan ejercitado (71.1 LEC).

La acumulación inicial objetiva de pretensiones depende de la concurrencia de los presupuestos de admisibilidad siguientes:

A/ <u>Subjetivos</u>

a) De las partes. La identidad entre las partes se dispone en el art. 71.2 LEC, requiriéndose que la acumulación de "acciones" –pretensiones– se produzca entre quienes ostenten las condiciones de actor y demandado respecto de las "acciones" –pretensiones– cuya acumulación se insta. La eventualidad de que existiera una pluralidad de sujetos entre quienes ostentan las condiciones de actor y demando respecto de las "acciones" –pretensiones– acumuladas motivaría una eventual acumulación subjetiva o pluralidad de partes en el proceso –que podría adoptar la forma mixta (objetiva y subjetiva) si, además, se acumularan diversas pretensiones (art. 72 LEC) –GIMENO SENDRA–.

La acumulación, por regla general, se produce siempre a instancia de parte (71.2. LEC).

b) De órgano jurisdiccional. El presupuesto de admisibilidad referido al órgano judicial se prevé en el art. 73.1. 1º LEC, disponiéndose que: "Que el tribunal que deba entender de la acción principal posea jurisdicción y competencia por razón de la materia o por razón de la cuantía para conocer de la acumulada o acumuladas. Sin embargo, a la acción que haya de substanciarse en juicio ordinario podrá acumularse la acción que, por sí sola, se habría de ventilar, por razón de su cuantía, en juicio verbal".

No obstante, lo indicado cuando se acumulen inicialmente varias acciones conexas cuyo conocimiento se atribuya a tribunales con diferente competencia objetiva, corresponderá conocer de todas ellas a la Sección de lo Mercantil del TI si éstos resultaren competentes para conocer de la principal y las demás fueren conexas o prejudiciales a ella. En caso de que no si diera tal conexión o prejudicialidad, se procederá conforme a lo establecido en el art. 73.3 LEC.

Cuando la acción principal deba ser conocida por la Sección de lo Civil del TI, no se permitirá la acumulación inicial de cualquiera otras que no sean de su competencia objetiva, de conformidad con lo previsto en el art. 73.1.1º LEC.

Por lo que respecto a la competencia territorial del tribunal competente para el conocimiento de la acumulación se estará a lo previsto en el art. 53.1 LEC, disponiéndose la competencia territorial del tribunal competente el del lugar correspondiente a la acción que sea fundamento de las demás y, en su defecto, aquel que deba conocer del mayor número de acciones acumuladas y, en último término, el del lugar que corresponda a la acción más importante cuantitativamente.

B/ Objetivos

a) Procedimiento adecuado.

- *Compatibilidad de pretensiones.* La exigencia de que la acumulación de "acciones" –pretensiones– no deban, por razón de su materia, ventilarse en juicios de diferente tipo se dispone en el art. 71.2º LEC, concretando el citado párrafo que: *"No obstante, cabrá la acumulación de la acción para instar la liquidación del régimen económico matrimonial y la acción de división de la herencia en el caso de que la disolución del régimen económico matrimonial se haya producido como consecuencia del fallecimiento de uno o ambos cónyuges y haya identidad subjetiva entre los legitimados para intervenir en uno y otro procedimiento. En caso de que se acumulen ambas acciones se sustanciarán de acuerdo con los presupuestos y trámites del procedimiento de división judicial de la herencia."*.
- *Ausencia de prohibición.* La Ley no prohíba la acumulación en los casos en que se ejerciten determinadas acciones (pretensiones) por razón de su materia o por razón del tipo de juicio que se haya de seguir (73.1.3º LEC).

5.3.3. Acumulación eventual

Conforme a lo establecido en el art. 71.4 LEC, el actor podrá acumular eventualmente acciones entre sí incompatibles, con expresión de la acción principal y de aquella otra u otras que ejercita para el solo evento de que la principal no se estime fundada.

5.3.4. Acumulación subjetiva

Podrán acumularse, ejercitándose simultáneamente, las acciones que uno tenga contra varios sujetos o varios contra uno, siempre que entre esas acciones exista un nexo por razón del título o causa de pedir (art. 72.1 LEC). Se entenderá que el título o causa de pedir es idéntico o conexo cuando las acciones se funden en los mismos hechos (art. 72.2 LEC).

5.3.5. Acumulación necesaria

Para que sea admisible la acumulación necesaria de "acciones" será preciso que:

A/ El tribunal que deba entender de la acción principal posea jurisdicción y competencia por razón de la materia o por razón de la cuantía para conocer de la acumulada o acumuladas. Sin embargo, a la acción que haya de sustanciarse en juicio ordinario podrá acumularse la acción que, por sí sola, se habría de ventilar, por razón de su cuantía, en juicio verbal.

B/ Las acciones acumuladas no deban, por razón de su materia, ventilarse en juicios de diferente tipo.

C/ La ley no prohíba la acumulación en los casos en que se ejerciten determinadas "acciones" en razón de su materia o por razón del tipo de juicio que se haya de seguir.

Procederá la acumulación cuando se trata de procesos incoados para la protección de los derechos e intereses colectivos o difusos que las leyes reconozcan a consumidores y usuarios, susceptibles de acumulación, conforme a lo dispuesto en los arts. 76.1.1º y 77 LEC, cuando la diversidad de procesos no se hubiera podido evitar mediante la acumulación de acciones o la intervención previsto en el art. 15 LEC

Cuando la demanda tenga por objeto la impugnación de acuerdos sociales se acumularán de oficio todas las que pretendan la declaración de nulidad o de anulabilidad de los acuerdos adoptados en una misma Junta o Asamblea o en una misma sesión de órgano colegiado de administración y que se presenten dentro de los cuarenta días siguientes a aquel en que se hubiera presentado la primera.

En todo caso, en los lugares donde hubiere más de un Juzgado que tuviera asignadas competencias en materia mercantil, las demandas que se presenten con posterioridad a otra se repartirán al Juzgado al que hubiere correspondido conocer de la primera.

D/ También se acumularán en una misma demanda distintas "acciones" cuando así lo dispongan las leyes, para casos determinados.

E/ Si se hubieren acumulado varias "acciones" indebidamente, el LAJ requerirá al actor, antes de proceder a admitir la demanda, para que subsane el defecto en el plazo de cinco días, manteniendo las acciones cuya acumulación fuere posible. Transcurrido el término sin que se produzca la subsanación, o si se mantuviera la circunstancia de no acumulabilidad entre las acciones que se pretendieran mantener por el actor, dará cuenta al tribunal para que el mismo resuelva sobre de la demanda.

5.4. ACUMULACIÓN DE AUTOS

5.4.1. Consideraciones generales y presupuestos

Bajo la rúbrica de "De la acumulación de procesos" se regula en el Capítulo II del Título II del Libro Primero LEC (74 a 98) la acumulación de autos, en virtud de la cual se seguirán éstos en un solo procedimiento y serán terminados por una sola sentencia (74 LEC).

Los presupuestos para la admisibilidad de la acumulación de autos (procesos) son:

A/ La *legitimación para solicitar la acumulación de procesos*, salvo que la ley expresamente disponga otra cosa, sólo podrá decretarse a instancia de quien sea parte en cualquiera de los procesos cuya acumulación se pretende o será acordada de oficio por el tribunal, siempre que esté en alguno de los casos previstos en el 76 LEC (75 LEC).

B/ Los *casos en los que procede siempre la acumulación de autos (procesos)* son: 1) Cuando la sentencia que haya de recaer en uno de los procesos pueda producir efectos prejudiciales en el otro; 2) Cuando entre los objetos de los procesos cuya acumulación se pide exista tal conexión que, de seguirse por separado, pudieren dictarse sentencias con pronunciamientos o fundamentos contradictorios, incompatibles o mutuamente excluyentes (76.1 LEC).

Igualmente, procede la acumulación en los casos contemplados en el art. 76.2 LEC.

En todo caso, en los lugares donde hubiere más de una Sección que tuviera asignados competencias en materia mercantil, en los casos del art. 76.2.1º y 2º LEC, o en materia civil, en el caso del art. 76.2.3º LEC, las demandas que se presenten con posteriores a otra se repartirán a la Sección del TI al que hubiere correspondido conocer de la primera.

C/ El art. 77 LEC dispone, con relación a los procesos acumulables, una serie de reglas, a saber: 1) Salvo lo dispuesto en el art. 555 LEC sobre la acumulación de procesos de ejecución, sólo procederá la acumulación de procesos declarativos que se substancien por los mismos trámites o cuya tramitación pueda unificarse sin pérdida de derechos procesales, siempre que concurra alguna de las causas expresadas en el Capítulo II del Título III, Libro Primero LEC, entendiéndose que no hay pérdida de derechos procesales cuando se acuerde la acumulación de un juicio ordinario y un juicio verbal, que proseguirán por los trámites del juicio ordinario, ordenando el tribunal, en el auto por el que acuerde la acumulación, y de ser necesario, retrotraer hasta el momento de admisión de la demanda las actuaciones del juicio verbal que hubiere sido acumulado, a fin de que siga los trámites previstos para el juicio ordinario, 2) Cuando los procesos estuvieren pendientes ante distintos tribunales, no cabrá su acumulación si el tribunal del proceso más antiguo careciere de competencia objetiva por razón de la materia o por razón de la cuantía para conocer del proceso o procesos que se quieran acumular, no obstante, podrá instarse la acumulación de procesos ante la SM, aunque no esté conociendo del proceso más antiguo y alguno de ellos se está tramitando ante una SC siempre que se cumplan los demás requisitos previstos en los arts. 76 y 78 LEC, por el apartado 4º de la D.F. primera de la L.O. 7/2022, de 22 de julio introduce un *forum conexitatis* en favor de la SM, conociendo éstos de determinados litigios que, aunque no sean de su competencia, presentan conexiones con el proceso concursal, 3) Tampoco procederá la acumulación cuando la competencia territorial del tribunal que conozca del proceso más moderno tenga en la Ley carácter inderogable para las partes, 4) Podrán acumularse los procedimientos de división de patrimonios cuando se trata de acumular al procedimiento de división judicial de la herencia el procedimiento de régimen económico matrimonial promovido cuando uno o ambos cónyuges hubieran fallecido, 5) Para que sea admisible la acumulación de procesos será preciso que éstos se encuentren en primera instancia, y que en ninguno de ellos haya finalizado el juicio a que se refiere el art. 433 LEC.

D/ Sin embargo, la LEC dispone la improcedencia de la acumulación de auto (procesos) en las hipótesis siguientes:

- Cuando el riesgo de sentencias con pronunciamientos o fundamentos contradictorios, incompatibles o mutuamente excluyentes pueda evitarse mediante la excepción de litispendencia.
- Cuando no se justifique que, con la primera demanda o, en su caso, con la ampliación de ésta o con la reconvención, no pudo promoverse un proceso que comprendiese pretensiones y cuestiones sustancialmente iguales a las suscitadas en los procesos distintos, cuya acumulación se pretenda.
- Si los procesos cuya acumulación se pretenda fueren promovidos por el mismo demandante o por demandado reconviniente, solo o en litisconsorcio, se entenderá, salvo justificación cumplida, que pudo promoverse un único proceso en los términos del apartado anterior y no procederá la acumulación.
- Lo señalado anteriormente no será de aplicación a los procesos a los que se refiere el art. 76.2.1º LEC.

E/ El art. 79 LEC contempla el proceso en el que se ha de pedir la acumulación, disponiendo que:

- La acumulación de procesos se solicitará siempre al tribunal que conozca del proceso más antiguo, al que se acumularán los más modernos. De incumplirse este requisito, el LAJ dictará decreto inadmitiendo. Corresponderá, según lo dispuesto en el art. 75 LEC, al tribunal que conozca del proceso más antiguo, ordenar de oficio la acumulación.
- La antigüedad se determinará por la fecha de la presentación de la demanda, debiendo presentarse con la solicitud de acumulación el documento que acredite dicha fecha.

Si las demandas se hubiesen presentado el mismo día, se considerará más antiguo el proceso que se hubiera repartido primero.
Si, por pender ante distintos tribunales o por cualquiera otra causa, no fuera posible determinar cuál de las demandas fue repartida en primer lugar, la solicitud podrá pedirse en cualquiera de los procesos cuya acumulación se pretende.

F/ La acumulación de procesos en juicio verbal se contempla en el art. 80 LEC, disponiéndose que:

- En los juicios verbales, la acumulación de procesos que estén pendientes ante el mismo tribunal se regulará por las normas de la Sección 2ª, Capítulo II, Título III, Libro I LEC. De no haberse formulado antes, la solicitud de acumulación se hará en el acto de la vista, en forma oral. En este caso, las demás partes que asistan al acto manifestarán, en la misma forma, lo que estimen oportuno acerca de la procedencia o no de la acumulación solicitada y se resolverá sobre ella en la misma vista.
- Cuando la acumulación fuera promovida de oficio, el tribunal, si no lo hubiera realizado antes conforme a lo previsto en la Sección 2ª, Capítulo II, Título III, Libro I LEC, oirá a las partes y resolverá conforme a lo dispuesto en el art. 80.1 LEC

5.4.2. La acumulación de procesos pendientes ante un mismo Tribunal

A/ Solicitud de la acumulación de procesos. Cuando los procesos se sigan ante el mismo tribunal, la acumulación se solicitará por escrito, en el que se señalarán con claridad los procesos cuya acumulación se pide y el estado procesal en que se encuentran, exponiéndose asimismo las razones que justifican la acumulación.

La solicitud de acumulación de procesos no suspenderá el curso de los que se pretenda acumular, a salvo de lo establecido en el art. 88.2 LEC, aunque el tribunal deberá abstenerse de dictar sentencia en cualquiera de ellos hasta que decida sobre la procedencia de la acumulación.

B/ La desestimación inicial de la solicitud de acumulación de procesos, mediante auto, se llevará a cabo cuando no contenga los datos exigidos en el art. 81 LEC o cuando, según lo que consigne dicha solicitud, la acumulación no fuere procedente por razón de la clase y tipo de los procesos, de su estado procesal y demás requisitos procesales establecidos en los arts. anteriores.

C/ La substanciación y decisión del incidente de acumulación de procesos se tramitará conforme a las pautas siguientes:

- Traslado, por el LAJ, de la petición de acumulación a las demás partes personadas y a todos los que sean parte en cualquiera de los procesos cuya acumulación se pretende, aunque no lo sean en aquél en el que se ha solicitado, a fin de que, en el plazo común de diez días, formulen alegaciones acerca de la acumulación.
- Transcurrido dicho plazo, o recibidas las alegaciones, cuando todas las partes del incidente estuvieren conformes con la acumulación, el tribunal, si

entendiere que concurren los presupuestos necesarios, acordará la acumulación, dentro de los cinco días siguientes.
Si las partes no estuvieran de acuerdo, o cuando ninguna de ellas formule alegaciones, el tribunal resolverá lo que estime procedente, otorgando o denegando la acumulación solicitada.

- Cuando la acumulación fuera promovida de oficio, el tribunal dará audiencia por un plazo común de diez días a todos los que sean parte en los procesos de cuya acumulación se trate, a fin de que formulen alegaciones.
- Contra el auto que decida sobre la acumulación solicitada no cabrá otro recurso que el de reposición.

D/ Los efectos del auto que otorga la acumulación serán:

a) Aceptada la acumulación, el tribunal ordenará que los procesos más modernos se unan a los más antiguos, para que continúen substanciándose en el mismo procedimiento o por los mismos trámites y se decidan en una misma sentencia.

b) Si los procesos acumulados no estuvieran en la misma fase dentro de la primera instancia, el LAJ acordará la suspensión del que estuviera más avanzado, hasta que los otros se hallen en el mismo o similar estado, debiéndose estar a lo dispuesto en el art. 77.1.II LEC.

E/ Los efectos del auto que deniega la acumulación serán:

a) Los autos se substanciarán separadamente.

b) Condena a la parte que hubiera promovido la acumulación al pago de las costas del incidente si hubiere actuado con temeridad o mala fe (85 LEC).

5.4.3. La acumulación de autos (procesos) pendientes ante distintos Tribunales

La acumulación de procesos se solicitará siempre al tribunal que conozca del proceso más antiguo, al que se acumularán los más modernos. De incumplirse este requisito, el LAJ dictará decreto inadmitiendo la solicitud, correspondiendo, según lo dispuesto en el art. 75 LEC, al tribunal que conozco del proceso más antiguo, ordenar de oficio la acumulación. La determinación de la antigüedad del proceso, a los efectos de la acumulación, se determinará por la fecha de la presentación de la demanda, debiendo presentarse con la solicitud de acumulación el documento que acredite dicha fecha.

En el escrito de la solicitud de acumulación de proceso se deberá indicar el tribunal ante el que penden los otros procesos, cuya acumulación se pretende (87 LEC).

La solicitud o inicio de actuaciones de oficio no suspenderá el curso de los procesos afectados, salvo desde el momento en que alguno de ellos quede pendiente sólo de sentencia. En tal caso se suspenderá el plazo para dictarla.

No obstante, lo previsto en el art. 88.1 LEC, el tribunal podrá acordar la suspensión del acto del juicio o de la vista a fin de evitar que la celebración de dichos actos pueda afectar al resultado y desarrollo de las pruebas a practicar en los demás procesos.

Tan pronto como se pida la acumulación, el LAJ dará noticia de este hecho, por el medio más rápido, al otro tribunal, a fin de que se abstenga en todo caso de dictar sentencia o pueda decidir sobre la suspensión, prevista en el art. 88.1 LEC, hasta tanto se decida definitivamente sobre la acumulación pretendida.

De la solicitud de acumulación dará el LAJ traslado a las demás partes personadas, para que, en el plazo común de diez días, formulen alegaciones sobre la procedencia de la acumulación, y tras ello resolverá el tribunal resolverá, en el plazo de cinco días, y según lo dispuesto en el art. 83 LEC. Cuando la acumulación se deniegue, se comunicará al otro tribunal, que podrá dictar sentencia o, en su caso, proceder a la celebración del juicio o vista.

Cuando el tribunal estime procedente la acumulación, mandará en el mismo auto dirigir oficio al que conozca del otro pleito, requiriendo la acumulación y la remisión de los correspondientes procesos. A este oficio acompañará testimonio de los antecedentes que el mismo tribunal determine y que sean bastantes para dar a conocer la causa por la que se pretende la acumulación y las alegaciones que, en su caso, hayan formulado las partes distintas del solicitante de la acumulación.

Recibidos el oficio y el testimonio por el tribunal requerido el LAJ dará traslado de ellos a los litigantes que ante el tribunal hayan comparecido.

Si alguno de los personados ante el tribunal requerido no lo estuviera en el proceso ante el tribunal requirente, dispondrá de un plazo de cinco días para instruirse del oficio y del testimonio en la oficina judicial, y para presentar escrito manifestando lo que convenga a su derecho sobre la acumulación.

Los efectos de la acumulación difieren según sea aceptada o no por el Tribunal requerido. Si es aceptada, el LAJ lo notificará de inmediato a quienes fueren partes en el proceso seguido ante el tribunal requerido, para que en el plazo de diez días puedan personarse ante el tribunal requirente, al que se remitirán los autos, para que, en su caso, sigan su curso ante él; acordada la acumulación, el LAJ suspenderá el curso del proceso más avanzado hasta que el otro llegue al mismo estado procesal, en que se efectuará la acumulación. Si no es aceptada, se comunicará al Tribunal requirente y ambos deferirán la decisión al Tribunal inmediato superior común a requirente y requerido.

La substanciación de la discrepancia ante el tribunal competente se llevará a cabo conforme a las pautas siguientes:

- Tanto el tribunal requirente como el requerido remitirán a la mayor brevedad posible al tribunal competente testimonio de lo que, para poder resolver la discrepancia sobre la acumulación, obre en sus respectivos tribunales. El tribunal requirente y el requerido emplazarán a las partes para que puedan comparecer en el plazo improrrogable de cinco días ante el tribunal competente y alegar por escrito lo que consideren que conviene a su derecho (94).

- El tribunal competente decidirá, por medio de auto, en el plazo de veinte días, a la vista de los antecedentes que consten en los autos y de las alegaciones escritas de las partes, si se hubieran presentado. Contra el auto que se dicte no se dará recurso alguno. Si se acordare la acumulación de procesos, se ordenará lo establecido en el art. 92 LEC. Si se denegare, los procesos deberán seguir su curso por separado, alzándose, en su caso, por el LAJ la suspensión del plazo para dictar sentencia (95).
- Lo dispuesto en el Capítulo II del Título III del Libro Primero LEC será aplicable para el caso de que sean más de dos los juicios cuya acumulación se pida. Cuando un mismo tribunal fuera requerido de acumulación respecto de dos o más procedimientos seguidos en distintos tribunales, por el LAJ se remitirán los autos al superior común a todos ellos y lo comunicará a todos los requirentes para que defieran la decisión a dicho superior. En este caso, se estará a lo dispuesto en los arts. 94 y 95 LEC (96).

En el 97 LEC se prohibe un segundo incidente de acumulación, indicando que no se admitirá solicitud de acumulación de otro juicio ulterior si quien la pidiera hubiese sido el iniciador del juicio que intentará acumular; a tal efecto, el LAJ rechazará, mediante decreto, dictado al efecto la solicitud formulada. Si, a pesar de la anterior prohibición, se substanciase el nuevo incidente, tan pronto como conste el hecho el tribunal declarará la nulidad de lo actuado a causa de la solicitud, con imposición de las costas al que la hubiere presentado.

5.4.4. La acumulación de autos (procesos) singulares a procesos universales

Los casos en que corresponde la acumulación de procesos singulares a un proceso universal, previstos en el 98 LEC son:

- Cuando esté pendiente un proceso concursal al que se halle sujeto el caudal contra el que se haya formulado o formule cualquier demanda. En estos casos, se procederá conforme a lo previsto en la legislación concursal.
- Cuando se esté siguiendo un proceso sucesorio al que se halle sujeto el caudal contra el que se haya formulado o se formule una acción relativa a dicho caudal.

Se exceptúan de la acumulación a que se refiere el art. 98.1 LEC los procesos de ejecución en que sólo se persigan bienes hipotecados o pignorados, que en ningún caso se incorporarán al proceso sucesorio, cualquiera que sea la fecha de iniciación de la ejecución.

En los casos previstos en el art. 98.1 LEC, la acumulación debe solicitarse ante el tribunal que conozca del proceso universal, y hacerse siempre, con independencia de cuáles sean más antiguos, al proceso universal.

La acumulación de procesos, cuando proceda, se regirá, en este caso, por las normas del Capítulo II del Título II del Libro Primero LEC, con las especialidades establecidas en la legislación especial sobre procesos concursales y sucesorios.

5.5. CUESTIONES INCIDENTALES Y PREJUDICIALES

5.5.1. Cuestiones incidentales

A/ Concepto. Se consideran legalmente cuestiones incidentales aquellas que, siendo distintas de las que constituyan el objeto del principal del pleito, guarden con éste relación inmediata, así como las que susciten respecto de presupuestos y requisitos procesales de influencia en el proceso (387).

En la doctrina, en sentido estricto, se afirma que merecen la consideración de cuestiones incidentales "aquellas cuestiones que, estando en conexión con el objeto del proceso o con *el proceso mismo, y siendo en todo caso competencia del Juez que conoce de lo principal, dan lugar a un nuevo procedimiento y a una resolución propia*" (MONTERO AROCA).

B/ Clases. Las cuestiones incidentales pueden ser:

- *Cuestiones incidentales de especial pronunciamiento*. Si exigen que el tribunal decida sobre ella separadamente en la sentencia antes de entrar a resolver sobre lo que sea objeto principal del pleito. Estas cuestiones no suspenderán el curso ordinario del proceso (389)
- *Cuestiones incidentales de previo pronunciamiento*. Las que supongan, por su naturaleza, un obstáculo a la continuación del juicio por sus trámites ordinarios, suspendiéndose el curso de las actuaciones hasta que aquélla sean resueltas (390). Como tales se relacionan (391):
    - La capacidad y representación de cualquiera de los litigantes, por hechos ocurridos después de la audiencia regulada en los arts. 414 y ss. LEC.
    - Defecto de algún otro presupuesto procesal o la aparición de un óbice de la misma naturaleza, siempre que hayan sobrevenido después de la audiencia prevista en los arts. 414 y ss. LEC
    - Cualquier otra incidencia que ocurra durante el juicio y cuya resolución sea absolutamente necesaria, de hecho o de derecho, para decidir sobre la continuación del juicio por los trámites ordinarios o su terminación.

A modo de ejemplo, y sin ánimo de exhaustividad, LÓPEZ–FRAGOSO ÁLVAREZ y REVERÓN PALENZUELA enumeran como incidentes con tramitación especial, previstos en la LEC, los relativos a: intervención voluntaria y provocada de terceros (13 y 14), sucesión procesal, tanto mortis causa, como en los casos de transmisión del objeto litigioso, e intervención provocada de terceros (16 a 18), en los casos de desistimiento (20.2 y 3), la declinatoria de jurisdicción (63 a 65), la acumulación de procesos (74 a 78), la recusación de jueces y magistrados, LAJ, funcionarios de los Cuerpos de Gestión, Tramitación Procesal y Auxilio Judicial y peritos (107 a 128), el incidente de nulidad de actuaciones (228), la reconstrucción de autos (arts. 232 a 235), el incidente de tasación de costas (242 a 246), la impugnación de la cuantía y de la clase de juicio por razón de la cuantía (255), el incidente en los casos de impugnación de la prueba en los supuestos de prueba prohibida (287), el incidente para la determinación de los interesados en ser reconocidos como beneficiarios por una sentencia de condena en procesos promovidos por asociaciones de consumidores o usuarios (519), la oposición a la ejecución provisional (528 a 530), el incidente de oposición a la ejecución (556 a 561), el incidente para la puesta en posesión de bien inmueble al adjudicatario (art– 675), el incidente de oposición a la adopción de medidas cautelares (739 a 742), el incidente para la adopción de medidas provisionales previas en los procesos de nulidad, separación y divorcio (771) y, finalmente, el incidente para la modificación de las medidas definitivas en los procesos matrimoniales (775).

C/ Tramitación. Como norma general las cuestiones incidentales que no tengan señalada en la LEC otra tramitación, se decidirán en la forma establecida en el Cap. VII del Título I del Libro II LEC.

Deben plantearse por escrito al que se acompañarán los documentos pertinentes, proponiéndose la prueba que fuese necesaria, indicándose si, a juicio de quien proponga la cuestión, ha de suspenderse o no el curso norma de las actuaciones hasta la resolución de aquélla. El Tribunal repelará, mediante auto, el planteamiento de toda cuestión que no se halle en ninguno de los casos previstos en el art. 391 LEC. En el procedimiento ordinario no se admitirá el planteamiento de ninguna cuestión incidental una vez iniciado el juicio; en el verbal esta limitación opera una vez admitida la prueba propuesta.

La admisión se acordará mediante providencia sucintamente motivada, con indicación de su consideración o no de previo o especial pronunciamiento, suspendiéndose, en el primer caso, el curso ordinario de las actuaciones. El LAJ dará traslado del escrito en que se plantee la cuestión a las demás partes, pudiendo contestar lo que estimen oportuno en el plazo de 5 días, transcurrido dicho plazo, el LAJ señalará día y hora, citándose a las partes a una comparecencia ante el Tribunal, que se celebrará conforme a lo previsto para las vistas de los juicios verbales.

Si la cuestión fuera de previo pronunciamiento, se resolverá a través de auto, dentro de los diez días, disponiendo lo procedente respecto a la continuación del proceso. Si fuera de especial pronunciamiento se resolverá, con la debida separación, en la sentencia definitiva.

El auto que ponga fin al proceso es recurrible en apelación; si decide la continuación no cabe recurso, sin perjuicio de que la parte perjudicada pueda impugnar la resolución al apelar la sentencia definitiva.

5.5.2. Cuestiones prejudiciales

A/ Concepto. Las cuestiones prejudiciales son aquellas que se plantean en conexión con el objeto del proceso y que son competencia de otro orden jurisdiccional distinto del que conoce de la cuestión principal. Sus elementos delimitadores son:

- Guardan conexión con el objeto del proceso, refiriéndose a la relación jurídica material que se ventila, no a la procesal.

- La conexión con la relación jurídica material del proceso principal no comporta, sin embargo, una dependencia absoluta respecto del proceso principal, sino que, antes al contrario, en sí es autónoma como objeto de un proceso, lo que sucede es que cuando surge y se plantea es por su conexión o vinculación con el proceso principal, y es respecto de éste que puede predicarse un cierto carácter accesorio.
- A diferencia de lo que sucede con las cuestiones incidentales, no es nota definidora de las prejudiciales la existencia de un procedimiento y una resolución autónoma, y ello por cuanto el legislador decide la solución que entiende más acorde, atendida la clase de cuestión prejudicial que se hubiere planteado. De este modo, en ocasiones decide canalizar formalmente la cuestión prejudicial a través de un procedimiento con resolución propia, y en otras se une al proceso y a la resolución principal, dando lugar a las cuestiones prejudiciales devolutivas o no devolutivas.
- La verdadera cuestión prejudicial es la que es competencia de los tribunales de otro orden jurisdiccional distinto del que está conociendo del proceso principal (concepto estricto de cuestión prejudicial).

La LOPJ introdujo, por primera vez, un sistema general sobre el tratamiento de las cuestiones prejudiciales en su art. 10, estableciendo que "*a los solos efectos prejudiciales, cada orden jurisdiccional podrá conocer de asuntos que no le estén atribuidos privadamente*". Por su parte, la LEC, regula, en sus arts. 40 a 43, las cuestiones prejudiciales, distinguiendo entre las cuestiones prejudiciales penales y no penales.

B/ Prejudicialidad penal. Se establece que el Tribunal, mediante providencia, cuando en un procedimiento se ponga de manifiesto un hecho que ofrezca apariencia de delito perseguible de oficio, lo pondrá en conocimiento del MF por si hubiere lugar al ejercicio de la acción penal (40.1); la suspensión, que se acordará mediante auto cuando el proceso haya quedado visto para sentencia, solo se ordenará cuando concurran a) la existencia de causa criminal en la que se estén investigando, como hechos de apariencia delictiva, alguno o algunos de los que fundamenten las pretensiones de las partes en el proceso civil y b) la decisión del Tribunal penal acerca del hecho por el que se procede en causa criminal pueda tener influencia decisiva en la resolución sobre el asunto civil (40.2).

Contra resolución que deniegue la suspensión del asunto civil procede recurso de reposición, pudiendo reproducirse la solicitud de suspensión durante la segunda instancia y, en su caso, durante la tramitación del recurso de casación (la referencia al recurso por infracción procesal debe entenderse derogada por el RDL 6/2023). Contra el auto que acuerde la suspensión puede interponerse recurso de apelación y contra el auto que confirme la suspensión no cabe recurso. Contra el decreto del LAJ que acuerde el alzamiento de la suspensión puede interponerse recurso directo de revisión (41).

C/ Prejudicialidad no penal. Los Tribunales civiles, a los solos efectos prejudiciales, podrán conocer de asuntos que estén atribuidos a los Tribunales de los órdenes contencioso–administrativo y social, careciendo de cualquier efecto fuera del proceso en que se produzca. No obstante, cuando la ley lo establezca o lo pidan las partes de común acuerdo o una de ella con el consentimiento de la otra, el LAJ suspenderá el curso de las actuaciones, antes de que se hubiera dictado sentencia, hasta que la cuestión prejudicial se resuelva, en sus respectivos casos, por la Administración pública competente, el TCu o los Tribunales del orden jurisdiccional que corresponda, quedando el Tribunal civil vinculado a la decisión de los órganos indicados a cerca de la cuestión prejudicial (42).

Mencionar por último que el RDL 6/2023, introdujo el art. 43.bis LEC referido a la prejudicialidad europea y fue derogado, apenas un año después de su entrada en vigor, por la DD.única.2 del RDL 4/2024, de 26 de junio.

TEMA 6. PROCESOS Y PROCEDIMIENTOS

6.1. CLASES DE TUTELA PROCESAL

6.1.1. Tutela ordinaria y especial

Ya hemos visto (supra Tema 1, 2.2) como a partir de las previsiones del art. 5 y en función de la pretensión ejercitada podemos distinguir los siguientes tipos de tutela: declarativa, a su vez dividida en constitutiva, de condena y declarativa pura, ejecutiva y cautelar.

Para cada tipo de tutela se establece un tipo de proceso, de manera que también podemos hablar de proceso declarativo, ejecutivo y cautelar, Pues bien, tanto desde un punto de vista teórico como técnico, cada tipo de proceso podría adaptarse a una única tramitación procedimental; sin embargo, la existencia de especialidades, en mayor o menor medida, viene siendo algo habitual. La LEC apostó por la simplificación, si bien, como veremos, está muy lejos de alcanzarse. Tanto la tutela declarativa como la ejecutiva se dispensan a través de diversos instrumentos procesales que, atendiendo a su generalidad o especificidad se clasifican en ordinarios y especiales.

Los instrumentos de tutela procesal declarativa **ordinarios** (o comunes – ORTELLS RAMOS –) están previstos para "*toda contienda judicial entre partes que no tenga señalada por la Ley otra tramitación*" (248.1); pertenecen a esta clase el juicio ordinario y el juicio verbal (249.2), a los que debe añadirse el trámite incidental (387–393); se configuran como procesos–tipo aptos para la tramitación de cualquier cuestión de índole civil y están previstos para hipótesis generales e indeterminadas, al contrario que los **especiales**, previstos para hipótesis singulares y concretas. Hace más de medio siglo, al tratar de indagar acerca del porqué de las especialidades, apuntó GUASP DELGADO a dos tipos de argumentos: los derivados del derecho material a aplicar y los de índole exclusivamente procesal; si acaso, a su planteamiento podría añadirse la acreditada impericia legislativa que padecemos como consecuencia de las ocurrencias, más o menos oportunistas, de los políticos de turno metidos a legisladores ocasionales (ROCA MARTÍNEZ).

Esta distinción, si bien en menor medida, también está presente en la regulación de la tutela ejecutiva que, partiendo de la diferencia entre ejecución provisional y definitiva, prevé para ésta última un proceso ordinario, sobre la base de la ejecución dineraria, con particularidades respecto a la ejecución no dineraria y la especialidad prevista para las ejecuciones hipotecarias. La tutela ejecutiva se completa con la regulación de la ejecución universal (contra todo el patrimonio del deudor) en el TRLC.

6.1.2. Tutela plenaria y sumaria

La distinción entre tutela plenaria y tutela sumaria descansa sobre una triple limitación que afecta, por último, a la eficacia de la resolución. En los procesos plenarios, el conocimiento del tribunal no tiene limitaciones, en razón a lo cual, la tutela que se obtiene es completa o plena; en consecuencia, los efectos derivados del mismo a través de la eficacia de cosa juzgada también son plenos, excluyendo todo proceso posterior con el que guarde identidad. Por el contrario, la tutela sumaria se caracteriza por la limitación de las posibilidades de alegación, del ámbito de conocimiento del tribunal y de los efectos propios de la cosa juzgada, que se extienden a las cuestiones que hayan sido o hubieran podido ser objeto de debate.

El proceso judicial proporciona una tutela plenaria con la excepción de los supuestos en que expresamente se reconoce el carácter sumario (447.4). Así sucede, por ejemplo, con las denominadas tercerías (de dominio –603– o de mejor derecho –620.1–), la reclamación de sus derechos y gastos suplidos por el procurador (34) o los honorarios de abogado (35), con los interdictos y los desahucios (447.2), la protección especial de los derechos reales inscritos (447.3) y con determinadas modalidades contractuales (venta a plazos de bienes muebles y con reserva de dominio, arrendamiento financiero y de bienes muebles –250.1.10º y 11º–).

6.2. TUTELA DECLARATIVA Y PROCESOS DECLARATIVOS

El esfuerzo simplificador de la LEC antes comentado se manifiesta en la incorporación a la misma de diversas disposiciones hasta entonces en leyes sustantivas: sobre prueba (214.4), diligencias preliminares (256), documentos que han de acompañarse a la demanda (266), regulación del juicio verbal (demanda –437, 439–, tramitación –439, 440, 441–) o sobre medidas cautelares (727); lo cierto es que a pesar del esfuerzo, ello no ha impedido que la doctrina insista en ver y estudiar procedimientos ordinarios con especialidades, ya sea sobre la base de la tramitación conforme al ordinario o a través del verbal. Es así que la simplificación inicial se va diluyendo a medida que se comprueban las numerosas especialidades que, tanto en la propia LEC, como en leyes especiales, se introducen en la tramitación del ordinario y del verbal. Por último, la LEC dedica su libro IV a los procesos especiales.

Por increíble que parezca, los procesos especiales y las especialidades en la tramitación de los ordinarios superan el medio centenar, algo absolutamente exagerado; no es de extrañar que GIMENO SENDRA hable de frondosa selva y destaque lo anómalo de la situación en comparación con nuestro entorno (6 en Francia, 4 en Italia y 3 en Alemania).

6.2.1. Procesos ordinarios (ordinario, verbal e incidentes)

El desarrollo procedimental de los juicios ordinario y verbal obedece a un mismo esquema cuya estructura responde a la propuesta incluida en el Código Procesal Civil modelo para Iberoamérica (1988). Se articula en torno a tres fases: de alegaciones, intermedia y decisoria, claramente diferenciadas en el ordinario y más concentradas en el verbal.

La fase inicial, introductoria o de alegaciones incluye la demanda y la contestación, así como, en su caso, la reconvención y la contestación a la misma (más limitada en el verbal), todo ello por escrito (en el caso del verbal la contestación escrita se introdujo en 2015); se trata fundamentalmente de actos de alegación que fijan inicialmente el objeto del proceso, aunque también incluyen actos probatorios (documental y pericial de parte).

La fase intermedia, instructora o de primera audiencia está claramente delimitada en el ordinario constituyendo la denominada audiencia previa; tiene una finalidad compleja que incluye actuaciones dirigidas a evitar el proceso, a sanearlo de posibles defectos procesales, a delimitar el objeto de debate y a proponer prueba. En el juicio verbal la LOPESPJ ha introducido un trámite similar pero escrito, que sustituye a la anterior fase inicial de la vista; su finalidad es la proposición de prueba y la resolución de las excepciones procesales.

La fase decisora incluye la vista oral y la sentencia. En el juicio ordinario, tras la práctica de la prueba se prevé el trámite de conclusiones que puede completarse con los informes, la información suplementaria a instancia del tribunal e incluso la práctica de diligencias finales. En el juicio verbal, al comienzo de la vista se comprobará si la controversia subsiste, si se puede alcanzar un acuerdo o si se deriva a un MASC; se formularán las alegaciones iniciales y se practicará al prueba propuesta y admitida; en cuanto al trámite de conclusiones, aunque no es preceptivo, se ha ido generalizado en la práctica en aplicación del art. 185.4.

FASE	JUICIO	ACTUACIONES	ART	FORMA	CONTENIDO
ALEGATORIA	ORDINARIO	DEMANDA	399	ESCRITA	Alegaciones, documentos y periciales de parte. Personación
		CONTESTACIÓN	405		
		RECONVENCIÓN	406		
		CONTESTACIÓN	407		
	VERBAL	DEMANDA	437		
		CONTESTACIÓN	438.1		
		RECONVENCIÓN LIMITADA	438.2		
		CONTESTACIÓN			
INTERMEDIA	ORDINARIO	AUDIENCIA PREVIA	414–429	ORAL	Evitar, sanear, facilitar debate, proponer prueba
	VERBAL	TRAMITE ESCRITO	438.8	ESCRITO	Evitar, facilitar debate, proponer prueba

DECISORIA	ORDINARIO	JUICIO O VISTA	433	ORAL	DDFF, práctica prueba, conclusiones, eventuales informes e información suplementaria.
		DILIGENCIAS FINALES	435	ORAL ESCRITA	Práctica prueba
		SENTENCIA	434	ESCRITA	Resolución
	VERBAL	VISTA	443.3 447.1	ORAL	Posible acuerdo o derivación a MASC. Práctica prueba, eventuales conclusiones
		SENTENCIA	447.1	ESCRITA	Resolución

6.2.2. Procesos especiales y especialidades en los procesos ordinarios.

Como auténticos procesos especiales, la LEC regula los de carácter no dispositivo (provisión de medidas de apoyo, filiación, matrimoniales y menores), los relativos a la división judicial de patrimonios (división de la herencia y disolución del régimen económico matrimonial) y los de tutela declarativa del crédito (monitorio y cambiario, así como cuenta de procurador y honorarios de abogado).

Los denominados procesos ordinarios con especialidades incluyen particularidades (unas veces en la propia LEC y otras en las leyes sustantivas especiales) que, sin alterar la estructura ni los principios de los ordinarios, inciden sobre determinados aspectos de su tramitación.

- **PROCESOS ORDINARIOS**
  - Ordinario (249 y 399 a 436)
  - Verbal (250 y 437 a 447)
  - Incidentes (387 a 393)

- **PROCESOS ESPECIALES**
  - No dispositivos
    - Medidas judiciales de apoyo (756 a 763)
    - Filiación (764 a 768)
    - Matrimoniales (769 a 778)
    - Menores (778.bis a 781.bis)
    - Oposición a resoluciones de DGSJFP (781.bis)
  - División de patrimonios
    - División judicial de la herencia (782 a 805)
    - Liquidación del régimen económico matrimonial (806 a 811)
  - Protección del crédito
    - Cuenta del procurador (34)
    - Honorarios de abogado (35)
    - Monitorio (812 a 818) y monitorio propiedad horizontal (21 LPH)

    - Cambiario (819 a 827)
    - Proceso monitorio europeo (RPME)
    - Proceso europeo de escasa cuantía (RPEC)
  - Disolución de partidos políticos (LOPP)

- **PROCEDIMIENTOS ORDINARIOS CON ESPECIALIDADES**
  - Tramitación según cuantía
    - Responsabilidad utilización vehículos
    - Reclamaciones consumidores y usuarios
  - Tramitación como ordinario
    - Protección derechos fundamentales
    - Protección derecho al honor, a la intimidad personal y a la propia imagen
    - Impugnación de acuerdos (sociedades)
    - Competencia desleal
    - Publicidad
    - Defensa de la competencia
    - Propiedad industrial
    - Propiedad intelectual
    - Secretos empresariales
    - Condiciones generales de contratación
    - Consumidores y usuarios
    - Arrendamientos
    - Retracto
    - Propiedad horizontal, excepto cuando solo sea reclamación de cantidad
  - Tramitación como verbal
    - Carácter plenario
      - Precario
      - Alimentos
      - Derecho de rectificación
      - Derechos del 160 CC
      - Acción colectiva de cesación
      - Impugnación resoluciones OEPM
      - Acciones individuales relativas a CGC
      - Propiedad horizontal cuando solo sea reclamación de cantidad
      - Acción de división de cosa común
    - Carácter sumario
      - Tutela posesoria (interdictos)
      - Desahucio arrendaticio (plazo/impago)
      - Derechos reales inscritos
      - Venta bienes muebles a plazos
      - Arrendamiento financiero, de bienes muebles o venta a plazos con reserva de dominio

6.2.3. La determinación del procedimiento adecuado

Cuando exista disposición legal que determine la aplicación de alguno de los procedimientos especiales, su aplicación tiene preferencia. En ausencia de tramitación especial, toda controversia debe acomodarse a los procedimientos ordinarios (ordinario y verbal), estableciéndose para delimitar su respectivo ámbito reglas que conjugan la materia y la cuantía, con aplicación preferente de las primeras, teniendo en cuenta que, en relación a algunas materias, cuando se ejercite exclusivamente una acción de reclamación de cantidad, el procedimiento adecuado se determina en razón a la cuantía. Los arts. 249 y 250 determinan el respectivo ámbito de los juicios ordinario y verbal.

6.2.3.1. La materia como regla para la determinación del procedimiento adecuado

Se han de tramitar a través del **juicio ordinario** las demandas sobre (249):

- Derechos honoríficos de la persona (1).
- Tutela del derecho al honor, a la intimidad y a la propia imagen, y las que pidan la tutela judicial civil de cualquier otro derecho fundamental, excepto el derecho de rectificación (2).
- Impugnación de acuerdos sociales (3).
- Competencia desleal, defensa de la competencia, en aplicación de los arts. 1 y 2 TFUE o los arts. 1 y 2 LDC (4), propiedad industrial, propiedad intelectual y publicidad, siempre que no versen exclusivamente sobre reclamaciones de cantidad, en cuyo caso se tramitarán por el procedimiento que les corresponda en función de la cuantía que se reclame y los recursos contra las resoluciones de la Oficina Española de Patentes y maras en materia de propiedad industrial que pongan fin a la vía administrativa (4).
- Condiciones generales de contratación en los casos previstos en la legislación sobre esta materia, acción de cesación en defensa de los intereses colectivos y de los intereses difusos de los consumidores y usuarios en materia de publicidad (5).
- Arrendamientos urbanos o rústicos de bienes inmuebles, salvo reclamación de rentas o cantidades debidas por el arrendatario o del desahucio por falta de pago o por extinción del plazo de la relación arrendaticia, o salvo que sea posible hacer una valoración de la cuantía del objeto del procedimiento, en cuyo caso el proceso será el que corresponda a tenor de las reglas generales de esta Ley (6).
- Derechos de retracto (7).
- Acciones en materia de propiedad horizontal, excepto reclamaciones de cantidad, en cuyo caso se tramitarán por el juicio verbal o por el procedimiento especial que corresponda (8).

Se tramitan a través del **juicio verbal** las demandas sobre:

- Reclamación de rentas y otras cantidades debidas y desahucio por impago de la renta o cantidades debidas o en la expiración del plazo (1).
- Recuperación de la plena posesión de una finca cedida en precario (2).
- Tutela sumaria de la posesión: interdicto de adquirir (3), de retener o recobrar (4), de obra nueva (5) y de obra ruinosa (6). Se incluye la recuperación de viviendas en los supuestos de ocupación ilegítima ("okupas").
- Protección de derechos reales inscritos en el Registro de la Propiedad (7).
- Alimentos debidos por disposición legal o por otro título (8).
- Derecho de rectificación (9).
- Contratos en modelo oficial inscritos en el RVPBM (10).
- Contratos de arrendamiento financiero, de arrendamiento de bienes muebles, o de un contrato de venta a plazos con reserva de dominio (11).
- Acción de cesación en defensa de los intereses colectivos y difusos de los consumidores y usuarios (12).
- Derechos reconocidos en el art. 160 CC (derecho del menor a relacionarse con progenitores que no ejercen patria potestad y con otros parientes) (13).
- Acciones individuales relativas a condiciones generales de contratación en los casos previstos en la legislación sobre esta materia (14).
- Acciones de reclamación de cantidad en materia de propiedad horizontal (15).
- Acción de división de cosa común (16).
- Los recursos contra las resoluciones que agoten la vía administrativa dictadas en materia de propiedad industrial por la OEPM con las especialidades establecidas en el art. 447 bis (250.3).

6.2.3.2. La cuantía como regla para la determinación del procedimiento adecuado

La relevancia de la cuantía en el proceso civil se pone de manifiesto en las múltiples consecuencias procesales que de ella se derivan (competencia objetiva, determinación del procedimiento aplicable, necesidad de postulación procesal, procedencia de recursos). En relación al procedimiento adecuado, a falta de regla sobre la materia aplicable, se tramitan a través del juicio ordinario las demandas cuya cuantía exceda de quince mil euros y aquéllas cuyo interés económico resulte imposible de calcular, ni siquiera de modo relativo (249. 2); en caso contrario, se seguirán los trámites del juicio verbal (250.2).

La cuantía se fija según el interés económico de la demanda, correspondiendo al demandante fijarla inicialmente, conforme a las reglas establecidas en el art. 251, teniendo en cuenta que cuando la cuantía sea indeterminada o no pueda determinarse, habrán de seguirse los trámites del juicio ordinario, con lo que la competencia corresponderá a las secciones de los TI con competencias civiles.

OBJETO	DETERMINACIÓN CUANTÍA
Reclamación cantidad determinada	Dicha cantidad
Reclamación cantidad indeterminada	Cuantía indeterminada
Entrega bien	Valor bien al tiempo de la demanda
Disfrute facultades derivadas del dominio	
Acciones relacionadas o derivadas del dominio	
Demandas basadas en el derecho a adquirir propiedad	
Demandas sobre la posesión	
Deslinde, amojonamiento y división cosa común	
Derechos reales limitativos del dominio: usufructo, uso, habitación, aprovechamiento por turno	Base imponible del impuesto
Servidumbre	Menor a 5 años: valor a su constitución Más de 5 años: valor al tiempo del litigio
Derecho real de garantía	Valor sumas garantizadas
Prestaciones periódicas	Importe anualidad multiplicado por 10 Si inferior a año, importe total
Títulos obligacionales	Totalidad de lo debido
Arrendamientos (excepto reclamación rentas)	Importe de anualidad
Valores negociados en bolsa	Media del cambio medio ponderado en año anterior
Valores negociados en otros mercados	Tipo medio de negociación en año anterior
Prestación de hacer	Coste de realización o importe de daños y perjuicios derivados por el incumplimiento
Herencia, masas patrimoniales o patrimonios separados	Aplicación de reglas anteriores según bien o derecho

Tales reglas deben completarse con las previstas para los supuestos de pluralidad de objetos o de sujetos (252):

PLURALIDAD OBJETOS	DETERMINACIÓN CUANTÍA
Acciones principales de distinto título	Acción de mayor valor
Acumulación eventual	
Acciones de mismo título	Suma acciones ejercitadas (valor líquido y vencido)
Acción principal y accesorias (intereses, frutos, rentas)	
Desahucio y rentas	Acción de mayor valor
Acciones reales sobre un mismo bien	
Varios plazos de una misma obligación	Suma reclamada
Si varios plazos y validez o eficacia de obligación	
Reconvención y acumulación de autos	No afectan a la cuantía ni al procedimiento
PLURALIDAD SUJETOS	**DETERMINACIÓN CUANTÍA**
Pluralidad litigantes unidos (misma pretensión)	No afecta a la cuantía
Pluralidad de litigantes con diferentes pretensiones	Se aplican reglas pluralidad objetos
Ampliación de la demanda	

El control de la determinación de la cuantía puede hacerse de oficio o a instancia de parte (impugnación de la cuantía). El Juez debe controlar de oficio su competencia, por lo que cuando ésta venga determinada por la cuantía, deberá apreciar de oficio la falta de competencia. La LEC dispone que Inicialmente debe dar a la demanda el curso que corresponda conforme a la cuantía determinada por el demandante, si bien le permite mediante providencia dar la tramitación que corresponda, sin estar vinculado por el tipo de juicio solicitado (254). El demandado puede impugnar la cuantía cuando de la misma se deriven consecuencias procesales (determinación del juicio, necesidad de postulación, procedencia de recursos). En el ordinario se hará en la contestación, para ser resuelta en la audiencia previa (422); en el verbal se hará en el trámite escrito anterior a la vista, resolviendo el Juez en el plazo de tres días (438.10).

6.3. TUTELA EJECUTIVA Y PROCESOS EJECUTIVOS

6.3.1. Concepto, fundamento y caracteres

A través de la tutela ejecutiva, el ejecutante solicita del órgano jurisdiccional que lleve a cabo las actuaciones necesarias para hacer efectivo un derecho reconocido a su favor en un título ejecutivo. Difiere de la tutela declarativa en que el derecho cuya efectividad se pretende está ya declarado o reconocido y así consta en el título ejecutivo; difiere de la tutela cautelar en que no pretende asegurar la efectividad futura del derecho, sino su realización actual.

Los títulos ejecutivos pueden ser judiciales y no judiciales, distinción que se refleja en el fundamento de la tutela ejecutiva. Tanto el TC como el TEDH se han referido al fundamento constitucional de la ejecución, relacionándola con el derecho a la tutela judicial efectiva del que forma parte. No cabe duda que ello es así cuando se trata de los denominados títulos ejecutivos judiciales, estando prevista en la CE (118 CE) la obligación de cumplir las sentencias y demás resoluciones judiciales (SSTC 32/1982, de 7 de junio; 61/1984, de 16 de mayo; 159/1987, de 26 de octubre; 148/1989, de 21 de setiembre); sin embargo, en el caso de los títulos ejecutivos no judiciales no se puede acudir a tal fundamento, ya que corresponde al legislador determinar a qué documentos atribuye fuerza ejecutiva, así como los requisitos que deben cumplir; se trata, por tanto, de una cuestión de legalidad ordinaria y la justificación de la atribución de fuerza ejecutiva a los títulos no judiciales no tiene alcance constitucional y descansa sobre argumentos de muy diverso tipo (intervención de fedatario, seguridad jurídica, favorecer las relaciones comerciales, reconocimiento previo). Ahora bien, una vez que existe ese reconocimiento legal, quien dispone de un título ejecutivo puede ejercitar la acción ejecutiva, solicitar la tutela ejecutiva e instar la ejecución forzosa, que se integra y forma parte del derecho a la tutela judicial efectiva.

La tutela ejecutiva se caracteriza por las siguientes notas:

- **Jurisdiccionalidad**. La actividad ejecutiva es actividad jurisdiccional.
- **Autonomía**. La ejecución es una actividad autónoma respecto a la declaración.
- **Certeza jurídica**. La ejecución forzosa se basa en la existencia de un título ejecutivo y la fuerza ejecutiva de éste descansa en la eliminación de la incertidumbre jurídica, es decir, en la certeza del derecho declarado en el título.
- **Subsidiariedad**. La ejecución surge cuando no se lleva a cabo el cumplimiento voluntario.
- **Coactividad**. La ejecución prevé la imposición coactiva del derecho contenido en el título ya sea de manera directa (710, poner en posesión con apremios, entrada en lugar cerrado y con auxilio de la fuerza pública) o indirecta (709 y 710, multa por cada mes sin cumplir voluntariamente).

6.3.2. Clases

La LEC distingue entre la ejecución **definitiva** y la ejecución **provisional**. Mientras que la primera se lleva a cabo cuando el título ejecutivo reviste plena certeza y no admite revocación, en la segunda, prevista exclusivamente respecto a los títulos ejecutivos judiciales, se prevé la posibilidad de que la tutela ejecutiva pueda solicitarse de manera provisional si, existiendo un pronunciamiento judicial, éste no ha adquirido firmeza por estar pendiente de recurso; a través de la ejecución provisional se puede obtener la realización forzosa, si bien sujeta a la decisión final que se adopte en la resolución del recurso.

La regulación de la tutela ejecutiva en la LEC se refiere a la ejecución **singular**, es decir, aquella que se dirige frente a determinados bienes del deudor ejecutado. El TRLC regula la ejecución **universal** a través del denominado proceso concursal, que se dirige frente a todo el patrimonio del deudor que se encuentra en una situación de insolvencia (ya sea actual o inminente).

Junto a la ejecución **ordinaria**, prevista para hipótesis generales, se regulan algunas ejecuciones **especiales** que, basadas en determinados títulos ejecutivos, proporcionan al ejecutante una mayor protección; así, en el tráfico jurídico se ha ido generalizando la práctica de formalizar los contratos constituyendo garantías (personales o reales) para el cumplimiento de los mismos, protegiendo al acreedor mediante procedimientos de ejecución especiales. La LEC así lo prevé para las ejecuciones sobre bienes hipotecados o pignorados.

En atención al contenido de la obligación cuya ejecución se pretende la ejecución puede ser dineraria o no dineraria, que puede consistir en dar, hacer o no hacer.

6.3.3. Dinámica de la ejecución procesal civil

La ejecución aspira a alcanzar el mismo resultado que si se hubiera producido el cumplimiento voluntario, razón por la que las actuaciones ejecutivas van dirigidas a lograr el cumplimiento *in natura* de las obligaciones contenidas en el título. La ejecución dineraria se dirige a obtener dinero del ejecutado y entregárselo al ejecutante; para ello habrá que localizar dinero o bienes convertibles en dinero en el patrimonio del ejecutado y vincularlos a la ejecución (traba de embargo), realizar dichos bienes (apremio) y entregar el dinero obtenido al ejecutante. En la ejecución no dineraria la finalidad es obtener del ejecutado una actuación (dar, hacer o no hacer), para lo cual se establecen medidas coercitivas y, en último término, la sustitución de la obligación por una indemnización (con lo que la ejecución se transforma en dineraria).

6.4. TUTELA CAUTELAR

6.4.1. Concepto y naturaleza

El proceso tiene necesariamente una duración temporal; las medidas cautelares son el remedio que el ordenamiento procesal dispone para evitar los riesgos que esa duración temporal podría originar en orden a su eficacia (RAMOS MÉNDEZ). Como establece la propia LEC, tratan de “asegurar la efectividad de la tutela judicial que pudiera otorgarse en la sentencia estimatoria que se dictare”.

Hay autores (MONTERO AROCA) que prefieren hablar de Proceso Cautelar y explican que juzgar y ejecutar lo juzgado como funciones de la jurisdicción recogidas en la Constitución (declarativa y ejecutiva), en ocasiones no son suficientes y se requiere la función cautelar para alcanzar la satisfacción de las pretensiones ejercitadas. La LEC parece decantarse por la tradición, refiriéndose a las medidas cautelares, si bien identificándolas como el objeto de una clase de tutela jurisdiccional (5), razón por la que nos inclinamos por esa terminología.

La regulación de la tutela cautelar en la LEC se contiene en los artículos 721 a 747, de los que se pueden extraer las siguientes consideraciones generales:

- Regulación unitaria, con excepción de algunas medidas específicas en procesos especiales; se ha superado la dispersión que caracterizaba la regulación de la LEC 1881.
- Regulación de los requisitos. De construcción doctrinal y reconocimiento jurisprudencial, el artículo 728 da cobertura legal a los requisitos que debe cumplir cualquier medida cautelar.
- Necesidad de instancia de parte (721), siendo excepcional la adopción de medidas cautelares de oficio, solo cuando expresamente hay una previsión legal (13.5.1).
- Atribución de la competencia al Tribunal que esté conociendo del asunto principal (ya sea en la instancia o en fase de recurso) o al que le correspondería conocer del mismo (si se solicitan de manera anticipada).
- Régimen abierto. La LEC opta por establecer las características y los presupuestos generales, tratando de establecer un sistema de medidas cautelares, pero dejando abierta su enumeración (727.11ª)
- Audiencia. El demandado debe ser oído antes de la adopción de medidas cautelares, si bien con carácter excepcional puede obviarse su audiencia.
- Contracautelas. A través de contracautelas puede evitarse la adopción de medidas cautelares.

6.4.2. Características, presupuestos y clases

Las características de la tutela cautelar se establecen en el artículo 726, si bien alguna se refiere más a su naturaleza que a las características. Por su finalidad, tiene carácter instrumental y dependiente del proceso principal. La tutela cautelar no tiene autonomía o sustantividad propia, sino que es instrumental respecto a la tutela que pretenden garantizar; ello hace que dependan de un proceso principal. De ello deriva que las medidas a adoptar a través de la tutela cautelar hayan de ser temporales, homogéneas y proporcionales, así como provisionales y variables.

Las medidas cautelares nacen con una vocación de duración limitada, aunque no pueda determinarse a priori ésta, pues se mantendrán en tanto permanezcan los presupuestos que justificaron su adopción (temporalidad); tienen que adaptarse a la finalidad que pretende, pues no toda medida cautelar es susceptible de adoptarse en cualquier situación, sino que debe analizarse la tutela que pretende garantizar para adaptarse a ella (homogeneidad); debe ser lo menos gravosa o perjudicial para el demandado (proporcionalidad); están condicionadas por las circunstancias conforme a las cuales se adoptan, de manera que los cambios en estas pueden dar lugar a cambios en las medidas cautelares (provisionalidad y variabilidad).

Por lo que se refiere a sus presupuestos o requisitos para su adopción, la LEC los ha sistematizado (728), debiendo concurrir el peligro por la mora procesal (periculum in mora), la apariencia de buen derecho (fumus boni iuris) y a la caución. Es necesario que exista un riesgo para la efectividad de la tutela que pueda otorgarse derivado del transcurso del tiempo; que esa eventual tutela sea susceptible de protección (situación objetivamente cautelable) y que, en apariencia, esté revestida de aparente verosimilitud (juicio de probabilidad).

Pero en la medida en que las medidas cautelares protegen situaciones inciertas (solo probables), quedan sujetas a la eventual responsabilidad por los posibles daños perjuicios que su adopción pudiera ocasionar, razón por la que establece la necesidad de prestar caución suficiente para garantizar tal responsabilidad.

En cuanto a las clases, en la LEC se establece un régimen abierto de medidas cautelares; el art. 727 enumera las denominadas medidas cautelares específicas, que a su vez pueden clasificarse en ordinarias o especiales: las primeras están previstas para hipótesis generales y sirven para asegurar la efectividad de cualquier tipo de tutela (p. ej. el embargo); las segundas se prevén en procedimientos especiales y sirven para asegurar la efectividad de determinadas pretensiones (p. ej. la orden de cese de actividad o el depósito de ejemplares de obras). Si nos centramos en su finalidad, podemos distinguir entre medidas de aseguramiento, de conservación o de anticipación. Para RAMOS MÉNDEZ, la anticipación es la nota que define específicamente a las medidas cautelares, de manera que, en su opinión, siempre operan anticipando los efectos de lo que será la futura ejecución (de ahí la exigencia de homogeneidad). Si analizamos su contenido, además de la anticipación (cese de una actividad o abstención de llevar a cabo una conducta), pueden tener por finalidad el aseguramiento (embargo) o la conservación (depósito de cosa mueble).

TEMA 7. ACTOS DE PREPARACIÓN

7.1. PLANTEAMIENTO

Tal y como veremos en el tema siguiente, los procedimientos declarativos se ponen en marcha mediante la interposición de la demanda por la parte actora. Sin embargo, en algunas ocasiones resulta necesario –o conveniente– promover con anterioridad la realización de actos procesales preparatorios del proceso, que van a permitir el adecuado planteamiento del conflicto o facilitarán un mejor desarrollo de la causa.

Dejando ahora al margen las fórmulas alternativas estudiadas en el tema 1 (mecanismos que pretenden evitar el proceso resolviendo la controversia mediante la negociación y el acuerdo a través de vías como la conciliación, la mediación o la reclamación previa en caso de accidente de circulación), nos corresponde ocuparnos en este momento de otras actuaciones previas que responden a una finalidad distinta.

En primer lugar, se encuentran las llamadas **diligencias preliminares**, en virtud de las cuales se persigue la obtención de información o de datos esenciales para la adecuada formulación de la demanda y el correcto planteamiento del pleito.

Por otra parte, se prevé igualmente la realización de actuaciones destinadas a garantizar la práctica de distintos medios de prueba en el momento procesal oportuno, entre las que se contemplan el **acceso a fuentes de prueba**, la **práctica anticipada de prueba** y la adopción de **medidas de aseguramiento de prueba**.

En última instancia, para evitar los perjuicios que puedan derivarse de la duración del proceso, o para asegurar la eficacia práctica de una eventual sentencia condenatoria, es posible que se adopten **medidas cautelares** también con anterioridad a la interposición de la demanda.

Al estudio de las instituciones indicadas dedicaremos los siguientes epígrafes.

7.2. LAS DILIGENCIAS PRELIMINARES

7.2.1. Concepto y supuestos

En el proceso civil no se contempla una fase de instrucción o de investigación previa impulsada y dirigida desde instancias públicas. De manera que, cuando un particular pretende la tutela de sus derechos e intereses legítimos en este orden jurisdiccional, se ve obligado a desarrollar por su cuenta toda la actividad preprocesal que resulte oportuna para obtener la información necesaria que le permita diseñar una estrategia procesal y plantear el pleito ante el órgano jurisdiccional de forma solvente.

Sin embargo, el legislador es consciente de que hay situaciones en que no basta que el futuro actor tome la iniciativa y actúe con diligencia, ya que no cuenta con recursos suficientes para acceder a datos esenciales que se encuentran fuera de su alcance. Para estos casos, los arts. 256 a 263 regulan las llamadas *diligencias preliminares*, actuaciones procesales que puede promover el futuro actor para, a través del órgano judicial, obtener del potencial demandado o de un tercero esa información imprescindible para el proceso a la que no puede acceder por sus propios medios.

Las diligencias preliminares se conciben entonces como posibles actuaciones previas y preparatorias de cualquier procedimiento declarativo, aunque algunas posibilidades hacen referencia exclusiva a procesos con determinados objetos más específicos.

El propio art. 256.1 recoge los distintos supuestos previstos e incluye como cláusula de cierre la remisión a las eventuales leyes especiales que prevean otras posibilidades para casos concretos. En dicho precepto se contemplan las distintas peticiones posibles, indicando a quién irán dirigidas y, en algunos casos, limitando quién puede instarlas. La redacción de este precepto ha sido objeto de varias modificaciones, en virtud de las cuales se han ido ampliando las posibilidades hasta ofrecer un espectro significativamente más amplio que el previsto en la versión original de la LEC.

Entre las distintas posibilidades pueden distinguirse y agruparse los diferentes supuestos:

a) En primer lugar, están las previsiones más sencillas y genéricas:

    - La declaración sobre hechos o la exhibición de documentos relativos a la propia capacidad, representación o legitimación.
    - La exhibición de la cosa litigiosa.

b) Por otro lado, se contempla la exhibición de determinados documentos:

    - El acto de última voluntad del causante de la herencia o legado.
    - Los documentos y cuentas de una sociedad o comunidad.
    - Un contrato de seguro de responsabilidad civil.
    - Una historia clínica.

c) También se recoge de forma específica la colaboración para la concreción de los integrantes de un grupo de consumidores o usuarios afectados cuando no estén determinados y sean fácilmente determinables.

d) En otro orden de cosas, se contemplan previsiones específicas en los casos en que se pretenda ejercitar acciones por infracción de derechos de propiedad intelectual o industrial mediante actos desarrollados normalmente a escala comercial:

- La facilitación de nombres y direcciones de productores, fabricantes, distribuidores, suministradores, prestadores y poseedores de mercancías y servicios.
- La facilitación de nombres y direcciones de mayoristas y minoristas a quienes se hubieran distribuido mercancías o servicios.
- La determinación de las cantidades producidas, fabricadas, entregadas, recibidas, encargadas y satisfechas como precio, y los modelos y características técnicas de las mercancías.
- La exhibición de los documentos bancarios, financieros, comerciales o aduaneros producidos en un determinado momento.
- La identificación del prestador de un servicio de la sociedad de la información que está poniendo a disposición o difundiendo de forma directa o indirecta contenidos, obras o prestaciones objeto de derecho de propiedad intelectual o industrial.
- La aportación de los datos que permitan identificar a un usuario de los servicios de un prestador de servicios de la sociedad de la información.

e) Por último, la remisión a la legislación especial nos lleva a acudir, por ejemplo, a las previsiones de los arts. 120 a 132 LP en relación con las demandas relativas a propiedad industrial; o al art. 36 LCD en ese ámbito. Con todo, a estos supuestos especiales se aplicará subsidiariamente la normativa general común (263).

En cualquier caso, hay que tener en cuenta que se trata de una enumeración taxativa, cerrada, de manera que resulta preceptivo encajar la concreta petición en alguno de los supuestos previstos en la LEC o en una ley especial. Sin embargo, los órganos jurisdiccionales han ido imponiendo una interpretación flexible e, incluso, extensiva, permitiendo que se canalicen otras solicitudes en que se acredite la necesidad de la colaboración judicial por resultar imposible acceder por otra vía a información esencial para preparar el proceso de manera adecuada.

7.2.2. Competencia

Las reglas para la determinación del órgano competente para resolver sobre la petición de diligencias preliminares se recogen el art. 257.

Respecto de la competencia objetiva, se atribuye a las secciones únicas, civiles o de lo mercantil de los tribunales de instancia, según corresponda en cada caso en atención al objeto del proceso principal en relación con el que se interesan las diligencias preliminares. En consecuencia, habrá que estar a las previsiones de los arts. 86 bis y 86 ter LOPJ sobre la competencia de las secciones de lo mercantil de los tribunales de instancia, analizadas en el Tema 3.

En cuanto a la competencia territorial, se aplican fueros distintos según los casos. Así, la regla general es que sea competente el tribunal del domicilio de la persona requerida (quien debe declarar o exhibir cosas o documentos). Sin embargo, la competencia corresponderá al órgano que conocerá del futuro proceso en los siguientes casos:

- Determinación del grupo de consumidores y usuarios.
- Procedimientos en materia de propiedad intelectual o industrial.
- Supuestos previstos en las leyes especiales.

La competencia sólo puede controlarse de oficio, excluyéndose de forma expresa la interposición de declinatoria. Si el órgano aprecia su propia competencia, resolverá sobre la petición de diligencias preliminares en los términos que corresponda. Por el contrario, si no se considera competente para ello, se abstendrá indicando el tribunal que estima competente, ante el que, en su caso, tendrá que plantear su solicitud el interesado. Eventualmente, puede producirse un conflicto negativo de competencia, que deberá resolver el órgano superior común (257.2, que remite expresamente al art. 60 del mismo texto legal).

7.2.3. Procedimiento

7.2.3.1. Inicio

La práctica de diligencias preliminares se interesa mediante escrito fundamentado. En el mismo debe identificarse el objeto del proceso, las concretas diligencias que se pretenden y la justificación de dicha petición, que el legislador concreta en tres aspectos: adecuación al fin perseguido, justa causa e interés legítimo (256.2 y 258.1). Además, debe ofrecerse caución para hacer frente a los gastos derivados de estas actuaciones, así como para responder de los eventuales daños y perjuicios que se causen a quienes intervengan en las mismas (256.3).

Para promover diligencias preliminares está legitimado activamente quien tenga la intención de demandar, incluyéndose en alguno de los supuestos previstos una referencia más concreta (quien se considere heredero, coheredero o legatario; un socio o comunero; el perjudicado por un hecho que pudiera estar cubierto por un seguro de responsabilidad civil). Por su parte, la petición se dirigirá frente al futuro demandado o un tercero, según corresponda en cada caso.

En cuanto a los requisitos de postulación, la ausencia de previsiones específicas nos lleva a aplicar las reglas generales establecidas para el orden civil. En consecuencia, la intervención de abogado y procurador será preceptiva cuando se requiera para el futuro proceso al que la solicitud está vinculada (23 y 31). Con todo, si se trata de medidas urgentes, puede entenderse que la presencia de dichos profesionales no resulta imprescindible, de acuerdo con lo previsto en los arts. 23.2.3º y 31.2.2º.

7.2.3.2. Tramitación y resolución

Recibida la solicitud, el juzgador debe examinar en primer lugar su propia competencia, presupuesto que ya hemos visto sólo puede revisarse de oficio, puesto que no procede la interposición de declinatoria. Si el órgano que recibe la solicitud se considera incompetente, se abstendrá y remitirá el asunto al tribunal que considere oportuno, de manera que es posible que se plantee una cuestión negativa de competencia (256.2).

Apreciada la propia competencia, y en atención a la concurrencia de los requisitos vistos, el órgano decidirá al respecto por medio de auto en el plazo de cinco días. Si deniega las diligencias por entender que no están justificadas, cabe recurso de apelación; si acuerda su práctica por considerarlas procedentes, la decisión es irrecurrible y solo cabe oposición frente a tal decisión (258, 259.1 y 260).

Además, el auto que acuerde las diligencias fijará la cuantía de la caución (que debe prestarse en el plazo de tres días o se archivarán las actuaciones) y citará y requerirá a los interesados para la práctica de dichas diligencias dentro de los diez días siguientes (258.3 y 259.1).

Recibida la citación para la práctica de las diligencias, el requerido cuenta con cinco días para plantear oposición a las mismas; de dicha oposición se dará traslado al solicitante para que pueda impugnarla en el mismo plazo. En sus respectivos escritos, cualquiera de las partes podrá solicitar la celebración de vista, que, en su caso, seguirá los trámites previstos al efecto en el marco del juicio verbal. Realizadas las actuaciones oportunas, se resolverá por medio de auto, que podrá estimar la oposición –en cuyo caso cabe apelación–, o rechazarla –decisión irrecurrible– imponiendo las costas del incidente (260).

7.2.3.3. Práctica y decisiones complementarias

Acordadas las diligencias preliminares (y, en su caso, denegada la oposición), se procede a su práctica en la comparecencia convocada al efecto y que se desarrollará en los términos previstos en el art. 259. Así, entre otras previsiones, se contempla que el solicitante pueda hacerse acompañar por un experto o que la declaración y las actuaciones sean declaradas reservadas en determinados supuestos.

Practicadas las diligencias (o estimada la oposición), se decide en cinco días sobre la caución a través de auto (apelable), atendiendo a la indemnización solicitada y los gastos acreditados, con audiencia del solicitante. En cualquier caso, se reserva el remanente hasta la presentación de la demanda, de manera que, si no se interpone en el plazo de un mes, se entrega el importe íntegro al requerido (262).

Por último, se contempla la posibilidad de que el requerido no comparezca o se niegue a la práctica de las diligencias (sin haber formulado oposición o habiendo sido ésta rechazada). Ante esta eventualidad, el legislador prevé que el juzgador adopte medidas específicas para los distintos supuestos, cuya eficacia resulta, no obstante, muy limitada (261):

- Considerar que la respuesta es afirmativa o tener por admitidos los hechos, cuando se hubiera acordado la declaración sobre hechos relativos a la propia capacidad, representación o legitimación.
- Acordar la entrada y registro para la ocupación de la cosa litigiosa o los documentos que no se hayan exhibido si resulta acreditada su existencia y ubicación. Previsión de dudosa constitucionalidad en relación con la entrada en un domicilio, ya que se recoge en una norma con rango de ley ordinaria.
- Aceptar los datos o cuentas facilitados por el solicitante, cuando no se exhiban documentos contables.
- Acordar las medidas que resulten oportunas, incluida la entrada y registro para la ocupación de documentos o datos (sin perjuicio de la posible responsabilidad penal por desobediencia) cuando no se colabore en la determinación de los integrantes de un grupo o en la concreción de la eventual infracción de la propiedad intelectual o industrial.

7.3. ACTOS EN MATERIA DE PRUEBA

7.3.1. El acceso a las fuentes de prueba

7.3.1.1. Concepto y supuestos

El RDL 9/2017, de 26 de mayo, introdujo en la LEC una Sección 1ª *bis* en el capítulo relativo a las disposiciones generales en materia de prueba (283 *bis* a–283 *bis* k). La inclusión de este apartado fue el resultado de la transposición de determinadas directivas en materia de Derecho de la competencia y en el mismo se regula un incidente que permite acceder a diferentes fuentes de prueba en el caso de reclamaciones de daños por infracción de tal derecho. Nos encontramos aquí con unas previsiones específicas para procedimientos con tal objeto y que permiten canalizar actos preparatorios en materia de prueba, sin perjuicio de que puedan instarse igualmente en el marco del procedimiento declarativo.

Así, y de acuerdo con lo previsto en los preceptos indicados, será posible que se adopten medidas a instancia del actor, del demandado o del futuro actor, para permitir que pueda acceder a fuentes de prueba en poder de la contraparte o de un tercero y que resulten imprescindibles para sostener la pretensión, oponerse a la misma o cuantificar el daño que se reclama.

En cuanto al posible objeto, el legislador recoge algunas posibilidades, indicando que se trata de una enumeración abierta (283 *bis* a). Así, por esta vía pueden canalizarse peticiones relativas a datos como los siguientes:

- La identidad o direcciones de los supuestos infractores, los compradores de los productos o servicios o los integrantes del grupo de afectados.
- Las conductas o prácticas constitutivas de la supuesta infracción.
- La identificación, el volumen o los precios de los productos o servicios afectados.

Por su parte, los arts. 283 *bis* i y 283 *bis* j establecen reglas específicas aplicables a los supuestos en que se interese la exhibición de pruebas contenidas en expedientes de una autoridad de la competencia. Para estos casos se contempla requisitos y limitaciones de uso singulares que deben ser por supuesto tenidos en cuenta.

7.3.1.2. Competencia

Será competente para conocer de la petición formulada en este sentido la SU, SC o SM del TI al que corresponda la competencia para conocer de la demanda principal. En consecuencia, se aplicarán las reglas generales relativas tanto a la competencia objetiva como territorial (283 *bis* d).

La competencia sólo puede controlarse de oficio, excluyéndose de forma expresa la interposición de declinatoria. Si el órgano aprecia su propia competencia, resolverá sobre la petición de acceso a las fuentes de prueba en los términos que corresponda. Por el contrario, si no se considera competente para ello, se abstendrá indicando el órgano que estima competente, ante el que, en su caso, tendrá que plantear su solicitud el interesado. Eventualmente, puede producirse un conflicto negativo de competencia, que deberá resolver el tribunal superior común (con remisión expresa al art. 60).

7.3.1.3. Procedimiento

7.3.1.3.1. Inicio

La solicitud de acceso a las fuentes de prueba puede plantearse con la demanda, con carácter previo a la misma o en un momento posterior, pero siempre con anterioridad a la celebración de la vista o juicio oral (283 *bis* e.1). De manera que la iniciativa puede partir del actor, del demandado o del futuro actor, e irá dirigida al demandado efectivo o potencial, al actor o a un tercero.

En cualquier caso, se formulará mediante escrito fundamentado, en el que se debe concretar la información que se requiere y, en su caso, justificar la viabilidad de la acción por daños derivados de infracciones del Derecho de la competencia (283 *bis* a.1). Por otra parte, puede incluir la adopción de medidas de aseguramiento de prueba, en los términos que veremos en el apartado correspondiente (283 *bis* f.2).

7.3.1.3.2. Tramitación y resolución

De la solicitud de acceso a las fuentes de prueba se dará traslado al requerido y, en su caso, al demandado, convocando a todos los implicados a una vista, que deberá celebrarse en el plazo de diez días (283 *bis* f.1).

En la vista, las partes podrán alegar lo que consideren oportuno para defender sus intereses y proponer los medios de prueba que estimen pertinentes. La admisión y práctica de la prueba tendrá lugar en la misma comparecencia (283 *bis* f.3). En concreto, el requerido podrá solicitar que se preste caución suficiente para hacer frente a los eventuales gastos, daños y perjuicios derivados del acceso a las fuentes de prueba (283 *bis* c.2).

Finalizada la vista, se resolverá por auto en el plazo de cinco días (283 *bis* f.4). En cuanto a la impugnación de dicha resolución, se establece un régimen distinto según el momento en que se haya formulado la petición. Así, si la solicitud fue previa a la demanda, cabe apelación directamente. Pero si se planteó con la demanda o en un momento posterior, primero debe recurrirse en reposición (que tendrá efectos suspensivos) y, si este recurso se desestima, se podrá reproducir la cuestión en apelación.

Se acordará la exhibición de pruebas cuando se considere que resulta proporcionada, atendiendo a los intereses de las personas implicadas, la justificación de la petición, el alcance y coste de la exhibición interesada y el eventual carácter confidencial de la materia afectada, evitando la búsqueda indiscriminada de información (283 *bis* a.3).

Además, el órgano cuenta con margen de discrecionalidad para acordar la exhibición de elementos de prueba específicos o de categorías lo más acotadas posible (art. 283 *bis* a.2). Igualmente, puede adoptar medidas para proteger la confidencialidad, limitando el acceso a la información en los términos previstos en el art. 283 *bis* b, que contempla las siguientes opciones:

- Disociar pasajes.
- Celebrar las audiencias a puerta cerrada o con acceso restringido.
- Limitar las personas que pueden examinar las pruebas.
- Encargar resúmenes de la información a peritos.
- Redactar versiones de resoluciones judiciales omitiendo pasajes.
- Imponer la obligación de confidencialidad a quien acceda a las fuentes de prueba.

Por otra parte, si se acuerda la constitución de caución, esta debe otorgarse por cualquiera de los medios previstos en el art. 529.3, con anterioridad a la ejecución de las medidas acordadas (283 *bis* g.1).

7.3.1.3.3. Práctica y decisiones complementarias

Acordada la exhibición de las pruebas, el órgano adoptará las decisiones oportunas sobre el lugar y modo para proceder a la misma (art. 283.bis.g.2). No se fija plazo al efecto, pero sí se establece que el solicitante podrá acudir asesorado por un experto y que correrá con todos los gastos derivados de su asistencia e intervención, así como que asumirá los daños y perjuicios que, en su caso, se causen (283 *bis* c.1).

En cuanto a la práctica, si no se lleva a cabo de forma voluntaria, el órgano podrá acordar las medidas oportunas para hacerlo por la fuerza. A estos efectos, y sin perjuicio de la eventual responsabilidad penal por desobediencia, se contempla expresamente la entrada y registro de lugares cerrados y domicilios para la ocupación de documentos y objetos, sin perjuicio de las dudas existentes sobre la constitucionalidad de estas previsiones (283 *bis* g.3).

Además, ante la actitud obstruccionista del requerido que destruya, oculte las fuentes de prueba o imposibilite el acceso a las mismas, el interesado puede instar la adopción de otras medidas como las siguientes (283 *bis* h):

- Que se tengan por admitidos determinados hechos o por allanado al demandado.
- La desestimación total o parcial de excepciones o reconvenciones.
- La imposición de multas coercitivas entre 600 y 60.000 euros.
- La imposición de las costas del incidente y del proceso principal.

Por otra parte, el art. 283 *bis* k recoge las consecuencias derivadas del incumplimiento por el solicitante de las eventuales obligaciones impuestas en relación con la confidencialidad o el uso de las fuentes de prueba. Al margen de la posible responsabilidad penal, a instancia del perjudicado (previas alegaciones del resto de las partes), podrá imponerse alguna de las siguientes medidas:

- La desestimación total o parcial de la demanda o de las excepciones formuladas en el proceso.
- La imposición de la responsabilidad por los daños y perjuicios causados.
- La condena a las costas del proceso principal y del incidente.

También puede el juzgador optar por la imposición de una multa entre seis mil y un millón de euros, si considera que el incumplimiento no es grave y que resulta más adecuada la multa que la sanción interesada por la contraparte.

Por último, hay que tener en cuenta que, cuando la petición se formalice con anterioridad a la interposición de la demanda, ésta debe interponerse en el plazo de veinte días desde el fin de la práctica de lo acordado. En otro caso, procede la imposición de determinadas medidas sancionadoras, tanto de oficio como a instancia de parte (283 *bis* e.2). De manera que el órgano de oficio podrá condenar al pago de las costas y a indemnizar por los daños y perjuicios causados, y a instancia de parte cabe acordar la revocación de los actos y la imposibilidad de utilizar los datos para otro proceso.

7.3.2. La prueba anticipada

Tal y como se expone en el Tema 10, la prueba, como regla general, se practica en la vista o juicio oral. Sin embargo, en ciertas ocasiones es preciso realizar actos de prueba en un momento procesal previo, incluso con anterioridad al inicio del proceso en sentido estricto. En estos casos hablaremos de *prueba anticipada,* modalidad que se regula en los arts. 293 a 296.

Así, el legislador contempla la posibilidad de que se solicite al órgano judicial correspondiente la práctica anticipada de una prueba cuando se aprecie un riesgo real de que dichas actuaciones no podrán llevarse a cabo en el momento procesal correspondiente por motivos que afectan a las fuentes de prueba, es decir, a las personas o a las cosas de las que debe obtenerse o extraerse la información correspondiente (293.1).

Huelga decir que se trata de supuestos excepcionales, siendo el ejemplo habitual el caso del testigo enfermo cuyo estado de salud hace temer que no podrá declarar en un futuro más lejano. Aunque la casuística es limitada, puede igualmente hacerse referencia a la necesidad de que se practique un examen pericial o un reconocimiento judicial en un edificio que amenaza ruina.

La solicitud de práctica anticipada de prueba puede realizarse con anterioridad a la interposición de la demanda, en cuyo caso procederá de quien tenga la intención de poner en marcha un proceso y se dirigirá al órgano judicial que estime competente respecto del asunto principal. En estos casos, puede considerarse que se trata de medidas urgentes en el sentido de no requerirse la intervención de abogado y procurador (de acuerdo con los arts. 23.2.3º y 31.2.2º) y la competencia sólo puede controlarse de oficio, excluyéndose de forma expresa la interposición de declinatoria. Si el juzgador aprecia su propia competencia, resolverá sobre la petición de prueba anticipada en los términos que corresponda. Por el contrario, si no se considera competente para ello, se abstendrá indicando el órgano que estima competente, ante el que, en su caso, tendrá que plantear su solicitud el interesado. Eventualmente, puede producirse un conflicto negativo de competencia, que deberá resolver el tribunal superior común, aunque en este caso no existe remisión expresa al art. 60 (293.2).

Por otra parte, puede igualmente que la prueba anticipada se interese por cualquiera de las partes en el marco de un proceso ya en marcha, supuesto en que será competente el tribunal que esté conocimiento del asunto (293.2).

En cualquier caso, la petición se hará por escrito y debe justificar la concurrencia de los motivos que permiten la práctica anticipada de prueba, adaptándose, además, a las previsiones específicas para la proposición de cada medio de prueba (294.1). Además, en la petición previa al proceso deberá identificarse al potencial demandado para que pueda intervenir en las actuaciones (295.1).

Recibida la solicitud, el órgano competente, además de valorar la justificación de la petición, deberá atender a los criterios que determinan la admisión o inadmisión de la prueba (pertinencia, utilidad, legalidad y licitud) para decidir al respecto. La resolución adoptará la forma de providencia y, frente a la misma, cabe recurso de reposición según las reglas generales (294.2).

Aceptada la petición, se acordará la práctica de la prueba en el momento en que se considere oportuno –siempre con anterioridad a la vista o juicio oral–, con citación de los afectados para respetar las exigencias del principio de contradicción (294.2 y 295.1 y 2). La prueba anticipada se practicará de acuerdo con las reglas previstas para cada medio de prueba y estas actuaciones podrán repetirse en la vista o juicio oral si fuera posible y alguna de las partes así lo interesa (295.4).

Finalmente, corresponde al LAJ la custodia de los documentos, las piezas de convicción y las actas o grabaciones, que se incorporarán a los autos correspondientes de acuerdo con lo previsto en el art. 296, que prevé la reclamación de dichas actuaciones a instancia de parte cuando la competencia para el asunto principal se atribuya a un tribunal distinto del que conoció de la petición de prueba anticipada.

Por último, hay que tener en cuenta que, si la prueba se practicó con anterioridad al inicio del proceso, el solicitante debe interponer la correspondiente demanda en el plazo de dos meses desde la finalización de dicha práctica. En caso contrario, se privará a lo actuado de valor probatorio, salvo que el retraso se deba a causa de fuerza mayor o equivalente (295.3).

7.3.3. El aseguramiento de prueba

Distintas de la prueba anticipada son las llamadas *medidas de aseguramiento de prueba,* reguladas en los arts. 297 y 298. En esta ocasión el legislador contempla la posibilidad de que se lleven a cabo actuaciones tendentes a la conservación de las fuentes de prueba para garantizar que la prueba podrá practicarse en el momento oportuno. Se trata entonces de evitar la alteración o destrucción de cosas u objetos –bien por intervención humana, bien por acontecimiento natural– mediante una intervención directa sobre los mismos (297.1).

A estos efectos, se permite que puedan acordarse aquellas medidas que resulten adecuadas para evitar la alteración, garantizar la conservación o dejar constancia de la existencia y características de las cosas afectadas. En este sentido, se hace referencia expresa a la posibilidad de incluir mandatos de hacer o no hacer y a contenidos específicos en relación con infracciones de derechos de propiedad intelectual o industrial (297.2). Igualmente, se contempla que, de oficio, el juzgador pueda optar por medida distinta a la interesada cuando la considere más adecuada para el supuesto concreto (298.1.3º).

La solicitud de medidas de aseguramiento puede realizarse con anterioridad a la interposición de la demanda por quien tenga la intención de poner en marcha un proceso (297.1), y se dirigirá al órgano judicial que considere competente respecto del asunto principal (293.2, por remisión del 297.3 del mismo texto legal). En estos casos, puede considerarse que se trata de medidas urgentes en el sentido de no requerirse la intervención de abogado y procurador (de acuerdo con los arts. 23.2.3º y 31.2.2º) y la competencia sólo puede controlarse de oficio, excluyéndose de forma expresa la interposición de declinatoria. Si el juzgador aprecia su propia competencia, resolverá sobre la petición de prueba anticipada en los términos que corresponda. Por el contrario, si no se considera competente para ello, se abstendrá indicando el órgano que estima competente, ante el que, en su caso, tendrá que plantear su solicitud el interesado. Eventualmente, puede producirse un conflicto negativo de competencia, que deberá resolver el tribunal superior común, aunque en este caso no existe remisión expresa al art. 60.

Por otra parte, puede igualmente que las medidas de aseguramiento de prueba se interesen por cualquiera de las partes en el marco de un proceso ya en marcha, supuesto en que será competente el tribunal que esté conocimiento del asunto (297.1).

En cualquier caso, la petición se hará por escrito y deberá justificar tanto la necesidad y viabilidad de las medidas interesadas como la oportunidad (pertinencia, utilidad, licitud y legalidad) de la prueba cuya fuente se pretende proteger, pudiendo incluir un ofrecimiento de garantía para cubrir los eventuales daños y perjuicios que se deriven de tales actuaciones (298.2).

Recibida la solicitud, el órgano competente decidirá de forma inmediata al respecto, atendiendo a la eventual concurrencia de las siguientes circunstancias (298.1):

- Posibilidad y admisibilidad de la prueba cuya fuente se pretende proteger (teniendo en cuenta su pertinencia, utilidad, legalidad y licitud).
- Acreditación de la existencia de un riesgo real de que la inacción en ese momento impida la práctica de la prueba en el momento correspondiente.
- Proporcionalidad de la medida (de acuerdo con su adecuación al fin, su duración y los posibles perjuicios a terceros).
- La decisión se prevé que sea por medio de providencia (aunque sería más adecuado auto) y podrá aceptar el ofrecimiento de garantía que, en su caso, haya realizado el solicitante (298.2).

Con anterioridad a la adopción de la medida acordada (para lo que no se prevé plazo), se dará audiencia a la persona que deba soportarla y, en su caso, también al demandado, quienes podrán formular oposición a la misma (298.4). A estos efectos, cabe alegar la inexistencia del riesgo invocado o la imposibilidad o inadmisibilidad de la prueba que se pretende garantizar (298.7) y también se contempla el ofrecimiento de caución sustitutiva (298.3). Del escrito de oposición se dará traslado al resto de afectados y se convocará a todos ellos a una vista para decidir al respecto, por medio de auto en este caso, que será irrecurrible (298.8).

Excepcionalmente, cuando la urgencia de la medida no permita esperar a que se agote el trámite de oposición, cabe la adopción de las medidas de forma inmediata e *inaudita parte*. Nuevamente se prevé que esta decisión se haga a través de providencia (siendo más adecuado un auto), que será irrecurrible, pero frente a la que se podrá formular oposición en el plazo de veinte días (298.5 y 6).

Por último, hay que tener en cuenta que, si las medidas de aseguramiento se acordaron con anterioridad al inicio del proceso, el solicitante debe interponer la correspondiente demanda en el plazo de veinte días desde su adopción. En caso contrario, dichas medidas quedarán sin efecto y se alzarán de oficio, con imposición de costas y responsabilidad por los eventuales daños y perjuicios causados (297.4).

7.4. LAS MEDIDAS CAUTELARES: PLANTEAMIENTO Y REMISIÓN

Todo proceso judicial requiere para su adecuado desarrollo de un tiempo más o menos dilatado según su complejidad procedimental y otros condicionantes, como los eventuales retrasos o dilaciones que operen en el caso. Así las cosas, una mayor duración de la tramitación normalmente redunda de forma negativa en la eficacia de la resolución definitiva y en su efectiva puesta en práctica. En consecuencia, para evitar los riesgos derivados del transcurso del tiempo –justificado o no–, se contempla la posibilidad de que se adopten *medidas cautelares*, garantizando en lo posible el cumplimiento de lo acordado y la satisfacción de los intereses de las partes.

Es por ello que, de acuerdo con lo previsto en el art. 5.1, la tutela cautelar constituye una de las modalidades de protección que puede obtenerse de los órganos jurisdiccionales, siendo parte del contenido esencial del derecho a la tutela judicial efectiva. Este tipo de pretensiones se ejercitan a través de las acciones cautelares, que se dirimen en un procedimiento autónomo pero vinculado a un procedimiento principal, pues no constituyen una finalidad en sí mismas.

A estos efectos, pueden definirse las medidas cautelares como actuaciones directas o indirectas sobre bienes o derechos del demandado (o futuro demandado), que se acuerdan por el órgano judicial a instancia de parte –o excepcionalmente de oficio– en consonancia con lo previsto en los arts. 721 a 747. Tal y como se indicaba en el planteamiento de este tema, también con anterioridad a la interposición de la demanda es posible que se lleven a cabo este tipo de actuaciones, siendo su objeto evitar los perjuicios derivados de la duración del proceso o asegurar la eficacia de una eventual sentencia condenatoria.

De manera que las medidas cautelares pueden solicitarse con la demanda, con anterioridad a la misma o, incluso, en un momento posterior. Cabe su denegación automática, la adopción *inaudita parte* (en cuyo caso es posible plantear oposición) o la convocatoria de una vista para alegaciones y pruebas. En cualquier caso, la solicitud de medidas cautelares sólo tiene sentido en el marco de un proceso en el que se ejercite una acción declarativa de condena cuyo resultado se pretende garantizar.

El estudio detallado de las medidas cautelares corresponde al contenido de la asignatura *Derecho Procesal III,* a la que nos remitimos. Sin embargo, en este momento no podemos dejar de abordar los aspectos esenciales de las mismas (como las características, los requisitos o presupuestos), e incluir alguna referencia a las principales medidas expresamente previstas.

Como características esenciales de las medidas cautelares, el legislador destaca las siguientes notas (726):

- En primer lugar, su instrumentalidad o accesoriedad, en cuanto que las medidas cautelares sólo tienen sentido en relación con un proceso principal (actual o futuro) en el que se ejercite una acción declarativa de condena (arts. 730 y 731).
- Por otra parte, su funcionalidad, ya que las medidas cautelares deben tener un contenido acorde con la pretensión planteada en el proceso con el que se vinculan, garantizando o anticipando la eventual ejecución.
- Además, deben ser proporcionales o proporcionadas, adoptándose siempre la medida cautelar que resulte menos gravosa para alcanzar el objetivo perseguido (art. 726.1.2ª), y permitiéndose, como regla general, su sustitución por una caución (art. 746).
- Por último, las medidas cautelares tienen vocación de provisionalidad o temporalidad (art. 726.2), de manera que pueden modificarse o dejarse sin efecto si ya no resultan imprescindibles. En concreto, se alzarán en los siguientes casos:
  - Si se solicitan con anterioridad al inicio del proceso, cuando no se interponga la demanda en el plazo de veinte días desde su adopción (730.2.II).
  - Si se acuerdan antes del inicio de un procedimiento alternativo o durante el mismo, cuando se alcance un acuerdo a través de la negociación y ambas partes soliciten su alzamiento o así lo decida el órgano en otro caso (730.2.III).
  - Si el proceso permanece en suspenso durante más de seis meses por causa imputable al actor (731.1.II).
  - Si se insta la ejecución provisional de la sentencia condenatoria no firme y recurrida (731.2).
  - Si no se reitera la petición de que se adopten medidas cautelares al recurrir una sentencia absolutoria (744.1).
  - Una vez deviene firme la sentencia absolutoria (745).
  - Una vez deviene firme la sentencia condenatoria, se inste o no la ejecución de la misma (731.1).

En otro orden de cosas, la concesión de las medidas cautelares se condiciona a la existencia de dos requisitos o presupuestos cuya concurrencia el solicitante debe acreditar debidamente (art. 728):

- Por un lado, el fumus boni iuris o apariencia de buen derecho, que supone una acreditación indiciaria de la viabilidad de la pretensión, sin prejuzgar el fondo del asunto. A estos efectos, debe aportarse un principio de prueba por cualquier medio que justifique mínimamente la razonabilidad de la pretensión.
- Y, además, el periculum in mora o peligro por la mora procesal, que implica la existencia de un riesgo de que se aproveche la duración del proceso para dificultar la eficacia de una eventual sentencia condenatoria, o de durante el proceso se pueda provocar un daño efectivo difícilmente reversible.

Además, la efectiva adopción de las medidas acordadas requiere que, previamente, el interesado preste caución suficiente para responder de los eventuales daños y perjuicios causados, para el caso de que se estime la oposición o la sentencia sea absolutoria. La cuantía de dicha caución la determinará el tribunal en atención a la naturaleza, el contenido y el fundamento de la pretensión, pudiendo eximir al solicitante si lo considera adecuado (728.3).

Puede criticarse la exigencia de tal garantía, ya que la adopción de las medidas cautelares no deriva de la mera petición del actor, sino que se requiere la concurrencia de los presupuestos vistos. En consecuencia, si se dan tales condiciones, procede la adopción de dichas medidas, independientemente de que posteriormente se estime la oposición o no se obtenga finalmente una sentencia condenatoria.

En última instancia, hay que tener en cuenta que la concreta medida cautelar a adoptar estará en función de la acción ejercitada y de la condena pretendida. A estos efectos, el legislador ofrece muy distintas opciones, sin perjuicio de que pueda igualmente interesarse una actuación distinta que no esté expresamente prevista. A título meramente ejemplificativo, pueden señalarse las posibilidades siguientes (727):

- Medidas cautelares para asegurar una ejecución dineraria:
  - El embargo preventivo de bienes.
  - La intervención, depósito o consignación de cantidades.
  - La intervención y administración judicial de bienes productivos.
- Medidas cautelares para asegurar la entrega de una cosa específica:
  - El embargo de un bien concreto.
  - La intervención y administración de la cosa litigiosa.
  - El depósito de cosa mueble.
  - La formación de inventario de muebles.

  - La anotación preventiva de la demanda o del inicio de un procedimiento alternativo o de un pleito en el extranjero.
  - Otras anotaciones registrales como prohibiciones de disponer o gravar.

- Medidas cautelares para asegurar una condena de hacer o de no hacer:
  - El cese provisional de actividad.
  - La prohibición de interrumpir la realización de una prestación.
  - La realización de una obra.
  - La prohibición de difusión de noticias u obras artísticas.
  - El secuestro de publicaciones.

TEMA 8. ACTOS DE ALEGACIÓN

8.1. CONCEPTO Y CONTENIDO

Los actos de alegación son actuaciones de las partes dirigidas a introducir en el proceso, los hechos, los fundamentos de derecho y sus pretensiones para delimitar y fijar los términos del debate que deben ser resueltos en la sentencia.

De ahí que dentro de los actos de alegación de la parte demandante debemos incluir junto con la demanda las alegaciones complementarias; mientras que en el caso del demandado constituyen sus fundamentales actos de alegación la contestación a la demanda y la reconvención; ello sin perjuicio de las posibles actitudes que pueda adoptar frente a la demanda (rebeldía, no contestación, declinatoria etc.).

8.2. LA DEMANDA

8.2.1. Concepto y clases

Conforme al principio dispositivo, el proceso sólo puede iniciarse a instancia de parte, de modo que para que exista el proceso es necesario la presentación de la demanda que es el acto procesal escrito del demandante en el que ejercita la acción ante el órgano judicial competente, solicitando la tutela jurídica de sus derechos e intereses legítimos, pidiendo que se inicie y se tramite el proceso civil y se dicte sentencia frente al demandado. En la demanda el actor delimita subjetiva y objetivamente el proceso debiendo el órgano judicial a la hora de resolver atenerse a la misma si no quiere incurrir en incongruencia: art. 218: "*Las sentencias deben ser claras, precisas y congruentes con las demandas y con las demás pretensiones de las partes, deducidas oportunamente en el pleito. Harán las declaraciones que aquéllas exijan, condenando o absolviendo al demandado y decidiendo todos los puntos litigiosos que hayan sido objeto del debate. El tribunal, sin apartarse de la causa de pedir acudiendo a fundamentos de hecho o de Derecho distintos de los que las partes hayan querido hacer valer, resolverá conforme a las normas aplicables al caso, aunque no hayan sido acertadamente citadas o alegadas por los litigantes*".

Si partimos del tipo de acción que se pretende realizar se distinguen diversas clases de demanda:

a) Si lo que se pretende ejercitar es la acción declarativa, nos encontramos por un lado la demanda ordinaria y por otro la demanda sucinta para el juicio verbal (437) que podrá formularse en impreso normalizado cuando la cantidad que se reclama sea inferior a 2.000 euros.

- Demanda ordinaria (399 y ss. y 437): en el procedimiento ordinario y en los juicios verbales de cuantía superior a 2.000 euros.

- Demanda sucinta: a la se refiere el art. 437.1 respecto al juicio verbal de cuantía no superior a 2.000 euros, en que no se actúe con abogado y procurador. En la que únicamente es suficiente consignar los datos y circunstancias identificativas del demandante y demandado; domicilio o domicilios en que puedan ser citados; y hechos fundamentales en que se basa la petición que habrá de fijarse con claridad y precisión. A tal fin, se podrán cumplimentar unos impresos normalizados que se hallarán a su disposición en el órgano judicial correspondiente o en la sede judicial electrónica.
- Demanda en impreso normalizado: en los juicios verbales de cuantía no superior a 2.000 euros (437) en el procedimiento monitorio (art. 814), en el monitorio europeo y en el proceso europeo de escasa cuantía cuyas peticiones de requerimiento se realizarán a través de los formularios contenidos en los Reglamentos (CE) núm.– 1896/2006 y 861/2007 del Parlamento Europeo y del Consejo, 12 de diciembre de 2006 y de 11 de julio de 2007 respectivamente).

b) Para ejercicio de la acción ejecutiva: demanda ejecutiva con el contenido al que se refiere el art. 549.

c) Si lo que se pretende es ejercitar la acción cautelar: la petición de medidas cautelares puede realizarse conjuntamente con la demanda declarativa de condena o independiente de la misma presentando la solicitud de las mismas, que se formulará con claridad y precisión, justificando cumplidamente la concurrencia de los presupuestos legalmente exigidos para su adopción. (732).

8.2.2. Requisitos

En el procedimiento declarativo la demanda se realizará por escrito con la estructura y contenido al que se refiere el art. 399:

A/ Encabezamiento

- Invocación del órgano ante el que se presenta: la demanda debe presentarse ante el órgano jurisdiccional competente, haciéndolo constar en el encabezamiento, bien específicamente, bien de forma genérica (que por turno corresponda), puesto que en la generalidad de los casos habrá de esperarse a las normas de reparto para conocer el concreto órgano de entre los de la misma clase, al que debe dirigirse.
- Identificación de las partes: los datos identificativos del demandante, y el nombre y apellidos del abogado y procurador cuando intervengan. También se harán constar los datos y circunstancias del demandado, de los tengan conocimiento y puedan permitir su identificación.

  Asimismo, el demandante consignará un número de teléfono, dispositivo electrónico, servicio de mensajería simple o una dirección de correo electrónico, de disponer de ellos, a los meros efectos de contacto por el tribunal. En el supuesto de que se trate de personas obligadas a relacionarse electrónicamente con la Administración de Justicia, o que elijan hacerlo pese a no venir obligadas a ello, se consignarán necesariamente un número de teléfono y una dirección de correo electrónico. Además, se indicarán cualquiera de los medios previstos en el apartado 1 del artículo 162, a través de los cuales se podrán realizar notificaciones, requerimientos o emplazamientos personales, incluidos, en su caso, los actos de comunicación correspondientes al procedimiento de ejecución. Los actos de comunicación a través de dichos medios deberán realizarse en la forma y con las garantías previstas en el artículo 162 para su debida constancia.

Cuando alguna de las partes no tenga capacidad se identificará a sus representantes y de aquellos que en su caso deban completar su capacidad.

Además, se designará por el demandante el domicilio o residencia del demandado: designará uno o varios de los lugares a que se refiere el art. 155.3 (el que aparezca en registro oficial; publicaciones de colegios profesionales; lugar en que se desarrolle actividad profesional o laboral no ocasional). Cuando se designen varios lugares, indicará el orden por el que, a su entender, puede efectuarse con éxito la comunicación.

En los casos en que el demandante manifestare que le es imposible designar un domicilio o residencia del demandado, y la averiguación del mismo fuere necesaria, podrá pedir la diligencia de averiguación, en cuyo caso el LAJ utilizará los medios oportunos para averiguarlo (156 LEC), si resultara infructuosas se ordenará que la comunicación se lleve a cabo mediante edictos.

Tratándose de personas jurídicas podrá señalarse el domicilio de cualquiera que aparezca como administrador, gerente o apoderado de la empresa mercantil, o presidente, miembro o gestor de la Junta de cualquier asociación que apareciese en un registro oficial.

B/ Cuerpo de la demanda

- En párrafos numerados y separados de forma clara y ordenada se harán constar los fundamentos fácticos, es decir, los hechos, facilitando de este modo su admisión o negación por el demandado al contestar a la demanda, delimitando los que ha de ser objeto de prueba y sobre lo que debe resolver el juez en la sentencia.

  Con igual orden y claridad, se expresarán los documentos, medios e instrumentos que se aporten en relación con los hechos que fundamenten las pretensiones y se formularán valoraciones o razonamientos sobre éstos, si parecen convenientes para el derecho del litigante.

  Así mismo, se hará constar en la demanda la descripción del proceso de negociación previo llevado a cabo o la imposibilidad del mismo, conforme a lo establecido en el ordinal 4.º del artículo 264, y se manifestarán, en su caso, los documentos que justifiquen que se ha acudido a un medio adecuado de solución de controversias, salvo en los supuestos exceptuados en la Ley de este requisito de procedibilidad.

Debe concretarse el objeto del proceso alegando los elementos necesarios para identificarlo. Elementos identificativos que para la teoría de la sustanciación son los hechos que fundamentan la pretensión sin que sea necesario concretar la relación jurídica. En tanto que la teoría de la individualización mantiene que se ha de identificar la relación jurídica que genera el derecho que se pide. Para la teoría ecléctica ha de atenderse al caso concreto.

- Con la debida separación también se harán constar los <u>fundamentos de Derecho</u> o alegaciones jurídica, es decir, las normas aplicables en que fundamenta la pretensión, sean de carácter procesal, sean relativos al fondo del asunto.

  Por lo que respecta a las alegaciones jurídicas de carácter procesal, son de invocación preceptiva aquellas que justifiquen la jurisdicción y competencia, la clase de procedimiento, la fijación de la cuantía, las que procedan sobre capacidad de las partes, representación o postulación, legitimación o acerca de la acumulación acciones. En tanto que las referidas al fondo del asunto, recogen la consecuencia jurídica pretendida para determinar su estimación. En virtud del principio *iura novit curia* el órgano judicial conoce el Derecho aplicable y por tanto no está vinculado y puede prescindir de aplicar los preceptos legales citados en la demanda.

  Cuando lo que se pida en la demanda pueda fundarse en diferentes hechos o fundamentos jurídicos, habrán de aducirse en ella cuantos resulten conocidos o puedan invocarse al tiempo de interponerla, no resultando admisible reservar su alegación para un proceso ulterior. Sin perjuicio de que puedan introducirse con posterioridad a la demanda y contestación aquellas alegaciones complementarias o de hechos nuevos o de nueva noticia permitidas por la ley. A efectos de litispendencia y de cosa juzgada, los hechos y los fundamentos jurídicos aducidos en un litigio se considerarán los mismos que los alegados en otro juicio anterior si hubiesen podido alegarse en éste

C/ Petición

En el suplico de la demanda se hará constar de forma clara y precisa una relación separada de las distintas peticiones que se realicen, entre las que se encuentran:

- Que se tengan por presentada la demanda y los documentos que la acompañan.
- Que se admita la demanda y se tenga por parte y se incoe el correspondiente procedimiento

- Que previa la realización de los actos oportunos se dicte sentencia estimatoria de la demanda en los términos previstos.

"*Las peticiones formuladas subsidiariamente, para el caso de que las principales fuesen desestimadas, se harán constar por su orden y separadamente*" (399.5).

En el suplico pueden incorporarse peticiones complementarias o accesorias que se conocen como **otrosí** (medidas cautelares, voluntad subsanar defectos, etc.).

Por último, se incluirá el lugar, la fecha y las firmas de abogado y procurador, o del demandante cuando pueda litigar por sí mismo.

8.2.3. Documentos que han de acompañar a la demanda

Con la demanda (y con la contestación) han de acompañarse determinados documentos (264, 265 y 266) que admiten la siguiente clasificación:

A/ Documentos procesales

- Apoderamiento a procurador. Certificación del registro electrónico de apoderamientos judiciales, referencia al número asignado por dicho registro o poder notarial. No será necesario si se realiza apoderamiento apud acta, que puede hacerse al mismo tiempo que la presentación del primer escrito o antes de la primera actuación procesal. La representación procesal se acreditará mediante consulta automatizada orientada al dato que confirme la inscripción de esta en el Registro Electrónico de Apoderamientos Judiciales, cuando el sistema así lo permita. (24.3).
- Representación del demandante. En los casos de que se trate de persona jurídica o cualquier otro supuesto en que se actúe mediante representación.
- Documentos o dictámenes que acrediten el valor de la cosa litigiosa, a efectos de competencia y procedimiento.
- Acreditación de MASC. Documento que acredite haberse intentado la actividad negociadora previa a la vía judicial cuando la ley exija dicho intento como requisito de procedibilidad, o declaración responsable de la parte de la imposibilidad de llevar a cabo la actividad negociadora previa a la vía judicial por desconocer el domicilio de la parte demandada o el medio por el que puede ser requerido.
- Sumisión expresa.

B/ Documentos sobre el fondo del asunto

- Documentos en que las partes funden su derecho a la tutela judicial que pretenden. Si las partes fundaran sus pretensiones de tutela en ellos los medios de reproducción de la palabra, el sonido y la imagen, así como los

instrumentos que permiten archivar y conocer o reproducir palabras, datos, cifras y operaciones matemáticas llevadas a cabo con fines contables o de otra clase, relevantes para el proceso.
- Las certificaciones y notas sobre cualesquiera asientos registrales o sobre el contenido de libros registro, actuaciones o expedientes de cualquier clase.
- Los dictámenes periciales en que las partes apoyen sus pretensiones. Si no le fuese posible al demandante aportar los dictámenes elaborados por peritos por él designados, junto con la demanda, expresara en ella los dictámenes de que, en su caso, pretenda valerse, que habrá de aportar para su traslado a la parte contraria, en cuanto disponga de ellos, y en todo caso antes de iniciarse la audiencia previa al juicio ordinario o en treinta días desde la presentación de la demanda o de la contestación en el juicio verbal. Este plazo puede ser prorrogado por el tribunal cuando la naturaleza de la prueba pericial así lo exija y exista una causa justificada.
- Los informes, elaborados por profesionales de la investigación privada legalmente habilitados, sobre hechos relevantes en que aquéllas apoyen sus pretensiones.

Si las partes, al presentar su demanda o contestación, no pueden disponer de los documentos, podrán designar el archivo, protocolo o lugar en que se encuentren, o el registro, libro registro, actuaciones o expediente del que se pretenda obtener una certificación. Si lo que pretenda aportarse al proceso se encontrara en archivo, protocolo, expediente o registro del que se puedan pedir y obtener copias fehacientes, se entenderá que el actor dispone de ello y deberá acompañarlo a la demanda, sin que pueda limitarse a efectuar la mencionada designación.

El actor podrá presentar en la audiencia previa al juicio, o en la vista del juicio verbal, los documentos, medios, instrumentos, dictámenes e informes, relativos al fondo del asunto, cuyo interés o relevancia sólo se ponga de manifiesto a consecuencia de alegaciones efectuadas por el demandado en la contestación a la demanda.

En supuestos especiales, la LEC especifica los documentos que deben acompañar a la demanda:

- En las demandas de alimentos, el título en cuya virtud se piden como libro familia, certificado nacimiento, etc. (266.2.
- En las demandas de retracto, los documentos que constituyan un principio de prueba del título en que se funden y cuando la consignación del precio se exija por ley o contrato, el documento que la justifique (266.3).
- Tratándose de sucesión mortis causa, el documento que justifique la sucesión, así como la relación de los testigos que puedan declarar sobre la ausencia de poseedor a título de dueño o usufructuario, cuando se pretenda

que el tribunal ponga al demandante en posesión de unos bienes que se afirme haber adquirido en virtud de aquella sucesión (266.4).
- Se acompañarán a la demanda aquellos otros documentos que la LEC u otra ley exija expresamente para la admisión de la demanda.

8.2.4. Tramitación

Presentada la demanda, el LAJ la examinará y, si reúne todos los requisitos, dictará Decreto admitiéndola y dando traslado de ella al demandado para que la conteste en el plazo de veinte días.

La admisión de la demanda produce tanto efectos procesales como materiales.

A/ Efectos de carácter procesal

- Litispendencia: en sentido estricto, impide iniciar otro procedimiento con identidad de sujetos, objeto y causa de pedir; se produce desde la interposición de la demanda, si después es admitida (410–412).
- Perpetuación de la jurisdicción: el órgano inicialmente competente lo será hasta la sentencia pese a los cambios en cuanto al domicilio de las partes, la situación de la cosa litigiosa o el objeto del juicio.
- Perpetuación de la legitimación: quienes estuvieran legitimados activa o pasivamente al tiempo de presentarse la demanda, la conservarán durante todo el proceso.
- Prohibición de modificar la pretensión: establecido lo que sea objeto del proceso en la demanda, en la contestación y, en su caso, en la reconvención, las partes no podrán alterarlo posteriormente. Sin perjuicio de la facultad de formular en la audiencia previa (426 y 286) alegaciones complementarias sin alterar sustancialmente sus pretensiones; aclarar alegaciones efectuadas o rectificar extremos secundarios. O introducir hechos de relevancia para fundamentar las pretensiones de las partes, ocurridos con posterioridad a la demanda o de la contestación; o hechos de nueva noticia con igual características o añadir peticiones accesorias o complementarias, que serán admitidas si la parte contraria se muestra conforme Si se opusiere, el tribunal decidirá sobre su admisibilidad cuando entienda que no impide a la parte contraria ejercitar su derecho de defensa en condiciones de igualdad.
- Incoación del proceso: el órgano judicial asume la obligación de impulsar la tramitación del proceso hasta sentencia y las partes asumen las cargas procesales necesarias para su adecuado desarrollo.

B/ Efectos materiales (1100,1109,1291,1535 y 1973 CC):

- Incurre en mora el deudor;
- Debe pagar intereses, aunque no hayan sido pactados;

- Los bienes afectados se consideran litigiosos. Interrupción de la prescripción de las acciones.

La demanda sólo podrá ser inadmitida en los casos y por las causas previstas en la ley y cuando no se acompañen a ella los documentos que la ley expresamente exija para la admisión de aquéllas, cuando no se hagan constar las circunstancias a las que se refiere el art 399.3 párrafo segundo en los casos en que se haya acudido a un medio adecuado de solución de controversias por exigirlo la ley como requisito de procedibilidad o cuando no se hayan efectuado los requerimientos, reclamaciones o consignaciones que se exijan en casos especiales (403).

Si la demanda adoleciera de defectos procesales o formales, el LAJ concederá un plazo al actor para que los subsane, y si así no lo hace, dará cuenta al tribunal para que, mediante auto, decida sobre la admisión.

Podrá se inadmitida por defectos procesales, como carencia jurisdicción o competencia; falta de capacidad de las partes cuando no sea subsanable, o cuando siéndolo no se haya subsanado; indeterminación de la cuantía no subsanada; indebida acumulación acciones, etc.

Aun cuando no sea lo más frecuente, podrá inadmitirse también por cuestiones de fondo, por ejemplo, cuando contenga una petición imposible o ilícita; o cuando constituya un manifiesto abuso derecho o fraude ley (11.2 LOPJ).

8.3. POSIBLES ACTITUDES DEL DEMANDADO

8.3.1. Planteamiento

Admitida la demanda, se dará traslado al demandado para que comparezca y conteste en los plazos establecidos en la ley. Pero el demandado puede adoptar otras actitudes como no personarse en el proceso declarándose su rebeldía; o puede comparecer, pero no contestar a la demanda.

8.3.2. La rebeldía

A/ Concepto

Cuando el demandado no comparece en forma en la fecha o plazo señalado en la citación o emplazamiento, dándose los demás presupuestos para ello, será declarado en rebeldía por el LAJ, salvo que dicha declaración corresponda al tribunal.

B/ Presupuestos

- Correcta constitución del proceso: la demanda debe haber sido admitida.
- Es necesario que el emplazamiento se haya realizado con todos los requisitos establecidos en la ley.

- Que la declaración se realice de oficio por el LAJ o en su caso por el tribunal.
- Que se notifique al demandado la resolución que declare la rebeldía.

C/ Efectos

- La declaración de rebeldía por un lado da lugar a que el proceso se desarrolle sin intervención del demandado que pierde la oportunidad de realizar actos procesales; sin que ello implique allanamiento ni admisión de hechos, salvo los casos en que la ley expresamente disponga lo contrario. Por tanto, no exime al actor de la obligación de probar los hechos y justificar su pretensión.
- Produce además una modificación en el régimen comunicaciones al demandado rebelde: se notificará la declaración de rebeldía al demandado en forma electrónica cuando tenga obligación legal o contractual de relacionarse con la Administración de Justicia por dichos medios. En los demás casos, por correo, si su domicilio fuere conocido y, si no lo fuere, mediante edictos. En este último caso, se le comunicará de oficio o a instancia de parte personada la pendencia del proceso, en cuanto se tenga noticia del lugar en que pueda llevarse a cabo la comunicación.
  Hecha esta notificación, no se llevará a cabo ninguna otra, excepto la de la sentencia o resolución que ponga fin al proceso que se le notificará personalmente, salvo que se encuentra en paradero desconocido, que se hará publicando un extracto de la misma en el TEJU.
  Realizada la notificación personalmente podrá interponer cuando procedan y en el plazo legal el recurso de apelación o el de casación; plazo de interposición que se contará desde el día siguiente al de la publicación en el Tablón Edictal Judicial Único o, en su caso, por los medios electrónicos a que se refiere el apartado 2 del art. 497, cuando la notificación se realizara mediante edictos.
  Lo mismo será de aplicación para las sentencias dictadas en apelación o en recurso de casación.
- Posibilidad subsanación: el demandado rebelde puede personarse en cualquier momento, en cuyo caso se entenderá con él la sustanciación del proceso, sin que puedan retrotraerse las actuaciones en ningún caso.
- Posibilidad rescisión sentencia condenatoria firme: cuando el demandado ha permanecido constantemente en rebeldía puede pretender la rescisión de la sentencia firme (vid. infra, Tema 16, 1).

8.3.3. Comparecencia

Comparecido el demandado, puede optar por una aptitud meramente pasiva, no contestando a la demanda, lo que impide declarar su rebeldía, puesto que, a diferencia de aquella, si comparece, pero deja trascurrir el plazo de 20 días señalado en la Ley y sin causa justificada no contesta a la demanda.

En cuanto que ha comparecido, se le notificaran todas las resoluciones y se les dará traslado de los escritos que presenten las demás partes, sin que sea equivalente a un allanamiento ni a un reconocimiento hechos.

Pierde la oportunidad de introducir y de aportar prueba sobre hechos impeditivos, extintivos o excluyentes, o formular excepciones La prueba en estos casos versará exclusivamente sobre hechos introducidos por actor.

En las demandas en las que, instadas por los titulares de derechos reales inscritos en el Registro de la Propiedad, demanden la efectividad de esos derechos frente a quienes se opongan a ellos o perturben su ejercicio, sin disponer de título inscrito que legitime la oposición o la perturbación. en el emplazamiento para contestar la demanda se apercibirá al demandado de que, en caso de no contestar, se dictará sentencia acordando las actuaciones que, para la efectividad del derecho inscrito, hubiere solicitado el actor. También se apercibirá al demandado, en su caso, de que la misma sentencia se dictará si contesta, pero no presta caución, en cualquiera de las formas previstas en el párrafo segundo del apartado 2 del artículo 64, en la cuantía que, tras oírle, el tribunal determine, dentro de la solicitada por el actor.

El demandado podrá en cualquier momento abandonar esta actitud sin que se retrotraigan las actuaciones realizando válidamente los actos posteriores, pero no los que han precluido.

8.3.4. La contestación de la demanda

A/ Concepto

Acto procesal por el que el demandado da respuesta a la demanda, formulando alegaciones fácticas y jurídicas para la defensa su derecho; fijando definitivamente el objeto del proceso sobre el que habrá de pronunciarse el juez o tribunal (216), asumiendo idéntico compromiso que la persona demandante a los efectos de recibir notificaciones, requerimientos o emplazamientos personales directamente procedentes del órgano judicial, en los supuestos legalmente previstos o cuando actúe sin procurador o procuradora y siempre que se trate de personas obligadas a relacionarse electrónicamente con la Administración de Justicia.

B/ Requisitos

Se realizará de forma escrita en el plazo de 20 días desde el traslado de la demanda en el procedimiento ordinario y 10 en el juicio verbal, y al que se acompañará los mismos documentos que hemos visto para la demanda (264 y 265 LEC).

C/ Contenido

El demandado al contestar a la demanda puede allanarse a la pretensión del actor; negar los hechos; admitir los hechos, pero negar las consecuencias jurídicas; o puede oponerse a la demanda:

En el **allanamiento** el demandado acepta total o parcialmente la pretensión del actor (vid. infra Tema 14, 8)

El demandado puede **negar los hechos** aducidos por el demandante y que constituyen el fundamento de su pretensión; no aporta hechos nuevos, simplemente niega los alegados por el actor. En todo caso, el actor deberá probar los hechos invocados no reconocidos por el demandado.

También puede el demandado **admitir los hechos**, pero negando las consecuencias jurídicas; con ello rechaza la aplicación de las normas aducidas para fundamentar la pretensión del demandante. Se reduce la discrepancia a una cuestión estrictamente jurídica, siendo innecesaria la vista puesto que no hay hechos controvertidos y, por tanto, no hay prueba.

Otra opción, la más frecuente, que tiene el demandado es **oponerse** a la demanda; para ello puede formular distintas alegaciones:

a) Presupuestos procesales. Puede alegar la falta de algún presupuesto procesal que impida la válida prosecución y término del proceso mediante sentencia sobre el fondo. Son las denominadas excepciones o cuestiones procesales, que deberán examinarse antes de las cuestiones de fondo y que darán lugar, si son apreciadas, a la denominada sentencia de absolución en la instancia.

La LEC se refiere a ellas como cuestiones procesales, en el art. 416, admitiendo la posibilidad de que algunas de ellas pueden ser subsanadas (art. 11.3 LOPJ), sin efecto cosa juzgada:

- Falta de capacidad, legitimación, representación o del debido litisconsorcio.
- Inadecuación del procedimiento por razón de la cuantía.
- Cosa juzgada, litispendencia o prejudicialidad penal.
- Indebida acumulación acciones.
- Defecto legal en el modo de proponer la demanda y ausencia documentación preceptiva.
- Ausencia de actos previos (requerimiento, consignación, depósito).

No es posible alegar la falta de jurisdicción o competencia, que tiene su tratamiento específico a través de declinatoria.

b) Hechos nuevos. Puede alegar hechos nuevos que no permiten estimar la demanda: son las denominadas excepciones materiales o defensas; bien se trate de hechos impeditivos que obstaculizan la norma alegada, por ejemplo, la simulación, nulidad, etc.; extintivos, que determinan la extinción de la obligación (pago, compensación, renuncia); o excluyentes, que excluyen la reclamación en momento concreto (prescripción, pacto no pedir). Es importante que un mismo hecho puede operar de distinta manera; por ejemplo, la prescripción puede ser hechos constitutivo para adquirir la propiedad (usucapión) y hecho excluyente ante una reclamación superado el plazo para el ejercicio de la acción.

8.3.5. La reconvención

A/ Concepto

Acto procesal escrito de demandado que introduce al contestar a la demanda una pretensión ejercitando una acción independiente frente actor, ampliando el objeto del proceso por acumulación sobrevenida de acciones que se tramitan en el mismo procedimiento. La reconvención da lugar a que se inviertan las iniciales posiciones procesales.

B/ Requisitos

La reconvención ha de cumplir unos requisitos de fondo y de forma.

Los requisitos de fondo son:

- Conexión con la pretensión inicial: sólo se admitirá la reconvención si existiere conexión entre sus pretensiones y las que sean objeto de la demanda principal. Es decir, debe tener de base los mismos hechos y la misma relación jurídica.
- Compatibilidad de acciones, es decir que no se excluyan entre sí.
- Limitada legitimación pasiva: la reconvención se dirige al actor inicial, pero podrá dirigirse contra sujetos no demandantes, siempre que puedan considerarse litisconsortes voluntarios o necesarios del actor reconvenido por su relación con el objeto de la demanda reconvencional.

Los requisitos formales son:

- Debe plantearse en tiempo y forma: se propondrá a continuación de la contestación a la demanda y se acomodará a los plazos y requisitos que en los arts. 399 y 400 se establecen para la contestación a la demanda; expresando con claridad la concreta tutela judicial que se pretende respecto del actor o, en su caso, de otros sujetos. No es admisible la reconvención implícita, de modo que no se considera formulada la reconvención cuando se limite a solicitar su absolución respecto de la pretensión o pretensiones de la demanda principal.
- No debe alterar la competencia objetiva: es necesario que el Juzgado que este conociendo tenga competencia objetiva para la pretensión que formula el demandado.

De igual modo, si se estuviera tramitando un proceso ante el SC y se planteara mediante reconvención una acción conexa a la principal que fuera competencia de los SM, previa audiencia del actor y demás partes personadas, el SC deberá inhibirse del conocimiento del asunto, remitiendo los autos en el estado en que se hallen al SM que resulten competente.
Se procederá de la misma manera cuando el demandado alegare la nulidad a la que se refiere el art. 408.2 y ésta se fundare en una materia competencia de los SM.

- Es necesario la compatibilidad de procedimientos: No se admitirá la reconvención cuando la acción que se ejercite deba ventilarse en juicio de diferente tipo o naturaleza.
- Impugnación: El auto que inadmite la reconvención por falta de competencia objetiva para conocer de la acción reconvencional podrá ser recurrido en apelación, suspendiéndose la tramitación del procedimiento principal hasta que dicho recurso sea resuelto.
  Sin embargo, podrá ejercitarse mediante reconvención la acción conexa que, por razón de la cuantía, hubiera de ventilarse en juicio verbal. En ningún caso se admitirá reconvención en los juicios verbales que, según la ley, deban finalizar por sentencia sin efectos de cosa juzgada.
  En los demás juicios verbales se admitirá la reconvención siempre que no determine la improcedencia del juicio verbal y exista conexión entre las pretensiones de la reconvención y las que sean objeto de la demanda principal. Admitida la reconvención, se regirá por las normas previstas en el juicio ordinario, salvo el plazo para su contestación, que será de diez días.

C/ Tratamiento procesal

De la demanda reconvencional se da traslado a los demandados en ella para que contesten en el plazo de veinte días (diez días si es el juicio verbal) a partir de la notificación de la demanda reconvencional. Contestación que se ajustará a lo dispuesto para la contestación a la demanda en el art. 405.

Se tramitan en un único procedimiento y se resuelven en la misma sentencia que tendrá dos pronunciamientos diferenciados.

8.4. SUPUESTOS ESPECÍFICOS

8.4.1. La compensación de créditos (408 y 438.3)

El demandado en la contestación a la demanda puede oponer un crédito compensable, en cuyo caso dicha alegación podrá ser controvertida por el actor en la forma prevenida para la contestación a la reconvención, aunque el demandado sólo pretendiese su absolución y no la condena al saldo que a su favor pudiera resultar.

En la compensación de créditos puede distinguirse su tratamiento como excepción o como reconvención, sólo si la cuantía del crédito que alega es superior al crédito del actor pidiendo la condena del demandante por el exceso del crédito nos encontraremos ante una nueva pretensión y por tanto ante una reconvención. En otros casos (cuantía igual o inferior), ante una excepción.

No obstante, si la cuantía de dicho crédito fuese superior a la que determine que se siga el juicio verbal, el tribunal tendrá por no hecha tal alegación en la vista, advirtiéndolo así al demandado, para que use de su derecho ante el tribunal y por los trámites que correspondan.

8.4.2. La nulidad radical del contrato

Si el demandado adujere en su defensa hechos determinantes de la nulidad absoluta del negocio en que se funda la pretensión o pretensiones del actor y en la demanda se hubiere dado por supuesta la validez del negocio, el actor podrá pedir al LAJ contestar a la referida alegación de nulidad en el mismo plazo establecido para la contestación a la reconvención, y así lo dispondrá el LAJ mediante decreto.

En los dos supuestos anteriores, la sentencia que en definitiva se dicte habrá de resolver sobre los puntos a que se refieren los apartados 1 y 2 del art. 408 y los pronunciamientos que la sentencia contenga sobre dichos puntos tendrán fuerza de cosa juzgada.

8.4.3. El escrito de ampliación de hechos

Para introducir hechos nuevos o de nuevo conocimiento posteriores a la audiencia previa o vista, y antes de que comience el plazo para dictar sentencia, las partes podrán hacer valer ese hecho, alegándolo de inmediato por medio de escrito, que se llamará de ampliación de hechos, al que se refiere el art. 286.

Del escrito de ampliación de hechos, el LAJ dará traslado a la parte contraria, para que, dentro del quinto día, manifieste si reconoce como cierto el hecho alegado o lo niega. En este caso, podrá aducir cuanto aclare o desvirtúe el hecho que se afirme en el escrito de ampliación. Si el hecho nuevo o de nueva noticia no fuese reconocido como cierto, se propondrá y se practicará la prueba pertinente y útil del modo previsto en la ley según la clase de procedimiento cuando fuere posible por el estado de las actuaciones. En otro caso, en el juicio ordinario, se estará a lo dispuesto sobre las diligencias finales.

El tribunal rechazará, mediante providencia, la alegación de hecho acaecido con posterioridad a los actos de alegación si esta circunstancia no se acreditase cumplidamente al tiempo de formular la alegación. Y cuando se alegase un hecho una vez precluidos aquellos actos pretendiendo haberlo conocido con posterioridad, el tribunal podrá acordar, mediante providencia, la improcedencia de tomarlo en consideración si, a la vista de las circunstancias y de las alegaciones de las demás partes, no apareciese justificado que el hecho no se pudo alegar en los momentos procesales ordinariamente previstos. En este último caso, si el tribunal apreciare ánimo dilatorio o mala fe procesal en la alegación, podrá imponer al responsable una multa de 120 a 600 euros.

TEMA 9. PREPARACIÓN Y DESARROLLO DEL JUICIO

9.1. PREPARACIÓN DEL JUICIO: LA LLAMADA FASE INTERMEDIA

Identificamos como fase intermedia el conjunto de actuaciones que tienen lugar tras los actos de alegación y antes de la práctica de la prueba. Bajo el objetivo genérico de facilitar el desarrollo del proceso, en la fase intermedia podemos identificar, al menos, cuatro finalidades: evitar, sanear, facilitar y preparar el proceso.

Para evitar el proceso se fomenta el acuerdo entre las partes y la mediación, así como otros medios adecuados de solución de controversias (MASC),(415, 428.2, 429, 440.1.2º y 443); para sanearlo se controlan los presupuestos procesales y se permite la subsanación de defectos u omisiones (416, 418.1, 420, 443); la delimitación del objeto tiene lugar con las alegaciones complementarias y aclaratorias (426) y la fijación de los hechos (428, 443.3); la preparación del proceso conlleva la proposición y admisión de prueba (429 y 443.3).

La LEC, desde su redacción inicial, ha mostrado una clara preferencia por las soluciones consensuadas. Esta tendencia se ha visto reforzada con reformas posteriores, culminando con la LO 1/2025, que potencia de manera decidida los Medios Adecuados de Solución de Controversias (MASC) como herramientas prioritarias para la resolución de conflictos.

El proceso exige el cumplimiento de los requisitos o presupuestos procesales, sin los cuales no puede alcanzarse un pronunciamiento sobre el fondo del asunto; la depuración o saneamiento del proceso aspira a evitar que, al momento de dictar sentencia, la ausencia de alguno de los presupuestos procesales impida entrar en el fondo; para ello, primero se dispone la posibilidad de subsanación y, si la omisión es insubsanable o no se subsana, se producirá la terminación anticipada.

Al delimitar el objeto del proceso se fija la controversia y los términos del debate, condicionando, a su vez, la actividad probatoria en tanto la evita respecto a los hechos no controvertidos y la fija respecto a los que hayan de ser objeto de prueba.

9.2. LA AUDIENCIA PREVIA

9.2.1. Concepto y finalidades

Esta comparecencia prevista en el juicio ordinario, tiene lugar tras la contestación a la demanda o a la reconvención, o una vez transcurrido el plazo para contestar. Su finalidad es múltiple: intentar un acuerdo —pudiendo las partes solicitar de común acuerdo la suspensión del proceso para someterse a un MASC—; controlar los presupuestos procesales y sanear el procedimiento; delimitar el objeto del proceso; y proponer y admitir la prueba que deba practicarse.

Antecedente de la audiencia previa se considera la comparecencia introducida en la LEC 1881 en su reforma llevada a cabo por L. 34/1984.

Sus características son:

Obligatoriedad. A diferencia de otros ordenamientos que dejan en manos del tribunal la celebración de la audiencia, en la LEC se trata de una actuación obligatoria, a la que siempre habrá de convocar el juez a las partes; no es una actividad de la que pueda prescindirse discrecionalmente.

Momento. Una vez contestada la demanda, y, en su caso, la reconvención, o transcurridos los plazos correspondientes, el Letrado de la Administración de Justicia convocará a las partes a una audiencia que habrá de celebrarse en el plazo de veinte días desde la convocatoria (414.1). La audiencia ha de convocarse dentro de los tres días siguientes a la contestación (a la demanda o a la reconvención) o del transcurso del plazo para ello, con lo que la LEC la sitúa tras el período de alegaciones; ello está justificado por la complejidad de su contenido, pues en aquellos ordenamientos en que se limita su finalidad a controlar los presupuestos procesales y sanear los posibles defectos, se suele ubicar tras la demanda (antes de la contestación); al añadir a sus finalidades la facilitación del debate y la proposición de prueba, su celebración debe tener lugar tras las alegaciones iniciales de todas las partes.

Principios. Se trata de una audiencia pública, regida por los principios de oralidad, inmediación, concentración y publicidad, consecuencia de lo cual ha de ser grabada. La **oralidad** está presente en el desarrollo de la audiencia, no sólo respecto a las alegaciones que realicen las partes, sino también en las resoluciones que dicte el juez, que solo excepcionalmente adoptarán la forma escrita. A través de la **inmediación** la LEC rompe con la práctica, habitual hasta entonces, de que el primer contacto del juez con el asunto se realizase una vez que estaba visto para sentencia. La **concentración** también está presente en la audiencia previa, resolviendo "sobre la marcha" el juez las cuestiones que se susciten, sin interrupciones ni suspensiones, salvo las absolutamente imprescindibles, de manera que incluso cuando la complejidad de la cuestión a resolver justifica la suspensión, la audiencia continúa para sus restantes finalidades (421.3). Sin embargo, la reforma introducida por la LO 1/2025 ha matizado este principio, priorizando la búsqueda de soluciones consensuadas. Se introducen dos excepciones notables a la concentración estricta que se concretan en la suspensión para acudir a un MASC o en la negociación posterior a la audiencia, (415 y 429).

9.2.2. La presencia de las partes

El contenido de la audiencia determina las reglas que rigen respecto a la intervención de las partes. La posibilidad de llevar a cabo actos de disposición exige que las partes comparezcan personalmente o mediante procurador con poder especial para renunciar, allanarse o transigir y la posibilidad de plantear y debatir sobre cuestiones jurídicas (presupuestos procesales y proposición de prueba) exige la asistencia de abogado. Las consecuencias de su incomparecencia son las siguientes: si no comparece ninguna de las partes se levantará acta y se dictará auto de sobreseimiento ordenando el archivo (414.3); igual resolución se dictará si solo comparece el demandado, excepto que alegue interés legítimo en que continúe el procedimiento para que se dicte sentencia sobre el fondo; si no comparece el demandado, la audiencia se entenderá con el actor en lo que resultare procedente (414.3). A todos los efectos, la ausencia de abogado se equipara a la incomparecencia de la parte a la que asiste (414.4). En resumen, la presencia de abogado siempre es necesaria y la de procurador solo si no comparece la parte, debiendo entonces tener poder especial para realizar actos dispositivos. Respecto a este trámite, importa subrayar que las partes y sus representantes procesales deberán comparecer por videoconferencia o mediante la utilización de medios electrónicos para la reproducción del sonido y, en su caso, de la imagen, con los requisitos establecidos (137 bis), cuando el tribunal lo acordase de oficio o a instancia de alguna de las partes (414.2).

9.2.3. Contenido

Ya hemos adelantado que la variada finalidad de la audiencia previa se dirige a evitar, sanear, facilitar y preparar el proceso; consecuencia de ello son las actuaciones que integran su contenido.

A/ Evitar (o poner fin) el proceso

La audiencia previa comienza comprobando si la controversia entre las partes subsiste o si hay posibilidades de alcanzar un acuerdo, para lo cual, a su instancia y de común acuerdo, se puede acordar la suspensión del proceso para someter el conflicto a un MASC, como la mediación (415). Los acuerdos de mediación (517.1.2º y 25 LM) y los acuerdos homologados judicialmente (517.1.3º) son títulos ejecutivos que pueden llevarse a efecto por los trámites previstos para la ejecución de sentencias y convenios judicialmente aprobados. Su impugnación puede hacerse por las causas y en la forma que se prevén para la transacción judicial.

B/ Saneamiento del proceso

Cuando la controversia persista, la audiencia continúa con el examen y resolución de las cuestiones procesales (416): falta de capacidad de los litigantes o de representación en sus diversas clases (1º), cosa juzgada o litispendencia (2º), falta del debido litisconsorcio (3º), inadecuación del procedimiento (4º), defecto legal en el modo de proponer la demanda o, en su caso, la reconvención, por falta de claridad o precisión en la determinación de las partes o de la petición que se deduzca (5º). Se excluyen expresamente las cuestiones relativas a jurisdicción y competencia, que las partes deben poner de manifiesto mediante la declinatoria; sin embargo, tal exclusión se refiere a su alegación por las partes, ya que es posible apreciar su falta de oficio (con lo que también serían objeto de debate). La enumeración no es cerrada, ya que en la propia se LEC se recogen otros supuestos (acumulación indebida, 419), y se deja abierta la posibilidad de alegar y discutir acerca de cualesquiera otras circunstancias análogas (425).

Los **defectos de capacidad o de representación** deberán ser subsanados en el acto o en un plazo no superior a diez días; si no fueran subsanables o no se subsanasen, tratándose del actor, se dictará auto poniendo fin al proceso;

tratándose del demandado, si afecta a los requisitos de personación se le declarará en rebeldía (418).

Cuando el demandado plantee la **acumulación indebida de acciones** realizada por el demandante, el tribunal, tras oír al demandante, resolverá lo que proceda en el acto, continuando el proceso respecto a la acción o acciones que estime oportuno (419).

Cuando el demandado haya alegado la **falta de litisconsorcio necesario** se prevé la integración de la litis, para lo cual se establecen dos posibilidades (420). El demandante puede asumir la falta de litisconsorcio dirigiendo nueva demanda frente al litisconsorte o litisconsortes no demandados inicialmente; si el tribunal estima procedente el litisconsorcio, admitirá la nueva demanda, suspenderá la audiencia y emplazará a los nuevos demandados, con traslado de la demanda para su contestación; en la nueva demanda sólo podrán añadirse a las alegaciones de la demanda inicial aquellas otras imprescindibles para justificar las pretensiones contra los nuevos demandados, sin alterar sustancialmente la causa de pedir. Si el demandante se opone a la falta de litisconsorcio, el tribunal oirá a las partes y resolverá lo que proceda; si considera procedente el litisconsorcio, concederá al demandante un plazo no inferior a 10 días para que dirija nueva demanda contra los nuevos litisconsortes; de hacerlo, se les emplazará para que contesten, con suspensión de la audiencia; de no hacerlo, se pondrá fin al proceso mediante auto. Aunque la LEC no prevé la posibilidad de controlar de oficio la falta de litisconsorcio necesario, como ya se ha expuesto, tanto el TC como el TS la admiten.

La existencia de **cosa juzgada** (existencia de resolución firme sobre objeto idéntico) o de **litispendencia** (pendencia de otro juicio) da lugar a la finalización de la audiencia y al sobreseimiento del proceso (421), excepto que la sentencia firme anterior sea antecedente lógico de la que haya de dictarse (222.4). Si se desestima, la audiencia continuará para las restantes finalidades.

En el tratamiento de la inadecuación de procedimiento se distingue según sea por la cuantía (422) o por la materia (423). Cuestionada la cuantía, el tribunal oirá a las partes y estará al acuerdo que éstas alcancen; a falta de acuerdo, resolverá lo que proceda. Cuestionada la materia, resolverá lo que proceda. Cuando el proceso deba continuar por los trámites del juicio verbal, se procederá al señalamiento de la vista, excepto que existan razones que impidan su continuación (por haber interpuesto la demanda una vez transcurrido el plazo de caducidad de la acción).

Cuando se hayan alegado **defectos en la demanda o la reconvención**, se admitirán en el acto las aclaraciones o precisiones oportunas y solo se acordará el sobreseimiento cuando no fuere posible determinar en qué consisten las pretensiones del actor, o, en su caso, del demandado en la reconvención, o frente a qué sujetos jurídicos se formulan las pretensiones.

La alegación de cualesquiera otras **circunstancias de naturaleza análoga** a las enumeradas recibirá el tratamiento previsto para aquella con la que guarde tal analogía. Como tales pueden considerarse la falta de legitimación cuando sea necesaria su acreditación inicial, o la falta de conexidad de la reconvención.

Cuando se aleguen varias de las cuestiones enumeradas, su examen seguirá el orden en que aquí han sido expuestas (417 y ss.); como regla general, habrán de resolverse en el acto en forma oral, si bien se admite hacerlo mediante auto dentro de los cinco días siguientes cuando fueren varias las planteadas (417.2) o cuando tratándose de la falta de litisconsorcio, de la cosa juzgada o litispendencia o de la inadecuación de procedimiento por razón de la materia, revistan especial complejidad.

Frente a las resoluciones orales que decidan cuestiones procesales ordenando la continuación de la audiencia no cabe recurso alguno, aunque se puede hacer constar la protesta de cara a la posibilidad de recurrir en apelación la sentencia. Si se adopta idéntica resolución a través de auto, cabe recurso de reposición y frente a este no cabe recurso, aunque puede reproducirse la cuestión al recurrir la sentencia. La estimación de cuestiones procesales en tanto ordena el archivo y pone fin al proceso, debe hacerse a través de auto, que será recurrible en apelación.

C/ Facilitación del debate

Si no se suscitasen cuestiones procesales o resueltas las suscitadas, la audiencia continúa con la finalidad de facilitar la delimitación del objeto de debate. Para ello se posibilita la intervención de las partes tanto voluntariamente para completar, aclarar, rectificar o concretar sus respectivas alegaciones y/o peticiones, como a requerimiento del tribunal para aclarar o precisar el contenido de la demanda o de la contestación. Se trata, en definitiva, de que las partes concreten sus alegaciones, pudiendo introducir modificaciones que no alteren el contenido inicial de aquellas (prohibición *mutati libelli*). La posibilidad de intervención de las partes por propia iniciativa es bastante amplia, dirigiéndose, en definitiva, a que concreten sus respectivas alegaciones iniciales; debe tenerse en cuenta, en todo caso, que las alegaciones que realicen no pueden alterar sustancialmente sus pretensiones ni los fundamentos de las mismas, ni impedir a la contraria ejercitar su derecho de defensa en condiciones de igualdad. La intervención de las partes puede extenderse a: formular **alegaciones complementarias** en relación a lo expuesto por la contraria (especialmente indicado para poder contestar a la contestación a la demanda o a la contestación a la reconvención); formular **alegaciones aclaratorias** sobre la demanda o contestación; **rectificar extremos secundarios** (errores u omisiones formales, aritméticos, etc.); realizar **peticiones accesorias y/o complementarias**, admisibles si no hay oposición de la contraria o cuando las admita el tribunal; introducir **hechos nuevos** producidos o conocidos con posterioridad a la demanda y/o contestación (286.4); aportar documentos relacionados con cualquiera de las posibilidades anteriores. El tribunal también puede requerir a las partes que realicen aclaraciones o precisiones necesarias respecto de los hechos y argumentos contenidos en sus escritos de demanda y/o contestación. En caso de no acceder a dicho requerimiento, se les advertirá de que pueden ser tenidos por confesos en la sentencia con relación a los hechos aducidos por la contraria.

D/ Preparación del proceso

La audiencia incluye diversas actuaciones directa o indirectamente relacionadas con la prueba, cuya finalidad es prioritariamente preparatoria de la vista o juicio. En primer lugar, cada parte debe pronunciarse sobre los documentos aportados de contrario hasta ese momento, así como sobre los dictámenes periciales. La audiencia continúa para la fijación de los hechos sobre los que exista conformidad y disconformidad (428.1). Cuando la controversia se limite a cuestiones jurídicas, el tribunal dictará sentencia dentro de los veinte días siguientes a la terminación de la audiencia (428.3). En caso contrario (si existen hechos controvertidos), la audiencia proseguirá para la proposición y admisión de prueba (429.1). La prueba es una actividad de las partes (principio de aportación de parte), por lo que cada una propondrá los medios de prueba de que intente valerse y el tribunal se pronunciará acerca de su admisión o no. Sin embargo, puede el tribunal si considera insuficientes las pruebas propuestas, ponerlo de manifiesto a las partes, indicando qué hechos considera que pueden verse afectados por la insuficiencia probatoria, e, incluso, sugerir las pruebas convenientes al efecto, aunque tienen que ser las partes las que completen o modifiquen sus proposiciones de prueba. Admitidas las pruebas pertinentes y útiles, se señala fecha para el juicio (dentro del plazo de un mes desde la conclusión de la audiencia), y se realizan las actividades necesarias para la práctica de las pruebas admitidas (práctica de pruebas fuera del lugar en que tenga su sede el tribunal, citación de testigos o peritos, etc.).

9.3. EL JUICIO

9.3.1. Cuestiones generales

La vista o juicio oral es el acto central de todo proceso, en el que, bajo los principios de inmediación, concentración, contradicción y audiencia, se lleva a cabo la práctica de la prueba y, a la vista del resultado de ésta, se delimita definitivamente la controversia, quedando el asunto visto para sentencia; prueba y conclusiones son, por tanto, las finalidades a las que va dirigido el juicio (431).

Al acto del juicio las partes tienen que comparecer representadas por procurador y asistidas por sus letrados, cuya ausencia puede dar lugar a responsabilidad profesional; la comparecencia personal de las partes solo se requiere cuando haya sido admitido su interrogatorio. En el juicio ordinario, la incomparecencia de ambas partes da lugar a la conclusión del juicio, quedando visto para sentencia; si solo comparece alguna de ellas, se celebrará el juicio (432). En el juicio verbal la incomparecencia del demandante se toma como desistimiento, con imposición de costas y condena a indemnizar al demandado comparecido por los daños, si éste lo pide y acredita el daño; se exceptúan los supuestos en que el demandado alegue interés legítimo en la continuación del proceso para que se dicte sentencia sobre el fondo. La incomparecencia del demandado no impide la celebración del juicio (442). La incomparecencia de ambas partes en el juicio verbal no está prevista, aunque de lo expuesto cabe concluir que dará lugar a que se tenga por desistido al demandante, si bien, sin haya lugar a pronunciamiento sobre costas ni sobre indemnización. La incomparecencia injustificada de alguno de los profesionales intervinientes supone devengará responsabilidades en función de su estatuto concreto.

9.3.2. Desarrollo

El juicio oral se desarrolla siempre bajo la dirección del tribunal. Importa a este respecto subrayar que en el juicio ordinario y en el verbal existen diferencias relevantes derivadas, entre otros aspectos, de la inexistencia de una audiencia previa en este último. Además, en el juicio verbal, la demanda puede presentarse de forma sucinta, lo que no es admisible en el procedimiento ordinario, donde rige una mayor exigencia de estructuración y exhaustividad. También, tras la reforma operada por la LO 1/2025, en lo relativo a la proposición y práctica de la prueba, al examen de las excepciones procesales e impugnaciones, en el juicio verbal se articulan por escrito frente al dominio de la oralidad que opera en al ámbito del procedimiento ordinario en el trámite de la Audiencia Previa. A ello se suma una singularidad propia del juicio verbal, el juez puede dictar sentencia de forma oral al finalizar el acto del juicio, dejando constancia en la grabación. Esta facultad no existe en el juicio ordinario, donde la resolución debe dictarse siempre por escrito dentro del plazo legal.

9.3.2.1. Juicio ordinario

En el juicio ordinario, con carácter previo a la práctica de la prueba, el tribunal conocerá de las posibles cuestiones previas que se hubieran planteado o pudieran plantearse en el acto. Como tales se consideran la posible vulneración de derechos fundamentales en la obtención u origen de alguna prueba y la alegación de hechos nuevos o de nueva noticia con posterioridad a la audiencia previa. El tribunal resolverá lo que proceda sobre la prueba afectada por la posible vulneración y, tras oír a las partes, decidirá sobre la admisión de la prueba propuesta en relación con los hechos nuevos.

Resueltas las cuestiones previas, el juicio continúa con la práctica de la prueba conforme a las reglas generales (299 y ss.).

Tras la práctica de la prueba, cada parte tendrá la oportunidad de intervenir para fijar definitivamente sus respectivas posiciones procesales; a ello van dirigidas las conclusiones (433.2) y el informe (433.3). Las conclusiones tiene por finalidad exponer de forma ordenada, clara y concisa el resultado de la actividad probatoria; la LEC da pistas sobre su contenido (referencia a los hechos que deben considerarse admitidos, probados o inciertos, resumen de cada una de las pruebas practicadas, remisiones concretas a los autos, presunciones, carga de la prueba) que, en todo caso, cada parte adaptará en función de sus intereses procesales, destacando tanto los aspectos probatorios que le favorezcan, como los que perjudiquen a la otra parte. Los informes se dirigen a exponer los argumentos jurídicos en que se apoyen las pretensiones, limitadas, en todo caso, por la imposibilidad de alterarlas; aunque la LEC no lo menciona, no cabe duda de que el aspecto más relevante del informe será la concreción final de tales pretensiones.

Finalmente, si el tribunal no se considerase suficientemente ilustrado, podrá conceder a las partes la palabra cuantas veces estime necesario para que informen sobre las cuestiones que les indique, (433.4).

9.3.2.2. Juicio verbal

El juicio verbal se inicia mediante demanda, que debe cumplir con el contenido y forma establecido en la LEC (399), si bien se permite la formulación de una demanda sucinta en los casos en que no se actúe con abogado y procurador, (437). Una vez admitida, el demandado presenta su contestación por escrito.

Tras la contestación, la LO 1/2025 introduce una fase escrita para la proposición de prueba, (438) y se concede a las partes un plazo común de cinco días para proponerla y, posteriormente, un plazo de tres días para impugnar la de la parte contraria. A la vista de lo actuado, el tribunal resolverá sobre la admisión de la prueba y la pertinencia de celebrar vista. La vista oral es, por tanto, eventual. De celebrarse, su desarrollo, (443), prioriza la posibilidad de un acuerdo o la derivación a un MASC. Si el litigio persiste, se fijan los hechos controvertidos y se practica la prueba admitida. El procedimiento admite la práctica de diligencias finales, (445). Finalmente, el tribunal podrá conceder un turno de conclusiones orales y dictará sentencia en el plazo de diez días, (447).

9.4. LAS DILIGENCIAS FINALES

Concluido el acto del juicio y dentro del plazo para dictar sentencia, el tribunal puede acordar, mediante auto motivado, la práctica de diligencias finales. Este trámite, regulado en los Artículo 435. y 436, sustituye a las antiguas "diligencias para mejor proveer" y presenta una doble configuración según su iniciativa y finalidad.

Supuestos de procedencia. La ley distingue dos supuestos principales para su acuerdo: A instancia de parte: Con el fin de completar la actividad probatoria, las partes pueden solicitar la práctica de: pruebas que, habiendo sido admitidas, no se practicaron por causas ajenas a la parte que las propuso (435.1.2ª). Pruebas pertinentes y útiles sobre hechos nuevos o de nueva noticia, (435.1.3ª). Excepcionalmente, de oficio o a instancia de parte: el tribunal puede acordar que se practiquen de nuevo pruebas sobre hechos relevantes si los actos probatorios anteriores no resultaron conducentes y existen motivos fundados para creer que las nuevas actuaciones permitirán adquirir certeza sobre dichos hechos (435.2).

Procedimiento y plazos. El auto que acuerda las diligencias finales suspende el plazo para dictar sentencia. Su tramitación sigue estas pautas: las diligencias se llevarán a cabo en un plazo máximo de veinte días (436.1). Una vez practicadas, las partes disponen de un plazo de cinco días para presentar un escrito resumiendo y valorando su resultado. El plazo para dictar sentencia volverá a computarse una vez transcurrido el término de cinco días concedido a las partes para sus valoraciones (436.2). La LO 1/2025 extiende la aplicación de las diligencias finales al juicio verbal, (445).

TEMA 10. LA PRUEBA

10.1. PLANTEAMIENTO

Ya hemos visto que la finalidad de los instrumentos procesales de tutela declarativa es la determinación del Derecho para el caso concreto; es decir, la individualización de las consecuencias jurídicas que corresponden a una situación de hecho determinada. También nos consta que, a estos efectos, en la fase de alegaciones, las partes introducen su relato fáctico y concretan sus pretensiones al respecto, esperando que el juzgador dé por buena su versión de los hechos y dicte una resolución favorable a sus intereses. En consecuencia, cuando las afirmaciones de las partes sobre los hechos y circunstancias resultan controvertidas, los litigantes deben articular la prueba necesaria para acreditar la veracidad de tales aseveraciones o sufrirán las consecuencias negativas de la falta o insuficiencia de prueba.

De manera que la prueba se concibe como una actividad procesal encaminada a fijar el supuesto de hecho, para que el juez señale la consecuencia jurídica correspondiente, el Derecho aplicable, constituyendo la plasmación gráfica del aforismo clásico *da mihi factum, dabo tibi ius*. En este sentido, constituye una parte más del contenido del derecho a la tutela judicial efectiva, entre cuyas manifestaciones se recoge el derecho a utilizar los medios de prueba pertinentes para la defensa (24.2 CE), lo que incluye el derecho a que se admitan las pruebas y éstas se practiquen efectivamente.

En el marco del proceso, los actos de prueba tratan de definirse atendiendo a su objeto, al sujeto responsable y al momento en que se practican, aunque estas notas definitorias requieren su matización.

Así, en vía de principio, el objeto de la prueba será la acreditación de la veracidad de los hechos controvertidos, aunque veremos que también será precisa la prueba del Derecho ante determinadas circunstancias (281). En cualquier caso, sí puede afirmarse que la prueba recae sobre afirmaciones de las partes que resultan cuestionadas por la contraparte.

Por lo que respecta al aspecto subjetivo, la prueba es una actividad procesal de parte, a quien corresponde la iniciativa probatoria y la responsabilidad de la práctica de los distintos medios de prueba, sin perjuicio de la posibilidad de que se practiquen pruebas o diligencias finales de oficio (282 y 435.2). Por otra parte, es el órgano judicial el responsable de determinar la prueba admisible en cada caso y el destinatario de la misma, procediendo a su valoración para extraer las consecuencias correspondientes.

En otro orden de cosas, es cierto que, normalmente, la prueba se practica en la vista o juicio oral (431), si bien, como veremos más adelante, las distintas actuaciones relacionadas con la prueba se llevan a cabo en diferentes momentos del proceso. Y todo ello sin olvidar la posibilidad de solicitar el acceso a fuentes de prueba, la práctica anticipada o la adopción de medidas de aseguramiento incluso con anterioridad a la interposición de la demanda, cuestiones todas ellas analizadas en el tema 7.

Por último, puede analizarse la prueba desde distintas perspectivas, lo que nos lleva a distinguir las siguientes categorías en virtud de una triple clasificación (CORTÉS DOMÍNGUEZ):

A/ Prueba directa y prueba indirecta

- Hablamos de prueba directa cuando existe una relación directa y sin intermediarios entre el juzgador y el objeto de la prueba, lo que ocurre únicamente en el caso del reconocimiento judicial.
- En el resto de los casos, nos encontramos con supuestos de prueba indirecta, ya que la relación entre el objeto de la prueba y el juez se lleva a cabo a través de cosas (documentos), personas (testigos, peritos) o hechos (presunciones).

B/ Prueba plena y prueba semiplena

- La prueba plena genera en el tribunal un convencimiento pleno –sin dudas– de la veracidad de los hechos controvertidos, lo que justifica el contenido de la sentencia.
- Por el contrario, la prueba semiplena aporta únicamente probabilidad o verosimilitud y resulta suficiente sólo para decisiones como la adopción de medidas cautelares (que requiere acreditar la apariencia de buen Derecho) o la admisión de una demanda en materia de filiación (para lo que se exige un principio de prueba).

C/ Prueba principal, prueba de lo contrario y contraprueba:

- La prueba principal es la que corresponde al actor y recae sobre los hechos fundamento de la pretensión (los hechos constitutivos).
- La prueba de lo contrario es la que corresponde al demandado y tiene como objeto los hechos impeditivos, extintivos o excluyentes que se hayan alegado como excepción.
- Finalmente, hablaremos de contraprueba para referirnos a la actividad que permite tanto al actor como al demandado introducir dudas sobre la veracidad de los hechos que corresponde probar a la otra parte.

10.2. EL OBJETO DE LA PRUEBA

Según adelantamos en el apartado anterior, y de acuerdo con lo establecido en el 281, la prueba recae sobre las afirmaciones de las partes que resulten cuestionadas por la contraparte, de manera que su objeto son normalmente aspectos fácticos controvertidos, aunque también será precisa la prueba del Derecho en determinados casos. En consecuencia, es preciso distinguir entre la prueba de los hechos y la prueba del Derecho.

Así, en primer lugar, serán objeto de prueba los hechos controvertidos introducidos por el actor como fundamento de la pretensión o por el demandado como base de la oposición y que han sido concretados en la fase intermedia del procedimiento declarativo (428.1, 429.1 y 443.3). *Sensu contrario*, se excluye la prueba en los siguientes supuestos:

- Hechos admitidos o no controvertidos. No será preciso probar aquellos hechos respecto de los que exista acuerdo de las partes y afecten a materias disponibles (281.3). A estos efectos, se requiere la negación expresa e individualizada de los hechos, de manera que el silencia o las respuestas evasivas pueden interpretarse como admisión o reconocimiento tácito de los mismos (399.3, 405.2 y 426.6).
- Hechos notorios. Tampoco se requiere prueba de hechos respecto de los que exista una notoriedad absoluta y general (281.4). La notoriedad debe ser alegada por la parte favorecida por la misma y deberá probarla si es cuestionada por la contraparte o desconocida por el juez.
- Hechos favorecidos por una presunción. En estos casos, el objeto de la prueba serán los hechos indicio y el nexo causal, pero la aplicación de la presunción exime de prueba al hecho presunto. En este punto, hay que distinguir las presunciones legales (385) y las judiciales (386), *iuris tantum*, en ambos casos [*Vid. infra* 11.7].

Por otra parte, hay que tener en cuenta que la vigencia del principio *iura novit curia* se extiende únicamente al Derecho escrito, interno y general, luego será preciso alegar y probar el Derecho cuando se pretenda la aplicación de los siguientes tipos de normas jurídicas (281.2):

- Derecho consuetudinario, si bien la costumbre no será objeto de prueba cuando exista acuerdo entre las partes en cuento a su existencia y contenido (1.3 CC).
- Derecho extranjero, siendo preciso probar su contenido y vigencia, sin perjuicio de que el tribunal puede servirse de los medios de averiguación necesarios (33 a 36 LCJI).
- Derecho escrito e interno, pero no general. El Derecho autonómico no publicado en el BOE debe ser alegado, ya que no se puede exigir a los jueces el conocimiento de todos los ordenamientos jurídicos autonómicos.

10.3. LA CARGA DE LA PRUEBA

La vigencia del principio de justicia rogada implica que, como regla general, serán las partes quienes introduzcan los hechos, las pretensiones y las pruebas que servirán de base a los juzgadores para resolver las causas civiles (216). A partir de este planteamiento, se desarrollan las reglas relativas a la carga de la prueba, que determinan a quién corresponde probar en cada caso y quién sufrirá por tanto las consecuencias negativas de la falta o insuficiencia de prueba (217).

La regla general es que a cada litigante le corresponde probar la existencia del supuesto de hecho de la norma cuya consecuencia jurídica pretende que se aplique, viendo rechazada su pretensión en otro caso. Es decir, la parte que introduce hechos en el proceso como fundamento de su pretensión, asume la carga de la prueba respecto de los mismos, luego debe acreditar la veracidad de los aspectos fácticos que resulten controvertidos o se encontrará con una resolución contraria a sus intereses si los hechos resultan inciertos o dudosos (217.1).

Así, en vía de principio, se atribuye la carga de la prueba a quien afirma, de manera que al actor y al demandado reconviniente les corresponde la prueba de los hechos constitutivos fundamento de la pretensión; mientras que el demandado y el actor reconvenido deben probar los hechos impeditivos, extintivos o excluyentes que hayan invocado como excepción. En consecuencia, si los hechos constitutivos de la demanda no han resultado suficientemente probados, la sentencia será absolutoria. Pero si los hechos constitutivos sí han resultado probados, y no así las excepciones planteadas, el resultado será que se estimará la demanda (217.2 y 3).

Con todo, debe atenderse a la efectiva disponibilidad y facilidad probatoria (en los términos del 217.7), lo que lleva al legislador a contemplar ciertas excepciones, estableciendo una inversión de la carga de la prueba respecto de los hechos negativos (850 y 1900 CC) o en materias como competencia desleal, publicidad ilícita o discriminación por razón de sexo, orientación e identidad sexual, expresión de género o características sexuales (217.4, 5 y 6), disponiéndose, en relación con las distintas formas de discriminación, que el órgano judicial, de oficio o a petición de parte, podrá recabar informe al respecto de los organismos públicos competentes en materia de igualdad.

En última instancia, también hay que considerar que la aplicación de las presunciones implica una modificación de la carga de la prueba, ya que, el favorecido por la presunción puede probar el hecho indicio y el nexo lógico en lugar del hecho presunto. Paralelamente, la contraparte podrá probar la inexistencia del hecho indicio, del nexo lógico o del hecho presunto.

10.4. MEDIOS DE PRUEBA Y MÁXIMAS DE EXPERIENCIA

Los medios de prueba son las vías o instrumentos que permiten acceder a las fuentes de prueba y aportar al proceso la veracidad necesaria sobre las alegaciones de las partes, acreditando aquello que resulta controvertido y fundamenta sus pretensiones y generando así la necesaria convicción en el juzgador.

Con buen criterio, el legislador opta por una enumeración abierta de los distintos medios de prueba susceptibles de ser utilizados en el proceso civil, entre los que contempla los siguientes (299.1):

- El interrogatorio de las partes.
- La prueba documental, por medio de documentos públicos o privados.
- El dictamen de peritos.
- El reconocimiento judicial.

- El interrogatorio de testigos.

Igualmente, se alude a la posibilidad de acceder a otra información utilizando a estos efectos medios de reproducción de palabra, sonido e imagen, así como instrumentos que permitan el archivo de palabras, datos, cifras y operaciones matemáticas (299.2).

A modo de cierre, se incluye una cláusula abierta en virtud de la cual podrá recurrirse a otros medios de prueba distintos de los contemplados expresamente, siempre que a través de los mismos pueda alcanzarse la certeza buscada por medio de la prueba y concurran, además de la utilidad, los requisitos de pertinencia, legalidad y licitud que se requiere para admitir cualquier medio de prueba (299.3, en relación con el 283).

Distinto de los medios de prueba son las máximas de experiencia, reglas generales desligadas del caso concreto que pueden definirse como conocimientos científicos, técnicos, prácticos, artísticos o especializados sobre diversas materias, derivados del estudio o la experiencia y que permiten valorar las alegaciones de las partes, aplicar ciertas normas jurídicas o apreciar alguna de las pruebas practicadas.

La incorporación de las máximas de experiencia al proceso puede realizarla el juez directamente cuando disponga de las mismas. En otro caso, se requiere la intervención de un perito, que aportará sus conocimientos a través del dictamen y, en su caso, de su declaración en la vista.

10.5. EL PROCEDIMIENTO PROBATORIO

Los actos de prueba se desarrollan a lo largo de las distintas fases de los procedimientos declarativos, ya que no hay un momento procesal específico que concentre todas las actuaciones relativas a la prueba.

Con todo, siguiendo la lógica del devenir del proceso, estos actos se concentran, como regla general, tras la fase de alegaciones y antes de las conclusiones. Así, en el procedimiento ordinario la prueba se propone y admite en la audiencia previa y se practica en la vista. Por su parte, en el juicio verbal tanto la proposición como la admisión y la práctica se concentran en el juicio oral. Sin embargo, existen importantes excepciones a este criterio, pudiendo destacarse las siguientes:

- Los documentos y los dictámenes periciales, que deben aportarse normalmente con la demanda o la contestación a la demanda.
- La prueba anticipada, que se puede proponer, admitir y practicar incluso antes de la interposición de la demanda.
- La prueba de reconocimiento judicial, que se practica normalmente con anterioridad a la vista.
- Las diligencias finales, que permiten la práctica de prueba con posterioridad a la vista.

En cualquier caso, los distintos actos de prueba se organizan en torno a cuatro fases o actuaciones claramente diferenciadas –proposición, admisión, práctica y valoración–, que nos llevan a hablar del procedimiento probatorio (282–300).

10.5.1. Proposición

La proposición de prueba consiste en la petición de que se admitan y practiquen los distintos medios de prueba que se consideran adecuados para acreditar los aspectos controvertidos del caso concreto.

A/ Sujeto

Como regla general, la iniciativa probatoria corresponde a las partes –consecuencia de la vigencia del principio dispositivo–, sin perjuicio de las potestades que corresponden al órgano al respecto (216, 282 y 429.1):

- Señalar la insuficiencia de la prueba propuesta, instando a su ampliación (429.1.III y 443.4).
- Acordar la práctica de oficio de la prueba que considere oportuna, posibilidad que opera en los procesos inquisitivos (339.5, 752.1.II, 759, 767, 770.4ª, 771.3, 774.2).
- Acordar diligencias finales de oficio en los supuestos previstos (435.2).

B/ Tiempo

En cuanto al momento para realizar la proposición de la prueba, es necesario distinguir varios supuestos:

- Procedimiento ordinario: la prueba se propone en la audiencia previa, una vez fijados los hechos controvertidos (429.1).
- Juicio verbal: se propondrá la prueba directamente en la vista, también tras la concreción del objeto de la misma (443.4.II).
- Prueba anticipada: puede proponerse en cualquier momento de la tramitación, incluso antes de la interposición de la demanda (294).
- Prueba documental, dictámenes periciales y soportes audiovisuales e informáticos: se aportan, como regla general, con la demanda o la contestación, sin perjuicio de las excepciones que se verán en el tema siguiente (265, 426.4 y 427).
- Hechos nuevos o de nueva noticia: es posible la proposición de prueba a través de las diligencias finales (435 en relación con el 286).

C/ Forma

La prueba se propondrá oralmente cuando la solicitud se realice en la fase intermedia (audiencia previa o vista), sin perjuicio de que deba aportarse igualmente escrito detallado de la propuesta realizada (arts. 429.1 y 443.3). Sin embargo, se hará por escrito cuando se interese la práctica de prueba anticipada, se aporte con la demanda o la contestación o se interesen diligencias finales (arts. 265, 293 y 435).

En la proposición se indicarán de forma separada los distintos medios de prueba de que la parte pretende valerse, indicando el domicilio de las personas que deban ser citadas (284) y teniendo en cuenta, en su caso, las reglas específicas existentes:

- Anunciar los dictámenes periciales que no puedan acompañarse con la demanda o la contestación y (337).
- Solicitar en la demanda a o la contestación la designación de perito judicial (339).
- Indicar los extremos concretos que deben ser objeto de reconocimiento judicial (353.2).
- Señalar los datos personales de los testigos y si se precisa la citación por parte del órgano judicial (362).

10.5.2. Admisión

La admisión consiste en decidir sobre la prueba interesada, acordando o no la práctica de los distintos medios de prueba propuestos en atención a las circunstancias del caso.

A/ Sujeto

El juez o tribunal ante el que se haya realizado la proposición de la prueba será el competente para resolver al respecto, decidiendo si permite o rechaza la práctica de las pruebas interesadas por las partes (285.1).

B/ Tiempo

La decisión sobre la admisión o inadmisión de la prueba se adoptará a continuación de la proposición, en la misma audiencia previa o en la vista, salvo la excepción vista relativa a la prueba anticipada (294, 429 y 443.4).

C/ Forma

La resolución correspondiente adoptará la forma de auto (206.1.2ª) y se dictará oralmente (429.1 y 443.4), salvo que se trate de prueba anticipada, en cuyo caso se resolverá por escrito (294).

D/ Impugnación

Frente a la resolución oral que admita o inadmita la prueba sólo se podrá plantear recurso de reposición, que se tramitará igualmente de forma oral, y frente a la resolución de dicho recurso habrá de formularse protesta si se pretende reiterar la impugnación en el eventual recurso de apelación ulterior (285.2 y 446).

E/ Criterios

Se admitirá la prueba que se considere pertinente, útil, legal y lícita, luego se inadmitirá la prueba que no responda a tales criterios (283 y 287, en relación con el 11.1 LOPJ):

- Se considera impertinente o improcedente la prueba que no está relacionada con los hechos controvertidos o con el objeto del proceso.
- Se reputa inútil la prueba que no va a contribuir a la acreditación de los hechos controvertidos.
- Será ilegal la prueba que implique la realización de actor prohibidos por la ley.
- Y se califica de ilícita la prueba que implica vulneración de derechos fundamentales en su obtención o en su práctica.

De forma complementaria, hay que tener en cuenta que para procedimientos con determinados objetos se limitan los medios de prueba admisibles (como algunos de los previstos en los arts. 439 y 444), luego se inadmitirán cualesquier otros que se propongan.

10.5.3. Práctica

La práctica de la prueba consiste en la realización de los actos correspondientes para que el medio de prueba despliegue sus efectos en la acreditación de los hechos controvertidos.

A/ Lugar

Como regla general, la prueba se practica en la sede del órgano judicial, salvo que se requiera el desplazamiento a otro lugar o se practique a través de auxilio judicial (169.4.II y 289.1), y ello sin perjuicio de las eventuales actuaciones mediante videoconferencia, de acuerdo con lo previsto en el 137 bis.

B/ Tiempo

En principio, la prueba se practica en el juicio o vista oral (431 y 443.4), con las excepciones derivadas de la práctica anticipada de prueba y de la prueba practicada fuera de la sede o por medio de auxilio judicial (169 y ss, 289, 290, 291, 293 y 429.4).

C/ Forma

Sin perjuicio de las previsiones específicas para cada medio de prueba –que se analizarán en el tema correspondiente–, la prueba se practicará de conformidad con unas reglas básicas de aplicación general que inciden en la necesidad de respetar los principios de inmediación, contradicción y publicidad (289):

- Ante el juez o tribunal que debe valorarla (salvo los casos de auxilio judicial y determinadas actuaciones que se llevan a cabo únicamente ante el LAJ), siendo preceptiva la presencia física o a través de videoconferencia de los sujetos que deban intervenir (137.1, 137 bis y 289.1 y 2).
- Permitiendo la intervención de las partes, ya sea en la vista, ya fuera de la sede del órgano judicial (174.1, 289.1 y 291).
- Oralmente y en vista pública –que se grabará–, aunque puede practicarse fuera de la sede y por escrito, pero siempre documentada y con publicidad (138.1, 147, 187 y 289.1).

Por otra parte, cuando concurre la práctica de distintos medios de prueba en la misma vista o juicio, se seguirá el orden establecido en el 300 (salvo que, de oficio o a instancia de parte, se acuerde otra cosa), que dispone la siguiente secuencia:

- Interrogatorio de partes.
- Interrogatorio de testigos.
- Declaración de peritos.
- Reconocimiento judicial
- Reproducción de palabras, imágenes y sonidos.

En última instancia, se contempla la posibilidad de que, en el mismo acto del juicio o vista, el juzgador imponga como sanción una multa de entre sesenta y seiscientos euros a la parte que impida la práctica de una prueba admitida, salvo que acredite la ausencia de culpa o renuncie a la prueba si fue propuesta por ella misma únicamente (288).

10.5.4. Valoración

La valoración de la prueba constituye la última fase del procedimiento probatorio y consiste en la determinación de la eficacia de la prueba practicada, llegando a la conclusión de si se considera o no probado el aspecto controvertido que se señaló como objeto de la prueba y se intentó acreditar fehacientemente. Es decir, a través de la valoración de la prueba, el juzgador debe llegar a una convicción sobre la verdad o la falsedad de las afirmaciones discutidas en el proceso.

Esta tarea corresponde exclusivamente al juez o tribunal que presenció la práctica de la prueba y que debe dictar la resolución correspondiente. A estos efectos, el juzgador analiza de forma crítica la prueba practicada y extrae las conclusiones correspondientes, decidiendo qué hechos controvertidos han resultado probados y cuáles permanecen inciertos o dudosos. Como consecuencia, fijará los hechos probados, a los que resultará de aplicación la consecuencia jurídica que se concretará finalmente en el fallo (218.2).

De manera que el resultado de la valoración de la prueba se concreta en la relación de hechos probados que se recoge en la resolución judicial, con indicación de los medios de prueba que llevan a dicha convicción o la referencia a la valoración conjunta de la prueba, que implica la puesta en relación de las distintas pruebas practicadas para extraer las conclusiones correspondientes. A partir del resultado probatorio, y aplicando las reglas de la carga de la prueba, se construirá el sentido de la resolución judicial, tal y como se expone en el tema dedicado a la sentencia.

La valoración de la prueba se realiza después de su práctica y antes de emitir el fallo, aplicando normalmente el sistema de libre valoración; es decir, las reglas de la sana crítica, criterios lógicos y razonables libremente determinados por el juzgador (218.2). Ello permite únicamente el control de la valoración de la prueba cuando resulte ilógica o irrazonable, otorgando un amplio margen al juez de instancia. En cualquier caso, las posibilidades existentes en vía de recurso se estudiarán en el tema correspondiente.

La libre valoración es la regla general en nuestro sistema y se prevé de forma expresa para los distintos medios de prueba: interrogatorio de parte (316.2); documentos públicos (319.3); documentos privados (326.2); copias reprográficas (334.1); dictámenes periciales (348); declaración de testigos (376); reproducción de imagen, sonido y datos (382.3); e instrumentos de archivo y reproducción de datos (384.3).

Sin embargo, el legislador ha optado igualmente por mantener algunas reglas específicas en casos puntuales, acogiendo en cierta medida el sistema de prueba tasada. En consecuencia, se atribuye una concreta eficacia probatoria a determinados medios de prueba, aunque no transmitan convencimiento al juez (lo que no impide que el resto de las pruebas puedan desvirtuar dicha conclusión). Esto ocurre, al menos, en los siguientes supuestos:

- La declaración de la parte sobre hechos que le perjudiquen (316.1).
- Los documentos públicos en general (319.1 y 2).
- Los documentos privados no impugnados por la parte a quien perjudiquen (326.1).

TEMA 11. LOS MEDIOS DE PRUEBA

11.1. LA PRUEBA DE INTERROGATORIO DE PARTE

11.1.1. Concepto y sujeto declarante

Esta materia se encuentra regulada fundamentalmente en los arts. 301 a 316 LEC. Puede definirse el interrogatorio de las partes como aquella declaración de las partes en el proceso, la cual tiene eficacia probatoria. Si bien la ley permite que cuando la parte legitimada, actuante en el juicio, no sea el sujeto de la relación jurídica controvertida o el titular del derecho en cuya virtud se acciona, se podrá solicitar el interrogatorio de dicho sujeto o titular (301.2 LEC). Asimismo, también permite la ley la declaración sobre hechos no personales del interrogatorio, se podrá proponer el interrogatorio de un tercero (308 LEC) y en el supuesto de la declaración de personas jurídicas (309 LEC).

Siendo la situación normal que el interrogatorio sea pedido por una parte para que declare la parte contraria, cabe igualmente la posibilidad del interrogatorio del colitigante. En este caso, la ley (301.1 LEC) permite que el colitigante pueda solicitar el interrogatorio de otro colitigante, siempre y cuando exista en el proceso oposición o conflicto de intereses entre ambos.

La definición que hemos dado anteriormente supone que no debemos interpretar como interrogatorio las declaraciones de las partes en el proceso que sólo tienen función alegatoria (por ejemplo, las afirmaciones de las partes en los escritos alegatorios), es decir, son afirmaciones de derechos o negaciones de los pretendidos por la parte contraria, y no tienen función probatoria, sino que son objeto de prueba.

La peculiaridad de este medio de prueba es que, si no lo contradice el resultado de las demás pruebas, se consideran ciertos los hechos que una parte haya reconocido como tales si en ellos intervino personalmente y su fijación le sea enteramente perjudicial (316.1 LEC)

Siendo el objeto de la prueba los hechos que tengan relación con el objeto del proceso deben ser hechos personales.

11.1.2. Práctica

El interrogatorio, como el resto de las pruebas, se practica en el acto de la vista o del juicio (289.1 LEC), con excepciones del interrogatorio domiciliario o el interrogatorio del Estado, Comunidad Autónoma o entidad local u otro organismo público.

Siendo el medio probatorio que, con carácter general, se práctica en primer lugar, con la finalidad de que con él se delimite el objeto probatorio y poder evitar otros medios de prueba.

En el caso del art. 311 LEC, el interrogatorio domiciliario se hará, sin duda, antes del acto del juicio o de la vista, pues es la única manera de poder, más tarde, en este momento procesal, hacer lectura del acta levantada por el LAJ, se deduce igualmente del tratamiento procesal que se hace del interrogatorio en casos especiales ex art. 315 LEC, del que la ley prevé su práctica antes de la vista o del juicio, precisamente para poder en dicho acto leer las respuestas que se hayan dado a las preguntas efectuadas y posibilitar nuevas preguntas. El órgano judicial podrá acordar, oídas las partes, realizar el interrogatorio mediante videoconferencia, si las circunstancias concurrentes garantizan la validez de la declaración.

En cuanto a la técnica en la formulación de las preguntas y su contestación, las preguntas deben de estar formuladas oralmente en sentido afirmativo, deben de ser claras y precisas (302.1 LEC); de igual manera, las respuestas han de ser afirmativas o negativas, precisas y concretas, aunque nada impide que el declarante pueda agregar las explicaciones que estime convenientes y que puedan guardar relación con la pregunta planteada (305.2 LEC). Las preguntas, en cualquier caso, no pueden contener valoraciones ni calificaciones de tipo jurídico, tal y como hemos estudiado anteriormente en el artículo.

Siendo el motivo por la que la pregunta debe formularse en sentido afirmativo es que el interrogatorio de las partes va dirigido a fijar hechos en la sentencia, por lo que el declarante lo que se le pregunta es si acepta como cierto un determinado hecho que si no si acepta la certeza de los hechos, la respuesta solo puede ser una afirmación o una negación, por lo que no caben las respuestas evasivas, las cuales producen el efecto jurídico de tener por cierto o declarado afirmativamente el hecho objeto de la pregunta (307 LEC), salvo que tenga el deber legal de guardar secreto.

El declarante puede dar explicaciones de su respuesta afirmativa o negativa (305.2 LEC) siempre que guarden relación con las cuestiones planteadas.

Le corresponde al órgano judicial decir en el acto si se admiten o no las preguntas formuladas declarándolas impertinentes o inútiles; siendo posible que en caso de que se hagan preguntas admitidas por el órgano judicial pueden ser impugnadas en el mismo acto, porque no se atengan a lo dispuesto en la ley o no se refieran a hechos sobre los cuales quepa el interrogatorio estableciendo este precepto que las preguntas son formuladas por el abogado, o, en los supuestos en que no sea necesaria la intervención de este, por la parte contraria o colitigante de la que declara (306 LEC). Este principio general no impide que una vez que se hayan respondido a estas preguntas, los abogados de las demás partes, o incluso el abogado de la parte que declara puedan formular nuevas preguntas referentes a los hechos objeto del procedimiento, pudiendo el declarante y su abogado impugnar las preguntas que, según si criterio, no se adapten a lo establecido en los arts. 301 y 302 de la LEC.

Los poderes del juez en la prueba de confesión son limitados:

- Admite la práctica de la prueba del interrogatorio.

- Decide sobre la admisibilidad de las preguntas.
- Decide sobre las impugnaciones que se hagan por las partes o por sus abogados en relación con la admisibilidad de las preguntas.
- Advierte al declarante sobre la necesidad de comparecer para declarar (304 LEC) y de contestar de forma precisa y concluyente.
- Acepta la sustitución del declarante por el tercero.
- Ordena la incomunicación de los declarantes, cuando son varias personas las que tienen que declarar.
- Decide si el interrogatorio se hace a domicilio y en qué circunstancias se practica.

Estas facultades se incluyen dentro de lo que es la facultad general del juez de dirigir formalmente el proceso y, en consecuencia, de dirigir formalmente el interrogatorio.

Fuera de estas facultades el juez tiene escasísimas facultades de dirección material de la prueba, la Ley solo le concede la posibilidad de interrogar a la parte con la exclusiva finalidad de obtener aclaraciones o adiciones de lo ya declarado por ella (306.1. II LEC). Como consecuencia de los principios generales que rigen en el proceso civil no cabe una mayor intervención del órgano judicial, en cuanto podría suponer una pérdida de imparcialidad y afectar al principio dispositivo.

En cuanto haya pluralidad de declarantes sobre unos mismos hechos controvertidos se debe proceder a su incomunicación para evitar que tengan conocimiento de las preguntas y respuestas que se hayan producido (310 LEC)

La prueba del interrogatorio de las partes se puede solicitar a lo largo del proceso cuantas veces se estime conveniente, siempre dentro del acto de la vista o del juicio, o cuando se den las circunstancias de los interrogatorios en casos especiales (314 LEC), asimismo, prohíbe que se proceda a interrogar a las partes, o al tercero en su caso, sobre los mismos hechos que ya hayan sido objeto de declaración por esas partes.

11.2. LA PRUEBA TESTIFICAL

11.2.1. Concepto y requisitos del testigo

La prueba testifical está recogida en los arts. 360 a 382 LEC. La definición de testigo es la que entiende al testigo como una persona física, que, sin ser parte en el proceso, es llamada a declarar, según su experiencia personal, acerca de la existencia y naturaleza de unos hechos conocidos con anterioridad al proceso, bien por haberlos presenciado como testigo directo, bien por haber tenido noticia de ellos por otros medios como testigo de referencia. Por lo tanto, el testigo se caracteriza por ser una persona única e insustituible en el proceso, puesto que la información que este pueda aportar durante el curso de las actuaciones solamente podrá ser proporcionada por dicho testigo (360 LEC), y no por nadie más. Ello se debe a que el conocimiento del testigo es individual e irrepetible. La LEC, en su art. 370.3, expresa que el testigo ha de manifestar la razón de ciencia de lo que diga, por lo que no solo ha de declarar sobre su conocimiento sino también la fuente del mismo, algo que es determinante para su valoración por el órgano jurisdiccional.

En cuanto a la capacidad para ser testigo, hoy en día solo se le exige tener una capacidad natural para poder percibir y relatar lo percibido. La incapacidad natural se introduce dentro del art. 361 LEC y las causas de inhabilitación legales son contempladas en la actualidad como tachas de los testigos. Por tanto, si un testigo es calificado como inhábil no podrá declarar, mientras que si es objeto de tacha podrá declarar, pero la tacha tendrá que ser tenida en cuenta por el juez. Así el art. 361 LEC es el que dispone concretamente que sujetos tienen idoneidad para ser testigos. *"Podrán ser testigos todas las personas, salvo las que se hallen permanentemente privadas de razón o del uso de sentidos respecto de hechos sobre los que únicamente quepa tener conocimiento por dichos sentidos. Los menores de catorce años podrán declarar como testigos si, a juicio del tribunal, poseen el discernimiento necesario para conocer y para declarar verazmente".*

Lo normal es que las causas de inhabilitación sean puestas en conocimiento del juez con anterioridad al interrogatorio. Existe la posibilidad de que antes de la vista el juez, si tiene alguna duda sobre la idoneidad del testigo, tenga una audiencia con él, formándose así una opinión sobre la idoneidad del testigo.

11.2.2. Práctica

En cuanto al procedimiento, al proponer la prueba de testigos se deberá expresar aquellos datos que les identifiquen, así como el lugar en que pueda ser citado (362 LEC). Debiéndose indicar si han de ser citados judicialmente o comparecen voluntariamente. Por lo que respecta al número de testigos, se establece que pueden proponer los que estimen convenientes, pero a partir del tercero por cada hecho discutido serán por cuenta de la parte que los haya presentado, pudiendo el órgano jurisdiccional obviar las declaraciones testificales una vez escuchado a tres sobre un mismo hecho (363 LEC).

Lo normal es la declaración en la sede del órgano jurisdiccional, si bien, cuando el testigo resida fuera de la demarcación judicial del tribunal, la declaración se hará preferentemente a través de videoconferencia, existen supuestos en que es posible la declaración en el domicilio del testigo (364 LEC). El testigo deberá prestar juramento o promesa de decir la verdad, advirtiéndole de las penas establecidas para el delito de falso testimonio en causa civil. En caso de ser menor de edad no se le exigirá juramento ni promesa.

En cuanto al modo de declarar, será de forma separada y sucesiva por orden de las propuestas, sin que puedan comunicarse entre sí, ni poder asistir a las declaraciones de los demás testigos. El tribunal realizara las preguntas generales del art. 367 LEC, y en base a sus respuestas las partes podrán hacer manifestaciones sobre la imparcialidad del testigo. Ello no incapacita al testigo, pero servirá para valorar adecuadamente su testimonio.

Las preguntas deberán realizarse de forma oral, con claridad y precisión, sin incluir valoraciones, correspondiendo al tribunal decidir sobre su admisión o no en función de que puedan ser conducentes a la averiguación de los hechos y circunstancias controvertidos y que guarden relación con el objeto del juicio, teniendo que hacer referencia a hechos de conocimiento propio del testigo. Las preguntas formuladas podrán se impugnadas en el mismo acto, y en caso de mantenerse por el órgano judicial podrán hacer constar su protesta. Una vez contestado a las generales se procederá a examinar al testigo por la parte que le hubiere propuesto, debiendo responder por sí mismo, de palabra sin valerse de borrador, salvo que las preguntas se refieran a cuentas, libros o documentos que podrán ser consultados en dicho supuesto. En los supuestos de testigos con deber de guardar secreto, se manifestará razonadamente al tribunal, una vez contestadas las preguntas del proponente del testigo, podrán hacer preguntas para reputar las realizadas y que sirvan para determinar los hechos, pudiendo el propio tribunal solicitar aclaraciones.

En el caso de que existan contradicciones importantes entre testigos, se podrá realizar un careo entre ellos.

Los testigos tendrán derecho a indemnizaciones por los perjuicios ocasionados por acudir a declarar al tribunal que serán a cargo de la parte proponente, sin perjuicio de lo que se acuerde sobre costas en la propia sentencia.

Los testigos podrán ser tachados por las causas establecidas en el art. 377 LEC, debiendo ser realizadas dichas tachas desde el momento en que se admita la prueba testifical, hasta que comience el juicio, en su caso se procederá a la prueba y oposición sobre las tachas, que en caso de que dentro del tercer día no se opusieren a ella, se entenderá su reconocimiento.

En cuanto a la valoración, el art. 376 LEC establece que se valorarán las declaraciones de los testigos conforme a las reglas de la sana crítica y en su caso, teniendo en cuenta las tachas formuladas y los resultados de la prueba que sobre éstas se hubiere practicado.

Por lo que respecta a los supuestos en que para determinar los hechos relevantes para el proceso se requiera el informe de personas jurídicas o entidades públicas, por referirse a unos hechos de su actividad, la parte que le interese podrá solicitar al tribunal para que requiera a esa entidad para que responda por escrito sobre los hechos en los diez días anteriores al juico o la vista (381 LEC).

11.3. LA PRUEBA PERICIAL

11.3.1. Concepto y requisitos del perito

Se trata de una prueba que no sería necesaria si el órgano judicial tuviera unos conocimientos universales, si bien como esto no es posible, se hace necesaria, y en este sentido, es un medio de prueba que consiste en la declaración de un perito, una persona que aporta al proceso conocimiento técnicos, científicos o prácticos para que el juez pueda apreciar con ellos los hechos objeto de debate, que generalmente ya han quedado probados por otros medios. Se regula en los arts. 335 a 352 LEC. *"Cuando sean necesarios conocimientos científicos, artísticos, técnicos o prácticos para valorar hechos o circunstancias relevantes en el asunto o adquirir certeza sobre ellos, las partes podrán aportar al proceso el dictamen de peritos que posean los conocimientos correspondientes o solicitar, en los casos previstos en esta ley, que se emita dictamen por perito designado por el tribunal."* (335 LEC), por lo que apreciamos que este medio probatorio tiene un carácter especial –si bien, existen discrepancias doctrinales sobre su naturaleza, ya que parte de la doctrina considera que realmente no es medio probatorio, sino simplemente ayuda al juez a valorar el resto de medios probatorios, en cuanto que aportan solo las máximas de experiencia– siendo la posición mayoritaria en la doctrina, la que considera como un medio probatorio en cuanto que entrega elementos que son necesarios para provocar la convicción del tribunal, por lo que resulta asimilable a un medio de prueba, la función del perito consiste en entregarle al juez ciertos conocimientos especiales o máximas de experiencias que éste necesita para tomar una decisión en un caso concreto (de las cuales carece por tratarse de conocimientos técnicos de alguna ciencia, arte u oficio).

El perito se diferencia del testigo en que este tiene conocimiento de los hechos con anterioridad al proceso, y el perito lo tiene precisamente con ocasión de mismo proceso, siendo un conocimiento objetivo, realizado en función de sus conocimientos técnicos, científicos, o prácticos.

11.3.2. Proposición, admisión y práctica

La prueba pericial puede ser aportada por las partes con los escritos alegatorios o en la audiencia previa y se practica tras el nombramiento del perito por el juez. Para estos dos tipos de dictámenes periciales existen distintos modos de proponer y admitir la prueba. Así puede decirse que el dictamen pericial de parte no es contradictorio y se puede contradecir en el acto del juicio oral, mientras que el dictamen pericial judicial es contradictorio y no se puede contradecir. Así en el caso de un dictamen pericial judicial las partes no pueden contradecirlo con otro posterior.

Mientras que el dictamen de parte siempre es posible, el dictamen judicial solo es posible cuando sucedan los supuestos del art. 339 LEC, y en este sentido, si cualquiera de las partes fuese titular del derecho de asistencia jurídica gratuita, no tendrá que aportar con la demanda o la contestación el dictamen pericial, sino simplemente anunciarlo, a los efectos de que se proceda a la designación judicial de perito, conforme a lo que se establece en la LAJG. El demandante o el demandado, aunque no se hallen en el caso del apartado anterior, también podrán solicitar en sus respectivos escritos iniciales que se proceda a la designación judicial de perito, si entienden conveniente o necesario para sus intereses la emisión de informe pericial. En tal caso, el tribunal procederá a la designación. Dicho dictamen será a costa de quien lo haya pedido, sin perjuicio de lo que pudiere acordarse en materia de costas.

En el juicio ordinario si, a consecuencia de las alegaciones o pretensiones complementarias permitidas en la audiencia, las partes solicitasen, conforme previene el apartado 4 del art. 427 LEC, la designación por el tribunal de un perito que dictamine, lo acordará éste así, siempre que considere pertinente y útil el dictamen. Lo mismo podrá hacer el tribunal cuando se trate de juicio verbal y las partes solicitasen en la vista designación de perito, en cuyo caso se interrumpirá aquélla hasta que se realice el dictamen.

El tribunal podrá, de oficio, designar perito cuando la pericia sea pertinente en procesos sobre declaración o impugnación de la filiación, paternidad y maternidad, sobre capacidad de las personas o en procesos matrimoniales.

La prueba de peritos es de apreciación libre, así, el órgano judicial valorará el dictamen de peritos según los principios de sano juicio y sana crítica, lo que puede llevar, en principio, a concluir de manera diferente a como lo han hecho los peritos (348 LEC). Tendremos que diferenciar entre dictámenes de parte –la Ley establece, como criterio de sano juicio y sana crítica, la existencia de alguna causa de tacha, y las críticas que pueda recibir el dictamen, provenientes del perito de la parte contraria (347.1–5° y 6° LEC)– y dictámenes en general –el órgano judicial deberá tener en cuenta, como criterio de sano juicio y sana crítica, la actuación que el perito tenga en el juicio, o la vista, a la hora de exponer, explicar, responder a las preguntas u objeciones que se le planteen o ampliar el dictamen en los términos en que se soliciten.

Con carácter general las partes deben aportar con la demanda y con la contestación los dictámenes elaborados por los peritos, que estimen convenientes para defender sus derechos (336 LEC). Si bien la Ley ofrece distintos mecanismos para aportar con posterioridad esos dictámenes cuando no sea posible obtenerlos en su momento por las circunstancias que hayan podido rodear el caso (336.3 y 336.4 LEC), previéndose, incluso, la posibilidad de anunciar el dictamen, para no perder la facultad procesal de aportarlo más tarde, pero en todo caso, cinco días antes del inicio de la audiencia previa al juicio ordinario o de la vista en el juicio verbal (337.1 LEC). Estableciendo en el RDLey 6/2023, de 19 de diciembre que en el caso del juicio verbal treinta días desde la presentación de la demanda o de la contestación. Este plazo puede ser prorrogado por el tribunal cuando la naturaleza de la prueba pericial así lo exija y exista una causa justificada.

Cuando se trata del dictamen pericial judicial, el órgano judicial tiene poderes para admitir la designación y nombramiento de perito judicial para que emita el dictamen solicitado por las partes. El órgano judicial, si entiende que la prueba es pertinente y útil, designa al perito (339.2 LEC).

Como hemos visto, el órgano judicial practicará de oficio la prueba cuando sea pertinente, pero solo en los siguientes procesos (339.5 LEC): declaración de la filiación; impugnación de la filiación; paternidad y maternidad; capacidad de las personas y procesos matrimoniales.

Además, la Ley concede poderes muy amplios para practicar de oficio prueba de peritos, si esta fuera necesaria para poder apreciar el contenido de los instrumentos de archivo, de reproducción o de conocimiento de datos relevantes para el proceso, fundamentalmente datos económicos, financieros y contables (384 LEC).

Una vez que se proponga y se admita la práctica de prueba pericial, se procederá al nombramiento, aceptación y condiciones para ser perito. Teniendo en cuenta que cuando se trata de dictamen pericial de parte, no existe ninguna limitación en el número de peritos que lo pueden emitir. Sin embargo, cuando se trata de dictamen pericial judicial, el dictamen sólo puede ser emitido por un perito (339.6 LEC), aunque si se trata de materias diversas que requieren conocimientos técnicos distintos, el dictamen podrá ser elaborado por distintos peritos.

En el supuesto de los dictámenes periciales de parte sólo puede ser contestado si el perito que emite el dictamen está incurso en alguna de las causas de tacha que contempla el art. 343 LEC. Por el contrario, cuando el perito es nombrado por el órgano judicial podrá ser recusado conforme al art. 124 LEC. En los supuestos de designación judicial, se designa al perito de acuerdo con el procedimiento establecido en el art. 341 LEC.

Una vez que se designa el perito debe aceptar del encargo que se le haga mediante juramento o promesa de decir la verdad, de actuar con objetividad, tomando en consideración aquello que pueda favorecer a las partes y también aquello que las pueda perjudicar, confirmando que conoce las sanciones penales en que puede incurrir. La aceptación de la designación no es obligatoria, la Ley permite alegar una justa causa para oponerse a la aceptación, siendo admitida por el LAJ siempre que no sea caprichosa, arbitraria, irrazonada o irrazonable.

Una vez aceptada la designación, el perito tiene la obligación de emitir y ratificar su dictamen (346 LEC), que hará llegar por medios electrónicos al tribunal en el plazo que se le haya señalado y de intervenir en el juicio si lo solicita el juez (346) o las partes (347 LEC). Cuando el perito que deba intervenir en el juicio o la vista resida fuera de la demarcación judicial del tribunal, la declaración se hará preferentemente a través de videoconferencia. Estas obligaciones decaen cuando no es atendida la petición de provisión de fondos (342.3 LEC).

Por lo que respecta la práctica de la prueba pericial, hay que diferenciar si el dictamen es de parte se aporta al proceso con los actos alegatorios o posteriormente, en los supuestos en que se anuncie el dictamen, pero siempre con antelación de 5 días a la celebración del juicio o de la vista.

En el caso de dictámenes periciales judiciales, el perito ha de entregar el dictamen en el plazo que le marque el órgano judicial, siempre antes de la vista o juicio.

En el caso de dictámenes judiciales, el juez podrá acordar la presencia del perito en el juicio de la vista para someterse al examen, examen al que habrá de someterse el perito de parte si así es solicitado por las partes y el juez lo acuerda. Intervención de perito. El art. 346 LEC prescribe que, cuando el perito deba intervenir en el juicio o la vista resida fuera de la demarcación judicial del tribunal, la declaración se hará preferentemente a través de videoconferencia.

En el juicio o en la vista, el perito debe responder a las preguntas y a las observaciones que le haga el órgano judicial o que le hagan las partes y debe exponer de forma completa su dictamen, responder a la solicitud de ampliación de dictamen en puntos conexos y así como exponer su opinión sobre la posibilidad y utilidad de la ampliación. También puede criticar el dictamen del contrario y manifestarse sobre las tachas que le puedan afectar.

La ley admite que en la práctica de la prueba pericial las partes puedan intervenir o presenciar la realización del dictamen, siempre que se trate en el dictamen de emitir opinión sobre lugares, objetos o personas. El perito tiene la obligación de avisar a las partes con una antelación mínima de 48 horas, del día, del lugar en que se van a efectuar las operaciones periciales.

Los arts. 349 a 351 LEC., regulan un dictamen pericial concreto, antes llamado cotejo de letras. Se trata de un dictamen que es necesario emitir para los supuestos en los que se niegue o se ponga en duda la autenticidad de un documento privado o público cuando carezca de matriz o de copias fehacientes y no pueda ser reconocido por el funcionario o por el fedatario que hubiese intervenido en su otorgamiento. Para llevar a efecto el cotejo de letras requiere de la existencia de documentos indubitados. Y en este sentido se considerarán documentos indubitados a los efectos de cotejar las letras: 1.º Los documentos que reconozcan como tales todas las partes a las que pueda afectar esta prueba pericial. 2.º Las escrituras públicas y los que consten en los archivos públicos relativos a Documento Nacional de Identidad. 3.º Los documentos privados cuya letra o firma haya sido reconocida en juicio por aquel a quien se atribuya la dudosa. 4.º El escrito impugnado, en la parte en que reconozca la letra como suya aquel a quien perjudique. En definitiva, trata de documentos sobre los que no quepa duda de autenticidad, que la simple comparación del documento cuestionado con el indubitado determina el contenido del dictamen o cotejo de letras. Cuando no es posible tener un documento indubitado, será posible formar un cuerpo de escritura que consiste en obligar al que se atribuya el documento impugnado a escribir o firmar ante el tribunal o ante el LAJ, para que así pueda ser comparada por el perito la firma o la escritura.

11.4. LA PRUEBA DOCUMENTAL

11.4.1. Concepto y clases de documentos

Esta materia está regulada fundamentalmente en los artículos 317 a 334 LEC, arts. 1216 a 1230 CC, también deberemos tener en cuenta los artículos 256 LEC sobre diligencias preliminares, 273 y ss. LEC sobre la forma de presentación de los documentos, con las peculiaridades establecidas en el RDLey 6/2023, de 19 de diciembre y en particular el art. 268 bis LEC el cual recoge la presentación de documentos por medios electrónicos que se ajustará en todo caso a lo que determine la Ley que regule el uso de las tecnologías en la Administración de Justicia. La prueba documental en el procedimiento civil parte de una distinción entre documentos públicos y privados, pudiendo presentarse bien en soporte papel o electrónico, puede decirse que consiste en aquella prueba obtenida a partir de un escrito, debiendo constar datos susceptibles de ser empleados como tales para probar algo. La LEC, a efectos de prueba, distingue entre documentos públicos y privados (arts. 317 y ss. y 324 y ss., respectivamente) y dentro de los primeros entre documentos públicos (317) y los llamados documentos administrativos en función de que hayan sido emitidos por sujeto o funcionario público competente con facultades para dar fe pública, o que, los segundos, provengan de la Administración pero carezca el funcionario que los emite de esa capacidad fedataria, estableciendo, para unos y otros, distinta fuerza probatoria.

Son documentos públicos a efectos de prueba (317 LEC):

1.º Las resoluciones y diligencias de actuaciones judiciales de toda especie y los testimonios que de las mismas expidan los LAJ.

2.º Los autorizados por notario con arreglo a derecho.

3.º Los intervenidos por corredores de comercio colegiados y las certificaciones de las operaciones en que hubiesen intervenido, expedidas por ellos con referencia al libro registro que deben llevar conforme a derecho.

4.º Las certificaciones que expidan los registradores de la propiedad y mercantiles de los asientos registrales.

5.º Los expedidos por funcionarios públicos legalmente facultados para dar fe en lo que se refiere al ejercicio de sus funciones.

6.º Los que, con referencia a archivos y registros de órganos del Estado, de las Administraciones públicas o de otras entidades de Derecho público, sean expedidos por funcionarios facultados para dar fe de disposiciones y actuaciones de aquellos órganos, Administraciones o entidades.

En definitiva, son documentos públicos los autorizados por un notario o empleado público. Por lo que respecta a los documentos públicos extranjeros se considerarán documentos públicos los documentos extranjeros a los que, en virtud de tratados o convenios internacionales o de leyes especiales, haya de atribuírseles la fuerza probatoria prevista en el art. 319 de esta Ley. Cuando no sea aplicable ningún tratado o convenio internacional ni ley especial, se considerarán documentos públicos los que reúnan los siguientes requisitos: 1.º Que en el otorgamiento o confección del documento se hayan observado los requisitos que se exijan en el país donde se hayan otorgado para que el documento haga prueba plena en juicio. 2.º Que el documento contenga la legalización o apostilla y los demás requisitos necesarios para su autenticidad en España.

Los documentos privados son aquellos que no son públicos (324 LEC)

11.4.2. Aportación y exhibición

Las partes tendrán que aportar los documentos en los que se funde su derecho o la excepción con la demanda o la contestación de la misma, si bien puede prorrogarse dicho momento a la audiencia o al comienzo del juicio oral en el caso del procedimiento verbal en determinados casos. Teniendo en cuenta conforme al art. 272 LEC, que cuando se presente un documento con posterioridad a los momentos procesales establecidos en esta ley, según los distintos casos y circunstancias, el tribunal, por medio de providencia, lo inadmitirá, de oficio o a instancia de parte, mandando devolverlo a quien lo hubiere presentado.

El tribunal, después de la demanda y la contestación, o, cuando proceda, de la audiencia previa al juicio, sólo admitirá al actor o al demandado los documentos, medios e instrumentos relativos al fondo del asunto cuando se hallen en alguno de los casos siguientes: 1.º Ser de fecha posterior a la demanda o a la contestación o, en su caso, a la audiencia previa al juicio, siempre que no se hubiesen podido confeccionar ni obtener con anterioridad a dichos momentos procesales. 2.º Tratarse de documentos, medios o instrumentos anteriores a la demanda o contestación o, en su caso, a la audiencia previa al juicio, cuando la parte que los presente justifique no haber tenido antes conocimiento de su existencia. 3.º No haber sido posible obtener con anterioridad los documentos, medios o instrumentos, por causas que no sean imputables a la parte, siempre que haya hecho oportunamente la designación a que se refiere el apartado 2 del art. 265 LEC, o en su caso, el anuncio al que se refiere el número 4.º del apartado primero del art. 265 de la presente ley (270 LEC).

Cuando un documento, medio o instrumento sobre hechos relativos al fondo del asunto, se presentase una vez precluidos los actos a que se refiere el apartado anterior, las demás partes podrán alegar en el juicio o en la vista la improcedencia de tomarlo en consideración, por no encontrarse en ninguno de los casos a que se refiere el apartado anterior. El tribunal resolverá en el acto y, si apreciare ánimo dilatorio o mala fe procesal en la presentación del documento, podrá, además, imponer al responsable una multa.

Se podrán presentar, incluso dentro del plazo previsto para dictar sentencia, en un momento posterior las sentencias o resoluciones judiciales o de autoridad administrativa, dictadas o notificadas en fecha no anterior al momento de formular las conclusiones, siempre que pudieran resultar condicionantes o decisivas para resolver en primera instancia o en cualquier recurso (271 LEC).

Por otro lado, se regula el deber de exhibición documental entre partes de manera que cada parte podrá solicitar de las demás la exhibición de documentos que no se hallen a disposición de ella y que se refieran al objeto del proceso o a la eficacia de los medios de prueba. En los procesos seguidos por infracción de un derecho de propiedad industrial o de un derecho de propiedad intelectual, cometida a escala comercial, la solicitud de exhibición podrá extenderse, en particular, a los documentos bancarios, financieros, comerciales o aduaneros producidos en un determinado período de tiempo y que se presuman en poder del demandado. La solicitud deberá acompañarse de un principio de prueba que podrá consistir en la presentación de una muestra de los ejemplares, mercancías o productos en los que se hubiere materializado la infracción. A instancia de cualquier interesado, el tribunal podrá atribuir carácter reservado a las actuaciones, para garantizar la protección de los datos e información que tuvieran carácter confidencial (328 LEC).

En caso de negativa injustificada a la exhibición del artículo anterior, el tribunal, tomando en consideración las restantes pruebas, podrá atribuir valor probatorio a la copia simple presentada por el solicitante de la exhibición o a la versión que del contenido del documento hubiese dado, o bien, podrá formular requerimiento, mediante providencia, para que los documentos cuya exhibición se solicitó sean aportados al proceso, cuando así lo aconsejen las características de dichos documentos, las restantes pruebas aportadas, el contenido de las pretensiones formuladas por la parte solicitante y lo alegado para fundamentarlas.

Salvo lo dispuesto en esta ley en materia de diligencias preliminares, sólo se requerirá a los terceros no litigantes la exhibición de documentos de su propiedad cuando, pedida por una de las partes, el tribunal entienda que su conocimiento resulta trascendente a los fines de dictar sentencia.

Cuando se trate de dibujos, fotografías, croquis, planos, mapas y otros documentos que no incorporen predominantemente textos escritos, si sólo existiese el original, la parte podrá solicitar que en la exhibición se obtenga copia, a presencia del LAJ, que dará fe de ser fiel y exacta reproducción del original.

11.4.3. Autenticidad e impugnación

Se requiere a los documentos para que sean medios de prueba la autenticidad, y en este sentido los documentos públicos harán prueba plena del hecho, acto o estado de cosas que documenten, de la fecha en que se produce esa documentación y de la identidad de los fedatarios y demás personas que, en su caso, intervengan en ella. Para los documentos privados Los documentos privados harán prueba plena en el proceso, en los términos del art. 319 LEC, cuando su autenticidad no sea impugnada por la parte a quien perjudiquen. Cuando se impugnare la autenticidad de un documento privado, el que lo haya presentado podrá pedir el cotejo pericial de letras o proponer cualquier otro medio de prueba que resulte útil y pertinente al efecto. Si del cotejo o de otro medio de prueba se desprendiere la autenticidad del documento, se procederá conforme a lo previsto en el apartado tercero del art. 320 LEC. Cuando no se pudiere deducir su autenticidad o no se hubiere propuesto prueba alguna, el tribunal lo valorará conforme a las reglas de la sana crítica. En relación a los documentos electrónicos si se hubiera utilizado algún servicio de confianza cualificado de los previstos en el Reglamento (UE) 910/2014 del Parlamento Europeo y del Consejo, de 23 de julio de 2014, relativo a la identificación electrónica y los servicios de confianza para las transacciones electrónicas en el mercado interior, se presumirá que el documento reúne la característica cuestionada y que el servicio de confianza se ha prestado correctamente si figuraba, en el momento relevante a los efectos de la discrepancia, en la lista de confianza de prestadores y servicios cualificados.

Si aun así se impugnare el documento electrónico, la carga de realizar la comprobación corresponderá a quien haya presentado la impugnación. Si dichas comprobaciones obtienen un resultado negativo, serán las costas, gastos y derechos que origine la comprobación exclusivamente a cargo de quien hubiese formulado la impugnación. Si, a juicio del tribunal, la impugnación hubiese sido temeraria, podrá imponerle, además, una multa (326 LEC).

Si se impugnase la autenticidad de un documento público, para que pueda hacer prueba plena se procederá de la forma siguiente: 1.º Las copias, certificaciones o testimonios fehacientes se cotejarán o comprobarán con los originales, dondequiera que se encuentren, ya se hayan presentado en soporte papel o electrónico, informático o digital. 2.º Las pólizas intervenidas por corredor de comercio colegiado se comprobarán con los asientos de su libro registro. El cotejo o comprobación de los documentos públicos con sus originales se practicará por el LAJ, constituyéndose al efecto en el archivo o local donde se halle el original o matriz, a presencia, si concurrieren, de las partes y de sus defensores, que serán citados al efecto. Si los documentos públicos estuvieran en soporte electrónico, el cotejo con los originales se practicará por el LAJ en la oficina judicial, a presencia, si concurrieren, de las partes y de sus defensores, que serán citados al efecto.

Hay determinados documentos públicos no susceptibles de cotejo o comprobación que harán prueba plena en juicio, sin necesidad de comprobación o cotejo y salvo prueba en contrario y la facultad de solicitar el cotejo de letras cuando sea posible: 1.º Las escrituras públicas antiguas que carezcan de protocolo y todas aquellas cuyo protocolo o matriz hubiese desaparecido. 2.º Cualquier otro documento público que, por su índole, carezca de original o registro con el que pueda cotejarse o comprobarse. En los supuestos desaparición del protocolo, la matriz o los expedientes originales, se estará a lo dispuesto en el art. 1221 CC.

11.5. LA PRUEBA DE RECONOCIMIENTO JUDICIAL

11.5.1. Concepto

Aparece regulado en los arts. 353 a 359 LEC, dentro de la Sección 6ª ("Del reconocimiento judicial") del Capítulo VI ("De los medios de prueba y las los procesos declarativos.

El reconocimiento judicial es un medio de prueba mediante el cual el tribunal examina por sí mismo algún lugar, objeto o persona para el debido esclarecimiento y apreciación de los hechos (353.1 LEC). Sin perjuicio de la amplitud que el tribunal estime que ha de tener el reconocimiento judicial, la parte que lo solicite habrá de expresar los extremos principales a que quiere que éste se refiera e indicará si pretende concurrir al acto con alguna persona técnica o práctica en la materia.

11.5.2. Práctica

Una vez solicitado el reconocimiento judicial, la otra parte podrá, antes de la realización del reconocimiento judicial, proponer otros extremos que le interesen y asimismo deberá manifestar si asistirá con persona práctica en la materia. Acordada por el tribunal la práctica del reconocimiento judicial, el LAJ señalará con cinco días de antelación, por lo menos, el día y hora en que haya de practicarse el mismo.

El tribunal podrá acordar cualesquiera medidas que sean necesarias para lograr la efectividad del reconocimiento, incluida la de ordenar la entrada en el lugar que deba reconocerse o en que se halle el objeto o la persona que se deba reconocer.

Las partes, sus procuradores y abogados podrán concurrir al reconocimiento judicial y hacer al tribunal, de palabra, las observaciones que estimen oportunas.

Si, de oficio o a instancia de parte, el tribunal considerase conveniente oír las observaciones o declaraciones de las personas prácticas en la materia, les recibirá previamente juramento o promesa de decir verdad (354 LEC). En los reconocimientos judiciales de una persona se practicará a través de un interrogatorio realizado por el tribunal, que se adaptará a las necesidades de cada caso concreto. En dicho interrogatorio, que podrá practicarse, si las circunstancias lo aconsejaren, a puerta cerrada o fuera de la sede del tribunal, podrán intervenir las partes siempre que el tribunal no lo considere perturbador para el buen fin de la diligencia.

Puede darse la concurrencia del reconocimiento judicial y el pericial si el tribunal lo considere conveniente –pudiendo ser solicitado por las partes–, podrá disponer, mediante providencia, que se practiquen en un solo acto el reconocimiento judicial y el pericial, sobre el mismo lugar, objeto o persona, siguiéndose el mismo procedimiento.

Del reconocimiento judicial practicado se levantará por el Letrado de la Administración de Justicia acta detallada, consignándose en ella con claridad las percepciones y apreciaciones del tribunal, así como las observaciones hechas por las partes y por las personas a que se refiere el artículo 354, asimismo se utilizarán medios de grabación de imagen y sonido u otros instrumentos semejantes para dejar constancia de lo que sea objeto de reconocimiento judicial y de las manifestaciones de quienes intervengan en él. Siempre que se cuente con los medios tecnológicos necesarios, no será de aplicación lo previsto en el párrafo anterior, sino que el letrado o letrada de la Administración de Justicia garantizará la autenticidad e integridad de lo grabado o reproducido mediante la utilización de la firma electrónica u otro sistema de seguridad que conforme a la ley ofrezca tales garantías.

11.6. LA AUDIOVISUAL Y EN SOPORTE INFORMÁTICO

11.6.1. Concepto y clases

El art. 299 LEC recoge los medios de prueba de que se podrá hacer uso en juicio de forma abierta de manera que además de los vistos en este tema y el anterior establece que también se admitirán, conforme a lo dispuesto en esta ley, los medios de reproducción de la palabra, el sonido y la imagen, así como los instrumentos que permiten archivar y conocer o reproducir palabras, datos, cifras y operaciones matemáticas llevadas a cabo con fines contables o de otra clase, relevantes para el proceso. Asimismo, cuando por cualquier otro medio no expresamente previsto en los apartados anteriores de este artículo pudiera obtenerse certeza sobre hechos relevantes, el tribunal, a instancia de parte, lo admitirá como prueba, adoptando las medidas que en cada caso resulten necesarias.

11.6.2. Aportación y práctica

En la sección 8, del capítulo IV, del Título I del Libro II se regula de la reproducción de la palabra, el sonido y la imagen y de los instrumentos que permiten archivar y conocer datos relevantes para el proceso, arts. 382 a 384 de la LEC. Permiten que las partes podrán proponer como medio de prueba la reproducción ante el tribunal de palabras, imágenes y sonidos captados mediante instrumentos de filmación, grabación y otros semejantes. Al proponer esta prueba, la parte deberá acompañar, en su caso, transcripción escrita de las palabras contenidas en el soporte de que se trate y que resulten relevantes para el caso. La parte que proponga este medio de prueba podrá aportar los dictámenes y medios de prueba instrumentales que considere convenientes. También las otras partes podrán aportar dictámenes y medios de prueba cuando cuestionen la autenticidad y exactitud de lo reproducido. De estos actos que se realicen se levantará la oportuna acta, donde se consignará cuanto sea necesario para la identificación de las filmaciones, grabaciones y reproducciones llevadas a cabo, así como, en su caso, las justificaciones y dictámenes aportados o las pruebas practicadas. El material que contenga la palabra, la imagen o el sonido reproducidos habrá de conservarse por el Letrado de la Administración de Justicia, con referencia a los autos del juicio, de modo que no sufra alteraciones o en su caso incorporarse al expediente judicial electrónico, de modo que no sufra alteraciones.

Los instrumentos que permitan archivar, conocer o reproducir palabras, datos, cifras y operaciones matemáticas llevadas a cabo con fines contables o de otra clase, que, por ser relevantes para el proceso, hayan sido admitidos como prueba, serán examinados por el tribunal por los medios que la parte proponente aporte o que el tribunal disponga utilizar y de modo que las demás partes del proceso puedan, con idéntico conocimiento que el tribunal, alegar y proponer lo que a su derecho convenga. El LAJ, adoptará también las medidas de custodia que resulten necesarias. El tribunal valorará las de esta sección según las reglas de la sana crítica.

11.7. LAS PRESUNCIONES

Reguladas en la sección 9, arts. 385 y 386 LEC diferenciando entre presunciones legales y presunciones judiciales. Las presunciones que la ley establece dispensan de la prueba del hecho presunto a la parte a la que este hecho favorezca. Tales presunciones sólo serán admisibles cuando la certeza del hecho indicio del que parte la presunción haya quedado establecida mediante admisión o prueba. Cuando la ley establezca una presunción salvo prueba en contrario, ésta podrá dirigirse tanto a probar la inexistencia del hecho presunto como a demostrar que no existe, en el caso de que se trate, el enlace que ha de haber entre el hecho que se presume y el hecho probado o admitido que fundamenta la presunción.

Por lo que respecta a las presunciones judiciales, a partir de un hecho admitido o probado, el tribunal podrá presumir la certeza, a los efectos del proceso, de otro hecho, si entre el admitido o demostrado y el presunto existe un enlace preciso y directo según las reglas del criterio humano. La sentencia en la que se aplique la presunción judicial deberá incluir el razonamiento en virtud del cual el tribunal ha establecido la presunción. Frente a la posible formulación de una presunción judicial, el litigante perjudicado por ella siempre podrá practicar la prueba en contrario.

TEMA 12. LA TERMINACIÓN DEL PROCESO (I)

12.1. PLANTEAMIENTO: FORMA DE TERMINACIÓN DE LOS PROCEDIMIENTOS DECLARATIVOS

El proceso en su integridad o en alguna de sus instancias puede finalizar de diversos modos. El primero y principal, hasta el punto de ser habitualmente considerado como modo normal de terminación del proceso, es la sentencia.

Pero también termina mediante sentencia el proceso en dos supuestos en que la controversia entre las partes se ha extinguido, o bien por renuncia del actor (20.1 LEC), o bien por allanamiento del demandado (21.1 LEC).

El proceso puede, igualmente, concluir, pero sin sentencia, en los supuestos siguientes: transacción judicial, desistimiento (20.3.II LEC), caducidad (237 LEC), satisfacción extraprocesal o carencia sobrevenida del objeto (22. 1 LEC).

12.2. LA SENTENCIA

12.2.1. Concepto y clases

La sentencia será la resolución procesal *–vid.* 206.1 LEC– que procede pronunciarse por el tribunal cuando decida definitivamente el pleito o causa en cualquier instancia o recurso, o cuando, según las Leyes procesales, deben revestir esta forma (245.1º c) LOPJ); en términos parecidos, la LEC precisa que se dictará sentencia para poner fin al proceso, en primera o segunda instancia, una vez que haya concluido su tramitación ordinaria prevista en la Ley, y para resolver el recurso de casación y la revisión de sentencias firmes salvo lo dispuesto en el art. 487.1 LEC (206.1.3ª LEC).

La sentencia presenta una doble dimensión: operación intelectual y expresión de la voluntad judicial.

La sentencia es una actividad intelectual completa sometida a las reglas específicas del razonamiento jurídico, cuyas conclusiones se imponen por el prestigio y la posición de independencia e imparcial de quien realiza dicha actividad y por la corrección y acierto de los razonamientos en que se apoya. La sentencia no es, pues, un dictamen en el que se emita una opinión fundada sobre un asunto jurídico, sino una decisión imperativa sobre el objeto proceso con efectos que denotan dicha naturaleza (cosa juzgada y, en su caso, fuerza ejecutiva).

También la sentencia es la expresión de la voluntad judicial, explicitada, razonada y motivada en los fundamentos resolución.

Los criterios de clasificación de la sentencia pueden ser diversos, a saber:

A/ En atención al tipo de pronunciamiento que se contenga en la sentencia con respecto al tipo de pretensión procesal planteada puede distinguirse entre:

- Resoluciones definitivas las que ponen fin a la primera instancia y las que decidan los recursos interpuestos frente a ellas (207. 1 LEC).
- Resoluciones firmes aquellas contra las que no cabe recurso alguno o bien por no preverlo la ley, o bien porque, estando previsto, ha transcurrido el plazo legalmente fijado sin que ninguna de las partes lo haya presentado (207. 2 LEC).

B/ En atención a la forma de la sentencia, puede diferenciarse entre sentencia escrita y de sentencia oral se refieren los arts. 244.2 y 247 LOPJ y 210 LEC La legislación procesal civil dispone la forma oral, salvo que la ley permita diferir el pronunciamiento, para las resoluciones que deban dictarse en la celebración de una vista, audiencia o comparecencia ante el tribunal o LAJ, pronunciándose en el mismo acto y documentándose éste con expresión del fallo y motivación sucinta de aquellas resoluciones (210.1 LEC).

El tribunal declarará firme la resolución, en el mismo acto, si todas las personas que fueren parte en el juicio estuvieren presentes en el acto, por sí o debidamente representadas, y expresaren su decisión de no recurrir (206.1.I LEC), sin perjuicio, de que deba, posteriormente, procederse a la redacción de la sentencia y a la notificación de ésta a las partes; en caso contrario, el plazo para recurrir la resolución oral comenzará a contar desde la notificación de la resolución debidamente redactada (210.2.II LEC).

La L.O. 1/2025, de 2 de enero introduce la oralidad de las sentencias en el orden civil, cuestión que hasta ahora el art. 210.3 LEC excluía, al disponerse que: "*En ningún caso se dictarán oralmente sentencias en procesos civiles*". Tras la reforma del juicio verbal, prevé que la sentencia se dicte en plazo de 10 días, salvo que el juez dicte sentencia oral de acuerdo con el art. 210.3 LEC. La introducción de esta posibilidad de que el juez dicte sentencia oral se justifica en ser una medida para agilizar y facilitar la resolución de pleitos.

12.2.2. Formación interna

La principal dificultad que presenta el estudio de la formación interna de la sentencia radica en que, por su condición de actividad mental, es irreductible a esquemas prefabricados. El momento del juicio es el de plenitud jurídica (en la medida relativa que el proceso humano la puede proporcionar), ya que como el derecho en general es abstracto, a través de la decisión judicial se convierte en concreto, en algo tangible susceptible de satisfacer a los interesados, porque el juicio es la encarnación del derecho y el derecho no existe sino encarnado; en él radica la grandeza y al propio tiempo la miseria del Derecho, llegando, de esta forma, el Derecho Procesal a sus metas más ambiciosas, rayando con la filosofía del Derecho. El aspecto creador de la actividad jurisdiccional se manifiesta en el juicio jurisdiccional, que es una entidad extremadamente laboriosa y compleja.

Durante mucho tiempo se acudió a esquemas filosóficos para explicar sus génesis, y de esta forma la figura del silogismo cumplió un importante papel respecto de la tarea llevada a cabo por el juez al dictar sentencia. La crítica al silogismo judicial se formula en atención a que, admitiendo que se respete la mecánica silogística de subsumir la premisa menor en la mayor, se descubre que la auténtica dificultad está, precisamente, en extraer y formular correctamente ambas premisas (problemas de selección, interpretación y prueba).

En el segundo nivel, sustentado por los realistas norteamericanos, se niega rotundamente el silogismo como instrumento válido de trabajo y se defiende que el juez, después de darle vueltas al problema que plantea el litigio, halla la solución en una iluminación súbita en una "corazonada" y, en fin, en un tercer nivel crítico se acude a las tesis de la "psicología de las formas o de los actos ideales complejos" para explicar que la sentencia "constituye un complejo ideal orgánico, cuyos ingredientes se hallan entrelazados entre sí de modo recíproco e inescindible (...); cuando la sentencia ha sido ya concebida, entonces su formulación puede adoptar la ficticia apariencia de un silogismo".

Se debe principalmente a SERRA DOMÍNGUEZ haber puesto de relieve la mutua interacción de juicios lógicos, históricos y críticos que se entrecruzan entre sí en las distintas etapas de la resolución judicial, desempeñando cada uno de ellos un papel concreto en la formación del juicio jurisdiccional; los juicios históricos van encaminados a reconstruir los hechos y a determinar la existencia de la norma, los juicios lógicos tienen a averiguar los posibles significados de la norma y los juicios críticos o de valor son los que determinan la elección entre los posibles significados El predominio de los juicios críticos o de valor ha sido destacado por RAMOS MÉNDEZ, aunque a la hora de explicar cómo se forman o cuál es su estructura, las posiciones doctrinales son muy diversas y ello porque en el fondo el problema que subyace es el de la posición del juez frente a la Ley, en cuya respuesta tiene mucho que ver la concepción general de la experiencia jurídica que cada autor profesa.

12.2.3. Motivación

La LEC se preocupa de dictar reglas especiales sobre la forma y contenido de las sentencias (209), fundamentalmente dirigidas a aumentar la exigencia de cuidado en la parte dispositiva, disponiendo que en ésta se hagan todos los pronunciamientos correspondientes a las pretensiones de las partes sin permitir los pronunciamientos tácitos con frecuencia envueltos hasta ahora en los fundamentos jurídicos (EM LEC. Apartado IX). Expresamente, el requisito de la motivación de las sentencias aparece contemplado en el art. 218.2 LEC.

Las sentencias se han de motivar expresando los razonamientos fácticos y jurídicos que conducen a la apreciación y valoración de las pruebas, así como a la aplicación e interpretación del derecho, incidiendo en los distintos elementos fácticos y jurídicos del pleito, considerados individualmente y en conjunto, ajustándose a las reglas de la lógica y de la razón.

La exigencia de motivación de las sentencias está directamente relacionada con los principios de un estado de Derecho y con el carácter vinculante que para jueces y magistrados tiene la Ley, a cuyo imperio están sometidos en el ejercicio de su potestad jurisdiccional. En contra de lo que ocurría en el Antiguo Régimen, en un estado de Derecho hay que dar razón del Derecho judicialmente interpretado y aplicado. Con ello se cumple tanto la finalidad de evidenciar que el fallo es una decisión razonada en términos de Derecho y no un simple arbitrario acto de voluntad del juzgador en el ejercicio de un rechazable absolutismo judicial (SSTC 13/1987, de 5 de febrero; 211/1988, de 1 de noviembre).

Es doctrina consolidada del TC en torno al derecho a la tutela judicial efectiva, que este comprende, no sólo el derecho de acceso a los tribunales para interponer pretensiones y oponerse a ellas, sino también el derecho a obtener por parte del órgano judicial, en todas y cada una de las instancias, una resolución motivada, razonada y congruente con la pretensión deducida, así como con su respectiva resistencia u oposición. En este sentido, el TC ha declarado que la exigencia de motivación suficiente es, sobre todo, una garantía esencial del justiciable mediante la cual se puede comprobar que la resolución dada al caso es consecuencia de una exigencia racional del ordenamiento y no el fruto de la arbitrariedad (SSTC 15/1986, de 21 de enero; 75/1988, de 25 de abril; 154/1995, de 24 de octubre).

La motivación de las sentencias, como exigencia constitucional a que se integra sin violencia conceptual alguna en el derecho a una tutela judicial efectiva, ofrece una doble función. Por una parte, da a conocer las reflexiones que conducen al fallo, como factor de racionalidad en el ejercicio del poder y a la vez facilitar su control mediante los recursos que proceden. Actúa, en suma, para favorecer un más completo derecho de la defensa en juicio y como un elemento preventivo de la arbitrariedad (ATC 77/1993 de 1 de marzo).

La motivación no consiste ni puede consistir en una mera declaración de conocimiento y menos aún en una manifestación de voluntad que sería una proposición apodíctica, sino que éstas –en su caso– han de ser la conclusión de una argumentación ajustada al tema o temas en litigio, para que el interesado, destinatario inmediato, pero no único, y los demás, los órganos judiciales superiores y también los ciudadanos, por qué no, puedan conocer el fundamento, la *ratio decidendi* de las resoluciones.

La exigencia constitucional de motivación no obliga a un razonamiento exhaustivo y pormenorizado de todos los aspectos y perspectivas que tengan las partes de la cuestión que se decide, siendo suficiente, desde el prisma del art. 24.1 CE, que las resoluciones judiciales vengan apoyadas en razones que permitan conocer cuáles han sido los criterios jurídicos esenciales fundamentadores de la decisión, limitándose, en su caso, el TC a comprobar si existe motivación jurídica y, en su caso, si el razonamiento que contiene constituye, lógica y jurídicamente suficiente motivación de la decisión adoptada, cualquiera que sea la brevedad o concisión (SSTC 153/1995, de 24 de octubre, 184/1998, de 28 de septiembre), llegando el propio TC a reconocer que el empleo en las decisiones judiciales de formularios estereotipados, aunque desaconsejable, no implica necesariamente una falta o insuficiente de motivación (SS 39/1997, de 27 de febrero; 69/1998, 30 de marzo).

El TC ha establecido que la exigencia constitucional de motivación de la sentencia no impone ni una argumentación extensa, ni una respuesta pormenorizada, punto por punto, a cada uno de las alegaciones de las partes, sino que la respuesta judicial esté argumentada en Derecho y que se anude con los extremos sometidos por las partes a debate, sin que sea imprescindible una argumentación exhaustiva y pormenorizada de todos los aspectos y perspectivas que las partes puedan tener de la cuestión que se decida (SSTC 14/1991, de 28 de enero; 101/1992, de 25 de junio), pudiendo bastar, en atención a las circunstancias particulares concurrentes, con una respuesta global o genérica, aunque se omita respecto de alegaciones concretas no sustanciales (S, 91/1995, de, 56/1996, de 15 de abril; 58/1996, de 15 de abril; 26/1997, de 11 de febrero y 124/2000, de 16 de mayo).

Por otra parte, el TS (Sala 1ª) no excluye una argumentación escueta y concisa (S, de 5 de noviembre de 1992) y considera motivación suficiente que la lectura de la resolución permita comprender las reflexiones tenidas en cuenta por el juzgador para llegar al resultado o solución contenida en la parte dispositiva (S de 15 de febrero de 1989), o expresen las razones de hecho y de derecho que la fundamentan, es decir, el proceso lógico jurídico que conduce a la decisión o fallo (SS de 30 de abril de 1991, de 7 de marzo de 1992 y 28 de febrero de 2007, entre otras).

Específicamente en orden a la fundamentación en derecho de la sentencia, el TC ha puesto de manifiesto que:

- La motivación en derecho no incluye un pretendido derecho al acierto judicial en la selección, interpretación y aplicación de las disposiciones legales, salvo que con ellas se afecte al contenido de otros derechos fundamentales distintos al de la tutela judicial efectiva (SS. 256/2000, de 30 de octubre; 82/2001, de 26 de marzo).

- La fundamentación en derecho conlleva la garantía de que la decisión no es consecuencia de una aplicación arbitraria de la legalidad, no resulta manifiestamente irrazonada o irrazonable o incurra en error patente ya que, en tal caso, la aplicación de la legalidad sería tan solo una mera apariencia (SS 55/2003, de 24 de marzo; 213/2003, de 1 de diciembre).

- La fundamentación en derecho constituye una obligación para los órganos judiciales, que no puede considerarse cumplida con la mera emisión de una declaración de voluntad en un sentido u otro, sino que debe ser consecuencia de una exégesis racional del ordenamiento y no fruto de la arbitrariedad (SSTC 24/1999, de 8 de marzo; 10/2000, de 17 de enero).

- No resulta suficiente la motivación de la resolución judicial cuando esta se limita a referencias legales y jurisprudenciales, pero carece de la necesaria referencia a los datos fácticos que permitan a la recurrente comprender por qué el juzgado adopta la decisión de rechazar su pretensión (STC 311/2005, de 12 de diciembre).

12.2.4. Requisitos internos

La previsión normativa relativa a los requisitos internos de la sentencia aparece recogida en el art. 218.1.

12.2.4.1. Claridad

La claridad, como virtud de la sentencia, hace referencia a que la misma no precise de una completa labor de interpretación, debiendo sus pronunciamientos ser evidentes por sí mismos, existiendo falta de claridad cuando el fallo contiene disposiciones contradictorias, incurriendo en infracción de las normas procesales reguladora de la sentencia (MONTERO AROCA).

12.2.4.2. Precisión

La precisión de la sentencia viene referida a la posibilidad de que la sentencia de condena pueda ser objeto de ejecución directa sin necesidad de operaciones intermedias. Dicho requisito adquiere sentencia en el supuesto de las sentencias de contenido dinerario y en la prohibición legal de la iliquidez de las mismas (MONTERO AROCA).

Prohíbe el art. 219.1 las sentencias meramente declarativas cuando lo que se reclame sea una cantidad de dinero y establece que no puede solicitarse la determinación del importe en ejecución de sentencia, aunque sí permite la fijación clara de "*las bases con arreglo a las cuales se deba efectuar la liquidación, de forma que ésta consista en una pura operación aritmética*".

El art. 219.1 se refiere a aquellos conceptos que permiten determinar inmediatamente una cantidad debida, sin necesidad de recurrir a posteriores operaciones periciales u otras semejantes. La ley exige, pues, que se extreme la precisión a la hora de determinar las bases, de manera que aun cuando alguno de los parámetros de la liquidación no se conozca con exactitud a la hora de dictar sentencia, una vez sea concretado pueda determinarse con facilidad el importe exacto y más en aquellos casos en que se trate de una condena de indemnización por daños y perjuicios y éstos hayan quedado acreditados durante el procedimiento, como ocurre en el presente litigio.

Cabe recordar, como se ha dicho, que la LEC establece un primer principio general referido a la congruencia y a la imposibilidad de que la sentencia contenga una declaración o condena de carácter general que haga preciso concretarla en ejecución de sentencia. Sin embargo, dicho principio general admite varias excepciones, a saber:

- En el caso de que se pretenda en la demanda el pago de cantidades en concepto de frutos, rentas, etc. deberá cuantificarse o bien fijar con claridad y procesión las bases de la liquidación con la finalidad de obtener la misma con una simple operación aritmética, de manera que las sentencia ha de llevar a cabo un pronunciamiento ajustado a dicha regla.

- Respecto de las condenas de futuro, en el caso de reclamación de intereses o de prestaciones periódicas, permite el art. 220 LEC que la sentencia contenga la condena al pago de los que se devenguen con posterioridad al momento que se dicte.

12.2.4.3. Exhaustividad y/o congruencia

A/ Concepto y fundamento. La congruencia ha sido definida como "*la adecuación entre las peticiones de las partes deducidas oportunamente en el pleito y la parte dispositiva de la resolución judicial*" (RAMOS MÉNDEZ).

En el plano jurisprudencial se ha sostenido por el TS (SSTS 1ª, de 17 de diciembre de 2002) y TC (SSTC 182/2000, de 10 de julio y 187/2000, de 10 de julio) que la congruencia es "*la relación entre el suplico de la demanda y el fallo de la sentencia*".

Por su parte, el TC ha señalado que la incongruencia consiste en el desajusta entre el fallo judicial y los términos en que las partes formulan sus pretensiones, concediendo más o menos o cosa distinta de lo pedido (SSTC 194/2005, de 18 de julio; 237/2006, de 17 de julio).

El TC ha puesto de manifiesto que para que la incongruencia adquiera relevancia constitucional, pudiendo constituir una lesión del derecho a la tutela judicial efectiva, se requiere que suponga una modificación sustancial del objeto procesal, con la consiguiente indefensión y sustracción a las partes del verdadero debate contradictorio, produciéndose un fallo extraño a las respectivas pretensiones de las partes, de forma que la decisión judicial se haya pronunciado sobre temas o materias no debatidas oportunamente en el proceso y respecto de las cuales las partes no tuvieron oportunidad de ejercitar adecuadamente su derecho de defensa, formulando o exponiendo las alegaciones y argumentos que tuvieran por conveniente en apoyo de sus respectivas posiciones procesales (SSTC 250/2004, de 20 de diciembre; 262/2005, de 24 de octubre).

Aparece la congruencia como un requisito interno de armonía de la sentencia y de respeto a los principios de aportación de parte y contradicción que rigen el proceso civil.

La correlación debe de existir, en primer término, respecto a las partes en el proceso, en el sentido de que la sentencia ha de extenderse, pero también limitarse, sus pronunciamientos a ellas. En ese sentido la congruencia impone negativamente que no debe contener pronunciamiento alguno respecto de: a) quienes no sean actores o demandados o hayan adquirido la condición de parte en virtud de intervención o de sucesión procesal, b) quienes, siendo inicialmente partes, hayan perdido esa condición y c) en calidad distinta a aquella con la que demandaron o fueron demandados.

Otro elemento de contraste –al efecto de determinar la concurrencia o no de la congruencia– serán "*con las demandas y con las pretensiones de las partes*" (218.1.I). Las pretensiones aludidas en el precepto legal citado serán las contenidas en los escritos de alegaciones; todas ellas, cuando existan varias acumuladas; y no sólo con las peticiones explicitadas en el suplico de la demanda y las introducidas por el demandado en sus escritos de alegaciones. Dichas peticiones –tal como requiere el precepto mencionado– deberán haber sido deducidas oportunamente en el pleito y, en consecuencia, no podrán ser tenidas en cuenta las deducidas extemporáneamente. Desde el punto de vista negativo, no constituyen elemento de la congruencia los hechos y pretensiones que no hayan sido objeto de discusión en el pleito –así lo señala expresamente el art. 218.1 *in fine*–.

Pero no resulta suficiente lo señalado, sino también deberá tenerse en cuenta las alegaciones formuladas por las partes para fundar sus pretensiones.

El segundo elemento de contraste –para poder precisar el cumplimiento del requisito interno de congruencia de la sentencia– será –en opinión de la jurisprudencia y la doctrina tradicional– la parte dispositiva de la misma o el fallo, sin embargo, resulta más acertada la tesis que sostiene que: la correlación debe de existir, en primer término, respecto a las partes en el proceso, en el sentido de que la sentencia ha de extenderse, pero también limitarse, su pronunciamiento a ellas.

En consecuencia, para determinar la congruencia de la sentencia se habrá de atender a: 1) La demanda, con la pretensiones procesal y alegaciones que contengan, también a la ampliación de la demanda y a los actos del actor que, según las normas procesales, contenga una modificación admisible de la demanda, 2) La contestación a la demanda, con las excepciones procesales y materiales planteados por el demandado y a los actos posteriores de éste, 3) La reconvención y la contestación a ésta y 4) Los actos de renuncia, allanamiento, transacción o desistimiento que hayan podido producirse a lo largo del proceso.

B/ Clases de incongruencia

a) *Incongruencia por exceso.* Es criterio jurisprudencial consolidado que: "*... para decretar si una sentencia es incongruente o no, ha de atenderse a si concede más de lo pedido («ultra petita»), o se pronuncia sobre determinados extremos al margen de lo suplicado por las partes («extra petita») y también si se dejan incontestadas y sin resolver algunas de las pretensiones sostenidas por las partes («citra petitia»), siempre y cuando el silencio judicial no puede razonablemente interpretarse como desestimación tácita*" (SSTS, 1ª, de 15 de diciembre de 2003 y 25 de noviembre de 2010):

- La incongruencia «*ultra petitum*» se produce cuando la sentencia otorga más de lo pedido por el actor o el demandado reconviniente –vid.: STS, 1ª, de 17 de julio de 2002– (ASENCIO MELLADO).
- La incongruencia «*citra petitum*» surge cuando la sentencia otorga menos de lo resistido por el demandado –vid.: SSTS, 1ª, de 17 de julio de 2002, de 12 de noviembre de 2003– (ASENCIO MELLADO).
- La incongruencia «*extra petitum*» aparece cuando el tribunal otorga cosa distinta a la solicitada por las partes –vid.: SSTS., 1ª, de 14 de febrero de

1994, de 10 de octubre de 2002, de 15 de diciembre de 2003– (GIMENO SENDRA).

b) *Incongruencia por defecto u omisiva («ex silentio») y la obligación de exhaustividad de las sentencias.* Esta modalidad de incongruencia, además de consistir en una falta de respuesta de las pretensiones de las partes, está relacionada, por extensión, con el derecho a una motivación razonada y suficiente de dichas resoluciones, pudiendo suponer una vulneración del derecho a la tutela judicial efectiva, por cuanto entre las exigencias de este derecho se encuentra la de dar una respuesta motivada de las cuestiones suscitadas por las partes a lo largo del proceso y cuando dicha respuesta no se produce puede provocarse la indefensión de la parte afectada (STC 22/1998, de 27 de enero).

12.2.5. Estructura externa de la sentencia

Las sentencias están sujetas a una forma o estructura externa.

En el encabezamiento deberán expresarse los nombres de las partes y, cuando sea necesario, la legitimación y representación en virtud de las cuales actúen (en supuestos de que no comparezca como titular de la relación u objeto litigioso –previstos, por ejemplo, en los arts. 10.II y 11 LEC–), así como los nombres de los abogados y procuradores y el objeto del juicio –siendo suficiente la expresión de la naturaleza de la pretensión ejercitada.

En los antecedentes de hecho se consignarán, con claridad y la concisión posible y en párrafos separados y numerados, las pretensiones de las partes o interesados, los hechos en que las funden, que hubieren sido alegados oportunamente y tengan relación con las cuestiones que hayan de resolverse, las pruebas que se hubiesen propuesto y practicado y los hechos probados, en su caso.

En los fundamentos de derecho se expresarán, en párrafos separados y numerados los puntos de hecho y de derecho fijados por las partes y los que ofrezcan las cuestiones controvertidas, dando las razones y fundamentos legales del fallo que haya de dictarse, con expresión concreta de las normas jurídicas aplicables al caso.

El fallo, que se acomodará a lo previsto en el art. 209.4º, contendrá, numerados, los pronunciamientos correspondientes a las pretensiones de las partes, aunque la estimación o desestimación de todas o algunas de dichas pretensiones pudiera deducirse de los fundamentos jurídicos, así como el pronunciamiento sobre las costas. También determinará, en su caso, la cantidad objeto de la condena, sin que pueda reservarse su determinación para la ejecución de la sentencia, sin perjuicio de lo dispuesto en el art. 219.

La formación externa de las sentencias pronunciadas por órganos jurisdiccionales colegiados presenta peculiaridades.

En lo referente a la deliberación cabe señalar que:

- La discusión y votación de las resoluciones por los órganos jurisdiccionales colegiados se realizará de forma inmediata después de la vista, si ésta se hubiera celebrado y, en otro caso, señalará el presidente el día en que se hayan de discutir y votar, dentro del plazo señalado por la ley. La deliberación y votación podrán tener lugar por medios electrónicos, cuando se cuente con ellos, de conformidad con lo que establezca la normativa que regule los usos de la tecnología en la Administración de Justicia (253 LOPJ y 196).
- Compete al presidente de tribunal dirigir la discusión y votación de las resoluciones, realizándose a puerta cerrada, y corresponde al magistrado ponente someter a la deliberación del tribunal los puntos de hecho y las cuestiones y fundamentos de derecho, así como la decisión que, a su juicio, deba recaer y, previa la discusión necesaria, se procederá a la votación (197).

La votación de la sentencia se desarrollará de la forma siguiente:

- El presidente podrá acordar que la votación tenga lugar separadamente sobre los distintos pronunciamientos de hecho o de derecho que hayan de hacerse, o sobre parte de la decisión que haya de dictarse (254.1 LOPJ y 198.1).
- El orden de votación –que no podrá ser interrumpida una vez empezada sino por algún impedimento insuperable– será: en primer lugar, el ponente, posteriormente los restantes magistrados por el orden inverso a su antigüedad y, por último, el presidente (254.2 y 3 LOPJ y 198.2 y 3).
- Se permite la emisión del voto por escrito, fundado y firmado (valiéndose del LAJ si no pudiera ni escribir ni firmar), con remisión directa al presidente del tribunal, cuando, después de celebrada la vista se imposibilitará algún magistrado para poder asistir a la discusión y votación. El voto emitido en la forma descrita se imputará con los demás y se conservará, rubricado por el que presida, con el libro de sentencia (199.1).
- Decisión del asunto por el resto de los magistrados que hubieren asistido a la vista, si compusieran los necesarios para formar mayoría, cuando no hubiera podido votar el magistrado impedido, y, en caso contrario, procedería la celebración de nueva vista con asistencia de los que hubieren concurrido a la anterior y de aquel o aquellos que deban sustituir a los impedidos (199.2).
- El régimen de mayorías exigido para la formación de la voluntad del tribunal es el siguiente: mayoría absoluta de votos, salvo que expresamente la ley señala una mayor proporción, sin que, en ningún caso se podrá exigir un número determinado de votos conformes que desvirtúe la regla de la mayoría.

El discrepante de la mayoría estará obligado a firmar la sentencia o auto definitivo, pudiendo anunciar en el momento de la votación o en el de la firma, la formulación de voto particular, en forma de sentencia, en la que podrán aceptarse, por remisión, los puntos de hecho y fundamentos de derecho de la dictada por el tribunal con los que estuviere conforme, incorporándose el mismo al libro de sentencia y notificándose a las partes, junto con la sentencia aprobada por la mayoría y publicándose cuando, de acuerdo con la ley, sea preceptiva la publicación de la sentencia (205).

Las discordias que pudieran surgir en el tribunal se disponen que se solventará conforme a las reglas siguientes:

- Reiteración de la discusión y votación de los puntos en que hayan disentido los votantes cuando en la votación de una resolución no resultare mayoría de votos sobre cualquiera de los pronunciamientos de hecho o de derecho (202.1).
- Celebración de una nueva vista si no se obtuviere acuerdo, concurriendo a la misma los magistrados que hubieran asistido a la primera, aumentándose dos más, si hubiese sido impar el número de los discordantes, y tres en el caso de haber sido par. Concurrirá para ello, en primer lugar, el presidente de la Sala o Sección, si no hubiere ya asistido; en segundo lugar, los magistrados de la misma Sala que no hayan visto el pleito; en tercero lugar, el presidente de la Audiencia; y, finalmente, los magistrados de las demás Salas o Secciones, con preferencia de los del mismo orden jurisdiccional según el orden que la Sala de Gobierno se acuerde.
- Cuando en la votación de la resolución por la Sala, prevista en el art. 202.2, no se reuniere tampoco mayoría sobre los puntos discordados, se procederá a una nueva votación, sometiendo sólo a ésta los dos pareceres que hayan obtenido mayor número de votos en la precedente.

Por último, en relación con la redacción y la firma de las resoluciones es necesario señalar que corresponde al Ponente la redacción de las resoluciones, si se conformare con lo acordado, en caso contrario, podrá declinar la redacción, debiendo formular motivadamente su voto particular, encomendándose la redacción a otro magistrado y disponiendo la rectificación necesaria en el turno de ponencias para restablecer la igualdad en el mismo (203 LEC); mientras que las resoluciones judiciales serán firmadas por todos los magistrados no impedidos dentro del plazo establecido para dictarla, cuando después de decidido el asunto por un tribunal se imposibilitara algún magistrado de los que hubieren votado y no pudiere firmar la resolución, firmará por éste el presidente del tribunal, expresando por quien firma y haciendo constar que el magistrado imposibilitado votó pero no pudo firmar, siendo el presidente el imposibilitado de firmar, lo hará por él el magistrado más antiguo. La autorización y publicación de las resoluciones judiciales deberá realizarse mediante firma del LAJ, bajo pena de nulidad (204).

Resta, por último, mencionar lar formalidades relativas al plazo, la publicación, el archivo y el libro de sentencias:

- Las sentencias serán dictados dentro del plazo que la ley establezca, dando lugar su inobservancia a corrección disciplinaria, a no mediar justa causa, que se hará constar en la resolución (211).
- Las sentencias definitivas, una vez extendidas y firmadas por el juez o por todos los magistrados que las hubieran dictado, serán notificadas y archivadas en la Secretaría del tribunal, dándoseles publicidad en la forma permitida u ordenada por la CE y las leyes, debiendo el LAJ, en los casos en que el tribunal no cuente con expediente judicial electrónico, poner en los

autos certificación literal de las sentencias y demás resoluciones definitivas, mientras que, en los casos en que el tribunal cuente con expediente judicial electrónico, velará por la incorporación y constancia en el mismo de la sentencia, firmada electrónicamente en los términos que prevea la normativa que regule el uso de la tecnología en la Administración de Justicia (212 LEC).

- Pese a la omisión en la LEC al requisito de la lectura en audiencia pública de las sentencias y demás resoluciones definitivas, la aludida lectura en audiencia pública se mantiene vigente a tenor de lo dispuesto en los arts. 120.3 CE y 186 LOPJ.
- Por último, dispone la LEC, en su art. 213 que en cada tribunal se llevará, bajo la custodia del LAJ, un libro de sentencias, en el que se incluirán firmadas todas las definitivas, autos de igual carácter, así como los votos particulares que se hubieren formulado, que serán ordenados correlativamente según su fecha. Cuando los sistemas informáticos permitan la generación de libros electrónicos, el LAJ velará por el adecuado uso de los sistemas.
- El art. 213 bis LEC, incorporado por el art. 103. Treinta y nueve del R.D. 6/2023, de 19 de diciembre incorpora, a la LEC, prescribe que, en cada Tribunal se llevará, bajo la responsabilidad y custodia del LAJ, un libro de decretos, en el que se incluirán firmados todos los definitivos, que serán ordenados cronológicamente. Cuando los sistemas informáticos permitan la generación de libros electrónicos, el LAJ velará por el adecuado uso de los sistemas.

12.3. LA COSA JUZGADA

12.3.1. Concepto y fundamento

Por cosa juzgada pudiera entenderse aquella institución jurídico procesal, consistente en la vinculación de los órganos jurisdiccionales y de las partes del proceso por razones de seguridad jurídica, a determinadas resoluciones judiciales firmes, traduciéndose dicha vinculación en la inmutabilidad de esas resoluciones en el mismo proceso en que se han dictado y también en otro proceso ulterior, así como en tomar, como punto de partida indiscutible, lo dispuesto en la resolución cuando, en un proceso ulterior, se plantea un objeto procesal conexo.

La cosa juzgada se considera como elemento esencial de la jurisdicción frente a la Administración por exigencias de utilidad de la propia función del proceso, así como por razones elementales de seguridad del tráfico jurídico. Efectivamente, la propia existencia del proceso sólo se justifica si, en un momento dado (cuando una resolución alcanza el efecto de cosa juzgada), el conflicto social queda definitiva e irrevocablemente resuelto.

Por el TC (SSTC 15/2002, de 28 de enero; 231/2006, de 17 de julio; 17/2008, de 31 de enero) se ha sostenido que una de las proyecciones del derecho fundamental a la tutela judicial efectiva es la que se concreta en el derecho a que las resoluciones judiciales alcance la eficacia afirmada por el ordenamiento jurídico y que se expande en una doble dirección, a saber: 1) derecho a que las resoluciones judiciales se ejecuten en sus propios términos y 2) respecto a la firmeza de las situaciones jurídicas declaradas sin perjuicio de que se haya previsto legalmente su eventual modificación o revisión mediante distintas acciones impugnativas autónomas (revisión, por ejemplo). Ambas manifestaciones impiden dirigir, en el proceso civil, la acción ejecutiva contra persona distinta del condenado en la sentencia sin destruir la misma esencia de la cosa juzgada material, lesionándose así la paz y seguridad jurídica de quien se vio protegido judicialmente por una sentencia dictada en un proceso anterior entre las mismas partes (SSTC 166/2003, de 29 de septiembre; 153/2006, de 22 de mayo).

En orden al fundamento de la cosa juzgada, la doctrina y la jurisprudencia ofrece los argumentos siguientes:

- La cosa juzgada como institución al servicio de la seguridad jurídica en detrimento de la justicia ha sido expuesta en la doctrina española por GUASP DELGADO y en la doctrina italiana por CARNELUTTI.
- La convergencia en la cosa juzgada de las exigencias de seguridad y de justicia es sostenida por LEGAZ LACAMBRA. Afirma dicho autor que es una exigencia de justicia que la injusticia material de una sentencia errónea pasada en cosa juzgada ceda ante la seguridad jurídica, del modo que el interés particular cede ante el interés particular.
- La cosa juzgada como salvaguarda del monopolio estatal de la coacción es la tesis defendida por GOLDSCHMIDT, quien afirma que la cosa juzgada cede como instrumento de protección de la seguridad jurídica para erigirse en garantía del monopolio estatal de la coacción.
- Distinto fundamento atribuye MONTERO AROCA a la cosa juzgada formal y a la cosa juzgada material, mientras que la primera su razón de ser debe buscarse en la seguridad jurídica y en que el proceso se desarrolle de modo ordenado, en la cosa juzgada material lo que está en juego es la esencia de la jurisdicción tal y como se entiende en el 117 CE y no en el 24.1 CE –tal y como ha puesto de manifiesto el TC (SS 34/1993, de 8 de febrero; 43/1988, de 16 de marzo) y el TS, Sala 1ª (S de 23 de julio de 2001).

12.3.2. Resoluciones que producen efectos de cosa juzgada

Producen efectos de cosa juzgada (material) las siguientes resoluciones:

A/ Sentencias definitivas firmes y de fondo

Las sentencias absolutorias en la instancia, por quedar imprejuzgado el objeto procesal, se ha cuestionado la producción o no del efecto de cosa juzgada, surgiendo tres corrientes doctrinales, a saber: 1) quienes niegan efectos de cosa juzgada material a dicho tipo de resoluciones, invocando la libertad enjuiciadora del segundo tribunal, en defecto de precepto legal que imponga la vinculación y dado el carácter incidental del pronunciamiento sobre las cuestiones procesales (DE LA OLIVA SANTOS), 2) quienes se muestran partidario de atribuir a las resoluciones efectos de cosa juzgada 'limitada' al estado de cosas que se tuvo en cuanta para decidir (FAIRÉN GUILLÉN) y 3) quienes estiman que produce cosa juzgada circunscrita a lo que fue juzgado, esto es, a la cuestión procesal analizada en la sentencia (RAMOS MÉNDEZ).

Lo cierto es que, de conformidad con lo previsto en los arts. 222.1, 222 y 421 LEC, dichas resoluciones carecen de efecto de cosa juzgada puesto que no ha existido un pronunciamiento sobre el objeto procesal propuesto en la demanda o en la reconvención, no siendo los presupuestos e impedimentos procesales objeto del proceso en sentido estricto (ORTELLS RAMOS).

La plenitud de los efectos de cosa juzgada tan solo se logra mediante sentencias del mismo orden jurisdiccional, mientras que las sentencia dictadas por órganos jurisdiccionales pertenecientes a distintos órdenes jurisdiccionales tan solo producen los efectos prejudiciales o reflejos (SSTC 62/1984, de 21 de mayo; 91/1996, de 27 de mayo), salvo los pronunciamientos civiles de condena recogidos en la sentencias penales dictadas en procedimientos penales en que se haya ejercitado acumuladamente las acciones civil y penal, cuyo carácter vinculante para el orden jurisdiccional civil, no solo en cuanto a los hechos que declaran probados, sino también respecto de las decisiones en materia de responsabilidades civiles, de tal manera que el efecto de cosa juzgada determinar que quede consumada o agotada la pretensión del perjudicado sin que puede ser ejercitada de nuevo ante el orden jurisdicción civil la acción de esta naturaleza fundada en la misma causa o razón de pedir (SSTS 1ª, de 2 de julio de 2002, 11 de septiembre de 2006, entre otras).

B/ Resoluciones que ponen fin al proceso civil en virtud del ejercicio de los actos de finalización de éste mediante renuncia, allanamiento (sentencia) o mediante transacción o conciliación (auto)

C/ Laudos arbitrales (43 LA y 517.2.2, vid. SSTS 1ª, de 4 de octubre de 1997 y 19 de junio de 2002, entre otras)

Por el contrario, las resoluciones que no producen efecto de cosa juzgada son (447):

- Sentencias que pongan fin a los juicios verbales sobre tutela sumaria de la posesión. El TS ha tenido ocasión de precisar la negativa del efecto de cosa juzgada de sentencias recaídas en los procesos sumarios "interdictales" o de recuperación de la posición, si bien afirma efectos prejudiciales relativos a la declaración de la existencia de un contrato de arrendamiento en dicho proceso sumario con respecto a otro declarativo posterior en atención a la idea de que "unos mismos hechos no pueden existir y dejar de existir para los órganos del Estado, con independencia de que la sentencia haya recaído en un proceso sumario, especial u ordinario" (SSTC 102/1996, de 11 de junio; 255/2000, de 30 de octubre).
- Sentencias que decidan sobre la pretensión de desahucio, sin perjuicio del efecto prejudicial respecto de la declaración sobre la existencia de un contrato de arrendamiento que pudiera realizarse en el juicio de desahucio respecto de un ulterior juicio declarativo (STS, 1ª, de 9 de junio de 2000).

- Sentencias que decidan sobre la pretensión de recuperación de finca, rústica o urbana, dada en arrendamiento, por impago de la renta o alquiler.
- Sentencia dictada sobre pretensión de tutela que la ley califique como sumaria.
- Sentencia que se dicte en los juicios verbales en que se pretenda la efectividad de derechos reales inscritos frente a quienes se opongan a ellos o perturben su ejercicio, sin disponer de título inscrito.
- Sentencia recaída en juicio verbal sobre acciones basadas en contratos oficiales inscritos en el registro de venta de bienes muebles a plazos, para ejecutar los bienes dados en garantía u obtener la extinción del contrato y restitución del bien en supuestos de ventas aplazadas con reserva de dominio.
- Resoluciones a las que le ley niegue, en casos determinados esos efectos, a saber: a) la sentencia que recaiga en el proceso de división judicial de la herencia, pudiendo los interesados hacer valer los derechos que crean corresponderles sobre los bienes adjudicados en el juicio ordinario que corresponda (787.5); b) el auto que resuelva la cuenta de honorarios de los abogados y derechos de los procuradores, no prejuzga la sentencia que pudiera recaer en juicio ordinario ulterior (34 y 35); c) el auto que recaiga en la tercería de dominio, que debe pronunciarse sobre la pertenencia del bien y la procedencia de su embargo a los únicos efectos de la ejecución en curso, no produce efectos de cosa juzgada en relación a la titularidad del bien (603); d la sentencia firme recaída en juicio cambiario produce efectos de cosa juzgada respecto de las cuestiones que pudieron ser en él alegadas y discutidas, pudiéndose plantear las cuestiones restantes en el juicio correspondiente (827.3).
- Sentencias dictadas en los expedientes de jurisdicción voluntaria en atención a que no existe ninguna declaración de derecho puesto que no se ha ejercitado propiamente acción alguna, limitándose el órgano jurisdiccional a declarar la conformidad de lo instado con el ordenamiento jurídico.

12.3.3. Cosa juzgada formal y material

La institución de la cosa juzgada trata de impedir que se vuelva a tratar sobre lo que ha sido resuelto, bien mediante recursos dentro del mismo proceso (cosa juzgada formal), bien fuera del mismo, prohibiendo el nacimiento de un nuevo proceso sobre el mismo objeto (cosa juzgada material). La cosa juzgada formal expresa la imposibilidad de modificar la sentencia que es firme como efecto del principio de preclusión, con la excepción de aquellos medios de impugnación como la revisión o la audiencia del rebelde que se dan precisamente frente a las sentencias firmes. Por eso la cosa juzgada es la que se denomina material, que consiste en la inatacabilidad del contenido de la resolución judicial, de manera que imposibilita la apertura de un nuevo proceso que se oponga a la decisión que goza de tal autoridad. No se trata de impedir la apertura de nuevos procesos, sino de que en ellos se decida de modo contrario a como fue anteriormente decidido.

La LEC recoge la distinción entre cosa juzgada material (222.1 y 400) y cosa juzgada formal (207.2 que reproduce literalmente lo previsto en el 245.3 LOPJ), pese a que algunos autores habían defendida la sustitución de ésta por otra más apropiada, a saber: firmeza (GUASP DELGADO, MONTERO AROCA) o la preclusión (CHIOVENDA, SERRA DOMÍNGUEZ).

Cabe reseñar respecto de la cosa juzgada formal los aspectos siguientes:

- La cosa juzgada formal de las resoluciones se circunscribe al mismo proceso en que se han dictado, lo que implica –MONTERO AROCA– que: 1) No podrá dictarse resolución en la que se decida de modo contrario a lo decidido en una resolución anterior y 2) Las resoluciones posteriores han de partir del presupuesto lógico de lo decidido en las resoluciones anteriores, por lo que las partes no podrán pedir, a lo largo de la tramitación del proceso, una decisión que implicara la negación de los efectos de la resolución dictada anteriormente con el citado efecto de cosa juzgada formal. Sin embargo, la cosa jugada material consiste en la vinculación que produce la resolución en un proceso distinto o su inmutabilidad por vía de acción independiente.
- La cosa juzgada formal se predica de todas las resoluciones firmes (cfr.: STS, 1ª, de 18 de junio de 2010).
- La cosa juzgada formal se configura como un antecedente necesario de la cosa juzgada material, pues no se puede llegar a ésta sin la previa preclusión de todos los medios de revisión (Couture).
- El fundamento de la cosa juzgada formal reside en la seguridad jurídica y en la idea misma de proceso entendido como orden a seguir en la tramitación. Así se indica en la S.TS, 1ª, nº 271/14 de 5 de junio cuando indica que fueron razones de seguridad jurídica, además de otras elementales relacionadas con la economía de medios, las que determinaron al legislador a atribuir al contenido de algunas resoluciones judiciales firmes la fuerza de vincular en otros procesos, unas veces, con un alcance excluyente o negativo – porque lo decidido excluye un segundo proceso o, al menos, una segunda sentencia sobre lo mismo –, y, otras veces, con un alcance positivo o prejudicial – porque impone que la decisión sobre el fondo se atenga a lo ya resuelto en la sentencia firme anterior, tomándolo como indiscutible punto de partida.

También el fundamento hay que encontrarlo en el derecho constitucional de obtener tutela efectiva del art. 24 CE (STS., 1ª, 760/14 de 8 de enero).

En relación con la cosa juzgada material se pronunciado el TS (Sala 1ª) en los términos siguientes:

- La cosa juzgada material es el efecto externo que una resolución judicial firme tiene sobre los restantes órganos jurisdiccionales o sobre el mismo tribunal en un procedimiento distinto, consistente en una vinculación negativa y positiva. (S., 1ª. nº 215/13 de 8 de abril)

- La cosa juzgada se proyecta sobre la cuestión sustantiva sometida a litigio y decidida definitivamente, esto es, lo que efectivamente ha decidido el órgano jurisdiccional y plasmado en la sentencia de acuerdo con las pretensiones formuladas por las partes, sin que el efecto de cosa juzgada alcance a simples razonamientos de la sentencia cuando no integran la "ratio decidendi" ni tienen reflejo en el fallo de la sentencia (SS., 1ª, núms. 23/2012, de 26 enero, y 777/2012, de 17 de diciembre).

12.3.4. Naturaleza

Múltiples han sido las teorías expuestas en torno al tema de la naturaleza jurídica de la cosa juzgada, pudiéndose focalizar todas ellas en las siguientes:

A/ Presunción de verdad –recogida en el derogado art. 1251.1 CC–, procedente del Código napoleónico, que recogía los planteamientos de DOMAT, asumidos por POTHIER y procedentes de los glosadores y comentaristas del Digesto de ULPIANO.

Dicha teoría fue doctrinalmente rechazada en atención a las consideraciones siguientes (RAMOS MÉNDEZ):

- Las decisiones judiciales no son declaraciones de verdad, sino de voluntad, afirmándose que la vinculación de la sentencia se deriva de que la misma contiene la voluntad del Estado.
- La cosa juzgada no despliega sus efectos vinculantes sobre la fundamentación, sino sobre el fallo: si fuera una ficción de verdad la cosa juzgada habría de extenderse a la motivación fáctica de la sentencia.
- Como ficción de verdad la cosa juzgada no podría limitarse subjetivamente a las partes, sino que habría de referirse erga omnes, pues, de lo contrario, se incurriría en el absurdo de que unos hechos serían verdaderos para unas personas, pero no para otras; la cosa juzgada puede limitarse a las partes cuando la vinculación se reduce al fallo, pero no cuando comprende la motivación.

B/ Teoría material. Desechada la concepción anterior, los civiles del s. XIX, principalmente la pandectística alemana, pero también BÜLOW, KÖHLER y PANGENSTECHER, estimaron que la cosa juzgada justifica su fuerza vinculante porque la sentencia establece en cada caso cuál es el derecho entre las partes: el juez del proceso posterior queda vinculado a la cosa juzgada porque las relaciones jurídicas son como las sentencias las declara. La cosa juzgada produce efectos novatorios en el ámbito de las relaciones jurídico–materiales, quedando éstas constituidas en realidad según lo decidido en la sentencia. La cosa juzgada sería un vínculo a lo dispuesto en la sentencia, vinculación que se fundamenta en que ésta se erige como fuente del derecho de los individuos: *res iducata ius facti interpartes*.

También mantenida porque influyen directa e inmediatamente sobre la preexistente situación sustancial, afirmando que la declaración de certeza pasada en la cosa juzgada se separa de la norma abstracta aplicada por el tribunal, formando una nueva fuente de regulación de la relación sustancial, sustrayendo a ésta de toda posible regulación legislativa diversa. La cosa juzgada hace que precluya para las partes la posibilidad de remontarse a la norma abstracta aplicada al caso y reconstruir de otra manera el hecho. Tras la producción del efecto de cosa juzgada, el fallo de la sentencia queda como la única fuente a que las partes deben referirse y que todo tribunal futuro ha de respetar, por lo que las decisiones fundadas en cosa juzgada se superponen a la norma abstracta que el tribunal aplicó al caso concreto.

Las consecuencias procesales de la teoría material de la cosa juzgada se pueden condensar –afirma MONTERO AROCA– en las consideraciones siguientes:

- Todas las sentencias serían constitutivas, desapareciendo las declaraciones puras y las de condena.
- Subjetivamente la cosa juzgada carecería de límites, teniendo efectos erga omnes.
- La teoría material de la cosa juzgada deja sin explicar la razón de la invariabilidad de la relación constituida por la sentencia.

C/ Teoría procesal de la cosa juzgada. La teoría procesal de la cosa juzgada fue formulada inicialmente por STEIN y HELLWIG y posteriormente seguida por ROSENBERG y GOLDSCHMIDT; surge como crítica a la teoría material de la cosa juzgada y afirma la limitación de los efectos de la cosa juzgada al ámbito del proceso, careciendo de efectos sobre las relaciones jurídicas materiales preexistentes, continuando ésta tal y como eran con anterioridad al surgimiento del proceso. La tesis formulada por GOLDSCHMIDT sostiene que la cosa juzgada es un vínculo de naturaleza jurídico–publica que obliga a los jueces a no juzgar de nuevo lo ya decidido, careciendo –afirma SERRA DOMÍNGUEZ – de efectos directos entre las partes. Por el contrario, sostiene FAIRÉN GUILLÉN que también vincula a las partes en el sentido de obligarlas a respetar la sentencia como única relación que el Estado reconoce entre ellas.

Las formulaciones más modernas de la teoría procesal de la cosa juzgada admiten la posibilidad de cierta incidencia en la situación material previa, si bien se trataría de efectos meramente reflejos (DEVIS ECHANDÍA).

La teoría procesal de la cosa juzgada justifica claramente la existencia de varias clases de pretensiones y sentencias (especialmente, las constitutiva y su eficacia *erga omnes*) y, sobre todo, el que la cosa juzgada se limite subjetivamente a las partes, pues la declaración de voluntad de la sentencia se limita a éstas.

D/ Planteamientos actuales. En el momento presente se intentan superar los planteamientos formuladas por las teorías material y procesal de la cosa juzgada, justificándose ésta por razones de seguridad jurídica que hay que unir a la decisión del conflicto definitivamente con independencia de la justicia intrínseca de la resolución.

12.3.5. Efectos de la cosa juzgada material (función positiva y función negativa)

Por lo que se refiere a los efectos de la cosa juzgada material cabe afirmar que consisten en:

A/ Función negativa o excluyente. El efecto negativo, al que se refiere el art. 222.1, excluye la posibilidad de plantear un nuevo proceso sobre el mismo objeto. Dicho efecto puede considerarse como un *desideratum*, muy difícil de llevar a la práctica, puesto que dicho efecto no puede impedir que se inicie un nuevo proceso sobre el mismo objeto.

Su fundamento se encuentra en la seguridad jurídica, evitando continuos procesos sobre la misma cuestión entre las mismas partes, no solo en función de lo que en el primer proceso se haya deducido sino, también, lo que se hubiera podido deducir. La finalidad de la cosa juzgada es impedir que un mismo litigio se reproduzca indefinidamente y que sobre una misma cuestión que afecta a unas mismas partes recaigan sentencias contradictorias o bien se reiteren sin razón sentencias en el mismo sentido (S.TS., 1ª, nº 164/2011 de 21 de marzo.

Como indica la STS, 1º, nº 650/2014 de 27 de noviembre la cosa juzgada significó antiguamente una presunción de que lo juzgado es cierto –*quia res iudicata pro veritate accipitur* (porque la cosa juzgada se tiene por verdad)–, y se ha reconducido modernamente– como resulta de la EM LEC– a la condición de instituto, de naturaleza procesal, dirigido a evitar la repetición indebida de litigios, mediante el llamado efecto negativo o excluyente, para impedir que una contienda judicial, ya dilucidada por sentencia firme sobre el fondo de la cuestión, pueda volver a plantearse.

B/ Función positiva o prejudicial. El efecto positivo o prejudicial, referido en el art. 222.4, viene referido al hecho de la necesidad de tomar como punto de partida indiscutible lo dispuesto en una sentencia firme cuando se inicie otro proceso con un objeto conexo con el objeto sentenciado mediante sentencia con efecto de cosa juzgada material.

En la STS., 1ª, nº 789/2013 de 30 de diciembre se precisa que el efecto prejudicial de la cosa juzgada se vincula al fallo, pero también a los razonamientos de la sentencia cuando constituyan la razón decisoria, desde el momento en que se admite que la sentencia firme, con independencia de la cosa juzgada, produzca efectos indirectos, entre ellos el de constituir en un ulterior proceso un medio de prueba de los hechos en aquella contemplados y valorados, en el caso de que sean determinantes del fallo.

Los presupuestos que deben concurrir a fin de que pueda materializarse la función positiva de la cosa juzgada material son: 1) lo resuelto en el primero proceso debe ser antecedente lógico del objeto del segundo proceso, 2) identidad subjetiva entre ambos procesos, bien por concurrir identidad material de las partes, bien por extenderse a ellas la cosa juzgada por mor de lo dispuesto en el art. 222.3 LEC. En este sentido, las SS., TS., 1ª, núms. 338/2014, de 7 de julio y 117/2015 de 5 de marzo declaran que la función positiva de la cosa juzgada consiste en que el tribunal que deba pronunciarse sobre una determinada relación jurídica que es dependiente de otra ya resuelta ha de atenerse al contenido de la sentencia allí pronunciada; o lo que es lo mismo, queda vinculado por aquel juicio anterior sin poder contradecir lo ya decidido. "*Es el efecto al que se refiere el artículo 222.4 LEC para el que no se exige que concurran las tres identidades que integran el efecto negativo o preclusivo de la cosa juzgada, pues basta con la identidad subjetiva en ambos procesos, cualquiera que sean las posiciones que se ocupen en cada uno de ellos, y con que lo que se haya decidido en el primero constituya un antecedente lógico de lo que sea objeto del posterior (STS de 17 de junio de 2011, recurso nº 1515/2007). La finalidad perseguida es evitar pronunciamientos contradictorios incompatibles con el principio de seguridad jurídica y, en consecuencia, con el derecho a la tutela efectiva, cuando se está ante una sentencia firme que afecte a materias indisolublemente conexas con las que son objeto de un pleito posterior*".

12.3.6. Límites

La obligación del tribunal de no juzgar sobre lo que ha sido anteriormente juzgado tiene límites, que aparecen aludidos en el art. 222 LEC.

A ellos alude el TS al señalar que son los presupuestos de la cosa juzgada los que recoge la doctrina jurisprudencial y se conoce como la de las tres identidades (STS 1ª, de 13 de octubre de 2000). Efectivamente para que prospere la excepción de la cosa juzgada material, es doctrina jurisprudencial constante, es preciso que se den los siguientes datos: a) la existencia de un litigio distinto a aquél en que se alega, y b) la identidad de ambos litigios, la cual se determinará en una triple vertiente de identidades, como son las de las partes, las cosas y las acciones (SSTS, 1ª, de 26 de noviembre de 1990 y 18 de junio de 2010).

12.3.6.1. Subjetivos

Consagra el art. 222.3 LEC la regla general en cuanto a los límites subjetivos de la cosa juzgada, disponiendo que dicho efecto surte efectos sólo entre:

- Las partes del proceso en que se dicte y a sus herederos y causahabientes. Dicha regla requiere de algunas matizaciones, a saber: la identidad de partes no viene referida a la identidad física de los litigantes de uno y otro pleito, sino que viene referida a la identidad jurídica procesal de las partes, de tal modo que concurrirá dicha identidad, aunque en el primer proceso A sea demandante y B demandado, en tanto que en el segundo proceso B sea demandante y A demandado.
- Los sujetos, no litigantes, titulares de los derechos que fundamenten la legitimación de las partes conforme a lo previsto en los arts. 11, 11 bis, 11 ter y 11 quáter LEC.
- Con carácter especifico, el art 222.3 LEC hace extensiva la cosa juzgada material "erga omne" se dispone en los procesos sobre estado civil, matrimonio, filiación, paternidad, maternidad y de medidas de apoyo para el

ejercicio de la capacidad jurídica a partir de su inscripción o anotación en el Registro Civil.

- A todos los socios, aunque no hayan litigado las sentencias que se dicten sobre impugnación de acuerdos societarios.
- En las obligaciones solidarias, la extensión subjetiva de la cosa juzgada no puede impedir todo proceso ulterior sobre la misma cuestión frente a los deudores solidarios cuando previamente haya dictado sentencia contra uno de ellos, pues eliminaría la esencia de la solidaridad, dada la imposibilidad de perseguir y ejecutar la condena contra los restantes deudores al carecer de título ejecutivo para ello, y limitaría indebidamente la aplicación de las normas que permiten al acreedor dirigirse simultánea o sucesivamente contra todos los deudores mientras no esté cobrada la deuda y al deudor solidario oponer las excepciones personales que tuviera contra el deudor y que pueden ser ajenas a los restantes obligados (STS , 1ª, de 24 de octubre de 2005).

12.3.6.2. Objetivos

En lo relativo a los límites objetivos de la cosa juzgada debe señalarse que, conforme dispone el art. 222.2, se centran en las pretensiones de la demanda, la contestación a la demanda, la reconvención y la contestación a esta, así como a los puntos a que se refiere el art. 408.1 y 2 (compensación y nulidad del negocio jurídico).

A los efectos de la cosa juzgada, los hechos y fundamentos jurídicos aducidos en un litigio se consideran los mismos que los alegados en otro juicio anterior si hubiesen podido alegarse en éste. Se consideran hechos nuevos y distintos, en relación con el fundamento de las referidas pretensiones, los posteriores a la completa preclusión de los actos de alegación en el proceso en que aquéllas se formulen.

Así, la S. TS., 1ª, nº 629/13 de 28 de octubre indica que la cosa juzgada se extiende incluso a cuestiones no juzgadas, en cuanto no deducidas expresamente en el proceso, pero que resultan cubiertas igualmente por la cosa juzgada impidiendo su reproducción en ulterior proceso, cual sucede con peticiones complementarias de otra principal u otras cuestiones deducibles y no deducidas, como una indemnización de daños no solicitada, siempre que entre ellas y el objeto principal del pleito exista un profundo enlace, pues el mantenimiento en el tiempo de la incertidumbre litigiosa, después de una demanda donde objetiva y causalmente el actor pudo hacer valer todos los pedimentos que tenía contra el demandado, quiebra las garantías jurídicas del demandado (SS. TS., 1ª, de 28 de febrero de 1991 y 30 de julio de 1996) postulados en gran medida incorporados explícitamente al art. 400.

A los efectos de apreciación de las identidades subjetivas y objetivas aludidas debe apreciarse estableciendo un juicio comparativo entre la sentencia precedente y las pretensiones del proceso posterior, pues de la paridad entre los dos litigios es de donde ha de inferirse la relación jurídica controvertida, interpretada, si es preciso, con los hechos y fundamentos que sirvieron de base a la petición, y requiriéndose, para apreciar la situación de cosa juzgada, una semejanza real que produzca contradicción evidente entre lo que se resolvió y lo que de nuevo pretende, de tal manera que no pueda existir armonía entre los dos fallos (SSTS 1ª, de 25 de junio de 1982, 5 de octubre de 1985, 3 de abril de 1987, 11 de mayo de 1993, 20 de octubre de 1997 y 6 de abril de 1999).

No desaparece la consecuencia negativa de la cosa juzgada cuando, mediante el segundo pleito, se han querido suplir o subsanar los errores alegatorios o de prueba acaecidos en el primero, porque no es correcto profesamente plantear de nuevo la misma pretensión cuando antes se omitieron pedimentos, o no puede demostrarse o el juzgador no los atendido (SSTS 1ª, de 30 de julio de 1996, 3 de mayo y 27 de octubre de 2000).

La cosa juzgada se extiende incluso a cuestiones no juzgadas, en cuanto no deducidas expresamente en el proceso, pero que resultan cubiertas igualmente por la cosa juzgada impidiendo su reproducción en ulterior proceso, cual sucede con peticiones complementarias de otra principal u otras cuestiones deducibles y no deducidas, como una indemnización de daños no solicitada, siempre que entre ellas y el objeto principal del pleito exista un profundo enlace, pues el mantenimiento en el tiempo de la incertidumbre litigiosa, después de una demanda donde objetiva y causalmente el actor pudo hacer valer todos los pedimentos que tenía contra el demandado, quiebra las garantías jurídicas del amenazado, postulados en gran medida incorporados explícitamente ahora al art. 400 (SSTS 1ª, de 28 de febrero de 1991, 30 de julio de 1996 y 21 de marzo de 2011).

Finalmente, también la cosa juzgada se extiende incluso a cuestiones no juzgadas, en cuanto no deducidas expresamente en el proceso, pero que resultan cubiertas igualmente por la cosa juzgada, impidiendo su reproducción en ulterior proceso, cual sucede con peticiones complementarias de otra principal u otras cuestiones deducibles y no deducidas, siempre que entre ellas y el objeto principal del pleito exista un profundo enlace, pues el mantenimiento en el tiempo de la incertidumbre litigiosa, después de una demanda donde objetiva y causalmente el actor pudo hacer valer todos los pedimentos que tenía contra el demandado, quiebra las garantías jurídicas del amenazado (SSTS 1ª, de 28 de febrero de 1991 y 30 de julio de 1996).

12.3.6.3. Temporales

Será GUASP DELGADO quien configure los límites temporales de la cosa juzgada como categoría autónoma, recogiéndose, en la actualidad, su previsión legal en el art. 222.2.II, poniendo fin –afirma GIMENO SENDRA– a la jurisprudencia (STS, 1ª, de 20 de marzo de 1998) que permitía que cualquier titular de derechos pueda ejercitarlos en su totalidad o parcialmente, o sea, solicitar todas o parte de las consecuencias de tal ejercicio. Dicha tesis, precisamente, ha sufrido un cambio radical –ya acogido por la jurisprudencia (SSTS, 1ª, de 15 de noviembre de 2001, 31 de diciembre de 2003)– en orden a que: "... *la cosa juzgada se extiende incluso a cuestiones no juzgadas, en cuanto no deducidas expresamente en el proceso, pero que resultan cubiertas igualmente por la cosa juzgada, impidiendo su reproducción en ulterior proceso ...*", debiendo, pues, el demandante cumplir con la obligación de exhaustividad en el planteamiento de la totalidad de los títulos jurídicos o causas de pedir que funden su pretensión, puesto que queda legalmente (444.2.II y 400.2) prohibido fraccionar las causas de pedir y plantear sucesivos procesos con la misma petición (GIMENO SENDRA).

La posibilidad de que las circunstancias fácticas que motivaron un determinado fallo y que, por el transcurso del tiempo, pueden sufrir un cambio abren la eventualidad –entiende Guasp Delgado– de la apertura de un nuevo litigo sobre la misma cuestión litigioso sin que pueda oponerse con éxito la cosa juzgada anterior, dado que el fallo ha dejado de ser instable. Dicha tesis conlleva las consecuencias siguientes:

- Lo determinante es el cambio de las circunstancias que fundamentan el fallo y que, siendo ese cambio consecuencia del factor tiempo, es suficiente para defender la conveniente de unos límites temporales como categoría independiente.
- El cambio de las circunstancias por el transcurso del tiempo supone la destrucción de la inmutabilidad del fallo, pudiendo volver a discutirse, en un nuevo proceso, lo resuelto en otro proceso anterior.

12.3.7. Tratamiento procesal

A los efectos de realizar un adecuado planteamiento del tratamiento procesal de la cosa juzgada, debe distinguirse entre los distintos efectos que la misma produce, es decir: efectos positivos o prejudiciales y efectos negativos o excluyentes.

12.3.7.1. Efectos positivos o prejudiciales

De conformidad con lo dispuesto en el art. 421.1.II no se sobreseerá el proceso en el caso de que se apreciara la prejudicialidad de una sentencia con respecto al objeto proceso de un segundo proceso, debiéndose tener en cuenta en la sentencia que se dicte en éste lo acordado en la sentencia que puso fin al primer proceso por vía del régimen de las cuestiones prejudiciales (40 a 43).

12.3.7.2. Efectos negativos o excluyentes

El art. 405.3 impone al demandado la carga de aducir, en la contestación a la demanda, las excepciones procesales y demás alegaciones sobre todo aquellas que se opongan a la prosecución y conclusión del proceso con sentencia sobre el fondo, debiéndose incluir la alegación de la cosa juzgada, no tanto en su consideración de excepción procesal sino como otra alegación más. La cosa juzgada no parece configurarse, en la LEC, como una excepción procesal en sentido estricto en atención a que su apreciación no sólo recae en el demandando, tal y como ha quedado señalado anteriormente, sino que puede ser apreciada (al menos, en el juicio ordinario) por el tribunal, tal y como venía siendo reclamado por la doctrina (MONTERO AROCA).

Si la cosa juzgada se plantea en el juicio ordinario, su apreciación tiene lugar en la audiencia previa al juicio, al igual que el resto de las cuestiones procesales que pudieran obstar a la prosecución del proceso y a su terminación mediante sentencia sobre su objeto (414.1). Cuando el tribunal aprecie la existencia de resolución firme sobre objeto idéntico, con efectos de cosa juzgada sobre el proceso que se esté tramitando, deberá dar por finalizada la audiencia y dictar, en el plazo de los cinco días siguientes a la celebración de la audiencia, auto de sobreseimiento (421).

Sin embargo, si lo resuelto en un proceso con fuerza de cosa juzgada en una sentencia firme ha de vincular al tribunal en un proceso posterior, cuando aparezca como antecedente lógico de lo que sea el objeto de éste, siempre que los litigantes de ambos procesos sean los mismos o la cosa juzgada se extienda a ellos por disposición legal, no procederá el sobreseimiento del nuevo proceso, sino la continuación de éste, teniendo en cuenta la sentencia que ponga fin al nuevo proceso que deberá recoger como antecedente lógico lo resuelto con efecto de cosa juzgada en la sentencia firme dictada en el proceso anterior.

En el supuesto de que el tribunal considerase inexistente la concurrencia de cosa juzgada, así lo declarará motivadamente en el acto, decidiendo seguir adelante la audiencia previa a los efectos de sus restantes finalidades.

Dentro del juicio oral, la cosa juzgada puede ser examinada en el acto de la vista (443.2 y 3), junto con otras circunstancias que puedan impedir la válida prosecución y término del proceso con sentencia sobre el fondo.

TEMA 13. LA TERMINACIÓN DEL PROCESO (II)

13.1. INTRODUCCIÓN

Las distintas formas que, hasta el momento, se encuadraban dentro de las crisis procesales o formas anormales de conclusión del proceso, aparecen, en la LEC, ubicadas sistemáticamente en el Capítulo I V del Título I del Libro I, bajo la rúbrica "*Del poder de disposición de las partes sobre el proceso y sobre sus pretensiones*".

Constituyen todas las figuras, que se expondrán a continuación, una incidencia en el desarrollo o conclusión anormal del proceso de muy difícil clasificación en la medida de que, como pone de manifiesto RAMOS MÉNDEZ, se trata de actividades heterogéneas que pueden suponer la posible respuesta del demandado frente a la demanda (allanamiento), la actividad de las partes que conduce la terminación del proceso sin sentencia (desistimiento, transacción), o que directamente condiciona el contenido de ésta (renuncia) o hechos que repercuten en el proceso extinguiéndolo (caducidad).

Lo cierto es que, en cualquier caso, y al margen de planteamientos doctrinales, la LEC no ha optado por encuadrar las figuras de la transacción, suspensión, renuncia, desistimiento, allanamiento, sometimiento a mediación o arbitraje y terminación del proceso por satisfacción extraprocesal o carencia sobrevenida de objeto entre las crisis procesales o formas anormales de terminación del proceso, sino en un Capítulo dedicado a las distintas manifestaciones del poder de disposición de las partes sobre el proceso y sobre sus pretensiones, con la salvedad de la mediación, regulada en la LM y de los MAS que aparecen regulados en Cap. I, Título II L.O. 2/2025, de 2 de enero.

13.2. CLÁUSULAS GENERALES

Se dispone, con carácter general, en el párrafo 1 del art. 19 la posibilidad de que los litigantes dispongan del objeto del juicio, renunciando, desistiendo del juicio, allanándose, sometiendo a mediación, a cualquier otro medio adecuado de resolución de controversia, a arbitraje y transigiendo sobre lo que sea objeto del mismo, salvo cuando la Ley lo prohíba o establezca limitaciones por razones de interés general o en beneficio de tercero.

Respecto de la indicada cláusula general es necesario realizar ciertas matizaciones. La primera de ellas, viene referida a la reiteración de mandatos ya establecidos, con carácter general, en otros cuerpos legales, en este caso, habida cuenta de la naturaleza de los derechos e intereses en ciernes en un proceso civil, limitar la renuncia, desistimiento, allanamiento, sometimiento a otros medios alternativos de resolución de conflictos, a arbitraje y transacción en los supuestos prohibidos por la ley o en virtud de la limitaciones legales dispuestos por razones de interés general o en beneficio de tercero implica la reiteración, innecesaria de lo dispuesto, con bastante mejor técnica jurídica, y con carácter general, en el art. 6.2 y 3 CC. La segunda se refiere a que, conforme a la redacción dada al art. 19.1, pudiera deducirse que el objeto del desistimiento sería el juicio, sin embargo, unánimemente, la doctrina coincide en que su objeto es la demanda o el recurso [*vid.* infra 13.7].

Otra cláusula general es la dispuesta en el art. 19.3 que dispone que los actos de disposición pueden realizarse, según su naturaleza, "*en cualquier momento de la primera instancia o de los recursos o de la ejecución de sentencia*", sin perjuicio de la regla especial para el recurso de casación contenido en el art. 19.1.II que prescribe lo siguiente: "*Estos actos de disposición de los litigantes no podrán realizarse una vez señalado día para la deliberación, votación y fallo del recurso de casación.*".

Se introduce, por mor de la reforma de la LEC realizada por la LOMESPJ, una específica cláusula general referida a los MASC en los términos siguientes: "En cualquier momento del procedimiento, el LAJ o el juez, o tribunal podrá plantear a las partes la posibilidad de derivar el litigio a mediación o a otro medio adecuado de solución de controversias, siempre que considere, que concurren circunstancias que posibilitan una solución del conflicto en dicho ámbito y, singularmente, en los casos en que no haya sido posible llevar a cabo la actividad negociadora previa. La derivación requerirá la conformidad de las partes, que podrán pedir conjuntamente la suspensión del procedimiento. Será adoptada mediante resolución motivada que podrá ser oral. En los procedimientos en que intervengan personas mayores, definidas en el art. 7.bis, se valorará específicamente esta circunstancia para promover la solución de los mismos a través de MAS, con especial consideración a la salvaguarda del principio de igualdad entre las partes".

13.3. TRANSACCIÓN

13.3.1. Concepto y clases

Definida tradicionalmente la transacción, a partir de lo dispuesto en los arts. 1809 y 1816 CC como "*el contrato por el que las partes, dando, prometiendo o reteniendo cada una alguna cosa, ponen término al proceso que había comenzado, adquiriendo, para las partes, la transacción la autoridad de cosa juzgada, pero no procediendo la vía de apremio sino tratándose del cumplimiento de la misma*".

La transacción –a juicio del TS– se configura como un contrato consensual, bilateral y reciproco, dando lugar a un vínculo obligacional, cuya perfección y cumplimiento está sujeto a las reglas generales de los contratos (SS 1ª, de 6 de noviembre de 1993 y 30 de julio de 1996), provocando –tanto la transacción judicial como extrajudicial– el nacimiento de nuevos vínculos u obligaciones, en sustitución de los extinguidos, o la modificación de éstos, de suerte que tiene un carácter novatorio y produce el efecto de la sustitución de una relación jurídica puesta en litigio por otra cierta o incontrovertida (SS1ª, de 29 de julio de 1998 y 10 de julio de 2002), eliminando la incertidumbre y la controversia o evitando que puedan surgir, de forma que las partes, en contemplación de una relación preexistente, delimitan y precisan sus respectivas exigencias jurídicas, determinando el alcance para el futuro, de sus respectivas obligaciones con lo que dan certeza al ámbito de su interrelación de intereses (S1ª, de 15 de marzo de 2002).

Sin embargo, tras el expreso acogimiento de la transacción en la LEC, adquiere dicha figura una nueva justificación, dejando de tener una exclusiva justificación civilista y contractual, para conceptuarse normativamente como un medio que tienen las partes para poder disponer del proceso y sus pretensiones.

Al abordarse el análisis de la transacción, implícitamente expuesta en el concepto dado de transacción, ha de distinguirse entre aquélla anterior a un posible proceso y cuya finalidad es concretamente evitar el nacimiento del mismo y la transacción que se produce estando ya pendiente un pleito y le pone fin pero, sin duda, la distinción más interesante es la que se centra en diferenciar entre transacción judicial y extrajudicial, en función de que el contrato sea sometido al órgano jurisdiccional y por su homologación adquiera fuerza y termine el proceso o se trate de un pacto producido fuera del proceso y con influjo indirecto sobre éste.

13.3.2. Requisitos

Pueden distinguirse entre requisitos subjetivos, requisitos objetivos y requisitos de actividad:

A/ Requisitos subjetivos, referidos a las partes. Al definir el concepto de transacción se aludía a su naturaleza de contrato bilateral, de lo que fácilmente se deduce que habrán de ser ambas partes, actor y demandado, quienes sean los sujetos de la transacción, la cual se justifica, en este caso, en la existencia de un proceso pendiente (*lite pendente potest innovatur*) de origen dispositivo (*nemo dat quod non habet*). La transacción requerirá de:

- Autorización judicial, en todo caso, si la transacción se realizara por el curador (287.4º CC) y los titulares de la patria potestad –si la transacción versara sobre cierta clase de bienes– (166 y 1810 CC) en el supuesto de que las partes fueran incapaces y actuaran por ellas sus representantes legales.
- Autorización del Consejo de Ministros, mediante decreto, previa audiencia del Consejo de Estado en pleno, en el caso de la transacción llevada a cabo por el Estado (39 LGP y 40 LPE, 180.2 RDLeg 781/1986, de 18 de abril) contiene requisitos específicos en el supuesto de que la transacción afecte a entidades locales.
- La transacción, conforme disponen los arts. 25.2.1 y 414.2 LEC, exigirá de apoderamiento especial al procurador o consentimiento de la parte.

- La transacción en que intervenga error, dolo, violencia o falsedad de documentos está sujeta a lo dispuesto con carácter general en el art. 1265 CC y con carácter específico en los arts. 1810 a 1814 CC. Sin embargo, no podrá una de las partes exponer el error de hecho a la otra siempre que esta se haya apartado en la transacción de un pleito comenzado.

B/ Requisitos objetivos, referidos a la situación jurídico material litigiosa y/o relaciones jurídicas no litigiosas.

- Frente a la primera idea que pudiera surgir en torno al objeto de la transacción, centrándolo exclusivamente en la situación jurídica material litigiosa u objeto del proceso, ORTELLS RAMOS afirma que debe procederse con suma cautela, la posibilidad de que dicho objeto se extienda a relaciones jurídicas litigiosas a fin de poder lograr ese acuerdo, substrato de la transacción.
- En cualquier caso, ha de reiterarse que el objeto de la transacción está sometido a los límites generales impuestos al principio de autonomía privada. La transacción, se dispone en el art. 751.1, no será admisible en los procedimientos sobre capacidad, filiación, matrimonio y menores.

C/ Requisitos de actividad, referidos a la homologación por el órgano jurisdiccional.

- La transacción, que habrá de ser lícita (19.1 y 2), y formulada en términos claros y terminantes, requiere para su eficacia procesal la oportuna homologación por el tribunal que esté conociendo del litigio (19.2, 415.2 LEC), pudiendo corresponder la homologación al TS si se produjera la transacción en sede de recurso de casación (ATS, 1ª, de 11 de julio de 2006). Efectivamente de acuerdo con la doctrina del TS (Sala 1ª), la transacción extrajudicial es aquella que efectúan las partes para acabar un pleito ya comenzado, de modo que es necesario que no solo se adopte el acuerdo, sino se incorpore a los autos. De este modo, la STS 1ª, de 21 abril 1942 sostiene que, junto al aspecto de tratarse de un acto de Derecho material, la transacción en este caso integra un acto procesal propiamente dicho, de modo que para que finalice el proceso iniciado, se le debe incorporar en aquellos supuestos en que debe pedirse la ejecución al organismo jurisdiccional. Esta postura ha sido ratificada por lo dispuesto en el art. 19, previéndose, además, el procedimiento para incorporar el acuerdo transaccional en el art. 415 (cfr.: STS 1ª, de 14 de julio de 2010).
- El acuerdo transaccional judicial es válido cuando se cumplen los requisitos siguientes: 1) los contratantes sean las mismas partes procesales; 2) en el contrato se pacten entre ellas los términos de la relación, que sea la misma que dio lugar al pleito; 3) la materia tratada esté plenamente incluida en el ámbito del derecho dispositivo; y 4) el convenio no contenga estipulaciones prohibidas por la ley, ni contrarias al interés general.

13.3.3. Efectos

Hay autores que ven como efecto inmediato de la transacción la terminación del proceso mediante el auto que homologa el acuerdo alcanzado por las partes; otros, sin embargo, estiman que dicho efecto es el del sobreseimiento del proceso, postulando que la transacción de las partes o acuerdo que ponga fin al proceso, se procura, en el juicio ordinario, concretamente en su audiencia previa, en dos momentos: al comienzo y hacia el final, fijado el objeto de la controversia (415.1 y 428.2), pudiendo optar las partes, en uno u otro momento, una vez que manifiesten haber llegado a un acuerdo, por desistir bilateralmente del proceso o solicitar la homologación judicial del acuerdo alcanzado, lo que se producirá si, examinado por el tribunal el acuerdo, previa comprobación de la concurrencia de los requisitos de capacidad jurídica y poder de disposición de las partes o de sus representantes, que debidamente acreditados asistan al acto, el tribunal no encuentra obstáculo jurídico alguno para el otorgamiento de la homologación solicitada.

Una cuestión que debemos formularnos es si el auto de homologación de la transacción tiene eficacia de cosa juzgada o no. Siendo, sin duda, una cuestión de las más discutidas, doctrinal y jurisprudencialmente, la producción o no de cosa juzgada del auto de homologación de la transacción, que no podrá abordarse en extensión, dejando, pues, sucintamente, la constancia de las posturas contrapuestas. Las posturas, que surgen a partir de la expresión metafórica, contenida en el art. 1816 CC, al disponer que: "*La transacción tiene para las partes la autoridad de cosa juzgada; ...*", se pueden agrupar, básicamente, en contra de la eficacia de cosa juzgada del auto y a su favor.

El TS ha puesto de manifiesto que "*... la transacción, sea judicial o extrajudicial, produce el efecto de sustituir una relación jurídica controvertida por otra cierta y no controvertida, extinguiendo los derechos y acciones en que trae causa y originando nuevos vínculos y obligaciones*" (SSTS1ª, de 8 y 17 de julio de 2008). Por eso se ha negado la posibilidad de plantear cuestiones que afecten a las situaciones preexistentes a la transacción, que han perdido la protección jurídica al ser transigidas (SSTS 1ª, de 20 octubre de 2004 y 7 de julio de 2006). La «*exceptio pacti*» [excepción de transacción], de significado semejante al de la cosa juzgada material, puede ser opuesta en cualquier proceso, aunque la LEC sólo se refiere a ella como excepción a la acción ejecutiva (557.1.6. ª LEC).

Si la transacción tiene para las partes efectos de cosa juzgada, según el art. 1816 CC, vincula al órgano jurisdiccional en un proceso posterior cuando concurre identidad de elementos subjetivos y objetivos (SSTS 1ª, de 30 de enero de 1999). Sin embargo, la jurisprudencia ha declarado que la transacción no puede identificarse totalmente con los efectos de la cosa juzgada propia de las sentencias firmes (SSTS1ª, de 28 de septiembre de 1984, 10 de abril de 1985 y 14 de diciembre de 1988) y que la imposibilidad de replantear las cuestiones transigidas no implica que la transacción sea invulnerable, ya que puede impugnarse su validez y eficacia, dejándola sin efecto y reavivando la situación jurídica anterior. La interpretación del art. 1816 CC ha de hacerse sin mengua de la naturaleza contractual propia de la transacción (STS 1ª, de 8 de julio de 1999).

En relación a la eficacia ejecutiva del auto de homologación dispone el art. 1816 CC que: "... *pero no procederá la vía de apremio sino tratándose del cumplimiento de la transacción judicial.*", mientras que el art. 517.2.3 señala que tendrán aparejada ejecución "*Las resoluciones judiciales que aprueben u homologuen transacciones judiciales ... acompañadas, si fuere necesario para constancia de su concreto contenido, de los correspondientes testimonios de las actuaciones*".

A la ejecución del auto de homologación, que no estará limitado a que se despache ejecución por deudas de dinero, podrá oponerse por escrito, dentro de los diez días siguientes, a la notificación del auto en que se despache ejecución, alegando el pago o cumplimiento de lo ordenado, que habrá de justificar documentalmente (556.1.I).

La LEC permite la transacción en ejecución de sentencia (19.3), consecuentemente se dispone que la transacción acordada para evitar la ejecución también podrá oponerse cuando se acuerde la ejecución, precisamente, de aquello que había sido objeto de la aludida transacción, siempre que dicha transacción conste en documento público (556.1.II).

13.3.4. Costas

La imposición de las costas estará en función del momento en que se logre la transacción. Si, al inicio de la audiencia previa, las partes manifestarán haber llegado a un acuerdo y decidieran desistir bilateralmente, el tema de las costas se resolverá conforme a los principios generales dispuestos en relación con el desistimiento; mientras que, si las partes solicitaran la homologación judicial de lo acordado, el auto aprobando la transacción no contendría expresa imposición de costas a ninguno de los litigantes (22.1.II).

13.4. SOMETIMIENTO A ARBITRAJE PENDIENTE UN PROCESO

Recoge el art. 19.1 una cláusula general de habilitación en favor del arbitraje como nueva manifestación del poder de disposición, sin que pueda afirmarse que suponga nada novedoso a lo ya permitido en virtud de lo dispuesto en el art. 1 LA.

El arbitraje *ad hoc*, diferido o institucional como modalidades de arbitraje al que las partes, mediante la suscripción del denominado convenio arbitral, han manifestado inequívocamente su voluntad de someter el litigio a arbitraje (5 LA) en el ejercicio de su poder de disposición del objeto del proceso, se puede reflejar en el proceso pendiente en las formas siguientes:

- Mediante el desistimiento unilateral del demandante. Puede producirse: antes del emplazamiento al demandado para contestar a la demanda o citación para juicio; en cualquier momento, cuando el demandado se encontrare en rebeldía; con posterioridad al emplazamiento del demandado, siendo, en este caso, bilateral.
- Planteamiento, por el demandado, del sometimiento del litigio a arbitraje, formulando la declinatoria (63.1). Debe plantearse dentro de los diez días primeros del plazo para contestar a la demanda en el juicio ordinario, o en los cinco primeros días posteriores a la citación para la vista en el verbal, suspendiéndose, hasta que sea resuelta, el plazo para contestar, o el cómputo para el día de la vista, y el curso del procedimiento principal (64.1, tramitándose la declinatoria de conformidad con lo dispuesto en el art. 65.

13.5. SUSPENSIÓN DEL PROCESO

13.5.1. Concepto y clasificación

Pese al reconocimiento del principio del impulso procesal (179), en el art. 19.4, de conformidad con lo dispuesto en el art. 179.2, se reconoce a las partes la posibilidad de solicitar la suspensión del proceso. También se suspenderá el procedimiento a petición del profesional de la Abogacía (179.3 y 4).

Distingue GUASP DELGADO entre: interrupción del proceso, cuando la paralización se debe a razones que afectan directa y estrictamente a los sujetos procesales; detención si la paralización afecta al objeto; y, finalmente, suspensión para referirse a la paralización motivada a razones derivadas de los actos procesales mismos.

Tomando como referencia la clasificación formulada por GUASP DELGADO en relación a los supuestos de paralización del proceso por suspensión, señala GÓMEZ COLOMER, que la paralización por suspensión del proceso civil se puede producir por:

- Suspensión de todo el proceso por causas externas o internas al mismo, que impiden la celebración de todo acto procesal en tanto las partes no insten el curso por aquél, cumplan lo prevenido en el acto concreto o se remueva de otro modo el obstáculo impeditivo. Entre las aludidas causas externas o internas estarían aquellas relativas a la jurisdicción, causas relativas a la pretensión, el planteamiento de cuestión prejudicial. causas relativas a las partes, dependientes de su voluntad y supuestos independientes de la voluntad de las partes y demás sujetos procesales.
- Suspensión sólo del pleito principal o del curso de los autos principales, por causas externas o internas, pero con apertura de procedimiento, legalmente previsto, y dentro del mismo procedimiento para remover la causa de

suspensión. Entre las causas que podrán promover esta suspensión estarán las relativas a los presupuestos procesales, al órgano jurisdiccional, a las partes, al representante y al defensor técnico, a la prueba, a la vista o juicio oral.

Puede afirmarse, teniendo en cuenta la clasificación, escuetamente sintetizada, que el art. 19 supone una causa de paralización por suspensión de todo el proceso por causas relativas a las partes dependientes de su voluntad que impide la celebración de todo acto procesal en tanto las partes no insten el curso del proceso.

13.5.2. Requisitos

Subjetivos. Serán exclusivamente las partes, por causas dependientes de su voluntad, quienes podrán solicitar la suspensión del proceso, que será acordada por el LAJ, mediante decreto (19.3), condicionada dicha suspensión a que no se perjudique el interés general o tercero.

Objetivos. Mediante la petición de las partes se va a provocar una paralización por suspensión del procedimiento, sometida a un límite temporal, que se fija, como máximo, en sesenta días (19.4), transcurrido el cual si las partes, no solicitarán, dentro de los cinco días siguientes a la conclusión de aquél, la reanudación del proceso, se procederá al archivo provisional de los autos, permaneciendo en tal situación mientras no se solicite la continuación del procedimiento o se produzca la caducidad de instancia (179.2).

13.5.3. Dinámica procedimental

La petición de la suspensión se produce a instancia de parte, correspondiendo al LAJ acordar, mediante decreto, la suspensión siempre que no se perjudique el interés general o el de terceros; tendrá un plazo máximo que no superará el de sesenta días (19.4).

Para la reanudación del procedimiento se precisa petición de cualquiera de las partes, formulada, en el plazo de los cinco días siguientes a la conclusión del plazo máximo de suspensión. La falta de dicha petición origina el archivo provisional de las actuaciones mientras no se solicite la continuación del proceso o se produzca la caducidad de la instancia.

En cuento a la duración de la suspensión, el legislador señala, de antemano, como plazo máximo de duración de la paralización por suspensión por causa dependiente de la voluntad de las partes en sesenta días (19.4) sin perjuicio, obviamente, de que no es necesario esperar al agotamiento de dicho plazo, pudiendo las partes solicitar la reanudación del proceso con anterioridad al transcurso del plazo indicado.

El levantamiento de la suspensión y, la consiguiente reanudación del proceso, conforme dispone el art. 179.2, se produce a instancia de cualquiera de las partes.

13.5.4. Efectos

Los efectos de la paralización por suspensión provocada por causas dependientes de la voluntad de las partes son:

- La conservación de la validez de los actos procesales realizados con anterioridad a la suspensión, a diferencia de lo que ocurre en el supuesto de la paralización por interrupción.
- La paralización de un proceso no implica su desaparición y, en consecuencia, la subsistencia de la litispendencia y los efectos jurídicos materiales y procesales que de ella se derivan.

13.6. RENUNCIA

13.6.1. Concepto

La renuncia, que puede ser configurada como la manifestación de voluntad del actor (*actum renuntiatum necessitas actore*) en el sentido de abandonar lo pretendido en juicio, de hacer dejación del objeto litigioso por cualquier razón, de origen dispositivo *(nemo dat quod non habet*), aparece regulada en los arts. 19. 1 y 20.1.

El TS ha afirmado que "... *se trata de un acto unilateral del actor por el que manifiesta que la pretensión ejercitada en el proceso es infundada, por lo que su consecuencia, de darse los requisitos subjetivos, objetivos y formales, es dictar una sentencia absolutoria; la renuncia, en tanto que abandono definitivo de la acción (pretensión) afecta al derecho material*" (STS1ª, de 17 de marzo de 2003).

13.6.2. Características

La renuncia deberá ser personal, clara, terminante, inequívoca, incondicionada, y expresa.

La renuncia debe ser personal, por lo que se excluye la posibilidad de la renuncia no formulada por el propio interesado (SSTS 1ª, de 11 junio y 16 octubre de 1987 y 7 julio de 1988) y además debe ser clara, terminante e inequívoca, sin condición alguna ni límites. El carácter expreso e inequívoco viene determinado en el art. 25 cuando se refiere a las facultades del poder especial.

La renuncia tacita ha sido admitida por la jurisprudencia siempre que sea inequívoca, por lo que no es lícito deducirla de expresiones equívocas o dudosas (STS 1ª, de 24 de marzo de 1984).

13.6.3. Objeto

La renuncia a la acción constituye una manifestación procesal del principio de libre renunciabilidad de los derechos del art. 6.2 CC, precepto que condiciona su validez a que no contraríe "el interés o el orden público, ni perjudiquen a terceros", lo que, por otra parte, concreta el art. 20.1 cuando, a su vez, condiciona la procedencia de la renuncia a que no sea "legalmente inadmisible". En este sentido, el TS ha manifestado que "la renuncia de derechos implica tener conocimiento del exacto contenido del derecho que se abdica" (SS1ª, de 5 de octubre de 1999) y que "*ha de ser expresa, no deducida de algo tan poco inequívoco como un silencio sobre la materia*», puesto que "*es doctrina de esta Sala, reiterada en multitud de sentencias, de que la renuncia, para su eficacia jurídica, ha de ser expresa o deducida de actos o hechos de los que se deduzca inequívocamente y sin ninguna ambigüedad*" (STS1ª, de 19 de diciembre de 1997).

Sin duda una de las cuestiones más discutidas y discutibles, respecto de la cual el legislador ha tomado clara opción, es la relativa al objeto de la renuncia. Básicamente en torno el objeto de la renuncia se habían formulado las tesis siguientes:

- La renuncia se refiere al derecho subjetivo material alegado como fundamento de la pretensión (GUASP DELGADO).
- La renuncia del actor referida a la pretensión (PRIETO–CASTRO Y FERRÁNDIZ).
- La renuncia del actor a la acción, entendida esta como derecho a la tutela judicial efectiva, en el sentido del art. 24.1 CE.
- La renuncia referida a la acción, pero entendida ésta como derecho a obtener una sentencia de contenido determinado y favorable al que lo ejercita.

Sin duda alguna, la última de las tesis mencionadas ha sido acogida por el legislador al disponer que el actor podrá manifestar su renuncia, bien a la acción ejercitada, bien al derecho en que se funde su pretensión.

13.6.4. Requisitos

Subjetivos. Podrá renunciar el actor en quien concurran la triple capacidad para ser parte, procesal y de postulación, no siendo necesaria la aceptación del demandado, habida cuenta de la ausencia de interés en el mismo para oponerse a la renuncia; se requerirá un poder especial a tal efecto o, en su defecto, precisará de ratificación personal de quien ostente la condición procesal de parte.

Para ORTELLS RAMOS no es válida la renuncia del sustituto procesal, toda vez que causa perjuicio a un tercero. Y para que sea válida y surta efectos la renuncia en el supuesto de litisconsorcio necesario activo se requiere que la realicen todos los litisconsortes, al igual que en el cuasinecesario y en caso de intervención litisconsorcial.

La renuncia está condiciona en el supuesto de que se formulase por el representante legal a la previa autorización judicial (166 y 271.3 CC), a la existencia de mandato expreso si fuera formulada por el representante voluntario (1713.II CC), mientras que si fuera llevada a cabo por el representante necesario de una persona jurídica deberá estar facultado expresamente para la realización de dicho acto procesal. Cuando la renuncia se realiza por el abogado del Estado, necesita autorización expresa de la Dirección del Servicio Jurídico del Estado (art. 7 L. 52/1997, de 27 de noviembre).

Objetivos. La renuncia exclusivamente será admisible cuando su objeto no sea contrario al interés, orden público o se lleve a cabo en perjuicio de terceros (6.2 y 3 CC y 19.1).

La renuncia, se dispone en el art. 751.1, no será admisible en los procesos sobre capacidad, filiación, matrimonio y menores.

De actividad. La renuncia, que podrá realizarse durante la tramitación de la instancia (desde que se produce la litispendencia una vez interpuesta la demanda si después ésta es admitida), los recursos o la ejecución (art 19.3), deberá realizarse de forma expresa, por escrito o verbalmente, en función del principio que informe el procedimiento.

13.6.5. Efectos

Terminación del proceso. El tribunal, producida la renuncia, necesariamente, deberá dar por concluido el proceso mediante sentencia, desestimando la pretensión del actor, salvo que la renuncia fuese legalmente inadmisible en cuyo caso se dictará auto mandando seguir el proceso adelante.

Costas. En ausencia de previsión legal en materia de costas en caso de renuncia los criterios judiciales se han plasmado en una doble dirección: 1) Imponer, en todo caso, las costas, a la parte demandante, por equiparación de la renuncia a la figura jurídico del desistimiento, entendiendo que, tanto la renuncia como el desistimiento, comparten un mismo efecto, la terminación anormal del proceso, por lo que no hay razón para distinguir en materia de costas entre una u otra figura cuando el fundamento de la imposición y de la propia decisión de la parte es igual en ambas figuras procesales esto es, resarcir a la parte traída a un proceso de los gastos del mismo cuando la pretensión dirigida contra ella no ha prosperado, o se ha renunciado, o se ha desistido sin conformidad ni acuerdo entre las partes (SSAP de Cáceres de 11 de enero de 2002 y de Jaén de 21 de enero de 2003); 2) Aplicación de las normas general en materia de imposición de costas (SAP de Murcia de 1 de septiembre de 2004).

En el supuesto de renuncia parcial, sostiene FUENTES SORIANO que la imposición de costas dependerá, en principio, de la solución que se adopte en relación con el resto de las pretensiones que no han sido objeto de renuncia, "... *si todas las dependas son desestimadas estaremos ante un supuesto de desestimación total de la demanda y las cosas correrán a cargo del actor; pero si alguna de las restantes pretensiones se estima, estaremos ante un supuesto de vencimiento parcial, en cuyo caso, por aplicación del art. 594.2 LEC no habrá expresa imposición de costas. ...".*

13.7. DESISTIMIENTO

13.7.1. Regulación

La LEC contempla el desistimiento, no sólo en el art. 20.1, sino también en el art. 240, al disponer el desistimiento de los recursos de apelación o de casación si se produjera la caducidad de la instancia durante la tramitación de los aludidos recursos, originándose la firmeza de la resolución recurrida (párrafo 1) e, igualmente, el desistimiento de la primera instancia si se produjera la caducidad en dicha instancia, pudiéndose interponer nueva demanda, sin perjuicio de la caducidad de la acción (párrafo 2).

Por otra parte, se atribuye, por la ley, al incumplimiento de determinadas cargas impuestas a las partes la consecuencia de tenerlas por desistidas, concretamente hipótesis de desistimiento tácito, que origina el sobreseimiento del proceso, salvo que el demandado alegare interés legítimo en la continuación del procedimiento, por la inasistencia del demandante o del abogado de éste a la audiencia previa del juicio ordinario. Contempla el art. 442 el desistimiento de la demanda como consecuencia de la inasistencia del demandante a la vista, salvo que el demandado alegare interés legítimo en la continuación del proceso, imponiéndose las costas al demandante y la eventual condena a indemnizar al demandado comparecido, si éste lo solicitar y acreditare los daños y perjuicios sufridos. Y, por último, el art. 415 regula el desistimiento bilateral de las partes como consecuencia del acuerdo al que hubieran llegado las partes.

La omisión de la presentación del escrito de interposición del recurso y la consecuencia de ello de tener por desierto el recurso, como manifestación de un desistimiento tácito del recurrente, se contemplan, en la LEC, en los arts. 458.2, en relación con el recurso de apelación y 481.III relativo al desistimiento del recurso de casación.

13.7.2. Concepto y fundamento

De los distintos conceptos doctrinales ofrecidos de desistimiento parece especialmente clarificador el ofrecido por CALVO SÁNCHEZ al señalar que se trata de *"una declaración de voluntad unilateral del demandante, en virtud de la cual manifiesta su intención de desistir del proceso entablado, reservándose el derecho fundamento de la pretensión. .. produciéndose así la terminación anormal del proceso, pero sin resolverse sobre la pretensión procesal que queda imprejuzgada".*

Encuentra el desistimiento, al igual que el resto de las figuras, reguladas en los arts. 19 a 23, su fundamento en el principio dispositivo, entendido este como la posibilidad que tienen las partes de poner fin a la actividad jurisdiccional, disponiendo del interés cuya satisfacción se había solicitado del tribunal.

En orden al fundamento del desistimiento cabe precisar que se trata de una forma legítima de finalización de los procesos que responde al principio dispositivo que rige nuestro ordenamiento jurídico procesal (*cfr.*: STC 198/1990, de 10 de diciembre; STS, 1ª, de 4 de marzo de 2004).

13.7.3. Requisitos

Subjetivos. Se requerirá a demandante y demandado, en su caso, la plena capacidad de actuación procesal e integrar debidamente su capacidad de postulación, otorgando poder especial al procurador para desistir (25.2.1º) y, en su defecto, que la parte demandante se ratifique en el desistimiento formulado por el procurador.

El desistimiento del Estado requiere la previa autorización expresa de la Dirección del Servicio Jurídico del Estado que deberá, previamente, en todo caso, recabar informe del departamento, organismo o entidad pública correspondiente (7 LAJE).

Objetivos. El desistimiento será admisible en todo tipo de procedimientos, ya que el carácter disponible o indisponible no condiciona la viabilidad del desistimiento, habida cuenta de que, al quedar imprejuzgada la pretensión, no se está condicionando la eventual sentencia que pudiera dictarse si, con posterioridad, al abandono voluntario del proceso, decide el demandante formular nueva demanda e iniciar un nuevo procedimiento sobre el mismo objeto.

El desistimiento parcial, en la hipótesis de un proceso con pluralidad de objetos, cuando el demandante, mediante la conformidad del demandado –o sin ella si aún no ha sido emplazado o citado para la vista o se encontrare en rebeldía–, desiste de alguna de las pretensiones acumuladas que no guarden más relación entre sí que la identidad de las partes es admitida por la doctrina.

De actividad. El desistimiento podrá ser escrito –pudiendo este, a su vez, ser expreso o tácito (414. 3 y 4 y 442) u oral en función del sistema de principios formales que rijan en concreto procedimiento en el que el desistimiento haya de producirse.

La fijación del *dies a quo* para el desistimiento se fija en la presentación y admisión de la demanda, mientras que el *dies ad que*m se fija en el momento en que se dicte sentencia, puesto que un desistimiento hecho con posterioridad a dicho momento, afirma ORTELLS RAMOS, "... *ya tiene unos efectos diferentes: puede significar consentimiento de la sentencia (si supone expresión de la voluntad de no* *recurrirla) o desistimiento del recurso; en cualquier caso, firmeza de la sentencia y cosa juzgada (si la sentencia ha resuelto sobre la pretensión)*".

13.7.4. Dinámica procedimental

A/ En primera instancia

Traslado al demandado del escrito de desistimiento. La eficacia del desistimiento queda condicionada a su conocimiento por el demandado, siempre y cuando el desistimiento se produjera una vez emplazado el demandado para contestar a la demanda o citado para el juicio. El desistimiento será también unilateral, en cualquier momento, cuando el demandado se encontrare en rebeldía (20.2). Si el demandado hubiera sido emplazado, deberá darse traslado al demandado del escrito de desistimiento formulado por el demandante por el plazo de diez días (20.3).

El traslado del escrito de desistimiento debe también producirse en el juicio verbal a los efectos de evitar que comparezca al acto del juicio la parte demandada a defender su pretensión, sin tener conocimiento previo del hecho consistente en la formulación del mencionado desistimiento (*cfr.*: AAP de Barcelona, de 19 de abril de 2005).

La oposición del demandando al desistimiento del demandante debe fundamentarse en la existencia de un interés legítimo, razonable ye estimable y, en caso contrario, la simple oposición formal al desistimiento sin alegar razones concretas, no impide la conclusión del proceso (SAP de Barcelona, de 29 de marzo de 2005; AAP de Salamanca, de 7 de abril de 2006).

Conformidad o disconformidad con el escrito de desistimiento. Emplazado el demandado, se le dará traslado del escrito del desistimiento por un plazo de diez días. Si el demandado prestaré su conformidad al desistimiento o no se opusiere a él, dentro del plazo indicado, se dictará por el LAJ, decreto acordando el sobreseimiento y el actor podrá promover nuevo juicio sobre el mismo objeto (20.3.I y II).

Si el demandado se opusiera al desistimiento, el tribunal resolverá lo que estime oportuno (20.3.III)

Se requiere la conformidad con el desistimiento del MF salvo en los procedimientos contemplados en el art. 751.2).

B/ En segunda instancia o recurso de casación

El desistimiento de los recursos –que exigirá expresa resolución judicial conteniendo dicha manifestación (458.2, y 481.4)– es un acto eminentemente unilateral, puesto que, señala ASENCIO MELLADO, el demandado recurrido obtendrá un claro beneficio del mismo.

El art. 450 establece la excepción de desistir del recurso de casación, que no podrá realizarse una vez esté señalado el día para su deliberación, votación y fallo.

C/ En la ejecución

El art. 552 contempla el caso de que se haya solicitado la ejecución provisional de la sentencia, dictándose, posteriormente, sentencia confirmatoria de los pronunciamientos provisionalmente ejecutado, disponiéndose que continuara la ejecución provisional de la sentencia salvo desistimiento expreso del ejecutante.

13.7.5. Efectos

En relación con el proceso y su objeto. El desistimiento en la instancia origina la terminación del juicio sin sentencia, quedando imprejuzgado el objeto del mismo, por lo que podrá volverse a plantear un nuevo proceso, puesto que la acción no se ha consumido (20.3.II).

La resolución judicial que acepte el desistimiento será el auto, sin perjuicio que, en aras al principio de economía procesal, no quepa decretar la nulidad de actuaciones en sede de apelación, dándose sanada aquella resolución con la sentencia de apelación.

El desistimiento producido durante la tramitación de un recurso origina la firmeza de la sentencia y la imposibilidad de plantear un nuevo proceso sobre el mismo objeto al producir la sentencia recurrida la plenitud de sus efectos procesales.

Costas. Conforme dispone el art. 396, la condena en costas cuando el proceso termine por desistimiento de la instancia se impondrá a:

- Al actor cuando el desistimiento no hay de ser consentido por el demandado (párrafo 1).
- Si el desistimiento fuere consentido por el demandado o demandados no se condenará en costas a ninguno de los litigantes (párrafo 2), es decir, cada parte pagará las causadas a su instancia y las comunes por mitad.
- En la fase de recursos, como consecuencia de la omisión del escrito de interposición, se siguen imponiendo a la parte desistida (458.2 y 481.4, para los recursos de apelación y recurso de casación, respectivamente).
- Específicamente, el art. 438.bis, en relación con el procedimiento testigo, prescribe que, en caso de desistimiento, el LAJ dictará decreto acordando el mismo, sin condena en costas.

13.8. ALLANAMIENTO

13.8.1. Concepto y clases

El allanamiento, en cuanto acto procesal del demandado, consistente en la declaración de voluntad, admitiendo las pretensiones formuladas por el demandante con la intención de poner fin al proceso, cuyo fundamento se encuentra en la vigencia del principio dispositivo en el proceso civil, aparece regulado de modo general, en los arts. 19 y 21. En similar sentido se ha manifestado el TS, señalando que el allanamiento se configura con un acto del demandado en el que muestra su conformidad con la pretensión procesal interpuesta por el actor, reconociendo que debe ser estimada y que tiene como efecto, en virtud del principio dispositivo y siempre que no exceda los límites de éste, vincular al juez a dictar una sentencia estimatoria de la pretensión (S 1ª, de 18 de noviembre de 2005).

El allanamiento puede ser total, cuando se expresa por el demandado una conformidad con las pretensiones formuladas por el actor; mientras que el allanamiento parcial, expresamente previsto en el art. 21.2, se produce cuando el demandado muestra su aquiescencia sólo con relación a alguna o algunas de las pretensiones acumuladas por el actor.

Dispone el art. 21.2 que, en el supuesto de allanamiento parcial, a instancia de parte, el tribunal podrá dictar de inmediato auto acogiendo las pretensiones que hayan sido objeto de dicho allanamiento, siempre que fuera viable que, por la naturaleza de dichas pretensiones, se produzca un pronunciamiento separado que no prejuzgue las restante cuestiones que no hayan sido objeto de allanamiento, siendo dicho auto ejecutable conforme dispone los arts. 517 y ss. Resulta sumamente positiva la previsión legal en la medida en que dicha posibilidad contribuirá a la eficacia de la ejecución en el sentido de que la eventualidad de la ejecución del auto, sin tener que esperar a resultas de que concluya definitivamente el proceso, contribuye a asegurar que el demandante, al menos, en relación con lo que ha sido objeto de allanamiento parcial tiene asegurado el efectivo cumplimiento por el demandado de su obligación.

El allanamiento, formulado por sólo alguno de los demandados es –afirma el TS– un "*acto de disposición procesal carente de eficacia en definitiva por no emanar de la totalidad de los litisconsortes, requisito indispensable cuando la acción que se ejercita contra varios es la misma, idéntica la razón de pedir y análoga su finalidad*" (SS 1ª, de 24 de abril de 1962 y 23 de diciembre de 1971). También ha señalado el TS que el allanamiento de parte de los demandados, con oposición de los demás a las pretensiones de la demanda, podrá dar lugar a dos resultados distintos, a saber: "*1º) Que se estime, sin más, la demanda respecto de los allanados y se resuelva el proceso en cuanto a los restantes según lo alegado y probado por las partes mediante la aplicación de las normas jurídica procedentes, en los supuestos en que quepa la consideración separada de las pretensiones dirigidas contra unos y otros: y 2º) Que no quepa escindir las distintas relaciones jurídica afectantes a los demandados, allanados o no allanados, o se dé una situación de solidaridad entre los mismo, supuesto en que el allanamiento será ineficaz y resultará posible la desestimación de la demanda frente a todos, pues en caso contrario la sentencia resultaría contradictoria, e inejecutable un pronunciamiento que resolviera la división de la cosa común sólo en cuanto a determinados partícipes y no frente a otros.*" (S 1ª, de 24 de febrero de 2009).

El art. 21.3 contempla un supuesto singular del allanamiento en los juicios de desahucio por falta de pago de rentas o cantidades indebidas o por expiración legal o contractual del plazo, que resultaré del compromiso, con los efectos de transacción previsto en el art. 437.3, prescribiéndose que:

- La resolución que homologue la transacción declarará que, de no cumplir con el plazo de desalojo establecido en la transacción, ésta quedará sin efecto
- En tal hipótesis se llevará cabo el lanzamiento sin más trámites y sin notificación alguna al condenado, en el día y hora fijadas en la citación si ésta es de fecha posterior, o en el día y hora que se señale en dicha resolución.

13.8.2. Requisitos.

Subjetivos. Como se había indicado, anteriormente, el allanamiento es un acto procesal que corresponde realizarlo al demandado, que no necesita de aceptación del demandante, pues no tiene interés jurídico en oponerse (ORTELLS RAMOS).

Las situaciones litisconsorciales, en relación con el allanamiento, se resuelve, por la doctrina y la jurisprudencia de la forma siguiente: a) Si se produce un supuesto de litisconsorcio pasivo facultativo, las pretensiones de las partes serán independientes, por lo que el allanamiento pronunciado por uno de los demandados será eficaz cuando se cumplan los requisitos procesales, b) Si se da una situación de litisconsorcio pasivo necesario o cuasinecesario, el allanamiento para ser eficaz ha de realizarse por todos los litisconsortes al tratarse de una única pretensión y, por ello, la resolución judicial también deberá ser única.

La eficacia del acto de allanarse queda condicionada a que en el demando concurran el requisito de aptitud exigible para la realización de cualquier acto procesal, es decir, capacidad para ser parte y proceso, legitimación y postulación. Mientras que resulta cuestionable que los representantes legales puedan allanarse, por lo que respecta a los representantes necesarios de las personas jurídicas sólo podrán allanarse si tienen otorgada dicha facultad, al igual que ocurre con relación al representante voluntario; y, por último, con respecto al Estado, el allanamiento del mismo requiere que el Abogado del Estado haya obtenido autorización expresa de la DGSJE, previo informe del Departamento correspondiente, mientras que tratándose de Entidades Locales, requerirá acuerdo previo del Pleno del Ayuntamiento.

Por último, cabe recordar, la necesidad de que el procurador dispone de poder especial que le habilite para allanarse (25.2.1).

Objetivos. El allanamiento exclusivamente es admisible en relación con derechos disponibles, por lo que, al igual que con relación a la renuncia, se dispone en el art. 751.1 en no será admisible el allanamiento en los procesos sobre capacidad, filiación, matrimonio y menores; pero cabe señalar que, el allanamiento de derechos realizado en fraude de ley, contra el interés general o en perjuicio de terceros tampoco será admisible.

Prescribe el art. 21.3 que cuando el allanamiento resulte del compromiso con efectos de transacción, previsto en el art. 437.3, para los juicios de desahucio por falta de pago de rentas o cantidades debidas, o por expiración legal o contractual del plazo, la resolución que homologue la transacción declarará que, de no cumplirse con el plazo del desalojo establecido en la transacción, esta queda sin efecto, llevándose a cabo el lanzamiento sin más trámite y sin más trámite y sin notificación alguna al condenado, en el día y hora fijadas en la citación si esta es de fecha posterior, o en el día y hora que se señale en dicha resolución.

De actividad. Puede enumerarse los siguientes:

- *Tiempo*. De conformidad con lo dispuesto en el art. 19.3, el allanamiento se podrá producir en cualquier momento de la primera instancia o de los recurso e, incluso, de la ejecución, previsto en el art. 405, como uno de los posibles contenidos del escrito de contestación a la demanda, lo que no implica que no pueda producirse el acto procesal con anterioridad a dicho momento, lo que, precisamente, tendrá sus consecuencias en relación a las costas procesales; también podrá producirse el allanamiento en la fase impugnativa, cuando desestimada la demanda, el actor formulase recurso, en cuyo caso el allanamiento del demandado (apelado), al no haberse producido un pronunciamiento firme sobre la pretensión, el acto procesal debe estimarse admisible, sin embargo, cuando ante una sentencia estimatoria de la pretensión del actor, el demandado formulara recurso, habrá de interpretarse el allanamiento del demandado (apelante) como un reconocimiento de la corrección de la sentencia impugnada y desistimiento del recurso, provocando la firmeza de la sentencia impugnada.
- *Forma*. El allanamiento ha de realizarse de forma expresa, sin que puede deducirse de la actitud del demandado, sin perjuicio de que la Ley atribuya a determinados supuestos de ausencia del demandado produzcan en el proceso determinados efectos similares al allanamiento; en este sentido, si bien, el art. 496.2 dispone que, salvo excepción legal expresa, la rebeldía no será considerada como allanamiento. Por otra parte, en atención al principio que rija el procedimiento en que se produzca el allanamiento, éste podrá realizarse de forma escrita o verbalmente.

13.8.3. Efectos

Conclusión del proceso. La desaparición de la necesaria contradicción entre las partes, que justifica la existencia de un proceso, por la aceptación del demandado de la pretensión formulada por el demandante, origina que el tribunal deba dictar sentencia, concluyendo mediante ella el proceso.

Sin duda, una de los temas más debatidos, en relación con el allanamiento, es el relativo a la vinculación o no del tribunal al acto procesal del demandado mediante el cual manifiesta dicha conformidad, lo que, tras la entrada en vigor de la LEC, queda zanjado definitivamente al disponer el art. 21.1 que cuando el demandado se allane a todas las pretensiones del actor se dictará sentencia condenatoria de acuerdo con lo solicitado por éste; igualmente, en el supuesto de allanamiento parcial, prescribe el art. 21.2 que el tribunal, a instancia de parte, dictará inmediatamente auto, acogiendo las pretensiones que hayan sido objeto del aludido acto procesal.

Sin embargo, precisa la Ley que, cuando el allanamiento se hiciera en fraude de ley o supusiera renuncia contra el interés general o perjuicio de tercero, el tribunal dictará auto rechazándolo y seguirá el proceso adelante. La mencionada limitación al allanamiento supone una reiteración de la prescripción general contenida en el art. 19.1, por lo que resulta innecesaria.

Igualmente, el proceso no concluirá en el supuesto de allanamiento parcial, ya que, conforme dispone el art. 21.2, cuando se produzca el allanamiento parcial, el tribunal, a instancia de parte, dictará auto, acogiendo las pretensiones del demandante, siempre que, por la naturaleza de las pretensiones acumuladas, sea posible un pronunciamiento por separado, continuando, en consecuencia, el proceso en relación con las pretensiones que no hayan sido objeto del aludido allanamiento parcial.

Por último, cabe señalar que el art. 21.3, dispone que: "*Si el allanamiento resultase del compromiso con efectos de transacción previsto en el art. 437.3, para los juicios de desahucio por falta de pago de rentas o cantidades debidas, o por expiración legal o contractual del plazo, la resolución que homologue la transacción declarará que, de no cumplirse con el plazo del desalojo establecido en la transacción, ésta quedará sin efecto, y que se llevará a cabo el lanzamiento sin más trámite y sin notificación alguna al condenado, en el día y hora fijadas en la citación si ésta es de fecha posterior, o en el día y hora que se señale en dicha resolución*".

Costas. Específicamente se regula la condena en costas en caso de allanamiento en el art. 395, modificado por la L.O. 1/2025, de 2 de enero. Los párrafos 1 y 3 del art. 395. resultan de difícil interpretación, puesto que:

- *Si el allanamiento se produce antes de contestar a la demanda*: no hay imposición de costas salvo mala fe o abuso servicio público de justicia, debiéndose entender por mala fe o abuso del servicio público de justicia si requerimiento previo, rechazo de propuesta o rehúse MASC (395.1)

- *Si se produce después de contestar a la demanda*; no hay imposición de costas salvo mala fe o abuso de servicio público de justicia (395.2)
- *Si se produce sin haber acudido (sin justa causa) a MASC*: se impone la condena en costas salvo circunstancias excepcionales en decisión motivada (395.3)

Entonces, la cuestión a dilucidar es qué debe hacer el Juez con el demandado que se allana después de haber rechazado un MASC, llegándose a la contradictoria conclusión (ROCA MARTÍNEZ) que:

- No debe imponerse las costas, salvo resolución motivada (395.1 y 2 LEC)
- Debe imponerse las costas, salvo resolución motivada (395.3 LEC)

13.9. SATISFACCIÓN EXTRAPROCESAL O CARENCIA SOBREVENIDA DEL OBJETO

13.9.1. Requisitos

Subjetivos. Corresponde a las partes, de forma imperativa, poner en conocimiento del tribunal la circunstancia de la satisfacción extraprocesal o carencia sobrevenida de objeto procesal. La parte contraria deberá expresar si acepta o no la alegación formulada. Los respectivos procuradores necesitan, para la formulación de ambas declaraciones, poder especial (25.2.1º).

Objetivos. El objeto de la satisfacción extraprocesal debe concretarse en la pérdida completa de interés en la tutela judicial pretendida, por lo que, en el supuesto de una pretensión de condena, no sería suficiente el reconocimiento extraprocesal del derecho por el demandado, sino que se haya satisfecho el derecho plenamente.

De actividad. Dos eventualidades cabe que se produzca, a saber:

- La conformidad de ambas partes en que se ha producida la pérdida de interés en la tutela judicial pretendida por satisfacción extraprocesal o cualquier otra causa, decretando, sin más trámite, por el LAJ, la terminación del proceso, sin que proceda condena en costas (22.1) y
- Discrepancia entre las partes, sosteniendo, alguna de ellas, la subsistencia de interés legítimo, negando motivadamente que se haya dado satisfacción extraprocesal a sus pretensiones o con otros argumentos, dicha circunstancia provoca la convocatoria por el LAJ a las partes a una comparecencia ante el tribunal, en el plazo de diez días, exclusivamente sobre ese único objeto, terminada la cual, el tribunal decidirá mediante auto dentro de los diez días siguientes, si procede, o no, continuar el juicio (22.2).

- Si el interés legítimo que se alegara se circunscribiera a la satisfacción de las costas causadas, el LAJ dará cuenta al tribunal, que acordará mediante auto, previa audiencia de la otra parte, la terminación del proceso, pudiendo condenar al pago de las costas conforme a los criterios establecidos en el art. 395.

13.9.2. Recursos

Frente al auto que ordena la continuación del juicio, en caso de discrepancia entre las parte no cabe recurso. El auto que acuerda la terminación del juicio en caso de discrepancia de las partes es recurrible en apelación (22.3). El auto que resuelve la continuación del juicio cuando el interés legítimo alegado se circunscriba a la satisfacción de las cosas causadas es recurrible en apelación.

13.9.3. Efectos

Terminación del proceso. La terminación del proceso decretada por el LAJ al amparo de lo previsto en el art. 22.1 o el auto, que dicte el tribunal, bien porque no hubiera existido acuerdo entre las partes, bien porque se hubiera desestimado la oposición formulada por alguna de ellas, supone la terminación del proceso, que tendrá los mismos efectos que una sentencia absolutoria firme (22.1 y 2.II), es decir, produce efectos de cosa juzgada, salvo que estén excluidos por la naturaleza sumaria del proceso.

Costas. En principio, el decreto del LAJ, dando por terminado el proceso no hará expresa imposición de costas (22.1), de modo que cada parte pagará las causadas a su instancia y las comunes por mitad; mientras que el auto que resuelva la oposición de alguna de las partes, a la alegación de la otra en torno a la satisfacción extraprocesal o carencia sobrevenida de objetivo, impondrá las costas del incidente a quien viere rechazada su pretensión (22.2.II).

13.10. ENERVACIÓN DEL DESAHUCIO

Regula el art. 22.4 el tema relativo a la enervación de la acción de desahucio, considerado, dado el carácter restrictivo con que se mantiene la configuración de la aludida enervación de la acción, como un auténtico y especial "beneficio" o una exención singular.

13.10.1. Requisitos

Los requisitos que deben concurrir para la viabilidad del aludido beneficio son:

Subjetivos. Sólo podrá realizarse el pago o la consignación por el arrendatario de la vivienda, con posible extensión, habida cuenta de lo dispuesto en el art. 8° LAU, al cesionario que se subroga en la posición del cedente frente al arrendador.

También podrá enervar la administración concursal tanto si la demanda tiene lugar antes como después de la declaración del concurso (168 LC).

Objetivos. Las cuestiones relativas a los conceptos económicos, desde un punto de vista cualitativo, cuyo abono produce la enervación de la acción se pueden concretar afirmando que comprenderán "*la totalidad de las cantidades reclamadas en la demanda y el de las que adeude en el momento de dicho pago enervador del desahucio*" en concepto de rentas, de cantidades asimiladas o de cantidades cuyo pago hubiera asumido el arrendatario, es decir:

- Las rentas: dentro de este concepto se entenderá tanto la pactada, como la actualizada, o la elevada por mejoras.
- Las cantidades cuyo pago haya asumido contractualmente el arrendatario: las referidas en el art. 20.1° y 2° LAU.
- Las cantidades que legalmente corresponden al arrendatario: las mencionadas en el art. 20.3° LAU.

A efectos de determinar el momento en el que se puede ejercitar la acción de desahucio debe diferenciarse entre:

- *Dies a quo*: Cabe afirmar que el pago, con efectos enervatorios, puede verificarlo el demandado desde que tenga conocimiento de la posibilidad de llevarlo a cabo de manera efectiva, lo cual, indiscutiblemente tendrá lugar desde el día siguiente a aquel en que reciba el requerimiento que el LAJ le haya dirigido al amparo del art. 438.5 y en el que, entre otros varios contenidos, estará el de la posibilidad de enerva o no la acción que el arrendador habrá hecho constar en su demanda por mandato del art. 439.3.
- *Dies ad quem*: El momento preclusivo se fija en "plazo conferido en el requerimiento" por el actor, recogido en el art. 22.4.I.

Las hipótesis de exclusión absoluta de la enervación de la acción de desahucio, conforme dispone el art. 22.4.II, se producen cuando:

- *Se hubiese producido anteriormente otra enervación.* Es evidente que se ha producido un cambio de criterio en el sentido de suprimir la discrecionalidad del Juez en la apreciación de la reiteración abusiva con que se hacía uso de dicho beneficio por el arrendatario, pasándose a una situación, quizás, de excesivo automatismo con que operara la denegación de la enervación cuando ya se haya producido otra anterior, entendiendo que debería posibilitarse un cierto margen a la autoridad judicial para apreciar y tomar en consideración la buena fe en el impago por parte del arrendatario y las posibles causas que lo justifiquen, habida cuenta de que no siempre el arrendatario deja de pagar por mala fe, debiendo reseñarse que, a veces, tal situación obedece a causas a las que no es ajeno el arrendador.

El TS, 1ª, SS de 24 de julio de 2008 y 26 de marzo de 2009, resolviendo sendos recursos por interés casacional, dado la existencia de jurisprudencia contradictoria de las AAPP, ha venido a sancionar como doctrina legal que: "... el pago de la renta del arrendamiento de un local de negocio, fuera de plazo y después de presentada la demanda, no excluye la aplicabilidad de la resolución arrendaticia y ello aunque la demanda se funde en el impago de una sola mensualidad de renta sin que el arrendador venga obligado a soportar que el arrendatario se retrase de ordinario en el abono de las rentas periódicas".

- *El cobro no hubiese tenido lugar por causas imputables al arrendador.*
- *El arrendador hubiese requerido*, por cualquier medio fehaciente que permite acreditar su constancia, de pago al arrendatario o puesta a disposición por éste en el tribunal o notarialmente, en el plazo de treinta días, y éste no hubiese pagado o no hubiere puesta a disposición del actor las cantidades adeudadas al tiempo de la presentación de la demanda.

La STS, 1.ª, de 23 de junio de 2014 fija, como doctrina jurisprudencial, que el requerimiento de pago que se hace al amparo art. 22, no exige que se comunique al arrendatario que el contrato va a ser resuelto y que no procederá enervación de la acción de desahucio si no se paga en el plazo preceptivo.

La Ley contempla la inviabilidad de una segunda enervación de desahucio siempre y cuando concurran una serie de requisitos, a saber: a) se haya producido otra enervación anterior; b) envío de un requerimiento de pago por algún medio que permita justificar su realización; c) conocimiento efectivo del requerimiento de pago, es decir, que, atendida la finalidad perseguida, haya llegado a conocimiento efectivo del arrendatario o, al menos, que su falta de recepción sea exclusivamente imputable al mismo, y así se acredita cumplidamente; d) transcurso de treinta días –plazo sustantivo y, por tanto, de cómputo civil (5 CC) ; los términos –inicial y final– de este plazo resultarán del día siguiente a la entrega del requerimiento y la fecha de la diligencia de presentación de la demanda en el tribunal; e) persistencia del impago por el arrendatario.

Formales. Dispone el art. 439.3 que no se admitirán las demandas de desahucio de finca urbana por falta de pago de las rentas o cantidades debidas por el arrendatario si el arrendador no indicare las circunstancias concurrentes que puedan permitir o no, en el caso concreto, la enervación del desahucio, debiendo el LAJ indicar, en la citación para la vista, la posibilidad de enervar el desahucio conforme al art. 22.4 (440.3).

La sola exigencia de que en la demanda se mencionen las circunstancias que permiten o no la enervación, y la necesaria comprobación inmediata, por el LAJ, a la presentación de la demanda, para su traslado en la citación, priva al órgano jurisdiccional del examen del apoyo necesario sobre la viabilidad de la exclusión de la enervación, cuando lo prudente hubiera sido la exigencia de justificación documental de la imposibilidad de la enervación.

De actividad. El arrendatario–demandado puede enervar pagando, consignando o poniendo a disposición del actor las cantidades adeudadas. Son, pues, tres formas concretas, que pasamos seguidamente a exponer más detalladamente.

- El pago comprenderá la entrega de efectivo de conformidad y bajo el correspondiente recibo.
- La consignación de las rentas constituye el depósito de la cantidad debida, cuando el acreedor no quiere o no puede recibirla y ha de hacerse en la Cuenta de Consignación y Depósitos del Juzgado que conoce de la demanda. Si bien la consignación no es indicada en los arts. 22.4 439.3 y 440.3 el importe de las cantidades a las que se refiere el art. 22.4.II, se puede verificar entre otros medios por el sistema de consignación previsto en los arts. 1276 y ss. CC.
- La puesta a disposición se podrá realizar judicial o notarialmente.

13.10.2. Efectos

Terminación del procedimiento. Dispone el art. 22.4 que el efecto procesal inmediato de la enervación es la terminación del procedo mediante decreto dictado por el LAJ si, requerido el demando, en los términos previstos en el art. 438.5, paga o pone a su disposición en el Tribunal o notarialmente, dentro del plazo conferido en el requerimiento, el importe de las cantidades reclamadas en la demanda y el de las que adeude en el momento de dicho pago enervador del desahucio.

Continuación del procedimiento. Si el demandante se opusiera a la enervación por no cumplirse los requisitos, se citará a las partes a la vista prevenida en el art. 443 LEC, tras la cual el Juez dictará sentencia por la que declarará enervada la acción o, en otro caso, estimará la demanda habiendo lugar al desahucio.

Lo dispuesto en el art. 22.4.I no será de aplicación cuando el arrendatario hubiera enervado el desahucio en una ocasión anterior, excepto que el cobro no hubiera tenido lugar por causas imputables al arrendador, ni cuando el arrendador hubiese requerido de pago al arrendatario por cualquier medio fehaciente con, al menos, treinta días de antelación a la presentación de la demanda y el pago no se hubiese efectuado al tiempo de dicha presentación.

Sin embargo, cabría, suscitar la duda acerca de la posibilidad de la continuación del proceso en la hipótesis del arrendatario, una vez efectuada la consignación "ad cautelam", se opusiera al desahucio para demostrar, por ejemplo: que existió una falta de cobro y no una falta de pago, la realidad y certeza de los hechos alegados a los solos efectos de determinar la procedencia o no del desahucio.

Costas. El pago, enervador de la acción de desahucio, constituye una de las circunstancias sobrevenidas que motivan la terminación del proceso, por lo que, conforme dispone el art. 22.5, la resolución que declare enervada la acción de desahucio condenará al arrendatario al pago de las costas devengadas, salvo que las rentas y cantidades debidas no se hubiesen cobrar por causas imputables al arrendador.

13.11. CADUCIDAD DE LA INSTANCIA

Pese a que la LEC consagra el principio de impulso de oficio (236), lo que podría hacer pensar que la caducidad de la instancia es inviable en el proceso civil, el art. 237 regula la caducidad de la instancia en los términos siguientes:

- Inactividad: se tendrán por abandonadas las instancias y recursos en toda clase de pleitos si, pese al impulso de oficio de las actuaciones, no se produce actividad procesal alguna.
- Plazos:
  - Dos años: si la inactividad se produce en la primera instancia.
  - Un año: si la inactividad se produce durante la tramitación de la segunda instancia o pendiente de recurso de casación.
  - Cómputo: Los plazos se contarán desde la última notificación a las partes.
- Recursos: Contra el decreto que declare la caducidad solo cabrá recurso de revisión.
- Efectos: si la caducidad se produjere en la segunda instancia o en el recurso de casación, se tendrá por desistida la apelación o el recurso de casación y por firme la resolución recurrida, devolviéndose las actuaciones al tribunal del que procedieren.

TEMA 14. RECURSOS

14.1. LOS MEDIOS DE IMPUGNACIÓN: CONCEPTO, FUNDAMENTO Y MODALIDADES

La CE, en su art. 1, establece que "*España se constituye en un Estado social y democrático de Derecho que propugna como valores superiores de su ordenamiento jurídico la libertad, la justicia, la igualdad y el pluralismo político»*. La justicia es, pues, desde un punto de vista constitucional, uno de los valores superiores del ordenamiento jurídico. También en su art. 24 la CE establece que "*todas las personas tienen derecho a obtener la tutela efectiva de los jueces y tribunales en el ejercicio de sus derechos e intereses legítimos sin que en ningún caso pueda producirse indefensión"*. Este principio constitucional de tutela judicial efectiva tiene su correlación en la proscripción de la autotutela y en el principio de exclusividad y de monopolio de la jurisdicción; de esta forma, el art. 118 CE dispone que "*es obligado cumplir las sentencias y demás resoluciones firmes de los jueces y tribunales"*, y el art. 117.3 CE establece que "*el ejercicio de la potestad jurisdiccional en todo tipo de procesos juzgando y haciendo ejecutar lo juzgado corresponde exclusivamente a los juzgados y tribunales determinados por las leyes según las normas de competencia y procedimiento que las mismas establezcan"*.

Así, nuestro ordenamiento constitucional se fundamenta en la búsqueda de la justicia en las relaciones de conflicto que puedan existir entre los ciudadanos. Ahora bien, esa búsqueda de la justicia –y sin perjuicio de otras modalidades de composición de conflictos– se deberá efectuar de forma exclusiva por los jueces y magistrados, por los juzgados y tribunales, y de acuerdo con las normas de procedimiento que están establecidas; de hecho, la LEC, en su art.1, dice que, "*en los procesos civiles, los tribunales y quienes ante ellos acudan e intervengan deberán actuar con arreglo a lo dispuesto en esta ley"*. Con todo ello, la búsqueda de la justicia como fundamento del orden jurídico debe realizarse con arreglo a determinadas normas de funcionamiento y procedimiento y, por tanto, cuando se infringen tales normas nos estaremos alejando de la justicia, al igual que nos alejaremos de ella cuando la resolución final, fruto del proceso, sea errónea, pues nos alejaremos con ello del objetivo de estabilidad y sociedad bien ordenada, tal y como es definido por RAWLS.

Para mantener la justicia en el proceso es para lo que existen y se regulan los *medios de impugnación*, bien para reconducir el proceso corrigiendo la infracción de las normas procesales, bien para sustituir una resolución equivocada por otra más acertada, corrigiendo la valoración de la prueba o la aplicación del derecho aplicable al caso. En el primer caso, el art. 240.1 LOPJ establece que "*la nulidad de pleno derecho en todo caso y los defectos de forma en los actos procesales que impliquen ausencia de los requisitos indispensables para alcanzar su fin o determinen efectiva indefensión se harán valer por medio de los recursos legalmente establecidos contra la resolución de que se trate o por los demás medios que establezcan las leyes procesales".* Por otra parte, el art. 448 –que nos habla del derecho a recurrir– dice que *"contra las resoluciones de los tribunales y letrados de la Administración de Justicia que les afecten desfavorablemente las partes podrán interponer los recursos previstos en la ley",* estableciéndose en este caso el requisito del *gravamen* para poder interponer un recurso, de tal forma que solo será posible recurrir aquellas resoluciones que nos resulten perjudiciales.

Desde el punto de vista del principio de tutela judicial efectiva reconocido en la CE no puede hablarse de que en el proceso civil exista un derecho al recurso a la manera del establecido en el art. 14 del PIDCP (ICCPR, Res. N.U. 2200 A XXI, 1966) que consagra la obligatoriedad de una segunda instancia en el proceso penal pero, aceptada y regulada la existencia de un recurso en el proceso civil, este recurso sí quedará comprendido en el principio de tutela judicial efectiva consagrado en la CE (STC 18/96, de 29 de enero) ya que en base a este principio se garantiza la obtención de una resolución jurídicamente fundada sobre el fondo del asunto, que no es lo mismo que una resolución favorable lo que no está comprendido en el derecho fundamental. Tampoco está comprendido en el derecho fundamental a la tutela efectiva la admisión de un determinado recurso que podrá ser inadmitido por causa de legalidad ordinaria si bien dicha inadmisión deberá interpretarse de la manera más favorable al recurrente y con la necesaria ponderación, pero siendo inexcusable y necesario el cumplimiento de las normas y requisitos procesales en la materia. Es decir, por un lado, la denegación arbitraria de un recurso legalmente establecido puede constituir una violación del art. 24 CE (ATC 43/81, de 24 de abril), pero de otro lado el TC no puede revisar cuestiones de legalidad ordinaria sobre la admisibilidad de un recurso (STC 142/1996, de 16 de septiembre).

El fundamento de los medios de impugnación, pues, es la justicia o la necesaria búsqueda de ésta, que a su vez se traslada en dos pilares bien diferenciados que son el cumplimiento de las normas y principios procesales y la fundamentación lógica y jurídica de la resolución judicial; la infracción de tales pilares determina la existencia de un *gravamen* que es el *prius* de la posibilidad de impugnación. Este gravamen ha sido analizado, entre otras, por la STS Sala 1ª, 582/2016, de 30 de septiembre.

Los medios de impugnación son instrumentos procesales que la ley pone a disposición de las partes en el proceso para atacar la resolución judicial gravosa y que les resulta perjudicial a fin de obtener, mediante otra resolución, una modificación de esta, o bien su anulación o rescisión.

Con la expresión de medios de impugnación nos referimos tanto a los recursos propiamente dichos, como a los medios de impugnación de sentencias firmes, siendo la diferencia entre ambos precisamente el estado de firmeza o no de la resolución judicial de que se trate.

Son recursos: el recurso de reposición, el recurso de revisión, el recurso de apelación, el recurso de queja y el recurso de casación.

Son medios de impugnación de sentencias firmes: la revisión de sentencias firmes, la audiencia al rebelde y la nulidad de actuaciones.

14.2. LOS RECURSOS: CONCEPTO Y ELEMENTOS ESENCIALES. CLASES. PRESUPUESTOS DE ADMISIBILIDAD. EFECTOS

Los recursos son los medios o instrumentos procesales previstos en la ley y que esta pone a disposición de las partes en el proceso a fin de atacar la resolución judicial que resulta gravosa para la parte recurrente en aquello que resulte perjudicial y a fin de revocarla total o parcialmente y obtener otra resolución favorable bien mediante la modificación de la aplicación del derecho, bien mediante la modificación de la conclusión lógica alcanzada o bien mediante la corrección de la deficiente observancia de las normas y principios procesales. La LEC regula los recursos en el Título IV del Libro II, arts. 448 al 495 a través de siete capítulos dedicados a disposiciones generales (capítulo I), de los recursos de reposición y revisión (capítulo II), del recurso de apelación y de la segunda instancia (capítulo III), del recurso extraordinario por infracción procesal (capítulo IV), del recurso de casación (capítulo V), del recurso en interés de la ley (capítulo VI) y del recurso de queja (capítulo VII). En su momento la regulación de la LEC nos permitía identificar las modalidades de recurso siguiendo la nomenclatura de sus capítulos, pero tras la reforma operada por el RDL 5/2023 de 28 de junio ya no puede considerarse así ya que tal reforma de un lado suprime la normativa reguladora del recurso en interés de la ley contenida en el Capítulo VI (arts. 490 al 493) y de otro, se dejan sin efecto los arts. 468 al 476, esto es, el Capítulo IV dedicado al recurso extraordinario por infracción procesal, así como también queda sin utilidad la Disposición Final decimosexta relativa al régimen transitorio en materia de recursos extraordinarios, derogándose posteriormente y por el RDL 6/2023 de 19 de diciembre todas estas disposiciones.

Por tanto, los recursos vigentes son el recurso de reposición, el recurso de revisión, el recurso de apelación, el recurso de casación y el recurso de queja. No es un Manual el texto adecuado, cuando son tantos los conocimientos esenciales a preparar en la asignatura, para realizar referencias al régimen de recursos anterior y a su historia legislativa reciente, pero para quien en ello pueda tener interés le será posible consultar la edición de 2021 de este Manual y los apartados tercero y séptimo de la Lección 14. Si debe reseñarse, sin embargo, que nunca un Real Decreto–ley de más de doscientas páginas, comprensivo de materias tan heterogéneas entre sí como las modificaciones estructurales de las sociedades mercantiles, las medidas económicas y sociales respecto de la guerra de Ucrania o la conciliación de la vida familiar, será el lugar adecuado para proceder a una modificación del Derecho Procesal del calado de la que realizó el RDL 5/2023, de 28 de junio, ni tampoco puede considerarse ni prudente ni adecuado realizar dicha reforma por este tipo de tramitación legislativa, ausente de informes y de la pertinente y necesaria reflexión y discusión, por más que pueda considerarse o no acertada tal reforma; con el RDL 6/2023 de 19 de diciembre, de nuevo estamos ante una norma de más de ciento ochenta páginas y dedicada a aprobar *medidas urgentes para la ejecución del Plan de Recuperación, Transformación y Resiliencia en materia de servicio público de justicia, función pública, régimen local y mecenazgo*, que contiene una importante reforma procesal, especialmente en materia de *justicia digital*.

Desde el punto de vista del órgano que resolverá el recurso, puede distinguirse entre recursos *devolutivos* y *no devolutivos*. En los recursos devolutivos la resolución del recurso se encomienda por la ley a un órgano jurisdiccional distinto a aquel que dictó la resolución recurrida con arreglo a las normas de competencia funcional a que hace referencia el art. 62. En los recursos no devolutivos será el mismo órgano jurisdiccional que dictó la resolución recurrida el que revise su propia actuación y modifique o no la misma; a esta categoría pertenece únicamente el recurso de reposición. Son recursos devolutivos el recurso de revisión, el recurso de apelación, el recurso de casación y el recurso de queja.

También pueden clasificarse en atención a su contenido o finalidad los recursos entre aquellos *de carácter procesal* y que tienen la única finalidad de poner de manifiesto y que sea corregida una infracción procesal y aquellos otros *de carácter revisorio* destinados a obtener una nueva resolución sobre el objeto del proceso, mediante la modificación total o parcial de la resolución recurrida y bien sea debido a la revisión y modificación del derecho aplicable o bien mediante la modificación de la deducción lógica realizada en la sentencia recurrida, por la revisión de los hechos probados o de las consecuencias de dichos hechos en relación a la consecuencia jurídica que determinan.

En atención a los motivos de examen de la resolución recurrida hablamos de recursos *ordinarios y extraordinarios*, permitiendo los primeros una revisión total o plena de la resolución recurrida, mientras que en los recursos extraordinarios solo se permite la revisión en base a los concretos motivos o causas reguladas en la ley. A esta última categoría pertenece el recurso de casación.

Por último, debe señalarse que algunos recursos presentan efectos *suspensivos y otros no*, como es el caso del recurso de reposición. En los recursos de apelación y casación quedará en suspenso la resolución recurrida sin perjuicio del planteamiento de la ejecución provisional.

La LEC regula, en los arts. 448, 449 y 450, que configuran el primer capítulo del Título IV unas disposiciones generales sobre los recursos y la doctrina generalmente identifica también una serie de presupuestos comunes o generales a todos los recursos; esta regulación general atiende a las siguientes cuestiones:

- Derecho a recurrir. Dispone el art. 448.1 que *contra las resoluciones de los Tribunales y Letrados de la Administración de Justicia ..., las partes podrán interponer los recursos previstos en la Ley*. El derecho a recurrir no es, por tanto, absoluto, y deberemos comprobar en cada caso si la resolución que pretendemos impugnar es o no susceptible de recurso y cual corresponde.
- Plazo para recurrir. Los recursos tienen que interponerse en el plazo previsto para ello por la LEC y –448.2– "*los plazos para recurrir se contarán desde el día siguiente al de la notificación de la resolución que se recurra, o, en su caso, a la notificación de su aclaración o de la denegación de esta*". Cuando ha transcurrido el plazo para recurrir la resolución gana firmeza y por tanto no es susceptible de recurso; así lo dispone en sus apartados 2° y 4° el art. 207: "*son resoluciones firmes aquellas contra las que no cabe recurso alguno bien por no preverlo la ley, bien porque, estando previsto, ha transcurrido el plazo legalmente fijado sin que ninguna de las partes lo haya presentado; transcurridos los plazos previstos para recurrir una resolución sin haberla impugnado quedará firme*".
- Existencia de perjuicio. El art. 448.1 nos dice que "*contra las resoluciones de los Tribunales y Letrados de la Administración de Justicia* que les afecten desfavorablemente, *las partes podrán interponer los recursos previstos en la Ley*". Solo es, por tanto, posible el recurso cuando exista una resolución desfavorable a los intereses jurídicos o económicos de quien recurre, aunque sean accesorios como por ejemplo en la ausencia de condena en costas.
- Cumplimiento de los requisitos formales. Para que el recurso sea admitido y tramitado deberá estar suscrito por abogado, debiendo cumplirse igualmente los requisitos de capacidad y representación y los relativos a la redacción del escrito que detallará el motivo o motivos del recurso; igualmente deberá plantearse de conformidad con las normas sobre competencia funcional ante el órgano competente para ello, sea éste el que dictó la resolución o aquél que deberá resolver el recurso. El art. 62 y en el caso de haberse planteado el recurso ante un órgano funcionalmente incompetente concede otros cinco días para la correcta interposición del recurso tras declararse la incompetencia.
- Derecho a recurrir en casos especiales. El art. 449 regula la imposibilidad de admisión de los recursos de apelación o de casación en aquellos casos en que el demandado no pague, deposite, consigne o afiance las rentas vencidas o que vayan venciendo, las cantidades debidas por un propietario a la comunidad de vecinos o las indemnizaciones debidas derivadas de la circulación de vehículos a motor.
- Desistimiento. El recurrente, conforme al art. 450 podrá desistir del recurso antes de que sobre él recaiga resolución, excepto del recurso de casación una vez señalado día para su deliberación, votación y fallo.
- Depósito para recurrir. Conforme a la DA 15ª LOPJ, añadida por la LO 1/2009, de 3 de noviembre, la admisión del recurso que proceda precisará

de la constitución de un depósito a tal efecto. Tal depósito es de 25 euros en los casos de resoluciones que no pongan fin al proceso ni impidan su continuación, 30 euros si se trata de recurso de queja o 50 euros en los casos de recurso de apelación o recurso de casación.

Los efectos de la interposición de los recursos pueden ser suspensivos y devolutivos, conceptos a los que ya hicimos referencia, y además el efecto primordial del recurso es el de impedir la firmeza de la resolución recurrida.

Los efectos de la resolución del recurso serán distintos para el caso de su estimación, total o parcial, o desestimación y también variarán en el caso de resoluciones de recursos de carácter meramente procesal o revisorios. Será la propia resolución estimatoria de un recurso la que establezca sus efectos dentro del ámbito del concreto recurso de que se trate y de lo que fue solicitado; de otro lado, los efectos de la resolución desestimatoria de un recurso serán el de ratificar, confirmar o mantener la resolución recurrida. Asimismo, la resolución de los recursos podrá tener efectos en materia de costas procesales de conformidad con el art. 398.

14.3. EL RECURSO DE REPOSICIÓN

El recurso de reposición está regulado en los arts. 451 a 454 y es un recurso ordinario, sin efecto suspensivo y no devolutivo. Se puede plantear contra las diligencias de ordenación y decretos no definitivos dictados por el LAJ, y contra las providencias y autos no definitivos dictados por el Juez o Tribunal y en todo caso se planteará ante el mismo LAJ o ante el mismo juez o tribunal. Ante determinadas resoluciones del LAJ puede caber directamente el recurso de revisión si así lo prevé expresamente la ley.

Aunque la norma general en nuestro proceso civil es que los recursos se articulan por medio de escritos –arts. 460, 470.2 y 481– el recurso de reposición adquiere su importancia como oral en el caso de las resoluciones dictadas de conformidad con el art. 285 que trata de la "*resolución sobre la admisibilidad de las pruebas propuestas*: *1. El tribunal resolverá sobre la admisión de cada una de las pruebas que hayan sido propuestas. 2. Contra la resolución que admita o inadmita cada una de las pruebas sólo cabrá recurso de reposición, que se sustanciará y resolverá en el acto, y, si se desestimare, la parte podrá formular protesta al efecto de hacer valer sus derechos en la segunda instancia*".

Esta posibilidad se podrá plantear tanto en el momento oportuno de la audiencia previa en el juicio ordinario –429– como en el momento equivalente del juicio verbal que viene regulado en el art. 446 que dispone: "*Contra las resoluciones del tribunal sobre admisión o inadmisión de pruebas en el acto de la vista sólo cabrá recurso de reposición, que se sustanciará y resolverá en el acto, y si se desestimare, la parte podrá formular protesta a efecto de hacer valer sus derechos, en su caso, en la segunda instancia".*

Salvo en estos casos en los que el recurso de reposición debería plantearse en el mismo momento de dictarse la resolución oral, dice el art. 452 que *el recurso de reposición deberá interponerse en el plazo de cinco días.*

El requisito más esencial del recurso es que –conforme al art. 452– se exprese *la infracción en que la resolución hubiera incurrido a juicio del recurrente*; serán también requisitos de admisibilidad la firma de abogado y procurador de ser su intervención preceptiva, y la realización del depósito –en este caso de 25 euros– regulado por la DA 15ª LOPJ (LO 1/2009, de 3 de noviembre); el depósito no es aplicable en el caso de los recursos planteados de forma oral (apartado segundo de la DA 15ª).

Los requisitos de firma y falta de depósito serán subsanables (11.3 LOPJ y 231) pero no así el plazo y la expresión de "*la infracción en que la resolución hubiera incurrido a juicio del recurrente*; así lo establece el art. 452 LEC que en su segundo apartado dispone que *si no se cumplieran los requisitos establecidos en el apartado anterior, se inadmitirá, mediante providencia no susceptible de recurso, la reposición interpuesta frente a providencias y autos no definitivos, y mediante decreto directamente recurrible en revisión la formulada contra diligencias de ordenación y decretos no definitivos".*

De ser admitido el recurso de reposición por el LAJ se concederá un plazo común de cinco días al resto de partes personadas para la impugnación del recurso si así lo estiman, resolviéndose el mismo por auto en el caso del juez o tribunal y de decreto en el caso del LAJ (453). Contra estas resoluciones en el caso del auto no procede más recurso –sin perjuicio de si fuese el caso reproducir la cuestión al recurrir la resolución definitiva del proceso en la instancia–, y en el caso del Letrado cabe el recurso de revisión en virtud de la STC (Pleno) 15/2020 de 28 de enero de 2020 y del art. 454 bis. En el caso de las resoluciones desestimatorias de recurso de reposición por el juez o tribunal sobre admisión o inadmisión de pruebas la parte podrá formular protesta a efecto de hacer valer sus derechos, en su caso, en la segunda instancia.

14.4. EL RECURSO DE REVISIÓN

El recurso de revisión no estaba contenido en la LEC en su versión original y fue introducido por la Ley 13/2009, de 3 de noviembre, de reforma de aquella, como un recurso ante el juez o tribunal frente a las resoluciones dictadas por el LAJ, regulándose en el art. 454.bis. Se trata de un recurso ordinario y sin efecto suspensivo, discrepando parte de la doctrina sobre su naturaleza devolutiva o no, ya que mientras algunos autores sostienen que el LAJ autor de la resolución recurrida y el juez al que va dirigido el recurso pertenecen al mismo órgano jurisdiccional, otros estiman que en realidad estaríamos ante distintos órganos y, por tanto, existiría devolución.

Cabe contra aquellos decretos del LAJ resolutivos de la reposición, o que pongan fin al procedimiento o impidan su continuación (denominándolo la LEC *directo* en estos dos últimos casos), y también en aquellos supuestos en los que la ley expresamente lo prevé frente a los decretos (denominándose también *directo*). El recurso de revisión deberá interponerse en el plazo de cinco días mediante escrito en el que deberá citarse la infracción en que la resolución hubiera incurrido, debidamente firmado y siendo de precepto el depósito regulado por la DA 15ª LOPJ (LO 1/2009, de 3 de noviembre). Cumplidos los anteriores requisitos, el LAJ, mediante diligencia de ordenación, admitirá el recurso concediendo a las demás partes personadas un plazo común de cinco días para impugnarlo, si lo estiman conveniente y transcurrido el plazo, háyanse presentado o no escritos, el tribunal resolverá sin más trámites, mediante auto, en un plazo de cinco días.

14.5. EL RECURSO DE APELACIÓN

Bajo la rúbrica *Del recurso de apelación y de la segunda instancia*, el Capítulo III del Título IV del Libro II de la LEC regula en los arts. 455 al 467 el recurso de apelación (en realidad hasta el 465 ya que el art. 466 se limita a establecer que *contra las sentencias dictadas por las Audiencias Provinciales en la segunda instancia de cualquier tipo de proceso civil podrán las partes legitimadas interponer el recurso de casación, y el art. 467* fue dejado sin contenido por el RDL 6/2023; el recurso de apelación es un recurso ordinario, devolutivo y puede decirse que suspensivo si bien la facilidad en que puede instarse la ejecución provisional en la instancia (524 a 537) no deja de plantear dudas respecto al carácter suspensivo o no del recurso; tan es así que el art. 462 dispone que "*durante la sustanciación del recurso de apelación, la jurisdicción del tribunal que hubiere dictado la resolución recurrida se limitará a las actuaciones relativas a la ejecución provisional de la resolución apelada".*

El recurso de apelación se articula sin limitación de motivos y puede provocar la revisión de la resolución dictada en la instancia tanto en cuestiones sobre aplicación del derecho, como de valoración de la prueba, como de corrección de defectos procesales, y a fin de dictarse una nueva resolución. Serán recurribles en apelación las sentencias dictadas en toda clase de juicio, los autos definitivos y aquellos otros autos que la ley señale expresamente; como excepción, no son apelables las sentencias dictadas en los juicios verbales por razón de la cuantía cuando ésta no supere los 3.000 euros (455.1). El art. 456.1 establece que "*en virtud del recurso de apelación podrá perseguirse, con arreglo a los fundamentos de hecho y de derecho de las pretensiones formuladas ante el tribunal de primera instancia, que se revoque un auto o sentencia y que, en su lugar, se dicte otro u otra favorable al recurrente, mediante nuevo examen de las actuaciones llevadas a cabo ante aquel tribunal y conforme a la prueba que, en los casos previstos en esta Ley, se practique ante el tribunal de apelación".*

Los órganos competentes para el examen y resolución del recurso de apelación son, como norma general, las AAPP, si bien las SC (TI–SC), antes de la LO 1/2025 de 2 de enero los JPI, verán y resolverán aquellos recursos de apelación que puedan presentarse contra las resoluciones de los *jueces y juezas de paz* en juicios verbales de cuantía no superior a 150 euros (85.3º LOPJ, 47.1 y 455.2.1.. No obstante, la mayor parte de los recursos de apelación serán los descritos por el art. 455.2 en su apartado segundo de los que conocen "*las Audiencias Provinciales, cuando las resoluciones apelables hayan sido dictadas por los Juzgados de Primera Instancia de su circunscripción"* (aunque no se ha reformado este precepto la referencia a los JPI debe entenderse a las SC (TI–SC). El art. 82.2 LOPJ dispone que *"Las Audiencias Provinciales conocerán en el orden civil:*

1.º De los recursos que establezca la ley contra las resoluciones dictadas en primera instancia por las Secciones Civiles de los Tribunales de Instancia de la provincia.

Para el conocimiento de los recursos contra resoluciones de las Secciones Civiles de los Tribunales de Instancia que se sigan por los trámites del juicio verbal por razón de la cuantía, la Audiencia se constituirá con un solo magistrado o magistrada, mediante un turno de reparto.

2.º De los recursos que establezca la ley contra las resoluciones dictadas en primera instancia por las Secciones de Familia, Infancia y Capacidad y en materia civil, por las Secciones de Violencia sobre la Mujer y las Secciones de Violencia contra la Infancia y la Adolescencia de los Tribunales de Instancia de la provincia. A fin de facilitar el conocimiento de estos recursos, y atendiendo al número de asuntos existentes, podrán especializarse una o varias de sus Secciones de conformidad con lo previsto en el artículo 82 bis y 80.3 de la presente ley orgánica.

3.º De los recursos que establezca la ley contra las resoluciones dictadas en primera instancia por las Secciones de lo Mercantil de los Tribunales de Instancia, salvo las que se dicten por estos juzgados en incidentes concursales en materia laboral. Asimismo, conocerán de los recursos contra aquellas resoluciones que agoten la vía administrativa dictadas en materia de propiedad industrial por la Oficina Española de Patentes y Marcas.

Debe añadirse que, en materia de recursos a los que se refiere el art. 133 del Reglamento (UE) 2017/1001 del Parlamento Europeo y del Consejo de 14 de junio de 2017 sobre la marca de la Unión Europea y el Reglamento (CE) 6/2002 del Consejo de 12 de diciembre de 2001 sobre los dibujos y modelos comunitarios, la competencia exclusiva en segunda instancia corresponde a la Sección o Secciones de la Audiencia Provincial de Alicante especializadas en materia mercantil que, a estos exclusivos efectos y en el descrito ámbito competencial extenderán su jurisdicción a todo el territorio nacional denominándose *Tribunales de Marca de la Unión Europea*.

El RDL 6/2023 modificó el trámite de interposición del recurso de apelación regulado en el art. 458 interponiéndose el recurso *ante el tribunal que sea competente para conocer del mismo* (fundamentalmente será la Audiencia Provincial) *en el plazo de veinte días desde la notificación de la resolución impugnada* y *debiendo de acompañarse copia de dicha resolución*.

En el escrito de interposición del recurso el apelante debe citar la resolución apelada, los pronunciamientos que impugna y exponer las alegaciones en que fundamenta la apelación. Si el recurso de apelación alega infracción de normas o garantías procesales cometidas en la primera instancia deberán citarse las normas que se consideren infringidas, alegando la indefensión sufrida, y acreditando que se denunció oportunamente la infracción si se tuvo oportunidad para ello (459). El escrito de recurso deberá ir suscrito por procurador y abogado y conforme al apartado tercero, letra b, de la DA 15ª de la LOPJ añadida por la LO 1/2009, de 3 de noviembre deberá constituirse un depósito de 50 euros. En el mismo día en que se reciba el escrito de interposición del recurso de apelación el LAJ informará de tal circunstancia al órgano que hubiera dictado la resolución apelada.

Tras la interposición del recurso de apelación el LAJ dictará en el plazo de tres días diligencia de ordenación requiriendo del órgano judicial que dictó la resolución recurrida la remisión de las actuaciones, lo que se llevará a efecto emplazando a las partes no recurrentes por plazo de diez días para que comparezcan ante el tribunal competente para la resolución del recurso de apelación. Conforme al art. 458.4 recibidos los autos, si la resolución impugnada fuera apelable y el recurso se hubiere formulado dentro de plazo, en el plazo de tres días el LAJ tendrá por interpuesto el recurso, y de no ser así *lo pondrá en conocimiento del tribunal para que se pronuncie sobre su admisión. Si el tribunal entendiera que se cumplen los requisitos de admisión, dictará providencia teniendo por interpuesto el recurso; en caso contrario, dictará auto acordando la inadmisión y la remisión de las actuaciones al órgano que hubiera dictado la resolución objeto de recurso.*

Una vez interpuesto y admitido el recurso de apelación el LAJ dará traslado común al resto de partes por plazo de diez días para que presenten escrito de oposición al recurso, o, en su caso, impugnación de la resolución apelada en lo que le resulte desfavorable, dándose, en este caso, nuevo traslado al primer apelante o apelante inicial o principal. El tribunal resolverá sobre el recurso de apelación "*mediante auto cuando el mismo hubiera sido interpuesto contra un auto y mediante sentencia en caso contrario*" (465.1).

El objeto procesal de la segunda instancia viene determinado no solo por las alegaciones realizadas por el apelante en el escrito de recurso de apelación, sino que puede alterarse también por la oposición al mismo y la eventual impugnación (adhesión a la apelación), y estará condicionado por el objeto del proceso ya determinado en la instancia. De esta forma, dispone el art. 465.5 que "*el auto o sentencia que se dicte en apelación deberá pronunciarse exclusivamente sobre los puntos y cuestiones planteados en el recurso y, en su caso, en los escritos de oposición o impugnación a que se refiere el art. 461. La resolución no podrá perjudicar al apelante, salvo que el perjuicio provenga de estimar la impugnación de la resolución de que se trate, formulada por el inicialmente apelado*". El examen que puede realizar el tribunal de apelación podrá serlo de todo el objeto del proceso según se circunscriba en los escritos de apelación, oposición e impugnación, dentro de estos límites, pero también existen otros: a) las situaciones procesales que han sido determinadas en la primera instancia no pueden ser objeto de revisión y modificación, b) no pueden modificarse las pretensiones deducidas en la instancia o prohibición de la *mutatio libelli*, y c) salvo las excepciones que se establecen –y que veremos a continuación– el material probatorio que se examinará será el mismo, si bien la valoración de la prueba que realizó el juez de instancia no vincula al tribunal de apelación.

Ya hemos visto que en materia de infracción procesal o garantías procesales que se aleguen como cometidas en la primera instancia deberán citarse las normas que se consideren infringidas, alegando la indefensión sufrida, y acreditando que se denunció oportunamente la infracción si se tuvo oportunidad para ello (459); en este caso y a efectos de la resolución de la apelación (465 LEC) debe distinguirse si la infracción procesal se produjo en la sentencia de la instancia –en cuyo caso el tribunal de apelación revocará esta y resolverá sobre las cuestiones objeto del proceso–, o en un momento anterior; en tal caso puede diferenciarse entre infracción originadora de nulidad de actuaciones –en cuyo caso se repondrán las actuaciones al momento inmediatamente anterior– o subsanable –en cuyo caso se procederá a la subsanación; y en ambos casos "*producida la subsanación y, en su caso, oídas las partes y practicada la prueba admisible, el Tribunal de apelación dictará resolución sobre la cuestión o cuestiones objeto del pleito*".

A la prueba en la segunda instancia se refieren los arts. 460 y 464 siendo la regla de partida que en la segunda instancia no se admitirá prueba debiendo valorarse la ya admitida y practicada en la instancia, bien para ratificar la valoración efectuada en la sentencia apelada, bien para modificarla. No obstante, el art. 460 establece las excepciones a la anterior regla y que son las siguientes: a) podrán acompañarse al escrito de interposición aquellos documentos que se encuentren en alguno de los casos previstos en el art. 270 (documentos posteriores, no conocidos o no obtenidos) y que no hayan podido aportarse en la primera instancia; b) podrá acordarse la práctica de las pruebas indebidamente denegadas en la primera instancia (si se interpuso reposición y/o se formuló protesta); c) podrá acordarse la práctica de las pruebas admitidas en la primera instancia y que no pudieron practicarse por causas no imputables al proponente; d) podrá acordarse la práctica de las pruebas que se refieran a hechos de relevancia para la decisión del pleito ocurridos después del comienzo del plazo para dictar sentencia en la primera instancia o antes de dicho término siempre que, en este último caso, la parte justifique que ha tenido conocimiento de ellos con posterioridad. La decisión sobre admisibilidad de la prueba que se proponga en el escrito de interposición (o de oposición o de adhesión) la realizará el tribunal de apelación en el plazo de diez días en cuyo caso el LAJ señalará fecha para la vista, que se celebrará dentro del mes siguiente con arreglo a lo dispuesto para el juicio verbal. Si no se hubiere propuesto prueba o si toda la propuesta hubiere sido inadmitida, podrá acordarse también, mediante providencia, la celebración de vista siempre que así lo haya solicitado alguna de las partes o el tribunal lo considere necesario. En caso de acordarse su celebración, el LAJ señalará día y hora para dicho acto.

14.6. EL RECURSO DE CASACIÓN

El recurso de casación, que es un recurso devolutivo y extraordinario, está regulado en los arts. 477 al 487, careciendo de contenido el art. 480, y el Acuerdo de la Sala de Gobierno del Tribunal Supremo de 8 de septiembre de 2023 sobre extensión y otras condiciones extrínsecas de los escritos de interposición y oposición de los recursos de casación civil dictado con relación al art. 481.8 tras el Real Decreto–ley 5/2023 de 28 de junio.

La LOPJ en su art. 56 y en su ordinal primero dispone que la Sala de lo Civil del TS conocerá de los recursos de casación, revisión y otros extraordinarios en materia civil que establezca la ley. Por influencia francesa, la Constitución de 1812, en su art. 259, decía que "*habrá en la Corte un Tribunal, que se llamará Supremo Tribunal de Justicia*, y en los preceptos siguientes, entre otras, se le otorgaban las competencias de *conocer de los recursos de nulidad que se interpongan contra las sentencias dadas en última instancia para el preciso efecto de reponer el proceso,* y también *oír las dudas de los demás Tribunales sobre la inteligencia de alguna ley".* En las bases de la LEC de 1855 se decía que deberá facilitarse "*el recurso de nulidad cuanto sea necesario para que alcancen cumplida justicia todos los litigantes y se uniforme la Jurisprudencia en todos los Tribunales"*, y los arts. 1010 y ss. regulaban ya el "*recurso de casación* que podía fundarse en que la sentencia definitiva sea *contra Ley o contra doctrina admitida por la Jurisprudencia de los Tribunales"*, posibilitándose que el recurso también se sustentase en determinados motivos de carácter procesal. Con ello, nuestro derecho históricamente ha dotado al recurso de casación civil de las siguientes características: a) lo posibilita tanto por motivos de infracción del derecho (infracción de ley), como de carácter procesal (quebrantamiento de forma); b) introduce la infracción de la jurisprudencia como parte de la infracción de la ley; c) permite no solo la función nomofiláctica –única permitida en el derecho francés– sino también la creación de jurisprudencia; y d) permite al TS, si casa en todo o en parte la sentencia recurrida, resolver el fondo del litigio.

Si bien la LEC sustrajo, sin éxito, los recursos de carácter procesal, de *quebrantamiento de forma* (denominados *extraordinarios por infracción procesal*) del conocimiento del TS, el Real Decreto–ley 5/2023 de 28 de junio devuelve al recurso de casación las denuncias de las infracciones de las normas procesales que se hayan podido producir en el proceso, tal y como ocurría con anterioridad a la entrada en vigor de la LEC. El sistema regulado desde el año 2000 por la LEC atribuía la denuncia de las vulneraciones procesales al recurso extraordinario por infracción procesal y su resolución a las Salas de lo Civil y Penal de los Tribunales Superiores de Justicia, si bien ante la imposibilidad o falta de interés en modificar la LOPJ y atribuir tal competencia a los TSJ se añadió a la LEC una D.F. decimosexta relativa a un régimen transitorio en materia de recursos extraordinarios que ya puede darse por concluido.

El recurso de casación es un recurso extraordinario que se podrá plantear contra las sentencias dictadas en segunda instancia por las AAPP como órgano colegiado (es decir, se excluyen las resoluciones de las AAPP dictadas por un magistrado en los recursos contra resoluciones de los Juzgados de Primera Instancia que se sigan por los trámites del juicio verbal por razón de la cuantía), y también cabe frente a los autos y sentencias dictados en apelación en procesos sobre reconocimiento y ejecución de sentencias extranjeras en materia civil y mercantil al amparo de los tratados y convenios internacionales así como de Reglamentos de la Unión Europea u otras normas internacionales si la facultad de recurrir se reconoce en el propio instrumento; el RDL 6/2023 añadió también como recurribles en casación las sentencias dictadas por las Audiencias Provinciales en los recursos contra las resoluciones que agotan la vía administrativa dictadas en materia de propiedad industrial por la OEPM (Oficina Española de Patentes y Marcas). Dispone el art. 477.2 que el recurso de casación habrá de fundarse en infracción de norma procesal o sustantiva, siempre que concurra interés casacional, y también podrá interponerse en cualquier caso en los supuestos de sentencias dictadas para la tutela judicial civil de derechos fundamentales susceptibles de recurso de amparo aún sin existir en tales casos interés casacional. El conocimiento del recurso de casación corresponde al TS, sala 1ª (también a los TSJ en los casos de Derecho foral o especial).

Dicho lo anterior, resulta clave la determinación del concepto de *interés casacional* y la respuesta nos la ofrece el art. 477 especialmente en su apartado 3 cuando dispone que *se considerará que un recurso presenta interés casacional cuando la resolución recurrida se oponga a doctrina jurisprudencial del Tribunal Supremo o resuelva puntos y cuestiones sobre los que exista jurisprudencia contradictoria de las Audiencias Provinciales o aplique normas sobre las que no existiese doctrina jurisprudencial del Tribunal Supremo.* Es decir, existen tres supuestos que habilitan la tramitación de un recurso de casación por existencia de interés casacional:

- Cuando la resolución recurrida se oponga a doctrina jurisprudencial del TS.

- Cuando resuelva puntos y cuestiones sobre los que exista jurisprudencia contradictoria de las AAPP.
- Cuando aplique normas sobre las que no existiese doctrina jurisprudencial del TS.

Sin embargo, el art. 477.4 todavía nos amplía los supuestos descritos al establecer que se podrá apreciar que existe interés casacional *notorio* cuando la resolución impugnada se haya dictado en un *proceso en el que la cuestión litigiosa sea de interés general para la interpretación uniforme de la ley estatal o autonómica.* Se entenderá que existe interés general cuando la cuestión afecte potencial o efectivamente a un gran número de situaciones, bien en sí misma o por trascender del caso objeto del proceso. Sin duda tal concepto deberá ser desarrollado por la propia jurisprudencia del TS. Es decir que, con ello, puede enumerarse un cuarto supuesto de interés casacional, denominado *notorio*:

- Cuando la resolución impugnada se haya dictado en un proceso en el que la cuestión litigiosa sea de interés general para la interpretación uniforme de la ley estatal o autonómica.

El art. 477 culmina con dos importantes cuestiones que deben tenerse en cuenta respecto del recurso de casación; de un lado, *la valoración de la prueba y la fijación de hechos no podrán ser objeto de recurso de casación, salvo error de hecho, patente e inmediatamente verificable a partir de las propias actuaciones* (477.5); y, de otro, *cuando el recurso se funde en infracción de normas procesales será imprescindible acreditar que, de haber sido posible, previamente al recurso de casación la infracción se ha denunciado en la instancia y que, de haberse producido en la primera, la denuncia se ha reproducido en la segunda instancia,* añadiéndose que *si la infracción procesal hubiere producido falta o defecto subsanable, deberá haberse pedido la subsanación en la instancia o instancias oportunas* (477.6). En ambos casos se lleva a la norma jurídica reiterada doctrina jurisprudencial y debe advertirse que, también en ambos casos, no estamos ante nuevos supuestos de casación, sino ante requisitos de dicho recurso.

No existe ya, por tanto, una determinada cuantía para el acceso a la casación sino la determinación de la existencia o no de interés casacional que será decidida por la Sección de Admisión de la Sala Primera del Tribunal Supremo (o en el caso de Derecho foral o especial del TSJ) que podrá dictar Providencia sucintamente motivada de inadmisión, o Auto debidamente motivado de admisión, pudiendo además el recurso de casación ser admitido e inadmitido en parte respecto de distintos motivos; contra esta decisión de admisión o inadmisión no cabe recurso alguno (483).

Como ha puesto de manifiesto la FGE (Circular 1/2020, de 3 de enero) la vulneración de la doctrina de los TTSSJJ, o de la doctrina constitucional, o de otros órganos como por ejemplo la DGRN (en la actualidad DGSJFPJ), no puede fundamentar el interés casacional. El TS en un principio negó que el interés casacional pudiera fundarse en resoluciones del TJUE (ATS Sala 1ª, de 20 de enero de 2009); sin embargo, posteriormente ha rectificado su criterio y en la STS Sala 1ª, 401/2010, de 1 de julio, declara que hay que concluir que "*es suficiente la cita como infringida de una sola sentencia del Tribunal de Justicia de la Unión Europea para que deba entenderse cubierta la justificación formal de interés casacional*". Esta doctrina debemos considerarla en vigor y hubiese sido deseable que la reforma hubiese incluido la oposición a la jurisprudencia del TJUE en el art. 477.3.

La tramitación del recurso de casación pasa por tres fases: a) interposición; b) admisión; c) decisión. Conforme al art. 479.1 el recurso de casación "*se interpondrá ante el tribunal que haya dictado la resolución que se impugne dentro del plazo de veinte días contados desde el día siguiente a la notificación de aquélla".* Tras la interposición del escrito de recurso de casación se realiza un control externo o formal por el Letrado de la Administración de Justicia que comprende que se haya realizado la interposición dentro del plazo, que la resolución impugnada sea susceptible de recurso de casación y, en el caso de que se haya fundamentado el recurso en infracción de normas procesales se haya acreditado la previa denuncia de la infracción y en su caso el intento de subsanación; si la infracción se produjo en la propia fase de recurso de apelación o en la propia resolución impugnada lógicamente no podrá acreditarse la previa denuncia que se haga valer en el escrito de recurso. De ser positivo este control externo el Letrado de la Administración de Justicia tendrá por interpuesto el recurso en el plazo de tres días; caso contrario no puede inadmitirlo sino dar cuenta al tribunal para que se pronuncie sobre la admisión lo que el tribunal hará en un plazo de diez días: mediante providencia para declarar la admisión, contra la que no cabe recurso, y mediante auto para inadmitirlo, contra el que cabe el recurso de queja.

Tras la reforma operada por el Real Decreto–ley 5/2023 de 28 de junio y el Acuerdo de la Sala de Gobierno del Tribunal Supremo de 8 de septiembre de 2023 el contenido y forma del escrito de interposición del recurso de casación se ha complicado sustancialmente; su regulación se contiene en el art. 481. En primer lugar, en el escrito de interposición se deberá identificar el cauce de acceso a la casación que se proponga (tutela de derechos fundamentales o interés casacional) y caso de que la invocación sea de interés casacional deberá determinarse tanto la concreta modalidad (oposición a la doctrina jurisprudencial del TS, jurisprudencia contradictoria de AAPP, inexistencia de doctrina jurisprudencial del TS o interés general para la interpretación) como la justificación de la concurrencia del interés casacional alegado. En segundo lugar, se deberá expresar la norma procesal o sustantiva infringida, precisando tanto la doctrina jurisprudencial relativa al supuesto como los pronunciamientos que se interesen. El recurso de casación debe articularse en motivos separados de tal forma que cada infracción se desarrolle en un solo motivo y tan solo pueden denunciarse infracciones que resulten relevantes para el fallo y siempre que ya hayan aparecido en el proceso, bien por haber sido invocadas previamente, bien por aparecer en la resolución impugnada. El desarrollo de cada motivo del recurso debe iniciarse con un encabezamiento que cite la norma que se considera infringida y un resumen de la infracción, y en el desarrollo debe determinarse con claridad el problema jurídico planteado. La extensión máxima del recurso de casación es de 50.000 caracteres en total o 25 folios (en la fuente "Times New Roman" de 12 puntos en el texto y de 10 puntos en las notas a pie de página o en las transcripciones) que debe ser mencionada y certificada por el abogado al final del escrito o bien justificarse de forma excepcional el motivo de no cumplirse con la extensión indicada. Las normas formales son tan estrictas que incluyen formato de página, interlineado y numeración, entre otras. Es esencial formular la petición final del escrito concretando con precisión los pronunciamientos que se interesan de la Sala.

Al escrito de interposición del recurso de casación debe acompañarse: a) la carátula establecida en el Acuerdo de la Sala de Gobierno del Tribunal Supremo de 8 de septiembre de 2023 convenientemente cubierta; b) poder para pleitos; c) copia de la resolución dictada en primera instancia; d) copia de la resolución impugnada; e) copia o copias de los autos de aclaración, rectificación, complemento o subsanación recaídos, en su caso, en ambas instancias; f) copia del resguardo de constitución del depósito para recurrir; y g) copia del documento que acredite el cumplimiento de los requisitos del art. 449 (derecho a recurrir en casos especiales).

Una vez se tenga por interpuesto el recurso de casación el Letrado de la Administración de Justicia remitirá al tribunal competente (Sala Primera del TS, o TSJ en los casos de Derecho foral o especial) los autos originales, emplazando para comparecer a las partes en el plazo de treinta días; de no comparecer el recurrente el recurso quedará desierto y la resolución recurrida firme (482). Una vez terminado el plazo de comparecencia y recibidos los autos en el tribunal competente para la decisión del recurso comienza la fase de admisión que regulan los arts. 483 y 484 LEC y que consta de un nuevo examen de los requisitos formales del recurso por el LAJ que terminará por decreto de inadmisión de no cumplirse estos o con remisión de las actuaciones a la Sección de Admisión de la Sala Primera del TS (o en su caso Sala civil y penal del correspondiente TSJ). De decidirse la admisión (tras el examen de la competencia) la Sala dictará auto motivado y de no admitirse providencia sucintamente motivada, pudiendo ser la admisión parcial, por uno o alguno de los motivos y no otros. Contra esta providencia o auto no se da recurso alguno. Admitido el recurso de casación se da traslado a la parte o partes recurridas por plazo de veinte días a fin de que formulen su oposición al recurso, en su caso (485). Una vez transcurrido el plazo anterior comienza la fase de decisión, celebrándose o no vista a criterio del tribunal (486) y señalándose día y hora para la deliberación, votación y fallo.

El art. 487 regula la resolución que decide el recurso de casación y sus efectos, que deberá dictarse en el plazo de veinte días desde la votación. El recurso de casación puede terminar por sentencia o auto contra los que no se da recurso alguno. Terminará por auto en el supuesto de que habiendo ya doctrina jurisprudencial sobre la cuestión o cuestiones planteadas (debe entenderse como doctrina consolidada), la resolución impugnada se oponga a dicha doctrina: en tal caso el auto que se dicte casará la resolución recurrida y devolverá el asunto al tribunal de su procedencia para que dicte nueva resolución de acuerdo con la doctrina jurisprudencial. En cualquier otro caso (resolver puntos y cuestiones sobre los que exista jurisprudencia contradictoria de las Audiencias Provinciales, aplicar normas sobre las que no existiese doctrina jurisprudencial del Tribunal Supremo, y también en el supuesto de interés casacional notorio o cuando la resolución impugnada se haya dictado en un proceso en el que la cuestión litigiosa sea de interés general para la interpretación uniforme de la ley estatal o autonómica) se dictará sentencia. Los pronunciamientos de las sentencias dictadas en casación *en ningún caso afectarán a las situaciones jurídicas creadas por las sentencias, distintas de la impugnada, que se hubieren invocado* (487.5).

14.7. EL RECURSO DE QUEJA

La existencia del recurso de queja viene derivada del sistema de interposición y admisión inicial por el tribunal que dictó la resolución susceptible de recurso de casación y precisamente para el caso de que dicho tribunal –normalmente será una Audiencia Provincial– denegare la tramitación del recurso de casación. Frente al auto que deniega la tramitación de un recurso de casación cabe la interposición de un recurso de queja ante el órgano al que corresponda resolver el recurso no tramitado, que lo tramitará y resolverá con carácter preferente. En el recurso de casación se da una doble fase: de interposición y preparación del recurso que se da ante el órgano jurisdiccional que dictó la resolución recurrida (tribunal *a quo)* y de sustanciación y decisión ante el órgano que dictará la resolución del recurso (tribunal *ad quem*). Ante la posibilidad de que el órgano *a quo* deniegue incorrectamente la tramitación del recurso, el recurso de queja se plantea como un remedio ante el tribunal *ad quem* para revisar la decisión sobre admisibilidad del recurso que se trataba de tramitar.

Viene regulado en los arts. 494 y 495 LEC y se trata de un recurso devolutivo, ordinario y de carácter instrumental pues su único objetivo es la revisión de la decisión sobre la admisibilidad de otro recurso; tiene carácter preferente en su tramitación y decisión, mediante auto, y frente a este no se da recurso alguno (495).

El recurso de queja se interpone *ante el órgano al que corresponda resolver el recurso no tramitado, en el plazo de diez días desde la notificación de la resolución que deniega la tramitación del recurso de casación;* con el recurso deberá acompañarse copia de la resolución recurrida y resguardo del depósito (en este caso de 30 euros) exigido por la DA 15ª LOPJ modificada por la LO 1/2009, de 3 de noviembre.

El tribunal resolverá sobre la procedencia o no del recurso de queja en el plazo de cinco días. *"Si considerase bien denegada la tramitación del recurso, mandará ponerlo en conocimiento del tribunal correspondiente, para que conste en los autos. Si la estimase mal denegada, ordenará a dicho tribunal que continúe con la tramitación".*

14.8. ESPECIALIDADES RESPECTO DE LAS RESOLUCIONES ORALES

La LO 1/2025, de 2 de enero, y con entrada en vigor en lo que se refiere a este aspecto para los procedimientos incoados a partir del 3 de abril de 2025, ha realizado una importante modificación en materia de resoluciones orales y de su régimen de recursos de la que cabe destacar su deficiente redacción, contenida en el art. 210.

Dicho precepto establece dos tipos distintos de resoluciones orales a los que tenemos que añadir el ya tratado en el epígrafe 3 de esta lección y contenido en el art. 285 (resoluciones sobre admisibilidad de pruebas). Estos dos tipos de resoluciones regulados en el nuevo art. 210 son:

A/ Resoluciones distintas de sentencia en todo tipo de procesos que deban dictarse en la celebración de una vista, audiencia o comparecencia ante el Tribunal o el letrado o letrada de la Administración de Justicia y salvo que la ley permita diferir el pronunciamiento. En estos casos la resolución que proceda (y que podrá ser auto, providencia, decreto o diligencia de ordenación según los casos) se pronunciará oralmente en el mismo acto, documentándose con expresión del fallo y motivación sucinta expresando además si la resolución dictada es o no firme, e indicando en su caso los recursos que procedan, órgano ante el cual debe interponerse y plazo para ello. En este caso y estando presentes o representadas todas las personas que fueran parte en el proceso, si expresaren todas ellas su decisión de no recurrir, se declarará, en el mismo acto, la firmeza de la resolución.

B/ Sentencias orales en el juicio verbal (siempre que intervenga abogado) y si así lo decide el Tribunal. El Tribunal puede decidir si dictar sentencia oral en el momento de finalizar la vista siempre que haga expresión de las pretensiones de las partes, las pruebas propuestas y practicadas, en su caso de los hechos probados y haciendo constar los fundamentos legales y razones del fallo (ajustado al art. 209 regla 4ª), con expresión de las normas jurídicas aplicables y si la sentencia dictada es o no firme, indicando en su caso los recursos que procedan, órgano ante el cual debe interponerse y plazo para ello La sentencia será posteriormente redactada. Pues bien, en tal caso y estando presentes o representadas todas las personas que fueran parte en el proceso y manifestando todas ellas su decisión de no recurrir, se declarará la firmeza de la sentencia. Si no se ha declarado por falta de la anterior unanimidad de las partes la firmeza de la sentencia, esta deberá ser redactada y notificada a las partes comenzando el plazo de recurso (de apelación) en ese momento.

Del precepto hay que entender que además de lo anterior "las partes tendrán un plazo de cinco días desde la celebración de la vista para presentar un escrito manifestando su interés en recurrirla, con expresión de los pronunciamientos objeto del mismo". Este anuncio del recurso tras la sentencia oral dictada en el juicio verbal es, por tanto, una novedad realmente curiosa de la LO 1/2025.

TEMA 15. MEDIOS EXCEPCIONALES DE IMPUGNACIÓN

15.1. LA AUDIENCIA DEL DEMANDADO REBELDE

15.1.1. Concepto y naturaleza

La audiencia al demandado rebelde es definida por VERGER GRAU como "*acción impugnativa autónoma contra la sentencia definitiva dictada en los juicios declarativos que la Ley concede al demandado que, involuntariamente, ha permanecido en situación de rebeldía, siempre que acredite los presupuestos objetivos exigidos*".

El problema relativo a la naturaleza de la audiencia al rebelde parece clarificarse en la LEC, al referirse expresamente a la rescisión de la sentencia (501, 502, 504, 505, 506 y 507, entre otros), decantándose por una de las tesis doctrinales formuladas al respecto. Frente a la tesis que aboga en favor de su consideración como un recurso extraordinario (SSTS 1ª, de 20 de mayo de 1983, 13 de abril de 1988, 5 de junio de 1990 y STC 56/1990, de 29 de marzo); o recurso excepcional (MUÑOZ ROJAS), o medio de gravamen (CORTÉS DOMÍNGUEZ), o impugnación (GUASP DELGADO), mayoritariamente la opinión doctrinal se decantaba por su consideración como un medio especial de rescisión de sentencias firmes (PRIETO–CASTRO Y FERRÁNDIZ, GÓMEZ ORBANEJA), a semejanza del proceso de revisión se estima que se trata de una acción impugnativa autónoma; pierde fundamento, al menos, desde el plano legal, la tesis de FAIRÉN GUILLÉN, quien estima que constituye un nuevo tracto del mismo proceso seguido en rebeldía, que se reabre para posibilitar la audiencia del rebelde, o MONTERO AROCA, quien en términos prácticamente idénticos a los expresados por FAIRÉN GUILLÉN, sostiene que se trata de "*un medio para reabrir el mismo proceso, permitiendo al demandado oponer de modo expreso la resistencia que no pudo oponer en su momento, que no es asimilable a ninguna de las dos soluciones propuestas.*".

15.1.2. Presupuestos

A/ Que lo permita la clase de juicio

No procederá la rescisión de las sentencias firmes que, por disposición legal, carezcan de efectos de cosa juzgada (503). Con un alcance similar a lo dispuesto en el art. 789 LEC 1881 se prescribe la inviabilidad de la rescisión de aquellas sentencias firmes que carezcan de efectos de cosa juzgada (447. 2, 3 y 4) por entenderse, probablemente, que resulta más adecuado acudir al juicio plenario posterior (Guasp Delgado).

B/ Rebeldía ininterrumpida

La primera de las causas que motivaría la audiencia al rebelde es la fuerza ininterrumpida que impida al rebelde comparecer en todo momento, aunque haya tenido conocimiento del pleito por haber sido citado o emplazado en forma (501.1º

LEC) –presupuesto, calificado por VERGER GRAU, de rebuscado y casi medieval que recuerda la ley 11ª, del Tít. VII de la Partida 3ª–, formulada en forma muy similar a lo dispuesto en el art. 773 LEC 1881, acogiendo un criterio rígido que, como afirma Samanes Ara, puede originar claras consecuencias de indefensión "... *puesto que su aplicación conduciría a la situación injustificada de hacer de peor condición al rebelde respecto del cual la fuerza mayor desapareció antes de la citación para sentencia, que a aquel otro que se vio impedido de comparecer hasta el momento ...*". Propone Samanes Ara, en línea de lo dispuesto en los arts. 16 a) del Convenio de La Haya de 1965 o 294 del *Códice di procedura civile*, de limitar la exigencia de la concurrencia de la fuerza mayor durante el tiempo concedido para el emplazamiento no ha sido acogido por el legislador.

C/ Desconocimiento de la pendencia del proceso

Al desconocimiento de la demanda o del pleito, se refieren los apartados 2º y 3º del art. 501, distinguiéndose cuando la citación o emplazamiento se haya realizado mediante cédula, en la sede judicial electrónica, sede del tribunal o en el domicilio de la persona que deba ser notificada (161 y 162) o edicto (164). El primero de los apartados indicados alude, como motivo del desconocimiento, a que la cédula no hubiera llegado a poder del demandado rebelde por causa no imputable al mismo, la utilización indistinta entre inimputabilidad y fuerza mayor evidencia una falta de rigor técnico. La segunda de las hipótesis de desconocimiento viene referida al dato de la ausencia del demandado rebelde, citado o emplazado por edictos, del lugar en que se haya seguido el proceso donde se hubiera llevado a cabo la comunicación en el TEJU.

D/ Plazos de caducidad de la acción de rescisión

La rescisión de sentencia firme a instancia del demandado rebelde sólo procederá si se solicita dentro de los plazos siguientes: 1º De veinte días, a partir de la notificación de la sentencia firme, si dicha notificación se hubiere practicado personalmente. 2º De cuatro meses, a partir de la publicación del edicto de notificación de la sentencia firme, si ésta no se notificó personalmente, iniciándose el computo de dicho plazo a partir de la publicación del edicto de la notificación de la sentencia en el Tablón Edictal Judicial Único.

Los plazos señalados podrán prolongarse, conforme al apartado segundo del art. 134, si subsistiera la fuerza mayor que hubiera impedido al rebelde la comparecencia, pero sin que en ningún caso quepa ejercitar la acción de rescisión una vez transcurridos dieciséis meses desde la notificación de la sentencia (art. 502) en consonancia con lo previsto en el art. 16 del Convenio de La Haya de 1965.

E/ La sentencia dictada en rebeldía no haya sido notificada personalmente al demandado rebelde

Dispone el art. 500.I que el demandado a quien se le haya notificado personalmente la sentencia sólo podrá utilizar los recursos de apelación y recurso de casación, cuando procedan, si los interpone dentro del plazo legal; mientras que el párrafo II prescribe que los mismos recursos podrá utilizar el demandado rebelde a quien no se le haya notificado personalmente la sentencia, fijándose, en este caso, el *dies a quo* para el cómputo de los plazos legales para la interposición de los recursos procedentes se contará desde el día siguiente al de la publicación del edicto de notificación de la sentencia en el TEJU o, en su caso, por los medios electrónicos a que se refiere el apartado 2 del art. 497.

La limitación de los medios de impugnación en el supuesto de notificación personal de la sentencia puede provocar una situación de indefensión cuando se den los presupuestos exigidos por la Ley para la concesión de la audiencia (en concreto, la ignorancia del procedimiento por el rebelde a causa de la falta de emplazamiento o emplazamiento defectuoso). A ello se ha referido el TC, en STC 102/1983, de 18 de noviembre, cuando afirma: "... *la defensa debe producirse desde el primer momento, cosa que no sucedió en este caso como en buena razón debiera haber sucedido, y es evidente que por muy amplia que pudiera ser la defensa en apelación, la indebida ausencia de las partes hoy recurrente en toda la primera instancia las sitúa, también en la fase impugnatoria, en una situación de desigualdad, pues sobre ellas pesa la necesidad de impugnar una sentencia desfavorable que tal vez no lo habría sido si, debida y oportunamente emplazados, hubieran podido defenderse (...) hay que concluir que la garantía de las instancias, sin que pueda entenderse producida en la primera, por el hecho de la comparecencia en apelación ni aun cuando en esta vía haya conocido el Tribunal ad quem sobre el fondo del asunto ...*".

15.1.3. Procedimiento

A/ Juicio rescindente (*iudicium rescindens*)

Corresponde la competencia para el conocimiento del *iudicium rescindens* al tribunal que hubiera dictado la rescisión de la sentencia firme (501).

La legitimación para instar la rescisión de la sentencia firme viene atribuida a quienes hayan sido parte en el proceso.

La pretensión del demandado rebelde de rescisión de una sentencia firme se substanciará por los trámites establecidos para el juicio ordinario (504. 2).

Por otra parte, cabe precisar que, de conformidad con lo dispuesto en el art. 504.2, la demanda de rescisión de sentencias firmes dictadas en rebeldía no suspenderán su ejecución, salvo lo dispuesto en el art. 566. Habida cuenta de que la sentencia dictada en rebeldía no va a tener la garantía de certidumbre que representa el desarrollo del proceso con presencia de ambas partes (Guasp Delgado) las opciones que, desde el plano legislativo, pueden articularse en relación a la ejecución de las sentencias dictadas en rebeldía son dos: impedir la ejecución de la sentencia hasta tanto transcurran los plazos previstos para interponer el recurso de audiencia al rebelde, o permitir su ejecución; por esta segunda opción se decanta la LEC al disponer que las demandas de rescisión de sentencias firmes no suspenden la ejecución de éstas, es decir, las sentencias firmes, dictadas en rebeldía son ejecutorias (VERGER GRAU).

La suspensión de la ejecución de la sentencia firme procederá siempre que concurran las circunstancias siguientes:

- Interposición y admisión de la demanda de rescisión de la sentencia.
- Petición de parte.
- Audiencia del MF.
- Apreciación, por el tribunal, teniendo en cuenta las circunstancias del caso, aconsejen la aludida suspensión.
- Prestación de caución, que podrá realizarse mediante: 1) dinero en efectivo, 2) aval bancario de duración indefinida y pagadero a primer requerimiento emitido por entidad de crédito o sociedad de garantía recíproca y 3) cualquier otro medio que, a juicio del tribunal, garantice la inmediata disponibilidad, en su caso, de la cantidad de que se trata.

Substanciada la pretensión del demandado rebelde, con relación a la ejecución de la sentencia firme, que hubiera sido dictada en rebeldía se puede producir las hipótesis siguientes:

- Alzamiento de la suspensión de la ejecución y continuación de la misma cuando fuera desestimada la demanda de rescisión de la sentencia.
- Sobreseimiento de la ejecución cuando rescindida la sentencia dictada en rebeldía, dictándose sentencia absolutoria de la demanda.
- Continuación de la ejecución cuando rescindida la sentencia dictada en rebeldía, se dictará una nueva sentencia con el mismo contenido que la rescindida o que, aun siendo de distinto contenido, tuviese pronunciamientos de condena, considerándose válidos y eficaces los actos de ejecución anteriores en los que fueren conducentes para lograr la efectividad de los pronunciamientos de dicha sentencia. De conformidad con lo dispuesto en el art. 505.1 celebrado el juicio, en el que se practicará la prueba pertinente sobre las causas que justifican la rescisión, resolverá sobre ella el tribunal mediante sentencia, que no será susceptible de recurso alguno.

A instancia de parte, el tribunal de la ejecución deberá acordar la suspensión de la ejecución de la sentencia rescindida, si, conforme a lo previsto en el art. 566, no hubiere ya decretado la suspensión. Si a tenor de lo dispuesto en el art. 504.1, la admisión de la demanda de rescisión de la sentencia firme dictada en rebeldía permitía al tribunal de la ejecución, a instancia de parte, y si las circunstancia del caso lo aconsejaran, previa la oportuna prestación de caución, acordar la suspensión de la ejecución de la sentencia firme, la declaración de haber lugar a la rescisión de la sentencia y la audiencia del rebelde determina necesariamente, a instancia de parte, la suspensión de la ejecución.

B/ Juicio rescisorio *(iudicium rescissorium)*

Corresponde la competencia para el conocimiento del *iudicium rescissorium* al tribunal que conocido el asunto en primera instancia (507.1).

La fase de substanciación de la audiencia resulta imprescindible para proceder a dar audiencia al demandado rebelde, produciéndose la misma, una vez remitida certificación de la sentencia estimatoria de la petición de audiencia, dictada tras la celebración del *iudicium rescindens*. Sin embargo, no será necesario remitir al tribunal de primera instancia la certificación a que se refiere el apartado anterior si dicho tribunal hubiere sido el que estimó procedente la rescisión.

El *iudicium rescissorium* se desarrollará, conforme dispone el art. 507, en la forma siguiente:

- Entrega de los autos, por diez días, al demandado rebelde para que exponga y solicite (en la forma prevista en el art. 399, por remisión a éste realizado por el art. 405) lo que a su derecho convenga.
- Traslado, a la parte contraria, por diez días, con entrega de copias de los escritos y documentos, presentados por el demandado, para que proceda a su contestación.
- Tramitación del iudicium rescissorium conforme a las reglas del juicio declarativo que corresponda.
- Los recursos que podrán interponerse frente a la sentencia dictada a la conclusión del desarrollo del iudicium rescissorium estarán en función del juicio declarativo seguido.

15.1.4. Costas

Opta el legislador por el criterio del vencimiento para imponer las costas del procedimiento al litigante condenado en rebeldía cuando se declare no haber lugar a la rescisión de la sentencia (506.1).

La estimación de la procedencia de la rescisión de la sentencia dictada en rebeldía no lleva aparejada automáticamente la imposición de costas a ninguno de los litigantes, salvo apreciación por el tribunal de temeridad en alguno de ellos

15.1.5. Inactividad del demandado

Si el demandado no formulase alegaciones y peticiones en el trámite a que se refiere la regla primera del art. 507, se entenderá que renuncia a ser oído y se dictará nueva sentencia en los mismos términos que la rescindida. Contra esta sentencia no se dará recurso alguno (508).

La inactividad del demandado en la fase del *ius rescissorium* se entiende como renuncia del demandado a ser oído, dando lugar, lógicamente, a una nueva sentencia en los mismos términos que la rescindida, sin que frente a la misma queda recurso alguno, "... *ya que carecería de sentido la reproducción unilateral por el actor de las actividades procesales que ya en, su momento, realizó y en cuya virtud se dictó sentencia.*" (Samanes Ara). Si la sustanciación de la audiencia al rebelde tiene como finalidad la apertura de la contradicción, dando lugar a que el demandado consiga la alteración de la sentencia firme (MONTERO AROCA), la inactividad de éste ha de implicar su renuncia a ser oído, debiéndose proceder a dictar nueva sentencia en los mismos términos que la rescindida, frente a la que no cabe recurso alguno.

15.2. LA REVISIÓN DE LA SENTENCIA FIRME

15.2.1. Concepto, naturaleza y fundamento

A/ Concepto. La revisión puede ser considerada como una acción impugnativa autónoma, fundada en hechos que han aparecido fuera del primitivo proceso y que no fueron objeto de alegación y decisión en él, a fin de proceder a la rescisión de sentencias firmes. A partir del concepto indicado pueden deducirse como características de la revisión las siguientes:

B/ Naturaleza jurídica de la revisión. Se trata de una acción impugnativa autónoma. Sucintamente las posturas doctrinales se han manifestado en favor de la consideración de la revisión como un recurso (calificándolo, en unos casos de extraordinario –DE LA PLAZA NAVARRO– y, en otros, de excepcional –GUASP DELGADO), o como un remedio excepcional (PRIETO–CASTRO Y FERRÁNDIZ) o como una acción impugnativa autónoma (GÓMEZ ORBANEJA, CALVO SÁNCHEZ, ASENCIO MELLADO) o, finalmente, como un proceso nuevo (FENECH NAVARRO).

Los posicionamientos indicados en relación con la doctrina procesal se reiteran en la jurisprudencia pronunciada por el TC y TS. El TC. ha señalado que: "*La naturaleza jurídica del recurso de revisión, aparece sobremanera discutida desde un punto de vista doctrinal, enfrentándose las opiniones que sostienen que se trata de un recurso, aunque de carácter extraordinario, a las que sostienen que se trata de una acción autónoma que da lugar a un proceso autónomo. Los sostenedores del carácter de recurso se fundan en que se trata de la impugnación de una Sentencia, que presenta una cognición limitada por virtud de las causas tasadas que lo permiten. Frente a esta tesis, los sostenedores del carácter autónomo de la acción y del proceso revisorio entienden que el objeto de la pretensión procesal y del debate es aquí distinto del que fue en el proceso inicial. Se trata de decidir si ese proceso, y la Sentencia, fueron o no válidamente obtenidos y por consiguiente si la Sentencia debe rescindirse o invalidarse. Por ello se ha dicho que el llamado en la Ley de Enjuiciamiento Civil recurso de revisión no entra en puridad en la categoría de los recursos puesto que la posibilidad de acudir a éstos indica que el proceso está aún pendiente, por no haber adquirido la Sentencia el carácter de firme, habiendo señalado también algún autor que la demanda de revisión presupone la existencia de una Sentencia firme y que por ello no se la puede encuadrar dentro del derecho a recurrir y puede considerarse como una acción de pretensión impugnativa de la Sentencia firme ya que el interés que mueve dicha acción está apoyado en una base fáctica nueva y diferente de la que fue tratada en el proceso anterior. Esta línea de construcción aparece marcadamente en la jurisprudencia del Tribunal supremo donde se ha insistido en que el llamado por la Ley de Enjuiciamiento Civil, recurso de revisión es en realidad un proceso especial y autónomo de carácter impugnativo o una acción provista de finalidad resolutoria de Sentencias firmes.*" (S. 158/1987, de 20 de octubrre). El TS (Sala 1ª), entre los últimos, pronunciamientos, se pueden reseñar, que: *"[n]o tratándose propiamente de un recurso ya que procede precisamente contra sentencias que han ganado firmeza, contra las que por definición legal del artículo 369 de la Ley de Enjuiciamiento Civil de 1881 –vigente a la sazón– no cabe recurso alguno, ni ordinario, ni extraordinario, bien por su naturaleza o por haber sido consentida por las partes. Por ello se ha calificado por la doctrina procesal como remedio extraordinario y rescisorio, o bien como una acción autónoma que da lugar a un proceso autónomo*" (SS., núms. 823/2000, de 14 de setiembre; 45/2025, de 21 de abril; 781/2025, de 19 de mayo).

La LEC confirma la consideración de la revisión como una acción impugnativa autónoma, no sólo por su ubicación sistemática, en el Título VI, mientras que los distintos recursos aparecen regulados en el Título IV (Cap. II –Del recurso de reposición–, Cap. III –Del recurso de apelación y de la segunda instancia, Cap. V –Del recurso de casación–) sino porque la propia LEC se abstiene, al referirse a la revisión, de utilizar el término "recurso", utilizando, en varios preceptos (513, 514, 515 LEC) el término "demanda", lo que parece sugerir que el planteamiento de la revisión supone la apertura de un nuevo proceso, si bien es cierto que éste tiene como finalidad la rescisión de la sentencia firme que se pronunció en un proceso anterior.

* *Se pretende obtener la modificación de una situación jurídica anterior protegida por la cosa juzgada.*

* *Exclusivamente tiene lugar por motivos limitados y concretos*, no constituyendo un nuevo examen del objeto del proceso anterior, sino sólo se examinará la existencia de alguno de los motivos alegados.

* *Comprende un doble enjuiciamiento*, mediante el primer, denominado juicio rescindente *–iudicium rescindens–*, el tribunal resuelve sobre la concurrencia o no del motivo de revisión alegado, dejando sin efecto la sentencia firme cuando se aprecie su existencia; mediante el segundo, denominado juicio rescisorio *–iudicium rescissorium–*, que se iniciara exclusivamente si se ha pronunciado sentencia de revisión estimatoria, se decidirá, de nuevo, sobre el objeto litigioso planteado en el proceso anterior.

* *Sólo son susceptibles de revisión sentencias firmes*, cualquiera que fuera la forma en que hubiese sido ganada dicha firmeza, sin que por ello sea absolutamente necesario haberse agotado los recursos ordinarios o extraordinarios procedentes frente a la sentencia cuya revisión se pretende.

* *La posibilidad de revisión no está abierta indefinidamente*, debiéndose plantear dentro de los plazos legamente previstos, transcurridos los cuales prevalecerá siempre la seguridad jurídica frente a las exigencias de la justicia, a diferencia de lo que acontece en el proceso penal.

C/ Fundamento. En lo relativo al fundamento de la revisión existe práctica unanimidad doctrinal (CALVO SÁNCHEZ, ASENCIO MELLADO) en el sentido de que supone un medio que contribuye el difícil equilibrio entre la seguridad jurídica, que se alcanza con el efecto de cosa juzgada que lleva aparejada la sentencia firme, y la posible injusticia (siempre subjetiva – ASENCIO MELLADO–) de la resolución cuya revisión se insta. Pone de manifiesto CALVO SÁNCHEZ que, aunque justicia y seguridad se dan normalmente unidas, cabe que estén disociadas y así una situación jurídica determinada puede ser injusta y, a pesar de ello, gozar de seguridad o la justicia de una situación jurídica puede peligrar si no tiene el apoyo de la seguridad. Si bien las sentencias deben ser justas, también deben ser seguras e invariables, sin embargo, en determinados casos la seguridad debe ceder en favor de la justicia y no al contrario. Una postura distinta, doctrinalmente impecable, es la mantenida por RAMOS MÉNDEZ, quien estima que con la revisión no quiebra el valor de seguridad, sino que se robustece, en la medida en que la estimación o desestimación de la revisión permite confirmar o no la regularidad en la producción de la cosa juzgada, estimando que mediante la revisión se permite el control de ciertos vicios que afectan a la correcta producción de la cosa juzgada, vicios que, de no haber existido, hubiesen determinado una cosa juzgada de signo distinto, concluyendo que la injusticia resulta irrelevante en orden al juicio de revisión, revisándose no la injusticia de la sentencia, sino la irregularidad del *íter* generativo de la misma.

15.2.2. Resoluciones impugnables: sentencia firme

Exclusivamente son susceptibles de revisión las sentencias firmes (509). La ausencia de referencia legal, a diferencia de lo dispuesto en el art. 503, en relación con la exclusión de la audiencia al demandado rebelde de las sentencias que carezcan de efectos de cosa juzgada, hace dudar a GARCÍA PAREDES de la viabilidad de la aplicación de la doctrina del TS (manifestada en SS 1ª, de 20 de octubre y 31 de diciembre de 1990, 25 de junio de 1992 y 5 de julio de 1995, entre otras) que excluida de la posibilidad de interponer la demanda de revisión frente a sentencias que no producían el efecto de cosa juzgada, abogando, para reducir el campo de aplicación de la revisión en una interpretación del art. 511 en el sentido de que sólo ostentará legitimación activa quien resulta parte perjudicada definitivamente, es decir aquella que *"haya agotado todos los recursos previos, incluido el juicio declarativo posterior a aquellos juicios cuya sentencia no produce efectos de cosa juzgada".*

15.2.3. Motivos de revisión

Con carácter previo debe recordar que es criterio de la Sala 1ª del TS que "... *los motivos de revisión deben ser interpretados con criterio restrictivo, pues lo contrario llevaría a la inseguridad de situaciones reconocidas o derechos declarados en la sentencia. Este principio está sujeto a las matizaciones que imponen los supuestos resueltos en cada caso por la jurisprudencia*" (SSTS 1ª de 27 de marzo de 2005, 27 de enero de 2009, 25 de noviembre de 2010). Insiste el TS que: "*La demanda de revisión civil constituye un medio de impugnación que da lugar a un proceso autónomo, especial por su objeto y con un singular carácter excepcional en tanto que su resultado puede afectar a la cosa juzgada al conllevar, en caso de estimación, un pronunciamiento rescisorio de sentencia firme. La excepcionalidad expresada se traduce en una limitación –"numerus clausus"– de los motivos que permiten su formulación y una interpretación restrictiva en su aplicación, además de una exigencia de rigor en el cumplimiento de los plazos de interposición de la demanda (art. 512)*» (SS. 1ª, núms. 657/2011, de 21 de setiembre; 1179/2023, de 18 de julio).

Dispone el art. 510 que habrá lugar a la revisión de una sentencia firme:

1º "*Si después de pronunciada, se recobraren u obtuvieren documentos decisivos, de los que no se hubiere podido disponer por fuerza mayor o por obra de la parte en cuyo favor se hubiese dictado*". El alcance que la jurisprudencia –SSTS 1ª, de 19 de marzo de 2001 y 20 de junio de 2001– y la doctrina (CALVO SÁNCHEZ, ASENCIO MELLADO) han dado al primero párrafo, prácticamente idéntico al art. 1796.1 LEC 1881, es que debe tratarse de documentos (públicos, privados y los medios referidos en el art. 299.2) recobrados u obtenidos con posterioridad al último momento en que hubiere sido posible su aportación al proceso, preexistentes, que eran conocidos por la parte, incumbiendo a ésta la prueba de que su falta de aportación en el proceso anterior se debió a fuerza mayor o es imputable a la parte que ganó a sentencia y, por último, han de ser considerados decisivos en el sentido de que su conocimiento por el tribunal podría haber dado lugar a un fallo de sentido distinto al pronunciado.

2º "*Si hubiere recaído en virtud de documentos que al tiempo de dictarse ignoraba una de las partes haber sido declarados falsos en un proceso penal, o cuya falsedad declarare después penalmente*". El alcance del párrafo 2º, nuevamente coincidente con el art. 1796.2 LEC 1881, en consideración de la jurisprudencia (SSTS Sala 1ª, de 15 de febrero y 10 de mayo de 2001– y la doctrina, se pueden concretar en que debe haberse producido la declaración de falsedad de los documentos en un proceso penal, no siendo suficiente el reconocimiento de la falsedad por el autor del documento, bien con posterioridad al pronunciamiento de la sentencia firme, bien con anterioridad a dicho pronunciamiento, pero en este caso ha de acreditarse por la parte demandante de la revisión que ignoraba su existencia, debiendo tratarse, igualmente que en el supuesto anterior, de documentos decisivos.

3º *Si hubiere recaído en virtud de prueba testifical o pericial, y los testigos o los peritos hubieren sido condenados por falso testimonio dado en las declaraciones que sirvieron de fundamento a la sentencia*. Igualmente, siguiendo la jurisprudencia (SSTS Sala 1ª, de 6 de julio de 1999, 15 de febrero y 10 de mayo de 2001) y la doctrina pronunciada respecto del art. 1796.3 LEC 1881, con el que guarda un evidente paralelismo (con la salvedad relativa a la inclusión de la declaración de falso de testimonio de los peritos que se incluye en la actual LEC, precisamente, en relación con el olvido en la LEC 1881 de la eventual declaración de falsedad del resto de los medios probatorios, entendía MORENO CATENA que podía deberse al arrastre histórico de la legislación de Las Partidas y la posibilidad de subsumir los otros supuestos en las "maquinaciones fraudulentas del art. 1796.4 LEC 1881";

pueden señalarse para que pueda prosperar el motivo la concurrencia de: 1) declaración de falso testimonio de los testigos o los peritos en proceso penal y 2) relevancia de la prueba de testigos y pericial en el fallo de la sentencia firme.

4º *"Si hubiere ganado injustamente en virtud de cohecho, violencia o maquinación fraudulenta"*. El párrafo transcrito contiene tres submotivos de revisión, a saber:

- Cohecho. La concurrencia del cohecho, figura delictiva tipificada en los arts. 419 a 423 y 425 y 426 CP, habrá de ser declarado en sentencia penal firme.
- Violencia. La violencia, como submotivo de revisión implica el empleo de fuerza física o intimidación sobre el personal jurisdiccional, partes o quienes ostenten la representación o defensa de éstas.
- Maquinación fraudulenta. Entendida la maquinación fraudulenta como "*todo proyecto o asechanza oculta, engañosa y falaz que va dirigida regularmente a mal fin*" (CALVO SÁNCHEZ), ésta ha de ser llevada a cabo por una de las partes por sí misma o con auxilio de un tercero, impidiendo o dificultando gravemente la conducta del adversario, asegurándose así el éxito de su demanda (LORCA NAVARRETE) para que puede prosperar como motivo de revisión ha de tener influencia en el sentido del fallo de la sentencia cuya revisión se insta.

Se podrá, igualmente, revisión contra una resolución judicial firme cuando el TEDH haya declarado que dicha resolución ha sido dictada en violación de alguno de los derechos reconocidos en el CEDH y sus Protocolos, siempre que la violación, por su naturaleza y gravedad, entrañe efectos que persistan y no puedan cesar de ningún otro modo que no sea mediante esta revisión, sin que la misma pueda perjudicar los derechos adquiridos de buena fe por terceras personas (510.2 LEC).

Para concluir, la exposición relativa a los motivos de revisión puede señalarse que la demanda de revisión ha de concretar el motivo o motivos al amparo del que se formula la pretensión (SSTS 1ª, de 18 de enero de 1985, 14 de junio de 1994), debiéndose probar la existencia del motivo alegado, pues, en caso contrario procederá la desestimación de la rescisión (SSTS 1ª, de 8 de junio de 1984, 11 de octubre de 1985), atribuyéndose a dichos motivos el carácter de *numerus clausus* (SSTS 1ª, de 14 de julio de 1988, 4 de mayo de 1992) y debiéndose ser interpretados de forma restrictiva (SSTS 1ª– de 3 de octubre de 1987, 10 de diciembre de 1990, 7 de mayo de 1991).

15.2.4. Presupuestos procesales

A/ Competencia

Se atribuye la competencia para el conocimiento del proceso de revisión a la Sala 1ª del TS o a las Salas de lo Civil y Penal de los TTSSJJ conforme a lo dispuesto en la LOPJ (509). La competencia de los TSJ de las Comunidades Autónomas para el conocimiento del proceso de revisión está en función de las variantes siguientes:

- Su atribución está prevista en el Estatuto de Autonomía (arts. 14.1 EA País Vasco, 95.4 EA Cataluña, 22.1 EA Galicia, 35.1 EA Región de Murcia, 40.1 EA Comunidad Autónoma Valenciana, 61.1 LO de Reintegración y Amejoramiento del Régimen Foral de Navarra, 45.1 EA Extremadura, 49.1 EA Islas Baleares).
- La sentencia haya sido dictada por un órgano jurisdiccional con sede en la Comunidad Autónoma.
- La demanda de revisión se interponga contra sentencias que apliquen normas propias del Derecho foral o especial propio de la Comunidad Autónoma.

B/ Legitimación

La legitimación **activa** para presentar la demanda de revisión de las sentencias firmes viene atribuida a "*quien hubiere sido parte perjudicada*" (511.1). Dicha legitimación es estimada excesivamente restrictiva estimando que lo relevante, a los efectos de ostentar la legitimación, debería ser los sujetos a quienes afecta la cosa juzgada, posibilitándose a éstos la utilización del medio legal para eliminar la eficacia de cosa juzgada.

En el supuesto del art. 510.2 LEC, la revisión sólo podrá ser solicitada por quien hubiera sido demandante ante el TEDH.

La legitimación **pasiva** se infiere del art. 514.1 "*a cuantos en él hubieren litigado, o a sus causahabientes*" al señalar que a éstos deberá emplazarse una presentada y admitida la demanda de revisión y remitidas las actuaciones del pleito al tribunal.

Se prevé en el art. 514.3 la intervención del MF a los efectos de informar sobre la revisión antes de que se dicte sentencia sobre si procede o no la estimación de la demanda, por lo que dicha intervención se hace en el ejercicio de las funciones que le tiene encomendado el art. 3.15 EOMF, entendiéndose que la intervención del MF se justifica "*en el interés subyacente a este tipo de procesos en los que está en juego la cosa juzgada*". La intervención del MF, igualmente, está prevista en el art. 566.1 al disponer la necesidad de su audiencia antes de que el tribunal acuerde la suspensión de la ejecución, que puede instar la parte si, despachada la ejecución se interpusiera y admitiera demanda de revisión.

El nuevo párrafo 5 del art. 514 contempla, salvo en los supuestos en que alguna de las partes esté representada y defendida por el Abogado del Estado, la intervención del mencionado órgano público, sin tener la condición de parte, por propia iniciativa o a instancia del órgano judicial, mediante la aportación de información o presentación de observaciones escritas sobre cuestiones relativas a la ejecución de la sentencia del TEDH.

15.2.5. Requisitos

En relación al plazo, para su interposición cabe apreciar uno absoluto y otro relativo (512):

- *Plazo absoluto de caducidad de cinco años desde la publicación de la sentencia firme* rechazándose toda solicitud de revisión que se presenta pasado dicho plazo. El aludido plazo, de conformidad con la jurisprudencia (SSTS 1ª, de 6 de julio de 1996, 24 de julio de 1998, 11 de marzo de 2000) ha de interpretarse como un plazo civil y no como un plazo procesal, computándose con arreglo a lo previsto en el art. 5 CC (SSTS 1ª, de 24 de marzo de 1995, 15 de febrero de 2001).
  No será aplicable cuando la revisión esté motivada en una S. TEDH. En este caso la solicitud deberá formularse en el plazo de un año desde que adquiera firmeza la sentencia del referido Tribunal.
- *Plazo relativo de caducidad* (SSTS 1ª, de 15 de diciembre de 1998, 18 de febrero de 1999, 26 de enero y 10 de marzo de 2000) *de tres meses* desde el día en que se descubrieren los documentos decisivos, el cohecho, la violencia o el fraude, o en que se hubiere reconocido o declarado la falsedad, correspondiendo la carga de la prueba del inicio del *dies a quo* a la parte demandante.

Respecto al depósito, la interposición de la demanda de revisión requiere que se constituya en cuantía de 300 € en establecimiento destinado al efecto, cuyo documento justificativo habrá de acompañarse con la mencionada demanda; la falta o insuficiencia de dicho depósito previo determinará que el tribunal repele de plano la demanda de revisión sino resultará subsanado dentro del plazo señalado al efecto por el LAJ, que, en ningún caso, será superior a cinco días (513).

15.2.6. Procedimiento

Las fases del procedimiento para la revisión de la sentencia serán:

A/ Juicio rescindente (*iudicium rescindens*)

Dentro de la fase rescindente del proceso de revisión pueden apreciarse las actuaciones siguientes:

- Presentación de la demanda de revisión, que deberá ajustarse a los requisitos de contenido y forma contemplados en el art. 399, a la que deberán acompañarse inexcusablemente los documentos relativos a: acreditación de haberse realizado el depósito previo (300 euros), motivos o motivos alegados como fundamento de la revisión y demás documentos acreditativos la procedencia de la pretensión y de su ejercicio dentro del plazo legalmente establecido.
- Solicitud del LAJ para que se remitan al tribunal de todas las actuaciones del pleito cuya sentencia se impugne.
- Emplazamiento, posteriormente a la presentación y admisión de la demanda de revisión, por el LAJ de cuantos en el proceso hubieren litigado o a sus causahabientes.
- Contestación a la demanda en la forma y requisitos contemplados en el art. 399.1, acompañando los documentos en que funde su derecho, dentro del plazo de veinte días, sosteniendo lo que convenga a su interés.

- Contestada la demanda de revisión o transcurrido el plazo habilitado para ello sin haberlo hecho, la tramitación posterior se ajustará a lo dispuesto para los juicios verbales.
- Audiencia del MF con carácter previo a la emisión de la sentencia de revisión con el alcance indicado anteriormente.
- En el procedimiento de revisión está previsto que experimente una anomalía o crisis procesal con ocasión del planteamiento de cuestiones prejudiciales penales que se ajustará a las normas establecidas en el art. 40 sin que opere ya el plazo absoluto de caducidad previsto en el art. 512.1.

B/ <u>Juicio rescisorio (*iudicium rescissorium*)</u>

La estimación de la procedencia de la revisión solicitada y su declaración motivará la rescisión de la sentencia impugnada, procediéndose, posteriormente, a expedir certificación del fallo y devolución de los autos al tribunal del que procedan, para que, en el juicio correspondiente, las partes usen de su derecho según les convenga (516.1 LEC).

15.2.7. Efectos de la revisión

La exposición de los efectos de la revisión requiere la necesaria distinción entre la suspensión de la ejecución y los efectos de la rescisión.

Las demandas de revisión no suspenderán la ejecución de las sentencias firmes que las motiven, salvo lo dispuesto en el art. 566 (relativo a la suspensión, sobreseimiento y reanudación de la ejecución en casos de rescisión y de revisión de sentencia firme).

En cuanto a los efectos de la rescisión del juicio:

- <u>Rescisión del juicio fraudulento</u>. A este efecto se refiere el art. 516.1 al disponer que el tribunal que estimare procedente la revisión solicitada, así lo declarará, rescindiendo la sentencia impugnada, mandando expedir certificación del fallo, y devolviendo los autos al tribunal para que las partes usen de su derecho, según les convenga, en el juicio correspondiente.
  Pese a la finalidad exclusivamente rescisoria del juicio de revisión, lo decidido en éste tiene incidencia en el juicio posterior, al disponer el art. 516.1.II que en el *iudicium rescissorium* habrán de tomarse como base y no podrán discutirse las declaraciones hechas en la sentencia de revisión.
- Notificación a la Abogacía General del Estado en los supuestos del 510.2 (516.1).
- <u>Condena en costas y pérdida del depósito que hubiere realizado</u>. El art. 516.2 dispone los efectos indicados, si bien cabe precisar que, en lo relativo a la pérdida del depósito parece redundante, teniendo en cuenta que ya el art. 513 que el depósito dispone será devuelto si el tribunal estimare la demanda de revisión, por lo que a sensu contrario la desestimación de la demanda de revisión implicaba su pérdida, de ahí la aludida redundancia y la innecesariedad de prever la consecuencia, en lo tocante al depósito, si la revisión fuera desestimara en el mencionado art. 516.2.

- Irrecurribilidad de la sentencia dictada en revisión (516.3).

15.3. EL INCIDENTE DE NULIDAD DE ACTUACIONES

A/ Concepto y características

Puede definirse la nulidad como "*técnica procesal dirigida a la privación de defectos producidos –o cuya producción se pretenden– por actos en cuya realización se hayan cometido infracciones que el ordenamiento considere dignas de tal protección*" (HERNÁNDEZ GALILEA).

El incidente de nulidad de actuaciones, regulado, en términos prácticamente idénticos, en la LOPJ (241) y LEC (228) se configura como una de las vías previstas legamente para la denuncia de la nulidad de actuaciones.

Las notas características del incidente de nulidad de actuaciones son:

- *Excepcionalidad.* La LOPJ y (241.1) y LEC (228) disponen la excepcionalidad del incidente de nulidad de actuaciones.
- *Subsidiaridad* en la medida en que únicamente queda abierta esta vía para aquellos supuestos en que no haya sido posible su denuncia o invocación formal a lo largo del procedimiento (*cfr.*: 241.1 LOPJ y 228.1).
- *Complementariedad* en la medida en que se configura como vía para suplir los vacíos normativos de anteriores regulaciones
- *Carácter dispositivo* pues requiere de su planteamiento por parte legitima o hubieran debido serlo (*cfr.*: 241.1 LOPJ y 228.1).
- *Instrumento de reparación de lesiones de cualquier derecho fundamental:* Es jurisprudencia consolidada del TC la que sostiene que el incidente de nulidad de actuaciones, tras la reforma de la LOPJ introducida por la L. O. 6/2007, de 24 de mayo, tiene como función institucional la tutela de los derechos fundamentales ante la jurisdicción ordinaria; pues sirve, como así ha querido el legislador orgánico, para reparar aquellas lesiones de cualquier derecho fundamental que no puedan serlo a través de los recursos ordinarios o extraordinarios previstos por la ley (SS. 153/2012, de 16 de julio; 9/2014, de 27 de enero; 65/2016, de 11 de abril, y 151/2022, de 30 de noviembre).

B/ Resoluciones impugnables

Se podrá interponer el incidente de nulidad de actuaciones contra **resoluciones que hayan adquirido firmeza** (241.II LOPJ y 228.1.II).

C/ Causas de impugnación

Podrá denunciarse en el incidente de nulidad de actuaciones cualquier vulneración de un derecho fundamental de los referidos en el art. 53.2 CE, siempre que no haya podido denunciarse antes de recaer resolución que ponga fin al proceso y siempre que dicha resolución no sea susceptible de recurso ordinario ni extraordinario (241.1 LOPJ y 228).

El planteamiento de cuestiones ajenas a la vulneración de uno derecho fundamental de los referidos en el art. 53.2 CE implicará su inadmisión a trámite mediante providencia sucintamente motivada (241.1.IIII LOPJ y 222.1.III).

D/ Competencia

Será competente para conocer de este incidente **el mismo juzgado o tribunal que dictó la resolución que hubiere adquirido firmeza** (241.1.II y 228.1.II LEC).

E/ Plazo

El plazo para pedir la nulidad será de **20 días**, desde la notificación de la resolución o, en todo caso, desde que se tuvo conocimiento del defecto causante de indefensión o desde que tuvo conocimiento del defecto causante de la indefensión, sin que, en este último caso, pueda solicitarse la nulidad de actuaciones después de transcurridos **cinco años desde la notificación** de la resolución (242.1.II 22.1.II).

F/ Suspensión

Admitido a trámite el escrito en que se pida la nulidad fundada en los vicios a que se refiere el art. 241.1 LOPJ, no quedará en suspenso la ejecución y eficacia de la sentencia o resolución irrecurribles, **salvo que se acuerde de forma expresa la suspensión para evitar que el incidente pudiera perder su finalidad**, dándose traslado de dicho escrito, junto con copia de los documentos que se acompañasen, en su caso, para acreditar el vicio o defecto en que la petición se funde, a las demás partes, que en el plazo común de cinco días podrán formular por escrito sus alegaciones, a las que acompañarán los documentos que se estimen pertinentes (241.2 LOPJ y 241.2).

G/ Efectos

En relación con los efectos del incidente de nulidad de actuaciones debe diferenciarse entre (241.2.II y 228.2.II):

- Estimación de la solicitud de nulidad: Se repondrán las actuaciones al estado inmediatamente anterior al defecto que la haya originado y se seguirá el procedimiento legalmente establecido.
- Desestimación la solicitud de nulidad: Se condenará, por medio de auto, al solicitante en todas las costas del incidente y, en caso de que el juzgado o tribunal entienda que se promovió con temeridad, le impondrá, además, una multa de 90 a 600 euros.

H/ Recursos

- Contra la providencia sucintamente motivada que inadmita a trámite el incidente **no cabrá recurso alguno** (231.1.III LOPJ y 228.1.III).
- Contra la resolución que resuelva el incidente **no cabrá recurso alguno** (241.2 *in fine* LOPJ y 228.2.III).

Índice onomástico